いのちと霊性

キリスト教講演集

仙台白百合女子大学カトリック研究所編

教友社

目次

第Ⅰ部　生と死を見つめて

パティニャーロ《復活のキリスト》、聖フィリッポ・ネリ教会蔵（プティニャーノ、イタリア）

いのちへのまなざし

幸田　和生

私は、一昨年の一二月から福島県の南相馬市にある原町教会に来ていますが、今年の四月からは正式に東京教区からの派遣というかたちで、仙台教区の教会を手伝っています。そして、同時にカリタス南相馬というところで、いろいろな活動をさせていただいています。今日は仙台でお話をするチャンスをいただき、ありがとうございます。

今、私がいる南相馬市原町区というところは、東京電力福島第一原子力発電所から北へ二五キロほどのところで、震災や津波の影響もありますが、今も原発事故の影響が大きい地域です。こんなことを言うと失礼かもしれませんが、仙台の人は福島のことにもっと目を向けてほしいと感じることがあります。東京や大阪は福島から遠いので、仕方ないかもしれません。しかし、仙台はもっと近いわけですが、意外に福島県浜通りのことをあまりご存知なかったり、行ったことがないという方が多いので、ぜひ何かの機会に原発の近くの状況を見に来ていただきたいと思います。

改訂作業の経緯

今日は、日本司教団のメッセージ『いのちへのまなざし』改訂版についてお話をしようと思います。元は二〇〇一年に『いのちへのまなざし――二十一世紀への司教団メッセージ』という題名で出版された司教団のメッセージです。二一世紀は二〇〇一年から始まりましたが、二一世紀を迎えるにあたって日本の司教団としていのちの大切さを多くの人と分かち合いたい、カトリック信者だけではなく、日本のいろいろな人といのちの大切さを考えたい、という思いで発表された長文のメッセージです。百ページくらいのものです。出版されたときには一般の新聞でも取り上げていただいて、カトリック教会はこういうメッセージを出したということで、比較的好意的に迎えられたと記憶しています。二〇〇一年版の『いのちへのまなざし』は、九万五〇〇〇部出版されました。カトリックの出版物としてはかなり多く出ました。その理由としては、読みやすくて一般の人にも読んでもらえたということがありますが、そもそも値段が安かったということもありました。二〇〇一年版の『いのちへのまなざし』は、今回出た「増補新版」よりもう少し薄くて、三〇〇円でした。出版元のカトリック中央協議会では、いくら売っても儲けが出ない本として有名でした。日本カトリック司教団としては、儲けの問題ではなくて一人でも多くの人にメッセージを読んでいただきたいという願いから、できるだけ安い価格設定をしたのです。また、カトリックの大学、高校の倫理・宗教の副読本として使っていただいたということも大きいと思います。十年たった今でも毎年春になると多くの注文が入ってきます。とても良く使っていただいてきたと思っています。

二〇〇一年版『いのちへのまなざし』のとき、私はまだ司教団の一員ではありませんでしたから関わっていません。司教団メッセージを作るのは、とても大変な作業です。メッセージの中の一言一句について司教全員が賛成しなければ司教団メッセージにはならないからです。多数決ではなくて、全員が納得した文章でないと司教団メッセージにはならないのです。日本には一六の教区があり、現役の司教は十数人います。その司教たち全員が納得をしなければ司教団メッセージはできないため、二〇〇〇年頃に司教たちは何回か合宿をし、細かいところまですべて読み合わせをして、このメッセージを作ったと聞いています。司教というのは、皆、それぞれの教区の教区長＝教区司教なので対等です。先日、前田大司教様が枢機卿になると発表されましたが、枢機卿になっても司教団のメンバーとしては一票です。もし誰かの一票が反対であれば司教団メッセージにはなりません。そういう経緯で二〇〇一年に出版しました。

その後、ずいぶん長い間、使われ読まれてきましたが、二、三年前に在庫が無くなりました。増刷するかどうか検討しましたが、このままの内容で出し続けることはできないという結論になりました。

一つはデータが古すぎるからです。二〇〇〇年に出版したものですが、一九九九年までの統計しか載っていません。今から二〇年近く前のデータで、あまりにも古くなってしまいました。もう一つには、明らかに司教団の考え方が変わった、あるいは明確になったことがありました。それは原発についてです。二〇一一年三月一一日の東日本大震災によって、福島第一原子力発電所で事故が起きました。そのとき日本の多くの人が「原発はもうだめだ、原発はやめるしかない」と思ったと思います。しかし、その何カ月か後には揺り戻しが始まりました。「やはり原発は必要だ」という声が少しずつ出てきて、今の日本政府のように原発をやり続けるということになっていきました。そういう流れの中、日本の司教団は、二〇一一年一一月に仙台で集まるチャンスがありました。それは日韓司教交流会といって、日本と韓国の司教が毎年一回、一堂に会していろいろな話し合いをしたり、一緒に勉強したり、巡礼をしたりする集まりでした。その年、被災地である仙台で行うことになり、日本の司教団も全員が集まりました。そこで原発廃止を訴えるメッセージを出すことにしたのです。二〇〇一年版の『いのちへのまなざし』の時点では、はっきりと原発はやめるべきだとは言っていませんでした。しかし、二〇〇一年以降はっきりと原発は止めていくべきだと司教団が言うようになり、その部分はきちんと書き換えなければいけないということになりました。

これが一昨年くらいの話で、とにかく何らかの改訂作業が必要だから作業を始めようということになりました。そして、改訂委員会が作られました。改訂委員会のメンバーは、高見三明（長崎教区大司教）、宮原良治（福岡教区司教）、岡田武夫（東京教区大司教）という豪華な顔ぶれでした。しかし、この三人の司教たちが頻繁に集まることは不可能であり、その改訂委員会の下に「作業チーム」を設けることになりました。実際に文章を執筆する人、神学や倫理学の専門家などのメンバーに加えて司教団から誰か一人加わることになり、私が東京教区で会議に出席しやすいということで、私がその作業チームの座長になりました。文章はいろいろな人が書いてくれるので、私の役割は、どういう文章なら司教たち全員が納得できるかを考えることでした。前述の通り、司教団の中で一人でも反対があればメッセージとして出せません。私は一昨年の時点で十年間、司教団の一員でしたので、司教団のいろいろな文書作成にも関わってきました。司教会議でいろいろな意見を聞いていたので、司教たちにはこういう言い方では通らない、これなら納得してくれるということが分かっていました。ですから、最終的に司教団が納得する文章に整えるのが私の第一の役割でした。もう一つは、分かりやすい文章にすることです。どうしたら普通の人に分かる文章になるかということを最終的に私がチェックしました。もちろん改訂作業の中での議論にも全部、関わっています。

作業チームで作業を始めて、時代の変化にとても驚かされました。改訂作業は、前の版が出てから一五年後の二〇一六年頃に主に行いましたが、その一五年間という時代の変化には、とても大きなものがありました。最初は、「ちょっと統計の数字を変えれば良い、原発についての記事を少し変えれば良い」というくらいのことを考えて始めましたが、それでは済まないということになり、結果的に大きな改訂作業となりました。ですから、単なる「改訂版」というよりも「増補新版」として、分量も増え、かなりの部分を書き改めることになりました。これが二〇一七年に出版されたものです。二〇一六年一二月の司教総会で話し合い、最終的に司教全員の賛成を得て司教団メッセージとして出すことになりました。

「創世記」第一章のメッセージ

第一章は「聖書からのメッセージ」。聖書でいのちについてどういうことが語られているのかを、大きく解説しています。第二章は「人生の歩みの中で」としました。二〇〇一年版では、「揺らぐ家族」というタイトルになっていました。伝統的な家族のモデルがあり、その中で人は愛に包まれていのちを豊かに育んでいくというイメージがありましたが、一方で現代ではその家族がいろいろな危機や困難な状況に直面している、ということを書いていました。そして、第三章は「生と死をめぐる諸問題」です。いのちを脅かすようなさまざまな問題について語っています。第一章の「聖書からのメッセージ」は、一六年経ってもほとんど変えていません。聖書のメッセージが一五年くらいで変わってしまっては困ります。

この増補新版が出版されてから学校関係などで、改訂作業についてお話をする機会をいただきましたが、第一章についてはほとんど話をしていません。前と同じですと済ませてきましたが、これもとても大切な部分なので、やはり今日はお話をしようと思いました。『いのちへのまなざし』そのものを紹介するというよりも、聖書の箇所を資料に載せましたので、そこでいのちというものがどういうふうに見られているか、いのちについて何が語られているかをお話ししたいと思います。

聖書の中でいのちということを考えるときに、まず、神がすべてのいのちを創造されたというところから考えることが大切だと思います。聖書の一ページ目にこう書かれています。

「創世記」一章一～五節

1 初めに、神は天地を創造された。2 地は混沌であって、闇が深淵の面にあり、神の霊が水の面を動い
ていた。3 神は言われた。「光あれ。」こうして、光があった。4 神は光を見て、良しとされた。神は光
と闇を分け、5 光を昼と呼び、闇を夜と呼ばれた。夕べがあり、朝があった。第一の日である。

こうして聖書の創造物語が始まります。神様が六日間で天地万物、すべてのものをお造りになったという話です。これは学校の科学で学ぶ世界の始まりとは全然違う話です。科学の話ではなく、また、神が世界を造るところを誰かが見ていて記録したというものでもありません。一言で言えば、これは「神話」です。古代の人たち、しかも唯一の神を信じるようになった人たちが、「この世界とは一体何なんだろう、人間とは何なんだろう、どこから来たんだろう」と考えて、それを物語という形で表現したのが「創造物語」（あるいは「創世神話」）と言われるものです。聖書に伝えられているのは、古代のイスラエル民族という聖書の民が造り上げて、受け継いできた「創造物語」と言われるものです。周辺の民族にもはじめの物語がありました。日本でも『古事記』や『日本書紀』など日本列島はどのようにしてできたかというような話があります。同様に、どの民族にもこういう神話があります。この世界は一体どこから来たのかということを物語として表現したものです。イスラエル民族と他の周辺民族を比べてみると、イスラエル民族の創造物語は非常に大きな特徴があります。周辺の他の民族の物語は多神教の世界で、神々がたくさんいる世界です。その神様と神様が戦争をしたり、恋をしたりすることでこの世界が生まれてくるのです。神々の中には光の神様もいれば、闇の神様もいます。善の神様もいれば、悪の神様もいます。そういう葛藤などがあり、この世界が生まれてきます。そういう神話の中では初めから善と悪、光と闇との対立がこの世界の根本にあります。

ところが聖書の創造物語は全く違います。唯一の神がすべてのものをお造りになりました。すべてのものをお造りになったのですが、闇はお造りになられません。神は光だけをお造りになるのです。闇というのは、実は闇が存在するのではありません。闇とは光のない状態を指す言葉なのです。現代では経験するチャンスが少ないかもしれませんが、真っ暗の闇の中にいると、闇がものすごい力を持って自分に襲いかかってくるように感じることがあります。しかし、その中に小さな光を一つ灯せば、どんなに深い闇もその小さな光を消すことはできません。闇とはただ単に光のない状態なのです。聖書の創造物語は正にそのように書いています。神様は闇の世界に光だけをお造りになりました。「創世記」一章四節に、「神は光を見て、良しとされた」とあります。神様が造られたものは光であり、光は神様が造られたものだから良いものなのです。「創世記」一章には、「神はこれを見て、良しとされた」という言葉が何度も繰り返されています。唯一の神、良い神が造られたものだからこの世界は良いものだ、これが聖書のとても大きな主張です。古代の人たちも悪や闇の力を嫌というほど経験していたはずです。それでも本来、神がお造りになった世界はそうではない、本来は良いものだった。これが聖書の考え方です。神様は光を造り、空を造り、大地を造り、海を造り、動物を造り、植物を造り、この世界のすべてのものを造り、そして最後に人間をお造りになったと語られていきます。

「創世記」天地の創造　一章二六～三一節

[26]神は言われた。「我々にかたどり、我々に似せて、人を造ろう。そして海の魚、空の鳥、家畜、地の獣、地を這うものすべてを支配させよう。」[27]神は御自分にかたどって人を創造された。神にかたどって創造された。男と女に創造された。[28]神は彼らを祝福して言われた。「産めよ、増えよ、地に満ちて地を従わせよ。海の魚、空の鳥、地の上を這う生き物をすべて支配せよ。」（略）[31]神はお造りになったすべてのものを御覧になった。見よ、それは極めて良かった。夕べがあり、朝があった。第六の日である。

神が造られた良いものの最後、その創造の業の頂点のようにして人間が造られることになります。人間は特別、何かしら神に近いものとして造られたと、考えられています。「我々にかたどり、我々に似せて」といいますが、唯一の神がなぜ「われわれ」なのか、など考えないでください。これは単なる表現の問題です。とにかく、人間は神にかたどり、神に似たものとして造られています。他の被造物とは違います。そして、「すべてを支配させよう」とありますが、この「支配」という言葉は、現代では評判が良くありません。「人間が世界のすべてを、他の被造物を支配する」という考えから、人間は他の被造物を自由に使っていいと思い込むようになり、その結果、地球環境が破壊されている、そのように批判されることがあるからです。実は、聖書の中の「支配する」の根本には、「神の支配」という考えがあります。本当は神がこの世界を支配しているのです。人間はその神の支配に与るものというのが、人間に支配させよう、という表現の意味だと考えていただければ良いと思います。神がこの世界を支配するというのは、神様がこの世界を好き勝手に使うという意味ではありません。そうではなくて、この世界が本当にうまく保たれるように神様は見守り配慮してくださっている、それが神の支配ということです。その神の支配に人間は与るものとなったのです。それは、現代的な言い方をすれば、むしろ「責任がある」と言えるのでしょう。他の動物には責任がありません。しかし、人間は特別な力を与えられ、神に似たものとして造られているから、神の支配に与って本当にこの世界がうまく保たれるように配慮し見守っていく責任があるのです。

「創世記」一章二七節に「神は御自分にかたどって人を創造された。神にかたどって創造された。男と女に創造された」とあります。同じ「創造された」という動詞が三回繰り返され、強調されていますが、最後の「男と女に創造された」というところは、とても大切です。「創世記」一章が最終的に出来上がったのは、紀元前五百年くらいのことだと考えられています。その時代のイスラエルは極度に男性優位の社会で、一人前の人間とは男性のことでした。もっと言えば「大人であり、男性であり、ユダヤ人である」、これが人間として一人前であるための条件のように考えられていました。女性はその男性に従属するものと考えられていて、現実に低い立場でした。しかし、この創造物語では、「男と女に創造された」とあり、男性も女性も神の前ではまったく対等なものとして造られていると、はっきり書いています。これは大切なメッセージです。聖書の中の神のイメージもどちらかというと男性的なイメージの方が強いかもしれません。旧約聖書の中にも女性的な神のイメージが少しはありますが、ごくわずかです。そこから考えれば、「男が神の似姿」と言ったほうが当時の人には分かりやすかったかもしれません。しかし、聖書はあえて、男も女も神の似姿であると、はっきりと言うのです。神の前にすべての人、すべてのいのちは平等だという考え方はこの創造物語から出てきます。神様がすべての人をお造りになり、すべての人にいのちを与えたのだから、すべての人、すべてのいのちに同じ尊厳があるということは、とても大切なことだと思います。

そして二八節には、「神は彼らを祝福して言われた。『産めよ、増えよ、地に満ちて地を従わせよ。』」とあります。単純に大昔の話ですから、神は人間を良しとして、その人間が増えていくことは良いことだと考えています。今はどうでしょう。日本は少子化と言われ、子どもが少なくて困っているところもあります。しかし、一方では地球の人口がどんどん増加し、このままで良いのだろうかとも心配されています。しかし、聖書は素朴に、人間は良いものとして造られていて、人間が増えていくことは良いことだと言うのです。そして、三一節が極めつけで、「神はお造りになったすべてのものを御覧になった。見よ、それは極めて良かった」と結んでいます。神がお造りになったすべての良いものの頂点として人間が造られているのです。そこで大切なこととして感じていただきたいのは、いのちの平等性ということです。このいのちは大切だけど、このいのちはそうでもないとか、このいのちよりもこっちのいのちのほうが尊厳があるという考えは聖書からは出てきません。神がすべてのものを創り、すべてのいのちを生かしてくださっているのだから、どんないのちも例外なく等しく大切なものだと、いのちの平等性ということは、この創造物語から出てくると思います。

「創世記」第二章のメッセージ

「創世記」二章についてお話しします。聖書の創造物語は二つあると聞いたことがありますか。「創世記」一章の物語の、六日間で神が天地万物、すべてのものをお造りになったという話と、二章で出てくるアダムとエバの話とはもともとは別の話でした。それが、最終的に聖書が編集される時に二つ並んで収録されたと現代の学者は考えています。そして第二の創造物語のほうが実はもっと古いと考えられています。

「創世記」二章七節

7 主なる神は、土（アダマ）の塵で人（アダム）を形づくり、その鼻に命の息を吹き入れられた。人はこ
うして生きる者となった。

一章と二章の物語が違うということがなぜ分かるかというと、一つには、一章ではずっと「神」と言っていますが、二章になると「主なる神」というように、神の呼び名が変わっています。恐らく違う時代にイスラエルの中でも違う地域で形づくられてきた創造物語が二つあったと考えられています。

二章で、人間はどうやって造られたかというと、これはヘブライ語の語呂合わせですが、土（アダマ）から取られて人（アダム）を形づくったと言います。「アダム」というと最初の人間の固有名詞みたいに思われるかもしれませんが、ヘブライ語の「人間」という意味の普通名詞でもあります。最初の人間は一人しかいませんから、この人は「アダム」と呼ばれています。「アダム」というのは固有名詞でもあるし、普通名詞でもあるわけです。この語呂合わせは、人間は土の塵から取られたものだという考えを表しています。その人間に、その鼻に命の息を吹き入れると人は生きる者となりました。ここに聖書の人間観、生命観の根本があります。人間は神とのつながりによって生かされているものである。いのちは神様によって与えられ神様とのつながりによって生かされているものであり、神から離れてしまったら人は塵に過ぎない、土の塵に返っていくしかないものだ。そういう生命観がここにははっきりと出てきています。そして、主なる神は楽園のようなエデンの園に人間を連れて来て住まわせました。その楽園で人間は遊び暮らしていたわけではなくて、そこを「耕し守るように」され、きちんと働いていま

した。それは理想的な在り方の労働と言っても良いと思います。
人間はまだアダム一人しかいません。その後、「主なる神は言われた。『人が独りでいるのは良くない。彼に合う助ける者を造ろう』」と言います。人間というのは、ただ独りでぽつんと生きるものではなくて、誰かと助け合い、支え合って生きていくものだという人間観がここには出てくると思います。「彼に合う助ける者」という言葉がありますが、この言葉も評判の悪いところがあり、「助ける者」ということ何だか女中みたいな感じで、従属的に聞こえるという人もいるようです。新しい『いのちへのまなざし』の第一章「聖書からのメッセージ」の中に、「人は独りでは生きられない＝『ふさわしい助け手（ケネグドー・エーゼル）』」と書いたところがあります。これが元のヘブライ語の言葉ですが、「彼に合う助ける者」あるいは、「ふさわしい助け手」と訳されているのは、もともとこういう言葉です。この「助ける者」とは決して従属的な存在を意味しない言葉です。聖書の中でこの「助ける者」とは多くの場合、神のことを指しています。神は人間を助けてくださる方なのです。決して上下関係や主従関係の意味ではありません。本当にアダムにとって、相応しい、彼に合うパートナーを造ろうとして神は女を創ったという話です。一八節から二〇節で、神はいろいろな動物や鳥などを連れて来て人間に与えます。しかし、動物や鳥では人間の相応しいパートナーにはなりませんでした。そこでこう続きます。

「創世記」二章二一〜二四節
21 主なる神はそこで、人を深い眠りに落とされた。人が眠り込むと、あばら骨の一部を抜き取り、その跡を肉でふさがれた。22 そして、人から抜き取ったあばら骨で女を造り上げられた。主なる神が彼女を人のところへ連れて来られると、23人は言った。「ついに、これこそ／わたしの骨の骨／わたしの肉の肉。これこそ、女（イシャー）と呼ぼう／まさに、男（イシュ）から取られたものだから。」24こういうわけで、男は父母を離れて女と結ばれ、二人は一体となる。

この箇所も長い歴史の中で悪用されてきました。それは女性差別の根拠としてです。「女は所詮、男のあばら骨から造られたんだ」と女性を低く見る見方に悪用されてきました。しかし、本来はそのような意味は全くありません。アダムは女を見て、「ついに私の骨の骨、肉の肉」と言いますが、この「骨」とか「肉」という言葉は、本当に親しくて近い関係を表す言葉です。日本では「骨肉の争い」というように悪い意味でしか使われませんが、ヘブライ語でも「骨、肉」というのは、ものすごく近くて、本来切っても切れない関係を表します。アダムのあばら骨から造られたということは、男性と女性が本当に親しくて、本来一つのものだということを表す表現なのです。だから、女性は男性の本当に相応しいパートナーになることができるのです。二四節で、「こういうわけで、男は父母を離れて女と結ばれ、二人は一体となる」と言われています。あるとき、ここを読んでいたら、「アダムに父母はいないんじゃないか」と言った人がいますが、これはアダムの話ではなく一般論なのです。人間の男性はなぜ結婚するのか、それは神様がもともとそういうものとして造られたからだ、という説明です。創造物語の二章で大切なことは、関係性ということだと思います。いのちがたった一つポツンとあるのではなく、人間のいのちというのは、神様とのつながりの中で初めて生きるものなのです。そして、その人間がただ一人ポツンといるのではなくて、誰かと助け合い、支え合って生きている、それが人間のいのちの連帯性です。いのちはただ一つ、一人の肉体の中に閉じ込められたものではないのです。このいのちは神様とつながっていて、他の人ともつながっている、そういういのちである、ということがとても大切な聖書のメッセージだと思います。そのことを大前提として、この『いのちへのまなざし』を読んでいただければと思っています。

『いのちへのまなざし』第一章の要点は、「神が人を創造され、祝福された＝人間のいのちは神のたまもの」であって、そこにすべての人の「尊厳の根拠」が神様から与えられているということです。先ほども言いましたが、男性と女性、人と人との間に差別はありません。どんないのちも同じように大切なのです。

「『産めよ、増えよ』という祝福＝神なくして人間の誕生はありえない。男女の交わりをなくしては人間の誕生はありえない」と、当たり前のことを言っているようですが、人間には、圧倒的に神様によって人間は造られ生かされているという面と、男女の交わりがあって初めていのちが誕生するという面があります。やはり、その両方の面を考えていかなければならないということです。人は独りでは生きていけません。本当に人間は神の愛によって生かされているし、人間同士の愛によって生かされています。単なる生物学的レベルを超えた人間の生と死の捉え方を聖書から学ぼうということです。そして、人間のいのちが単なる生物学的なレベルを超えて、愛によるいのち、神によって生かされているいのちだと感じたときに、そのいのちは肉体の死で終わるいのちではないという希望が生まれます。肉体の死を超えて神様のもとで完成していくいのちという見方ができるようになります。これも聖書から受け取る大切なことです。新約聖書のもう一つの大切なメッセージは、「十字架から復活へ」ということです。苦しみ、死、諦め、絶望から喜び、希望、新たないのちへと変えられていく希望を持つことができるということです。根本にあるのは、そのいのちがそこにただポツンと偶然あるのではなく神によって生かされ、神とのつながりの中で生きているいのちだから、たとえ肉体の死を迎えたとしてもその神様とのつながりはなくならない、死を超えても続いていく、むしろ死を超えて完成していく、という聖書のメッセージを受け取りたいということです。先ほどのいのちの連帯性もとても大切なこととして聖書から受け取りたいということです。

誕生といのちの危機

二〇〇一年版『いのちへのまなざし』の第二章は、「揺らぐ家族」というタイトルでしたが、全面的に書き換えることになりました。『いのちへのまなざし　増補新版』では、「人生の歩みの中で」というタイトルに変更しました。なぜそうしたかと言うと、現代の家庭の有様が、私たちが思い描いている伝統的な家族のモデルとは合わなくなってきていることが非常に大きいです。少し古いデータですが見てください。私が見つけたのは、二〇〇五年から二〇一〇年の間に線が引いてあり、ここから先は予測と書いてあります。ただ、現時点で二〇一〇年、二〇一五年は、ほとんど予測通りになっています。表の一番下に「単独」と書いてあります。私たちが思い浮かべる家族は、夫婦と子どもがいるというのが普通の家族のイメージではないかと思います。しかし、今ではたった一人の家族（単独世帯）が一番多くなっています。その次に多いのが夫婦のみの世帯です。それから、夫婦と子どもの世帯。さらに一人親と子ども世帯。その他というものもあります。今の現実を見れば、私たちが思い浮かべるような家族ではなく一人で住んでいる人の方が多いのです。特に一人暮らしの高齢者が多く、どんどん増えています。一人親のケースも少なくないので、初めから、夫婦と子どもがいるような伝統的な一つの家族のモデルを提示してしまうと、そこに当てはまらない人があまりにも多いのではないか。そこで、家族のモデルを出すのではなく、いのちについて考えるときに、誕生から成長して、年老いて亡くなるまでの「ライフサイクル」、人生の歩みの中でいのちのことを見つめていくのがいいのではないかということになり、第二章は大きく書き方が変わりました。増補新版では、全面的にほとんど書き換えることになりました。

まず、いのちの誕生をめぐってですが、誕生にあたってもいのちはいろいろな危機にさらされています。誕生前に中絶によって奪われてしまういのちもあります。予期しない妊娠をして誰にも相談できず、どうすることもできずに産み落とされるいのちがあります。そのいのちが遺棄されてしまうという痛ましい事件が現実にあります。いのちを脅かすものがたくさんあるということを言わざるを得ないのですが、もっと肯定的にいのちを助けようとする働きも大切にしたいし、そのこともこのメッセージの中で紹介したいと考えました。新しい『いのちへのまなざし』で取り上げたのは、熊本市にある慈恵病院の「こうのとりのゆりかご」です。皆さんも聞いたことがあると思います。そこは、「マリアの宣教者フランシスコ修道会」という女子修道会が始めた病院ですが、シスターたちが少なくなり高齢化が進み、病院を運営することができなくなりました。今は普通の信徒の医師で、蓮田太二という方が院長になっています。私も行ったことがありますが、慈恵病院には古びた本館があり、その前にものすごくデラックスな新しい大きな病棟があります。全部が産科病棟だそうです。子どもを産むための理想的な施設がそこにあり、子どもを産むならここが一番という感じです。

その病院の普通の人があまり通らないようなところの片隅に、「こうのとりのゆりかご」があります。思わぬ妊娠をして子どもを産んでしまって誰にも相談できず、育てることもどうすることもできない人が匿名で赤ちゃんを預けることができる施設です。通称、「赤ちゃんポスト」とも呼ばれていますが、あまり良い呼び方とは思えません。そこには何度も「まずはご相談ください」と書いてあります。「どうぞ赤ちゃんを置いていってください」などとは書いてありません。最後のぎりぎりのところで赤ちゃんを匿名で預けることができますが、私がお話を聞いたときには、とにかく相談して欲しいということで、看護師さん三人が交代で三六五日、二四時間、一つの携帯電話を順番で持って、いつでも出られるようにしていると言っていました（今は違うやり方をしているそうです）。妊娠して誰にも相談できない人が電話をしてきます。電話は熊本県からだけでなく、日本全国からかかってくるそうです。たくさんの人からの電話相談を受けています。どうにもできなくて困っている人に、最終的にこういうところがあり、こういう可能性もある、こういうところで助けてくれるというアドバイスをして、相談の結果、きちんと出産し、いのちが守られて育っていくということにつながることもあります。実は「こうのとりのゆりかご」は、赤ちゃんを預けることよりも相談の方が重要なのだと思います。「ポストより相談」というのはそういうことです。赤ちゃんを台の上に置くとすぐにナースステーションに連絡がいき、看護師と医師が飛んできて赤ちゃんの健康状態をチェックするそうです。とにかく一つでも多くのいのちを助けたいという思いで、この取り組みは行われています。「こうのとりのゆりかご」は、二〇〇七年に始まりました。これは思いつきで始めたのではなく、以前から行われているドイツなどの例をきちんと学び、熊本県とも綿密に協議をして、県の許可を得て始められました。『いのちへのまなざし』の改訂作業にあたって私たちは、こういう病院があることをどうしても紹介したいと考えました。特に電話相談は、悩み苦しみ、行き詰まって孤立している方に、せめてこういうところに相談できるということだけでも知っていてほしいと考えています。先ほどもお話ししましたが、カトリックの高校や大学の授業の副読本としても使っていただいています。特に若い子たちには、妊娠の問題で、本当にどうしようもなくなったときに、せめてこういう相談の場所があるということだけでも知っていてほしいという思いがあります。

せっかく授けられたいのちが施設で育てられるという現実を、慈恵病院の院長である蓮田先生が切々と訴えておられました。「ゆりかご」に預けられた赤ちゃんがいたらもちろん病院としては、児童相談所と警察に連絡するのですが、日本の児童相談所は、どうしても親を探そうとするそうです。親が育てられないからそこに預けているのに、親を探し出してどうなるのでしょう。蓮田先生の願いは、その子たちを特別養子縁組のような形で引き取ってくれる家庭があってほしい。そして、そういう家庭で育ってほしいということです。しかし、日本の現実ではほとんどの場合、乳児院や養護施設でその子どもたちは育っていくことになります。この問題がとても大きいと思います。

性的マイノリティーについて

生まれた後もさまざまないのちの危機があります。虐待・ネグレクト・子どもの貧困問題が大きく取り上げられていますし、学校でのいじめもあります。いのちはいろいろな危機に直面しながら成長していくわけですが、紹介したいのは「性の目覚め」というところです。子どもが成長していく中で、性が大きなテーマになっています。性をどのように見るかは、二〇〇一年版から基本的に変わりません。「性を神に祝福されたものとして見る」、そして「性を人間の営み全体に関わるものとして捉える」、これが基本的な見方です。性は汚らわしいから見ないというのではなく、性だけを見るのでもなく、神に祝福されたもの、人間の営み全体に関わるものとして性を捉えるのです。一方では、現代社会の中で性情報が氾濫していて、性が商品化されている現実もあります。その中で正しい知識や情報を子どもたちに伝えること、そして、性はいのちの誕生に向けた責任を伴うものだということもきちんと伝えていきたいことです。このようなことは伝統的にカトリック教会で言われてきたことですが、今回、新たに加えたことがあります。それは、「性的指向の多様性」についてのことです。「性的マイノリティー」という言い方のほうが本当は良かったのかもしれませんが、いわゆるＬＧＢＴ（レズビアン、ゲイ、バイセクシャル、トランスジェンダー）と言われる方々のことです。男性が女性を好きになる、女性が男性を好きになるというのではないような、性的マイノリティー（少数者）の人たちについて、今回初めて語ることになりました。

かつて教会の中では、同性愛は自然に背くこと、神に背くことだとして排除・差別されてきたことがあります。しかし、その姿勢は変わりつつあります。フランシスコ教皇になってから、いろいろな機会を見つけて、「自分は同性愛者は罪人とは思えない」という発言を繰り返しています。教会の態度全体が変わってきているので、日本でも性的マイノリティーの人たちについて、司教団に何か発言してほしいという声があり、今回入れることになりました。「性的指向の如何に関わらず、すべての人の尊厳が大切にされ、敬意を持って受け入れられるよう差別や暴力を受けることのないよう細心の注意を払う」とし、同性愛の人や、性的マイノリティーと言われる人たちを受け入れる教会になろうと呼びかけています。カトリック教会の中でその人たちを差別なく受け入れようということに関しては、もはや問題はないと思います。ただ一つ問題があるとすれば、男性同士、女性同士のカップルを結婚として認めるかどうかということです。それに関して、今の教会は基本的に認めていません。二〇一六年にフランシスコ教皇は、『愛のよろこび』という使徒的勧告を発表しました。その中で同性愛のことも扱っています。もちろん同性愛者も教会のメンバーとして差別なく受け入れると言いながら、しかし、結婚というのは男性と女性の間に成り立つものだから同性同士の結びつきを結婚と認めることはできないと言っています。この点について、日本の司教団は、今回の『いのちへのまなざし』の改訂にあたって最後に議論をしました。私は原案をすべて整えて、司教総会の前にすべての司教たちに送って読んでもらい、その上で議論すべきところは議論しようと考えていましたが、先ほどもお話ししたように私は司教たちが何を受け入れてくれるかをだいたい分かっていましたから、ほとんど議論する必要はありませんでした。ほとんど原案のまま受け入れてもらえました。しかし、性的マイノリティーの問題は日本の司教団として初めて発言することなので、敢えてこの箇所だけは司教たちで議論してくださいとお願いしました。実は私たちの原案では、同性愛の人を受け入れる教会になりますが、同性婚は結婚とは認められません、とハッキリと書いてありました。しかし、その案を出したところ、司教たちは、「これはだめだ」というような、突き放す言い方は止めたほうがいいと言いました。現時点で同性婚は認められないけれど、性的マイノリティーの人たちの苦しみや痛みを共感しながら歩んでいく姿勢を出そうということで、その部分は最後の司教総会のときに書き改めることになりました。そして、最終的に次のような文章になりました。「結婚についての従来の教えを保持しつつも、性的指向の多様性に配慮する努力を続けていきます」。これから一緒に考えていきましょう、ということです。こうなったことはとても良かったと思っています。私たちはフランシスコ教皇の姿勢に大きく励まされながら歩んでいると思っています。

同性婚について日本ではほとんど問題になっていないと思われるかもしれませんが、東京の渋谷区や世田谷区では、同性同士のカップルに特別な証明書を与えるという動きがあります。渋谷区の場合は、この人たちはパートナーシップの関係にあるということを区長が証明してくれるというやり方です。なぜこれが必要か分かりますか。病院などでは家族以外に対してはとても厳しく、家族以外の人は医師の説明も聞けないし、面会もできないということが多くなっています。個人情報やプライバシーの問題ですごく厳しくなっています。何十年も夫婦同然に暮らしてきたカップルでも「あなたは他人でしょう」と言われて面会を断られてしまうことがあります。そういう社会的な不利益を受けることがないように同性同士のカップルに証明書を出しているということのようです。

増補新版の第二章は、「人生の歩みの中で」のいのちの問題を取り扱っています。その中の労働の問題では、非正規労働がとても多くなっているということがあります。結婚の問題では、結婚して家庭を築くことが当たり前でなくなっている、晩婚化、生涯未婚率が非常に高くなっているという問題にも触れています。

老いを生きる

第二章の最後、「老いを生きる」という箇所について少しお話しします。人間は、いつかは老いて最後は死に向かっていきます。そういう中で二〇〇一年版よりもっとポジティブなものを出したいと考えて、教会でできることがもっとあるのではないかと話し合い、二つのことを載せました。一つは、教会の高齢者が社会や人のために自分の持っている能力を活かしながら、ボランティアのような形で生き生きと働いているという現実です。もう一つは、「お茶っこ」のことです。東日本大震災の後、仙台教区の太平洋岸の各地にボランティアベースができました。最初は瓦礫の処理から始まりましたが、そのうち仮設住宅でも活動が大きくなり、そこで行われていたのが「お茶っこサロン」と呼ばれるものでした。仮設住宅で孤立しがちな人たちが集まって、お茶を飲みながら話ができる。それによってずいぶん助けられて、励まされ、支えられたという人がいました。そのことも私たちが高齢化社会の中で教会としてできることのヒントだと思い、取り上げています。教会に独りぼっちの、特に高齢の方々が集まり、話ができる場になっていくというようなことは、東日本大震災の経験から、もっと大切にしたいと思ったのです。仮設住宅で行っていたものですが、今は仮設住宅がほとんど無くなっています。カリタスのホールに毎日集まって、お茶を飲みながら手芸などをして、そこでさまざまな話をする、そういうサロンがあります。とても大切なことだと思います。この方たちは仮設住宅を出て、自分の家を建てたり復興住宅に入ったりしていますが、この場所がなかったら、一日中、家でぼーっとしているだけだから、と言って集まってきます。そして、この場があることが本当にありがたいと言ってくれます。教会として高齢者が集まり、お互いが支え合う場を作っていくことは大切なことだと思います。

最後に「死を超える希望」と書きました。人生の究極の目標は、永遠の神との出会いであるとして、老いの中でこそ本当に大切なものは何かということを考えることができるのではないか、そのことも『いのちへのまなざし』では問いかけています。このように、人生の歩みの中で誕生から死に至るまでの流れを見ながら、いのちの大切さを見つめていこうというのが第二章でした。

出生前診断と障害者の尊厳

第三章は、「生と死をめぐる諸問題」です。そこで取り上げられているいくつかのテーマについて簡単にお話ししたいと思います。一つは、「出生前診断と障害者の尊厳」です。二〇〇一年版『いのちへのまなざし』のとき、すでに出生前診断が始まっていました。その診断は胎児に遺伝的な病気があるかどうかを調べます。母親の羊水を検査することで、胎児にトリソミー（先天性の遺伝子異常）があるかどうか分かるという技術が、一九九〇年代にはできていました。それの何が問題かというと、検査によって胎児に障害があると分かった場合、その胎児が中絶されてしまうことが多いのが現実です。すると、障害のある人間は生まれないほうが良いという考えにつながっていきます。それは、今、生きている障害者の尊厳も傷つけられることになるのではないかと、障害者の団体から非常に大きな懸念が示されていました。出生前診断が広まり、当たり前のように行われていくことに対して、大きな危惧があるということでした。

今回、改めて今の状況を見てみると、新型の出生前診断が始まっています。それは妊娠初期の母親の血液検査だけで、ある程度のことが分かるようになり、検査が容易になりました。当たり前のようにその検査が広がっていくということは、問題ではないかと言われています。実際に日本では高齢出産の場合にこの検査が行われています。そして胎児に障害（ほとんどがダウン症）があると分かった場合に、九割が中絶しているということが調査の結果、分かっています。日本では法律上、胎児に障害があるという理由で中絶することは認められていません。ただし、母体保護法には経済状況という項目があり（私たちの信仰の面からすると問題でしょうが）、経済的に貧しくて子どもを産んでもきちんと育てることができないという場合は、中絶することが許されています。それを援用して、胎児に障害があると分かった場合は、その障害のある子どもを育てることは困難だろうという理由で、合法的に中絶手術が行われているわけです。これが日本の現状です。それに対してどう考えたら良いでしょう。そんなことはけしからんという言い方ではなくて、こういう現実があることを知ってほしいというのが司教団の思いです。今、普通の病院では診断や治療についてきちんと説明を行います。それはインフォームド・コンセントと言って、この検査は何のための検査で、検査の結果、何が分かるか。そして分かった場合にどういう決断を迫られる可能性があるか、ということを全部説明した上で「検査を受けますか」と確認し、「はい」と言った場合に検査を受けることになっています。しかし、どんどん検査が簡単になるに従って、当たり前のように検査が行われるようになっていきかねません。それはどうなのか、ということです。先ほども言いましたが、カトリック学校で学ぶ高校生や大学生たちに、そういうことがあると知ってほしいのです。女性だけでなく男性にも知ってほしい。今はこういう検査があると知った上で、それを受けるか受けないかという選択を、自分たちがしなければいけないのです。検査を受けないことを選ぶ方もいます。自分のお腹の子どもがダウン症かどうかなんて知りたくもない。たとえ障害があることが分かってもその子を産むことに変わりはない。授かったいのちを精一杯、生み出すということに変わりはないのだから、検査は受けませんという選択があります。もう一つには、検査を受けて胎児に障害があると分かっても産むという選択もあります。私たちの時代は、そういう選択の前に立たされることがあると、知っていて欲しいのです。そのような意味で、この出生前診断のことを取り上げています。

この本の改訂作業をしていた二〇一六年七月に、神奈川県相模原市の津久井やまゆり園の事件が起きました。元職員の男性が重度の知的障害者一九人を殺害し、何十人もの人を傷つけました。あの事件では、犯行の残忍さや被害者の数の多さもショックでしたが、犯人が逮捕前も逮捕後も一貫して、「障害者の存在は周りの人を不幸にする、障害者は生きていても仕方がない」と言い続けていたことがとてもショックでした。障害があることが不幸なのではないということを強く考えさせられましたし、この事件のこともあって、新しい『いのちへのまなざし』の中では「差別」という項目を付け加えることになりました。人を差別する心、障害があるかないか、どの民族か、どの国籍か、そういうことで差別する考えが人間のいのちを奪ってしまうことがありえますから、差別ということもいのちの問題として取り上げることになりました。

ヒト胚の操作の問題など

ＥＳ細胞とｉＰＳ細胞のことも取り上げています。二〇〇一年版が発行されたころ、ＥＳ細胞が研究され、実用化に向かって動いていました。ＥＳ細胞とは、受精卵から、あらゆる人間の臓器や人間の部分を作ることのできる「多能性幹細胞」を作るというものです。一つの受精卵から人間のあらゆる部分が作られていきます。受精卵から肝臓や心臓を人工的に作ることが可能だと考えて、二〇世紀末頃に盛んに研究されていました。それは理論的にはありうるわけです。ＥＳ細胞によって肝臓を作ることができて、その作った肝臓を重い肝臓病の人に移植したら、その人は助かるかもしれません。しかし、これに関しては大きな問題がありました。それは、この受精卵がどこから来るかということです。子どもがなかなかできないカップルが普通の生殖行動では受精まで結びつかないということで、体外受精が行なわれています。精子と卵子を取り出して、人間の体の外の試験管のようなところで結び合わせます。そのときに受精卵を一つだけ作るのではなく、複数の精子と複数の卵子を結び合わせてたくさんの受精卵を作り、その中の一つだけを母体に戻すのです。すると使われない受精卵がたくさんできることになります。それらを使って再生医療などを行おうというのがＥＳ細胞の考え方です。しかし、人間の受精卵というのはすでに人間としての生命の始まりであり、それを研究や他の人の治療のための手段として使うことはおかしいという、倫理的な批判がどこの国でもありました。もう一つの決定的な問題は、拒絶反応です。自分以外の人の受精卵から作ったＥＳ細胞で臓器を作り、それを移植すると、必ず拒絶反応が起きます。そういう問題もＥＳ細胞にはありました。それに対して二一世紀になって、京都大学の山中伸弥教授がｉＰＳ細胞を研究し、実際に作り出すことに成功しました。マウスでも作り、人間でも作りました。ｉＰＳ細胞とＥＳ細胞の違いは、ｉＰＳ細胞は受精卵を使わず人間の皮膚細胞から多能性幹細胞を作ることができるという点です。それによってとんでもない飛躍的な成果が生まれました。もはや受精卵を使わなくても再生医療につながる臓器を作ることができるようになったということと、しかも自分の皮膚から取った細胞でｉＰＳ細胞が作れるわけですから、拒絶反応の問題もなくなりました。そういう面で画期的な研究でした。山中教授はノーベル生理学・医学賞を受賞しましたし、今では教皇庁立科学アカデミーの会員にもなっています。この研究がカトリック教会にとっていかに素晴らしいものだったかということです。カトリック教会は受精卵を使ったＥＳ細胞の研究にははっきりと反対してきましたが、ｉＰＳ細胞はその問題を克服しました。しかし、それですべてがうまくいっていて、これから先も問題がないかというと、そうとも言えません。科学の進歩や医療技術の進歩はすさまじく、倫理的な判断が追いつかないところにあります。

尊厳死や安楽死の問題についても取り上げています。この話も微妙な話なので今日は詳しく話せません。ある状況で、その人のいのちを人為的に奪ってしまうというのが安楽死です。しかし尊厳死というのは、病気や高齢でどうしようもなくなったときに過剰な医療を受けずに自然な死を迎えるというイメージです。この「尊厳死」は私たちにとっても身近な問題です。最近よく「リビング・ウィル」ということが言われていますが、それは自分の意識が無くなり、大変な状況になったときにどこまでの医療処置をしてほしいかをはっきりと意思表示しておくことです。「胃ろうは設置しないでほしい、過剰な医療は受けさせないで欲しい、自然に死を迎えるようにしてほしい」、それは本人しか意思表示できないことです。家族でさえ悩むことだと思いますから、自分で意思表示をすることは大切だということです。

「脳死と臓器移植」についても、この十数年間で移植医療の技術は進んできていますが、法律の変化もありました。一九九七年に日本で臓器移植法が成立しました。臓器を移植する場合、脳だけが働かなくなり、あと何時間かで確実に全身の死を迎えるという脳死状態で、臓器を他の人に移植をすれば新鮮な臓器を使えることになります。ところが日本では、心臓はまだ動いている、体はまだ温かく脈があるという状態で、脳死が死だということは感覚的に受け入れにくかったのです。それに対して移植医療を進めている人たちは果敢にいろいろな移植医療にチャレンジしていき、その結果、殺人罪に問われたりもしました。そのことから、日本でももっと移植医療の枠を広げようということでできたのが、一九九七年の臓器移植法です。黄色い臓器移植のドナーカードがありました。自分が脳死になった場合、臓器提供をしてもいい臓器に丸印をしてサインをするようになっていました。自分ではっきりと意思表示をしている人からは、脳死の状態で移植のために臓器を取り出すことができるようになりました。そのような時点で、最初の『いのちへのまなざし』は書かれていますから、やはり臓器移植をもっと前向きに考えてもいいのではないかという姿勢でいました。その後、本人が臓器提供の意思表示をしていないと脳死状態での臓器移植ができないのでは、現実にはあまりにも脳死段階での移植が進まない、ということが明らかになりました。ドナーカードを持っている人が脳死になる確率は本当に少ないのです。そのため日本では、二〇〇九年に法律が改正されました。今は健康保険証の裏側に、心臓、肺、肝臓などを脳死状態から提供しますと表示することができるようになっていて、丸印を付けてサインするようになっています。これではっきり意思表示している人が脳死になれば、すぐに臓器が提供できます。しかし、ほとんどの人はこのような意思表示をしていません。もちろん本人が絶対に臓器提供はしたくないと言っていれば問題になりませんが、二〇〇九年の法改正後は、意思表示していない人が脳死になった場合、家族の判断が求められることになります。家族が同意すれば脳死状態の人から臓器移植ができることになったのです。これは現実的にはとても大変なことです。ある日突然、事故などで脳死になってしまった人の家族に向かって、「あなたの家族は脳死状態です。今、あなたが同意すれば移植を待っている人に臓器移植ができます。どうしますか」と判断を求めるのは酷だとも言えるでしょう。そのようなことがあって、この部分に関しては二〇〇一年に出版したときよりも増補新版ではもう少し慎重になっています。家族の心情に配慮することなども書かれています。

自殺／自死について

自殺、自死についてもお話しします。先ほど、統計のデータが古くなっているので改訂をしなければいけなかったとお話をしました。特に自殺の統計がそうでした。日本の自殺者数が一九九八年と一九九九年と二年連続で三万人を超えていると、二〇〇一年版の『いのちへのまなざし』には書いてあります。これは大変なことだと感じられました。しかし、日本の自殺者数が三万人を越えた状態は一四年間も続きました。最近になってやっと三万人を下回るようになりました。それが現実です。自殺、自死についての見方ですが、カトリック教会の姿勢はだいぶ前から、ある面で変わってきています。

一九八三年に新しい教会法典ができました。一九九二年には『カトリック教会のカテキズム』というものが刊行されました。バチカンから出された世界的なものです。その中では、かつてのように自殺をした人は、どうしようもない罪人だという見方が変わってきています。しかし、日本の中では何となく昔からの教えで、自殺は罪だというイメージが強くあったと思います。二〇〇一年版のときから、『いのちへのまなざし』の中で、はっきりと「教会の姿勢を転換します」と言ったことはとても大切なことだったと思います。次のように言われています。

この世界の複雑な現実と、人間の弱さを考えるとき、わたしたちは自死したかたがたの上に、神のあわれみが豊かに注がれるであろうことを信じます。

(『いのちへのまなざし　増補新版』二〇一七年、一一四頁)

そして、裁き手として自死した人を見るのではなくて、その人たちの苦しみを受け止める教会になろうという姿勢を示しています。そういう点では今回の改訂で何も変わっていませんが、日本の社会の中では自殺に対する見方に大きな変化があったと思います。二〇〇六年に自殺対策基本法というものができました。これはとても大きなことでした。それまで日本の社会の中で自殺は、個人の問題だと考えられていました。自殺する人は、自らの意思で自らの命を絶つ、それは個人の決断の問題だからそれに対して国が何か対策をするなどということは、考えられて来なかったのです。ところが現実はそうではないことが分かってきました。一九九八年に自殺者が三万人を超え、その数がずっと下がらない、ということは何を意味するのか。もっと詳しい統計を見ると、一九九八年の三月から日本の自殺者数は急激に増えました。一九九八年の三月というのは、一九九七年の年度末に当たります。一九九七年とはどういう年かというと、北海道拓殖銀行が破綻し、山一證券が破綻し、バブル経済の崩壊の皺寄せがもろに表われた、それが一九九七年度でした。その年度末に自殺者が増えました。詳しく見ると中高年の男性の自殺者が増えました。これは経済的な理由しかありえません。自殺というのは、個人の問題ではなく社会の問題だという意識が強くなり、二〇〇六年に自殺対策基本法というものができました。社会全体で取り組んでいかなければならない、ということになり、いろいろな対策が進んだ結果、自殺者数が少し減ったのではないか、とも考えられています。厳密に証明できないことですが、いろいろな相談窓口が自治体でも作られるようになりました。特に多重債務などに対しては、相談して債務整理をすることで自己破産し、死ななくても済むというケースが増えました。しかし一方では、若者の自殺は減らないというデータもあります。それは今の日本で本当に深刻な問題だと思います。若い世代の人たちの死亡原因のトップは、病気でも事故でもなく常に自殺なのです。一五歳から三五歳位までの死亡原因のトップは自殺です。これは先進国の中で本当に例外的なことです。どうやって若者の自殺者数を減らしていくかは、とても難しいことです。

死刑について

死刑制度についても、いのちの問題として二〇〇一年版から取り上げてきました。これについては、非常に難しいと感じています。この死刑より前の問題は、「今の医療の現実は、こういうふうになっています。こういうふうに変わってきています。それに対して信仰の目から見たら、私たちはこういうふうに考えます」という書き方をしてきましたが、死刑制度だけは諦めました。今の日本の多くの人の考え方と教会の考え方にあまりにもギャップがあるからです。資料にはヨハネ・パウロ二世教皇の言葉を、回勅『いのちの福音』から引用しました。これはカテキズムにも入っています。

> 絶対的に必要な場合、換言すれば他の方法では社会を守ることができない場合を除いては、犯罪者を死刑に処する極端な手段に訴えるべきではありません。しかし今日、刑罰体系の組織立てが着実に改善された結果、そのような事例は皆無ではないにしても、非常にまれなことになりました。
>
> （教皇ヨハネ・パウロ二世　回勅『いのちの福音』一九九五年）

教会の姿勢、特にヨハネ・パウロ二世以降の教皇の姿勢は、はっきりと死刑制度は止めていくべきだという方向になっています。それに対して日本の社会では、いろいろなアンケートを取ると、死刑制度存続に賛成している人が八割です。もちろん聞き方が違えば、違う結果が出てくるだろうとも言われています。例えば、日本には終身刑がありません。一番長くて無期懲役ですが、無期懲役といっても出所してくることがあります。そういうこともあるので、死刑はやむを得ないと考えている人も多いのかもしれません。しかしアンケートではそこまで拾えませんので、単純に死刑制度はYESかNOかというときに、YESが圧倒的に多いのが日本の現実です。そういう中で、新版の『いのちへのまなざし』では、今の世界全体が死刑制度廃止に向かっている方向にあること、刑罰の意味、そして冤罪が絶対になくならないことも考えなければいけないことなどを指摘しています。それから死刑があるから犯罪を思い留まるのではないかと考えて、死刑制度に賛成している人がいますが、現実に世界的な研究では、死刑制度は犯罪の抑止力になっていないという研究も多くあります。今回、特に取り上げたことは被害者側が本当に加害者の死刑を望んでいるかということです。「被害者の心情を考えるならば、極刑もやむを得ない」とよく言われますが、しかし、本当に加害者を死刑にすることを被害者やその遺族は望んでいるのかというと、必ずしもそうとも言えません。そういうことも丁寧に紹介しています。やはり私たちは、キリスト教信仰に基づいて回心と赦しの可能性というものを最後の最後まで信じたいし、奪いたくないのです。死刑はすべてを奪ってしまいます。その人から回心の可能性を、そしてゆるしと和解に向かう可能性を奪ってしまいます。それはキリスト教信仰とはどうしても相容れないところがあります。そういうところを語っています。

いのちを脅かすもの

第三章「生と死をめぐる諸問題」の後半に、「いのちを脅かすもの」としていくつかのことを付け加えました。環境問題は二〇〇一年版にもありましたが、その他はすべて新しく付け加えたものです。二〇一五年にフランシスコ教皇が『ラウダート・シ』という、地球環境などに関する回勅を出しましたので、それにも大きな示唆を受けることになりました。一番特徴的なフランシスコ教皇の教えは、インテグラル・エコロジーということです。「総合的なエコロジー」と日本語で訳されています。先ほどからお話ししている生と死に関する問題を扱う「生命倫理」という分野が以前からありました。それから「社会倫理」という経済や政治などに関する倫理を扱う分野もありました。最近になって、「環境倫理」という人間が環境に対して負う責任を取り上げる分野もできてきました。フランシスコ教皇の特徴は「全部がつながっている」ということです。胎児のいのちの尊さという問題も、貧しい人の人権という問題も、そして地球環境の問題もすべてがつながった問題だということを強調しているのです。「すべてがつながっているといくら主張しても主張し過ぎるということはありません」という有名な言葉もあります。そういう中で環境の大切さを考えていこうというのが環境問題の項です。

原子力発電の問題も、いのちの問題として取り上げなければいけないと思い、扱っています。二〇一一年三月に東京電力福島第一原子力発電所の事故がありました。その後、日本の司教団は一昨年に『今こそ原発の廃止を』という分厚い本を出しました。その本の中で原発の問題について、たいへん詳しく語っています。『いのちへのまなざし』ではコンパクトに語ることしかできませんでしたが、重要な問題点はすべて指摘していると思います。ここにも書きましたが、根本的な原発の問題点、それは事故が起こった場合の被害の甚大さです。私は今、福島県の浜通りに住んでいて、日々、嫌というほど感じています。本当に取り返しのつかない災害が起こってしまったということです。ウラン採掘から原発操業、事故後の処理までの環境破壊と被曝労働（労働者たちの被曝問題）が深刻な問題です。それから、使用済み核燃料の処理方法がありません。核燃料サイクルの見通しもありません。日本がこれまで計画してきた核燃料サイクルも結局は、ほとんど破綻してどうにもならない状態になっています。使用済み核燃料はどんどん積み重なっていくだけで、処理の方法もないのです。地域間の不公平、世代間の不公平という倫理的問題もあります。地域間の不公平というのは、東京の人たちが使う電気を福島で作っていることです。福島の人が恩恵を受けてきたという人もいますが、結局、事故が起きたら福島の人が甚大な影響を受けて、東京の人たちは普通に生活しています。このような地域間の不公平が原発にはつきものです。世代間の不公平も大きな問題であり、処理のできない核のごみを次の世代に押し付けている。そんなことが許されるのか、という問題です。それから軍事利用への転用の可能性です。これも詳しくは話せませんが、なぜこの期に及んで原発を止めないかという一つの理由としては、潜在的な核抑止力になる、という考えが根強くあるのです。そういう問題点しか指摘していないかもしれませんが、原発の問題もいのちの問題として考えていかなければいけないと言っています。

格差と貧困の問題について、これもいのちの問題ということで取り上げています。フランシスコ教皇がよくおっしゃっていることですが、「昔から貧しい人はいろいろな形で抑圧されてきた。でも今では貧しい人々は、もはやこの世界に存在しないかのように扱われている。完全に排除されてしまっている」のです。「排除と格差のある経済を拒否せよ」という強い言い方もしています。この格差と貧困の問題がいかにいのちに対して深刻な問題かということをおっしゃっていますし、やはりその問題をいのちの問題として考えなければいけないと思います。差別についてもそうです。

最後に戦争と暴力の問題です。いのちに対する最大の暴力、いのちの否定はやはり戦争やテロだと言わざるを得ません。二〇〇一年、『いのちへのまなざし』が出版された、その同じ年にアメリカで同時多発テロが起き、その報復のための戦争、報復のためのテロがいまだに続いていて、その連鎖から抜け切れていないのが、私たち人類の現実です。そういう中で、戦争、テロ、暴力をどう乗り越えていくかということも、語りました。今回、特に取り上げたのは「正戦論」です。ぎりぎりのところで与えられた損害を排除するために正しく戦争をすることはありえる、という考えがカトリック教会の伝統的な教えとしてあったのですが、もはやそれは通用しないということも、ハッキリと書きました。現代の戦争は軍隊と軍隊が戦うような戦争ではなくなってしまっています。無差別に市民を殺戮していくというのが、現代の戦争の特徴であり、それはいのちの破壊でしかないから、絶対に戦争はありえないということを語るようになりました。

まとめは、最初のところに戻ってお話しします。本当にいろいろな問題があり、今の社会の中で、あるいは人生の歩みの中でいのちを脅かすものがたくさんあります。そういう中で私たちはいのちを大切にしようと呼びかけているわけですが、いのちを大切にしようと言ったら誰も反対しないと思います。しかし、その中で特に大切にしたいこと、それは、聖書のメッセージのところでも言いましたが、「いのちの平等性」と「いのちの連帯性」です。「いのちの平等性」とは、すべてのいのちは神からのもので、すべての人のいのちに同じ尊厳があるということです。障害があるかないか、どの民族か、男性か女性か、そんなことは関係ありません。本当にすべてのいのちに同じ尊厳があるということを私たちは大切にしなければいけないのです。もう一つは、「いのちの連帯性」です。医学的な、生物学的なモデルと言うのでしょうか、一つの肉体の中にいのちを閉じ込めて考えるのではなくて、いのちは、神とつながっているし、他の人とつながっているということも、大切にしていきたいのです。そして、そのつながりの中にあるいのちは、肉体の死を超えるいのちだということも、大切にしていきたいことです。

ぜひこの『いのちへのまなざし』をもう一度読んでいただければと思います。

（二〇一八年五月二六日　講演）

「生命」へのアプローチと、「いのち」へのアプローチ

佐竹　正延

前置き

本日は、「『生命』へのアプローチと、『いのち』へのアプローチ」というタイトルで、話をしてまいります。私、大学に在職していた当時は、生命科学の研究に従事しておりました。生命現象を、遺伝子や分子の言葉で理解する立場からの研究です。専門的には、細胞生物学や分子生物学といった分野になります。話の前半では、研究者が「生命」にどのようにアプローチするのかについて、私の経験をお話しします。続いて話の後半ですが、私、数年前に大学を退職しまして、その後は精神科病院に医師として勤務いたしました。病院では、認知症患者さんの診療に従事しました。そこで話の後半では、医師が「いのち」にどのようにアプローチするのかについて、お話しします

「生命」と「いのち」は、英語では「life」、同じ言葉を使います。なのに、日本語でわざわざ「生命」と書いたのは、人間に限らず動物一般、植物一般、全て生命あるものを指していて、研究の客観的対象として見ているということです。一方、「いのち」と書きましたのは、医療においては、医療チームと

患者さんという、人間の相互作用が生じる関係になります。単なる客観的対象か、主客が相互作用しあう関係か、ニュアンスの違いが、「生命」と「いのち」という、言葉の違いとして現れています。皆様には、話の前半と後半とを比べて、「生命」と「いのち」はどのように異なるのか、研究者と医師はどのように違うのか、といった点を感じていただければと思います。では先ず、「生命」へのアプローチについて、お話しいたします。

「生命」へのアプローチ――サイエンスへの動機について

研究内容そのものについては、専門分野ごとに異なりますし、理解するためには前提となる知識が必要です。従って難しい話が多くなってしまうので、内容には触れません。内容ではなく、生命科学の研究者が研究に取り組んでいる際の、心の有り様に関して、お話しします。また研究には、競争がつきものです。競争が、研究者にとってどういう意味を持つのかについても、紹介します。

リチャード・ロバーツ（Sir Richard Roberts）という先生がいらっしゃいます。この方は、一九九三年にノーベル生理学・医学賞を受賞された方です。受賞理由は、「遺伝子発現におけるスプライシングの発見」というものでした。スプライシングが何事であるのかは説明しませんが、分子生物学の教科書において、最重要な命題の一つであります。真核細胞（例えば、ヒトの細胞）でこんなこと（スプライシング）が起こっているとは、誰も想像しなかったことを発見した方で、革命的な大発見でした。そのリチャード・ロバーツ先生が、だいぶ前になりますが講演のために、東北大学医学部に来校されたのです。

ノーベル賞受賞者が東北大学を訪れるなどということは滅多にないので、さっそくこれ幸いと聴講に参りました。ロバーツ先生は「生命科学」について、医学部学生を対象に一時間ほど語ってくださいました。その一時間をたった一言でまとめますと、先生からのメッセージは、「興味を覚えたことを、徹底的に探求しなさい」これだけでした。きわめて簡単です。勿論、興味と言いましても、遊びや芸事への興味ではなく、知的な興味、知的関心に基づく自然科学、サイエンスの研究の話です。「若者である君たちは、面白いと興味を持ったら一生懸命、探求しなさい」と、講演されたわけです。聞いた私の感想を申しますと、ノーベル賞受賞者なのだから、高度で深みのある講義を予想していたのに、ずいぶんと素朴な内容だなあ。面白いことをやりなさいということなら、ノーベル賞受賞者でなくても誰でも言えるじゃないか。とはいえ、人間や社会の本質について何か深遠な考察を述べてくれるのではないかと期待するのは、筋違いであって、ノーベル生理学・医学賞は、生命科学における業績・達成に対して授与されたのであり、人間社会に関わる思想に対してではありません。ですから、先生がおっしゃる内容が素朴なのは、無理もないのです。ただし、常人には言えないことも、おっしゃってはいました。即ち、物事を徹底的に探求することは非常に厳しい道程であり、大部分の研究者は中途半端にしかできず、ノーベル賞には至らないで終わるしかないのです。それはともかく、「面白いと思うことをやりなさい」に戻りますと、興味深いこと、知的に面白いということと、生命科学とは一体、どういう関係にあるものでしょうか。

現在は二一世紀の前半ですが、面白いということに関して言えば、生命科学ほど面白い研究分野は昨今、ないのではないでしょうか。「面白い」どころか、「ものすごく面白い」ほどです。例えば、私は一九五一年生まれで、七〇年ほど生きていますが、私が生きている間に生命科学で何が起こったか、概観してみましょう。まず遺伝子については、一九五〇年頃に遺伝子の実体はDNAであることが分かりました。それまでは人の子どもは親に似ている、あるいは、高校の生物学で習ったと思いますが、えんどう豆の種がシワシワになったり、ツルツルになったりする観察から、遺伝という現象が知られていました。そして遺伝現象を説明するために、遺伝子という用語を使っていました。遺伝子を使うと、遺伝現象をうまく説明できたわけです。しかし往時に遺伝子と言っていたのは、抽象的な概念でした。概念で現象を説明していた。それが一九五〇年になりまして遺伝子が、DNAという物質であると判明したのです。ですから生命現象としての遺伝は、別に神秘的な現象でも不可思議な現象でもなく、単に物質で説明できると分かったのです。第一の革命です。しかし一九五〇年には、遺伝子にはAGCT（塩基）があるということしか分かっていませんでした。それから二五年が経ち一九七五年になると、それぞれの遺伝子におけるAGCTの並び、遺伝暗号を解読できるようになり、塩基配列を決定できるようになりました。私が大学院学生の頃の話であり、自分も遺伝子の解読研究に従事しておりました。遺伝子の暗号が解けるとアミノ酸配列に置き換えられ、タンパク質の構造が決まり、これが第二の革命でした。さらに二五年が経ち、二〇〇三年にはとうとう、ヒト・ゲノムの全情報が解読されました。一九八〇年頃にワトソン博士がヒト・ゲノムを解読すべしと提唱したものの、五〇年くらいはかかるのではないかと言われていましたが、驚くなかれ、たったの二〇年、驚異的なスピードで解読されてしまいました。ヒト・ゲノムの完全解読が、第三の革命的な出来事です。そして今は一人一人、各個人のゲノムが解読可能な時代になりました。以上のように、現在は二一世紀前半ですが、過去五〇年、未来の五〇年、合わせて一世紀は、間違いなく生命科学の世紀であるといってよいかと思います。

生命科学の研究は若い人々、青年子女を惹きつけてやみません。なぜかと言えば、極めて興味深く、面白いからです。しかも知的な問題は一見難しいのですが、探求していると最終的には解決が可能なのです。そして回答が得られると、生命って、うまくできているなと感動します。調和の感覚を覚えるのです。しかもある問題を解決すると、次の問題がすぐに出てきます。常に新しい問題が出てきて、解決すべき問題は無限にあり、しかも簡単な問題から難しい問題まで、さまざまなレベルがあります。ノーベル賞学者は難解な問題を解決して受賞しますし、能力のない私は、簡単な問題を解いて自己満足していました。問題解決の手段は万人に開かれていることがまた、生命科学研究の素晴らしいところでもあります。

人々(特に若い方々)の心に映る、生命科学研究の特徴とはどのようなものか? それは普遍的、民主的ということでしょうね。ある程度のトレーニングを受けると(大学院卒業のレベル。修士や博士の学位を取得し、研究者の入口くらいには到達したレベル)、原則的には誰でも(王侯、貴族、一般庶民、金持ち、貧乏人の区別なく、民主的にということ)、何時でも、何処でも(普遍的ということ)、世界で初めての知的創造行為に参画することが可能です。しかも何らかの創造を達成すると、深い知的幸福感、知的満足感が得られるのです。

ではなぜ、科学は普遍的であり、民主的でありえるのかを、考えてみましょう。理由は、歴史的な事情に由来すると思われます。サイエンス・自然科学においては、合理性が信条です。合理性というのは、ものごとの道理がよく分かること、誰しも納得できるということで、合理性を信条としているのが自然科学です。日本には八百万神、仏教、儒教と何でも受容した寛容な精神が溢れていましたが、サイエンスは発祥しませんでした。なかったわけではありませんが、あまり発展しませんでした。サイエンスが勃興したのは、西ヨーロッパの諸国です。西欧の歴史では、神様の信仰と合理性の信条が厳しく対立しました。有名なのは、イタリア・ルネッサンスにおける、ガリレオ・ガリレイの宗教裁判です。片方は「太陽が回っている」と言い、もう片方は「地球が回っている」と主張した歴史があるわけです。その教訓を踏まえ、宗教と科学は別物として分離されました。超越神で全てを説明するという信仰はいったん脇に置いて、ものごとの道理が通るか通らないかだけに専念することで、宗教と科学の分離の原則が導かれ、科学が興隆したと思われます。もともと神様のものは神様のもの、皇帝のものは皇帝のものと、宗教と政治が分離することは福音書に書かれていることですから、それを科学に敷衍するのは、おかしな話ではありません。神様の信条に代えて、合理性を信条とし、科学を宗教から分離したことが、普遍的・民主的な科学の出発点となったと思われます。

科学者は、面白いという理由で、知的な創造それ自体に意義を見出し、研究に励んでいます。ここまでは宜しいのですが、実はそれからが重要です。つまり、神様から分離し、合理性にだけ基礎を置いて仕事をすることになると、サイエンスが内包する論理のみで展開が可能になります。しかも成果の蓄積が可能ということは、ゼロから出発する必要はなく、先人の業績の上に立って出発できるのです。先人の業績が十あれば、十から出発できます。従ってサイエンスは個人レベルでは相加的、個人が集合すれば相乗的に発展できることになります。別な言葉で説明しますと、生命科学、あるいは自然科学の研究自体は、人間的・社会的な価値判断を含まないことが大きな特徴であり、それは即ち、生きていく上での規範とは無関係ということです。人間として良い生き方、あるいは正しい生き方とは何か、社会の在り方は民主政が良いのか、独裁政が良いのか、そういった事柄はいったん脇に置き、ただ単に生命を含む自然現象の道理がよく分かるか、説明がつくかどうかだけを問うのです。換言すれば、サイエンスは自己完結が可能であり、サイエンス自身の論理で動いていることになります。

「生命」へのアプローチ――サイエンスの限界について

自然科学、生命科学の研究者の心の中を覗いてみると、とても単純です。知的に興味深い研究、面白い研究に従事している、それだけです。そしてサイエンスは、自律的・自己完結的に発展していきます。ここまでは宜しいのですが、危険性もないわけではありません。全く制限がかからないと、科学は次第に独り善がり・傲慢になっていく傾向があるのです。知的な興味であれば何をしても良いことになって、一番悪名高いのは、（生命科学ではありませんが）原子核物理学を研究している間に、原子爆弾まで作ってしまった歴史です。

そこで、自然科学研究者の心の在り方の特徴について、科学真理との関連から考えてみましょう。第一に、サイエンスにおける真理は美しく調和がとれているのが通常ですので、科学研究に没頭していると、科学者の目に真理は、相対的ではなく絶対的のように見えてまいります。何のことはない、神を脇に置いたはずのサイエンス、そのサイエンス自身が超越存在に変身する感じです。第二に、自然科学においで真理が成立するためには、何らかの前提条件があるのが普通であり、そのことを「科学は相対的なものである」と表現します。しかし、科学者が専門家以外の方々に説明する場合には、真理の成立過程や前提条件を話していると難しくなるので、過程や条件は省略して、結論だけを伝えがちです。すると科学者自身もだんだんと、結論だけにしか注意を払わないようになり、真理は相対的ではなく絶対的のように見えてくるのです。というわけで第三に、自然科学者は人間や社会など難しいことは、考えなくなります。人間社会の複雑な要因には心を煩わすことなく、サイエンス万能主義・全能主義に陥りやすいのです。以上が自然科学研究者の心の在り様と思われます。

さて、サイエンス・自然科学の探求においては、人間社会の複雑要因に煩わされることはない、と申しました。具体的には倫理問題、あるいは社会問題に、自然科学は全く関わることなく、捨象できるのです。にもかかわらずサイエンスは、人間・社会に必ずや関与せざるを得ない必然性を内包している点が、不思議なところです。なぜかというと、ただ単に面白いことだけを研究しても、役に立たないのはダメだ、何かしら有用有益なことを研究しなさい、実用性を創出すべしと、国家や社会から要請されます。しかも、外的な要請ばかりではありません。サイエンス本来の在り方からして、サイエンスがどうしても人間社会に関わらざるを得ないのは、テクノロジーが介在するからです。例えば、自然現象の本質を理解するのがサイエンスだとしましょう。しかし、現象を理解するといっても、ジッと眺めていただけでは、何も分かりません。人間身体の内部の構造がどうなっているかは、解剖しなければ分かりませんし、解剖しても肉眼で見ただけでは十分には分かりません。組織の微細な構造を解明するためには、顕微鏡という道具が必要になります。分析のための道具・手段が、テクノロジーです。サイエンスで何ごとかを理解するためには、テクノロジー、例えば顕微鏡が必要になるのです。では、顕微鏡はどうすれば、作れるのか？　いい加減、でたらめにやっても作れません。レンズの光学特性など、サイエンス上の知見があって初めて、技術、器具、実験、手段が可能となるのです。言ってみればサイエンスとテクノロジーは車の両輪みたいなもので、両方が相まって発展していくことになります。

科学者が奇妙なのは、最初は、知的に面白ければよいとだけ言っているのですが、いったん役に立つことが分かると、得られた知見を人間・社会に応用することに躊躇がないことです。応用することが人間・社会に進歩をもたらし、人々の健康や福祉に役立つと信じています。役に立つことを主眼とする科学を応用科学と言いますが、応用科学は実用だけで、知的には面白くない？　そんなことはありません、応用科学も甚だ面白いものです。面白くて、なおかつ役に立つのなら、そんな良いことはないので、どんどん人間社会に適用していきましょう。以上のように、ひたすら楽観的なマインドで暮らしているのがサイエンティストである、と言えましょう。

「役に立つ」ということを、さらに考えてみましょう。サイエンス・テクノロジーを人間・社会に応用するのは、有益な側面があるからです。しかし、思わぬ副作用や有害事象が起こらないとも限らない。分かりやすいのは、原子力発電所の正の側面（制御されている発電）と、負の側面（制御不能に陥った場合）です。生命科学・医学の世界にも、ゲノム解読と個人情報管理の問題や、生命維持装置による無理？な延命の問題など、いろいろと難しい問題があります。ところが自然科学、生命科学の研究者は、サイエンス・テクノロジーが人間社会に難しい問題を引き起こしてしまっても、「人間社会の問題は、自分たちが取り組む問題ではない。人文社会科学研究者の課題である」と第三者に丸投げしてしまいます。ダブル・スタンダードとしか、私には思えません。

生命科学研究者の心の中がどうなっているか、まとめてみますと、非常に単純ではないでしょうか。知的に面白ければ良い、応用して面白ければ良い、即ち、楽観主義です。応用すれば社会が進歩するものと信じて疑わない、進歩至上主義です。こうした気分が高じると、いずれ独善（独りよがり）になります。しかも無意識のうちに二重基準、人間社会の難しいことは他人任せ、自分の面白いことだけを追及する、を採用しています。

さて、私自身も長年、面白いと思って研究に従事してきましたが、最近になって、面白いだけで良いのかなと、疑問に思う気持ちも生じて参りました。自分に限らず、現代の多くの研究者の心の中は、サイエンスが成立した一七、一八世紀から三、四〇〇年ほど経っていますが、昔と大きく変わったわけではないと想像します。相変わらず、「面白ければ良い」「社会が進歩すれば良い」という、それだけを信条として、仕事をしているのが自然科学の研究者です。しかし人間社会に及ぼすサイエンス、あるいはテクノロジーの影響は現今、極めて急激であり、甚大です。研究者の単純な心情と、研究結果の人間社会に及ぼす深刻な影響との間のギャップは、数百年前のギャップとは比べ物にならないくらい大きいのです。しかも昔は少なくとも宗教と科学の対立という、科学が成立するための条件を、科学者はかなり意識していたと思われます。しかし現代にあっては、科学の存立基盤は自明であり、意識することなど、殆どありません。ただ研究すればいい、ことになっています。

ギャップの例を、もう少し詳しく見てみましょう。先ほど話に出た、二〇〇三年に解読されたヒト・ゲノムは、ある一人のアメリカ人のデータであると言われています。一人の個人のゲノムが解読されたことは、偉業であり革命的なことでした。しかし、そのとき多くの人は「これでゲノムの時代は終わった」「これからはポストゲノムの時代だ」と言い、私もそう思いました。ところが驚くなかれ、その直後、次世代シーケンサーが登場したのです。おかげで、世界中の一人一人のゲノムを解読することが、原理的に可能になりました。政治の世界では、いったん革命が起こっても、その後に反動が起こるのが通例です。ところが生命科学の世界では、革命が起きると、さらにまた革命が起きるのです。技術的には、あと一〇年、二〇年くらいの間には、おそらく日本人全員のゲノム解読が可能になるだろうと予想されています。東北大学でも数年前に東北メディカル・メガバンク機構という組織で、仙台市民一〇〇〇人のゲノムを解読する計画が立案され、実際に解読に成功しているので、日本人全員分のゲノム解読も、さほど非現実的な話ではありません。

個人のゲノムが解読されると、どういう事態になるのかについて話しましょう。人間が生まれてから大人になるまでの過程を人間形成と称しますが、その人間形成は「生まれ」と「育ち」で決まると言われています。生まれは遺伝要因、育ちは環境要因になります。ゲノム解読とは、遺伝要因が完全に明らかになることを意味します。それにより疾患遺伝子が、その個人に存在するか否かが分かります。例えば難病の一つで、優性遺伝する多発性嚢胞腎はこれまで、大人になって発症するまで分からなかったのですが、ゲノムを解読すれば、未発症の親であっても疾患遺伝子があれば、その子どもさんが病気になるかならないかが、簡単に分かってしまいます。あるいは劣性遺伝する疾患遺伝子を持った人同士が結婚すると、生まれてくる子どもさんが病気になる確率は何パーセントになるかが検査で分かります。アメリカの研究機関では、一〇〇〇種類くらいの疾患遺伝子なら、簡単に検査できるとのことのです。このように疾患遺伝子の場合は、一個の遺伝子と一つの病気が一対一に対応しています。しかし、疾患感受性遺伝子の概念はやや複雑です。例えば糖尿病で、糖尿病関連の遺伝子が五個や一〇個あるとしましょう。すると、誰それさんは将来、糖尿病になる確率が、健常な人よりも一・三倍ほど高い、と言った予測がなされるわけです。しかし、一・三倍ほどリスクが高いと言われても、現実的な実感はあまり湧きませんよね。このように、よくは分からないが、確率を示す数値として計算されるのが、疾患感受性遺伝子です。さらに、病気関連の遺伝子以外にも、人格や行動と遺伝子多型とを結び付けて議論されることすらあります。お利口さん遺伝子、秀才遺伝子、天才遺伝子などです。実際に天才の人と普通の人とを分け、いろいろな遺伝子を調べていくと、天才遺伝子と称されるようなデータも出せないことはないらしい。それくらいならまだいいのですが、犯罪にひきつけて、犯罪者遺伝子といった項目もあります。果ては、個人、個性、人格といったいわば人間の根幹にまで、遺伝子・ゲノムが関連付けられての議論すら出てくるのです。この分でいくと、恋愛運や金銭運などの運勢占いと、遺伝子・ゲノムが結び付けられかねません。

先日、ある哲学の先生と、上に述べたような話をしておりましたら、先生から次のようなことを言われました。科学研究を、楽観的合理主義・進歩至上主義へと駆り立てているのは、価値判断をしないという、いわば免責感覚が自然科学研究者にあるからではないのか。結果について責任を問わないように、次の発見・開発を常に課題として提示していき、どこが終点であるかをできるだけ回避することが科学研究にはありそうである。科学研究には限界認識が重要であるはずなのに、科学の側では限界という概念が、意図的か、無意識的か分からないが、忌避されている。そのために科学が、人間疎外する側面がないでもない。

「生命」へのアプローチ──サイエンスにおける競争について

哲学の先生のコメントを紹介しました。では、どうしたらいいのかというと、私には分かりません。しかし、科学研究者の側からすると、「限界認識みたいなことを言われても、困る」というのが、本音です。そんなことを考えていたら、途端に研究現場から脱落してしまいます。いったん研究が始まれば、絶対に立ち止まれません。立ち止まった途端に、研究者失格となります。なぜかというと、競争があるから、限界認識云々なんて、言っていられないのです。そこで次に、競争という側面から、研究者の心の内を眺めてみたいと思います。

面白ければ何をやっても良い、研究の世界は普遍的で民主的であると申しましたが、それは理念上の話です。実情を申しますと、あまり民主的ではありません。なぜかというと、研究するためには研究資源が必要だからです。研究者は先ず、研究機関に所属する必要があります。生命科学の多くは個人研究ではなく、共同研究として遂行されるので、大学あるいは研究所などに所属しないと、研究はできません。それから職位も必要です。博士研究員や助教、教授といった職位に着いていないと、研究環境に居られないのです。さらに研究、特に実験には、研究資金が必要です。実験が大掛かりになればなるほど、巨大科学になればなるほど、必要な研究資金の額は膨大になります。しかも時代の最先端を行くような分野は、人気があり研究者が集中します。そうすると研究者の間で、有限な資源（職位、研究資金）の奪い合いが起こります。それが競争ということです。競争が激しくない分野がないわけでもありませんが、人気がないからゆったりしているのが実情です。多くの人は、人気のある分野に群がり、激烈な競争が始まるのです。

研究資源に制約があるから競争が始まる、ばかりではありません。研究者個人の内部、心の中からも、内発的に競争心が湧いてきます。研究ですから、世界で最初に発見したい、開発したいと、研究者は願います。自然科学の研究では、日本で一番は意味がなく、世界で二番目も意味がありません。とにかく世界で一番目、最初であることが肝心です。そして競争に勝つためには、高級な雑誌に論文を発表し、注目を浴びなければなりません。

研究者の任務は、論文を書くことです。『journal』（雑誌。月刊あるいは週刊の頻度で発行される、研究論文を掲載している雑誌）に、原著論文を発表することが責務です。原著論文とは、新しい発見の報告記事のことです。文科系と違いまして、自然・生命科学研究者の場合、著書や本は研究とは認められません。本の出版は、新しいことではなくこれまで知られていることをまとめているに過ぎない、と見做されるのです。新しいことを発表する原著論文の方が、既知をまとめた単行本より大事なのです。そして論文は、世界中の誰もが読める英語論文でないと意味がありません。日本語論文は、クズも同然。また、雑誌と言っても、さまざまな種類があります。高級な雑誌、標準的な雑誌、低レベルの雑誌といった具合。雑誌がどのようにランク付けされるかというと、世界中の多くの人が読む論文が掲載されているのが、高級な雑誌です。関係分野の専門家が読んでくれるのが、標準的な雑誌。誰も読んでくれないのが、低レベルの雑誌です。研究者である以上、ゴミ同然の低レベル雑誌には発表しない。目標は高級雑誌。しかし、高級雑誌に論文を通すのは極めて難しい。ならば、せめて標準的な雑誌。世界標準、国際標準の雑誌に発表できるよう心掛ける。もっとも国際標準とは実は、米国が標準になります。例えば細胞生物学なら、米国細胞生物学会で発行している機関誌に発表することが、国際標準レベルになります。研究者は、少なくとも国際標準で戦わなければならないということです。

さて研究者が、世界で最初に発見したい、開発したい、高級な雑誌に発表して注目を浴びたいと願うのは、当然のことです。しかし、研究者の想いはだんだんと、勝利・栄光・名誉への欲求に変質するのが通常です。例えば、学界で有名になりたい、大学で偉くなりたいといった具合。悪いことではありませんが、「オレってすごいだろう。どうだ！」と、威張りたいのではないでしょうか。特に男性は、威張る傾向が強い。誰に対して威張るかというと、同じ研究者同士、同業者に対して「どうだ！」と言いたくなるのです。どなたか、漫画家の方が「どうだ病」と名付けていました。研究者の多くは、軽症から重症の「どうだ病」に罹患しています。

競争は、個人の内面レベルから発生するばかりではなく、国家からの要請でもあります。即ち、現代世界にあって、我が国が先進国の位置を保持し、世界に範たる国家（国民）であり続ける為には、科学技術の進展を通じて経済産業を強化し、国力の隆盛を図らねばなりません。科学技術立国は、国是なのです。私が小学生の頃の国是は、加工貿易であると教わりました。日本は資源が何もないので、外国から資源を輸入し、加工し、付加価値をつける。それを輸出して、国が生きていくのが加工貿易、五〇年前の国是でありました。国是はその後、産業立国、貿易立国となり、産業や貿易はよくよく考えたら、その基盤を支えているのは科学技術であるということで、今は科学技術立国が、国家の基本方針となっています。実際に科学技術基本法という法律がありますし、それに則り総合科学技術会議も内閣府に設置されています。最近では「イノベーション」という概念も追加されました。ただ単に科学技術をやっているだけではダメだ、年がら年中、イノベーションしろ、革新しろと、革新に次ぐ革新が要請されています。国が負けたらおしまい、敗北するわけにはいかない。滅亡への恐怖から逃れるために、ひたすら競争することになります。

そして、国家レベルだけではなく、個人レベルでも、破滅は大いなる恐怖であり、強いストレスです。ですから研究者というのは、昨日は「どうだ」「オレってすごいだろう」という、得意の絶頂。今日は「オレはダメかもしれない」「研究者人生も終わりだ」という、最底辺の絶望。心理的に極端な高低を経験し、しかも一人でじっと耐えなければならないのが研究者なのです。

競争は生存に関わることですから、本来は悪いことではなく、良いことです。しかし、「世界一を目指して競争しよう」と言っていたはずが、だんだんと意味がずれていき、「世界一でないものはダメだ」となりやすいのです。つまり、「世界一を目指そう」という競争は、目標（ゴール）にむかっての過程（プロセス）です。一方、「世界一でないのはダメだ」では、競争の最終結果だけが重視されます。そうなると、「勝つことが善であり、正しいことである」「負けることは悪であり、良くないことである」と、なってしまいます。勝った人は宜しいでしょうが、負けた人はたまりません。実は結果オンリーになると、困ることがたくさん出てきます。例えば、毎年発表される大学の世界ランキングですが、ランキングで日本の大学のトップは東京大学です。しかし、東京大学は世界で三〇位から五〇位の間。日本の大学で一〇〇位以内に入っているのは東京大学だけ。私が在籍した東北大学は一五〇位くらい。「世界一でないのはダメ」を適用すれば、日本の大学は全部ダメになってしまいます。

たった一回の競争結果で善悪を判定されるのは、受け入れがたいことです。避けるためには、年がら年中、競争すればよろしい。一回目に勝った人・国は、当然ながら次も勝ちたいと思い、一回目で負けた人・国は、次は勝ちたいと思います。競争を続けている限りは善悪の決着がつかないので、ひたすら、永遠に競争することになります。本来、サイエンスと競争は無関係なはずです。競争などしなくても、まじめにサイエンスをやっていれば、研究は進展するはずです。しかし現代において競争は、初めからサイエンス・テクノロジーの制度・体制に組み込まれてしまっています。しかも、良いことか悪いことか分かりませんが、競争したほうが研究は進展するのです。一人でこつこつやるより、大勢に競争させたほうが、必死の思いでやりますから、研究進展のスピードは速い。

ただし、研究分野を全体的に見れば常に進展しているが、個人や一人ひとりのレベルで見れば、年がら年中、研究が進展している、絶好調というわけではありません。不調でうまくいかない時もあります。不調時には、競争は過剰なストレスに感じます。その結果、いろいろな弊害や適応不全が出てこないわけではない。研究者の良心の喪失も、弊害の一つです。例えば教授が、「これまでに、こういうことが分かっている。それを基に仮説を立てれば、こうなるだろう」と学生に言います。仮説を基に学生が実験しますが、実験結果は教授の言う通りにはなりません。すると教授は、「そんなはずはないから、もう一度実験しなさい」と言い、言われた学生は何回も実験を繰り返しますが、教授の言う通りにはならない。教授は「なぜ、私の仮説に合わないデータしか持ってこないのだ」と言い、すると、いつの間にか学生は、教授が言う通りのデータを持っていくようになるのです。以上がデータの改ざん、あるいは捏造に至る経緯です。即ち、良心の喪失。あるいは心身を病み、引きこもりになってしまう研究者もいます。

「生命」へのアプローチ――再び、サイエンティストにとっての、サイエンスについて

こうしてみると、一体、何のために科学研究に従事するのか。競争に勝つためなのだろうかと、考えざるを得ない。自分のことで恐縮ですが、私は、一〇〇回戦って一回勝ったことがあったかどうかの、研究者人生でした。九九回は負けました。では、勝ちさえすればいいのでしょうか。私も存じ上げている、大変に高名で、学界で誰一人知らない者はいないという研究者がいらっしゃいました。その先生は、私の研究業績の数十倍の業績があり、連戦連勝のような方でしたが、先生が退職する直前に心情を尋ねたら、「ボクは人生、一体、何のために生きてきたのだろう」とおっしゃっていました。勝つことだけを考え、勝ち負けばかりに気を取られていると、心は殺伐としてくるらしいのです。結局、サイエンスや科学研究は、スポーツではないということです。スポーツであれば宮城県大会に出て、制覇したら東北大会に出る。次は全国大会、全日本選手権、世界選手権、オリンピック。優勝と金メダル、それ以外は全てクズだ、二番以下はビリと同じだ、と言う人もいるくらいです。しかし、それらは結果です。スポーツの世界では結果しか評価されないのかもしれませんが、サイエンスはそうではないと信じています。競争は大事であり、競争しなければならないけれど、競争すると同時に、自分の原点は見失わない方が宜しいのではないかと思います。サイエンスの原点とは、ロバーツ先生のおっしゃっている「自分の頭で考え、自分の手で実験し、小さなことでも何事かを解明し、理解できた時に覚える、知的感動」。

これが、サイエンスの基本です。ここで「自分」ということがとても大事です。研究雑誌で他人の論文を読んでも知的な刺激は受けますが、自分で研究すると、感動の質はとても深いものになります。それから「解明し、理解する」ことは、仕事の達成感とは少し違います。科学の世界での仕事の達成とは、論文を発表することです。しかし、論文を発表するまでには、数年にも及ぶ長いプロセスがあり、その中で論文を作っていくのです。過程にあっては日々、小さいけれど何かしら発見や進歩があります。それはとても悦びなのです。ですからプロセス自体に悦びを見出せることが、サイエンスの良いところであると思います。特別な素質や才能がない普通の人が送る人生は、とても平凡です。平凡な人生であっても、体験しうる最も深い悦びの一つがサイエンスであると思います。

「いのち」へのアプローチ──認知症について

後半では「いのち」へのアプローチということで、「認知症」の症状と転帰について話します。転帰というのは医学用語で結末という意味です。まずは、認知症の定義についてですが、「後天的な脳障害により、いったん獲得した知的機能が持続的に衰退し、そのために、生活に支障をきたすようになった状態」と定義されます。「いったん獲得した知的機能が持続的に衰退する」ということは、いったんは大人になり正常なレベルまで到達した後に、機能が低下するということで、精神発達障害とは違います。発達障害は一定のレベルに達しないことです。認知症の定義で特徴的なのは、「生活に支障をきたすようになった状態」ということです。医学では普通、病気の定義は医学的な内容だけであり、「生活に支障をきたすようになった状態」といった文言が定義に入ることはありません。「生活に支障をきたす」とは、自立した生活が困難となり、他人の手を借りなければならないことです。生活の支障にはいろいろなレベルがありますが、最初は難しいこと、複雑なことができないことから、進行すると、簡単なことさえもできない状態になります。初期の段階の支障の具体例としては、社会生活ができなくなります。人との約束をすっぽかしたり忘れたり、銀行や郵便局で用をたせない、計算もできなくなります。買い物も不自由になり、複数個の買い物ができず、逆にたった一つのものだけを大量に買い込むということもよくあります。ティッシュペーパーなら、それだけにこだわってしまい二〇箱も買ってきてしまうというようなことです。続いて、だんだんと家庭生活にも支障をきたします。部屋の整理整頓ができない、女性は料理の手順を間違える。料理を作るためには三つ、四つを同時進行する複雑な動作を要求されるので、手立てを考えなければいけません。電気機器の操作ができなくなります。パソコンやテレビをつけるとき、どのボタンを押していいのか分からなくなってしまいます。この程度ならまだいいのですが、病気が進行すれば自分の身の回りの簡単なことすらできなくなります。起きること、歩くこと、食べること、排泄ができない。整容（身だしなみ）、男性はひげが剃れない、女の人は髪がボーボーで、お化粧もできなくなります。着衣も入浴もできないということで、一部介助や全介助が必要になります。認知症が進行すると、最終的に何もできなくなります。生きてはいますが、いわゆる寝たきりの状態です。症状の進行は患者さんによって異なるので、全員がこうなるわけではありませんが、進行していった場合の最終症状は想像を絶するものになります。

認知症には四つほどの主要なタイプがあり、代表的なのが「アルツハイマー型認知症」です。この病気は大脳にアミロイド・ベータ蛋白質、リン酸化タウ蛋白質が蓄積し、神経細胞が変性・脱落するという病気で、原因は不明です。最初は海馬の萎縮から始まり、記憶の障害が現れます。近時記憶と言って、つい最近の出来事を記憶できません。しかし、認知症で大事なのは物忘れだけではありません。認知症とは物忘れのこと、と思っている方がいらっしゃるかもしれませんが、認知機能全般、ということは知的機能全体が次第に衰えていくのです。脳の高次機能を司っている、前頭葉や側頭葉が萎縮していくからです。そして年月の経過とともに、次第に病状が進行し、悪化していきます。現時点では根本的な治療薬はなく、不治の病です。若年性アルツハイマーと言って、五〇歳くらいでアルツハイマー病になる方の経過は、多くの場合、悲惨です。

アルツハイマー型認知症の特徴的な症状は六五歳以降に出現し、そのあたりから罹患率が増え始め、八〇歳以上になると加速度的に増えていき、五人～一〇人に一人くらいの頻度になります。物忘れ（記憶障害）で始まることが多く、進行性に悪化します。進行しない物忘れは単なる老化によるものです。歳を取ってくると、昨日の夕食のおかずが何だったか思い出せないこともありますが、気にする必要はありません。しかし、三〇分前に朝食を食べたことを忘れて、自分は何も食べさせてもらっていない、と言い出せば認知症の可能性が大いにあります。自分が病気であるという認識を病識と言いますが、病識に乏しい、病識を欠くということで、自分が認知症であることや物忘れしやすいということを自覚していないことになります。しかも高度に進行すると、運動障害や、食べ物を呑み込めない嚥下障害も起きてきます。全員がそうなるわけではなく、個人差がありますが、進行すると運動障害・嚥下障害にまで至るということです。

認知症の症状には「中核症状」と「周辺症状」があります。中核症状というのは神経細胞が脱落することによって、直接的に起こる症状を言います。周辺症状というのは心因的な反応だと言われていますが、なかなか分かりづらいので、「中核症状は、病気だから仕方のない症状である」「周辺症状は、いくら病気でもこれでは周囲がたまらない」と、理解していただくと分かりやすいと思います。先ず中核症状について列挙します。「記憶障害（物忘れ）」しまい忘れ、置き忘れ、同じことを何回も言う、約束を忘れるなど、短期記憶が障害される。一方、長期記憶は残っていて、昔のことはよく覚えている。「見当識障害」ここがどこか、今がいつか分からない、もっとひどくなると季節も分からなくなる。「失語」言葉が出てこない（物の名前が出てこず、あれ、これと言う）。聞いた言葉の意味が理解できない。運動性失語と感覚性失語があります。「失行」目的とする行為ができない、指示された動作ができない、誤って遂行する（着衣失行など）。例えば、シャツの前と後ろが分からないので前後を逆に着てしまう、ズボンの前後が分からず履いてしまうことを着衣失行と言います。「失認」見ている物が何か、人物が誰か分からない。自分の奥さん、夫、子どもに会っても分からなくなるということです。「実行機能障害」段取りをつけて、物事を行えない。料理の手順を追えない。そして、「病識の欠如」。以上が中核症状です。

次に、周辺症状について述べます。その特徴は、中核症状から派生して起こるもので、環境要因・病前性格・身体疾患・家族や介護者との関係など、背景因子に左右されて出現します。必発ではなく、個人差がある。激しいものから軽度のものまで、程度はさまざまである。心因的な反応であり、理解可能である。家族や介護者の患者に対する対応が不適切なため、患者がそれに反応して起こる場合が多いようです。しかも起こってしまった周辺症状は、家族や介護者にとって大問題となります。

物忘れそれ自体は中核症状ですが、そこから周辺症状が発生する状況を説明しましょう。例えば、大事な財布を認知症の患者が自分でどこかにしまいますが、どこにしまったか、置いたかを忘れてしまい（中核症状）、家族、お嫁さんや自分の子どもに聞くわけです。それに対する家族の対応が「おじいちゃん、また忘れたの。何やってるの」と叱れば、本人は自分が忘れたとは思っていないので、「なぜ私が怒られるのだろう……」「なぜ私が責められるのだろう……」となり、強い口調で言い返す（暴言という周辺症状）。あるいは「ひょっとしたら財布は自分の家族が盗んだのではないか」と疑って、妄想という周辺症状につながっていきます。患者が「財布がない」と言ったら、家族は、「そうですか、では後でゆっくり探しましょうね」というように対応すれば、「ああ、そうだね」と納得するかもしれません。しかし、相手がガーッと攻撃するから、こちらもカーッと防御するのが周辺症状です。

周辺症状を列挙します。「妄想」については、物盗られ妄想が多く、お金、通帳、財布、衣服、食器、印鑑などを盗られたと思い込みます。嫁が盗ったという妄想は典型で、他にも娘、婿、隣人が盗ったと思い込む被害妄想や、配偶者が浮気をしているのではないかという嫉妬妄想があります。「攻撃的言動（暴言、暴力）」も非常に多く見られます。「易怒性」というのは怒りっぽいことで、認知症になる前のその人の性格と関係しています。もともと怒りっぽかった人が、もっと怒りっぽく瞬間湯沸し機みたいになり、先鋭化していきます。対人関係の不得意な男性に多く見られます。それからアルツハイマー型認知症の人ばかりではなく、脳梗塞後遺症の一つとして、脳血管性認知症でも暴言・暴力が見られます。暴言・暴力に家族は困ります。家族に限らず、施設に入っている場合にも大暴れをして対応に苦慮することになります。その他にも、いろいろな症状があります。「幻視」は統合失調症のようでもあり、見えないものが見えてしまいます。私も患者さんに、「先生、赤ちゃんをおんぶして、どうしたのですか」と言われたことがあります。「睡眠障害（不眠、断眠など）」による昼夜逆転は特に多い症状です。病院や施設に昼夜逆転の患者さんがいると、医療側としては大変困ります。当然のことながら夜間は、医師も看護師も介護士も人数が少なくなります。その状況で患者さんたち全員を見守っていなければならないので、夜中に不穏・興奮・徘徊されると、とんでもないことになってしまいます。また、「帰宅願望」も多く見られます。「徘徊」も有名ですね。しかも家人の隙を狙ったようにして、家から出て行ってしまいます。私が経験したことでは、とても元気な患者さんで、歩きではなく自転車で遠くまで行ってしまうものですから、家族の人たちも探すのが大変でした。時には新幹線を利用しての徘徊ということもありました。何かの拍子に自分の故郷に執着すると、そのことばかり考え、そして、何もできないはずなのに、不思議なことに新幹線やバスを使って自分の故郷に帰ってしまい、数日後、故郷に住んでいる親戚から「おばあちゃんが来ていますよ」と連絡がくるという次第です。それから「不潔行為」これも対処が大変です。最期になってくると自立での排泄ができなくなりますから、オムツ対応になります。排便すると気持ちが悪いので、それが便だということが分からずにオムツの中に手を入れて、便をそこら中に擦り付けてしまいます。患者さんもベッドも便だらけになる事態が排便のたびに起こり、後始末が大変です。「性的逸脱行為」は男性に多い。それから「常同行動」、何か一つのことに執着すると、それをずっと繰り返します。私が経験したことでは、患者さんがやって来て、「先生、宮内庁から連絡が来ていませんか」と言うのです。私が「どうしたの」と聞くと、「天皇陛下から勲章をいただけることになって……」。私は驚きながらも「来ていないですね」と答え、引き取ってもらうのですが、一〇分くらい過ぎるとまた、「先生、宮内庁から……」と来るのです。一時間は六〇分ですから、一時間に六回。こうなるとこちらがおかしくなりそうで、本当に大変です。

私が感じたことは、人の心はそれほど自由ではないのではないか。子供にも大人にも「自由にものを考えましょう」と簡単に言いますが、実は難しいのではないか。私たちは家庭や社会の中で生きていくために、いろいろと学習します。学習というのは何であれ、あるパターンを覚えることだと思うのです。あるパターンに則るから、家庭・社会生活が円滑にいくのです。ところが、あるパターンを習得してしまうと、そのパターン以外は考えられなくなってしまいます。パターンを十くらい知っていれば状況に応じて対応は可能なのですが、認知症の場合、九つのパターンが脱落して、たった一つのパターンだけが残るので、執着することになるのではないか。人の心は自由だ、自由だ、と言われていますが、私はあまり自由ではない気がします。パターンに乗っ取られているともいえる。健常な人でもそうで、認知症では極端になると想像しています。

周辺症状に関しては、認知症が軽度～中等度の時期は体が元気な分、周辺症状が非常に激しく出る傾向があり、それにより周囲にとっては大問題になることがあります。皮肉な言い方ですが、認知症が進んでいくと身体の活動が低下して何もできなくなりますから、むしろ周辺症状は緩和していきます。

「いのち」へのアプローチ――人生の最終局面について

さて、この辺りから、あまり元気の出ない話を申し上げることになります。認知症の最期はどうなるのかという話です。認知症に関して、予防や疫学、社会問題などはメディアでよく取り上げられます。NHKの番組などでも認知症の予防といった話題で特集が組まれ、聞いていると、直ちに予防ができて認知症はこれから無くなるみたいに錯覚してしまいます。本当ならいいのですが、なかなかそうはいきません。現時点では、一部の患者さんに関しては最期まで進行してしまいます。認知症の患者さんがどのような経過を経て、最期はどうなるかということは意外と知られていません。認知症で、物忘れや生活に支障が出るということは知られていますが、いのちを落とすような病気ではない、と思われているのではないでしょうか。つまり、悪性疾患（致命的）ではないという認識です。いのちを落とす悪性疾患で有名なのは、がんです。がんでいのちを落とすことは皆さん認識していますが、認知症は物忘れの病気で、周囲の人が大変だというくらいで、いのちを落とす病気だとは誰も思っていません。しかし、実は違います。認知症の患者さんは、ほとんどが高齢者なので、内科的な疾患を合併することが多く、内科疾患は非常に悪化しやすく、最期には致命的となります。同じ年代の健康な方に比べると予後は極めて悪いというのが認知症の最終の姿、真相です。

なぜ認知症の患者さんの予後は、最終的に悪化するのかということですが、一つには嚥下機能の低下と関係があります。だんだんと食物を呑み込むことができなくなり、誤嚥性肺炎のリスクが高まり実際、肺炎に反復してかかります。肺炎を反復していると、治療にも反応しなくなります。また高齢者になると一般的に食欲が低下します。認知症の患者さんは食べることを拒絶しているのか（拒食）、食べたくないのか（食思不振）は分かりませんが、とにかく食べてくれません。食事を摂らないと栄養状態が悪化するので感染しやすくなり、むくみも出やすくなります。また、自己と周囲の認識ができないので、段差など気にもかけず、そちらに行きたい思いだけで行動してしまうので、途端に転倒し、倒れれば大腿骨頸部骨折です。そうなると車椅子や寝たきりの生活になってしまい、活動度はさらに低下します。最も重要なのは、診療において患者さん本人の協力が得られないことです。自覚症状の訴えが不明瞭なため、疾患発見が遅れます。特に痛みに対して鈍感になり、強烈な痛みも感じないことが多いのです。例えば大腿骨頸部骨折。少しでも脚を動かせば、激痛を感じるのが普通です。しかし、認知症の患者さんの場合、あまり痛みを感じないのです。骨折しているにもかかわらず、立つことさえできます。そういうわけで、心筋梗塞でのぎゅっと胸を締め付けられるような痛みも感じないのです。お腹については、お腹のどこが痛いのか、痛いのかどうかさえ分かりません。痛みを感じないから、患者さんは訴えない。訴えないから、病気の発見が遅れます。点滴の自己（事故）抜去も頻繁です。患者さんからすると点滴の針やチューブは、腕に何か変なものがついているという感じなので、自分で勝手に抜いてしまい血だらけになることもよく起こります。診断においても治療においても、患者さんの協力が得られないことは、重大な結果を招くのです。こうして臨床的には、合併する内科疾患は重症化し、身体活動度も低下して、予後は悪くなる一方です。私の主観的な印象でしかありませんが認知症は、がん以上に悪性の疾患であると思います。認知症の患者さんが末期の場合、死亡率は極めて高く、認知症は恐ろしい病気です。

認知症の直接的な死亡原因の中で多いのは上から順に、誤嚥性肺炎、心不全、菌血症などです。特に誤嚥性肺炎は非常に多い。女性よりも男性のほうがむせこみやすい、男性高齢者には誤嚥性肺炎が多いことは知られていますが、高齢の認知症患者で一番の死因は誤嚥性肺炎です。認知症が進行した末期によく起こる成り行きを紹介しますと、嚥下機能の低下により、呑み込みが悪くなり誤嚥性肺炎を起こします。肺炎を起こせば、絶食にして治療します。抗生物質を使えば肺炎はとりあえず治るので食事を再開できます。しかし再開すればいずれ、再び誤嚥したり、あるいは食べることを忘れています。亡くなるまでの過程で、認知症の患者さんが口から食べられなくなったら、あるいは食べれば誤嚥性肺炎がほぼ必発であると予想されるなど、食事の経口摂取があまりに高リスクの場合には、どう対処したらよろしいのでしょうか。こういう時に家族や医療者はどうすべきかについてのガイドラインとして、以下の二つがあります。一つは厚生労働省が発出した『人生の最終段階における医療・ケアの決定プロセスに関するガイドライン』です（平成一九年五月。改訂　平成三〇年三月）。患者さんの意思を確認できる場合には、その意思に沿いますが、認知症の場合、患者さんの意思確認ができません。その場合は、家族が患者さんの意思を推定します。病気になる前に、自分の死の在り方について何か希望を話していたかどうかを基に、患者さんにとっての最善を推定します。しかし、患者さんの意思を推定できない場合もあります。そのときは、医療・ケアの側は患者家族とよく話し合って最善を尽くしなさいと書いてあります。次に、口から食べられなくなった場合、人工的に水分や栄養を補給する際のガイドラインとしては、日本老年学会が発出した『高齢者ケアの意思決定プロセスに関するガイドライン　人工的水分・栄養補給の導入を中心として』があります（平成二四年六月）。これを見ますと、「経口摂取の可能性を適切に評価し、栄養補給導入の必要性を確認する」とあります。栄養補給導入に関する選択肢にはいろいろありますが、それらの中で最善のものを選びなさいということです。興味深いのは、「最善を達成するという観点で、家庭の事情や生活環境についても配慮する」とも書いてあることです。敢えて例を挙げますと、患者である男性が認知症で最期を迎えつつある時にその奥さんと話をしていると、意外と態度が冷たいことがあります。そういう場合は、男性が認知症になる以前の元気な時に遊び好きで、女性問題で悩まされた経験が背景にあったりします。また、子ども（といっても大人ですが）が「お父さん（お母さん）には一日でも長生きしてほしい」と言うので当方が「親思いだな」と思っていると、実は親の年金で病院の入院費を払い、その残りを自分たちの生活費に充当しているので親が亡くなると困るのが内情だったりします。

　以上の二つのガイドラインは、一般原則というか、あまり具体的ではなく、「最善を尽くせ」としか書いてありません。老年学会のガイドラインには「最善のものを見出す」「最善を達成する」とあり、患者さんや家族とよく話をして最善を尽くせとしか言っていないのです。最善とは具体的に何か、明示されておりません。認知症の患者さんが口から食べられなくなった場合、具体的にどう対処すべきか、最善が何か分からないのでは甚だ困ります。ですので、私も自分なりの試案を考えてきました。それについては、「医師個人が勝手に試案なんて考えていいのか！」との批判があるかもしれません。しかし、理解していただきたいのは、「最善を尽くせ」という指針だけが学会や厚労省から出ていて、具体方法については明記されておらず、いわば現場の医師・病院まかせ。医師・病院がそれぞれに試案を作成しているかもしれないし、あるいは作成していないのかもしれません。各々の臨床の現場、各々の患者さんの場合において最善を尽くせとしか示されていない中で、医療・ケア側は具体に取り組むしかないのです。私は以前、さる病院の病院長の立場にありましたので、院内の医師がバラバラの対応ではよくないであろう、病院としての方針を統一できれば良いのだがとの思いもあって、試案を考えたということです。

口から食べられるかどうかと言いましたが、その中には、幾つか異なる意味合いが含まれます。「食べることができない」嚥下困難、「食べたくない」食思不振、「食べてなんかやらないぞ」拒食。認知症の患者さんの場合、この三つを厳密に区別することは難しいものがあります。そこで実際的には、口から食べることができる・できない、あるいは経口摂取して誤嚥性肺炎を起こすリスクが大きい・小さい、という具体的な判断をすることになります。しかし、誰が判断するのでしょうか。私としては、医療チーム（医師、看護師、言語聴覚士、介護士、ケア・マネージャーなど）で合議し結論を導くのが妥当ではないかと思いました。というのは、言語聴覚士は嚥下機能評価の専門家ですが、食事をどのように摂っているかについては看護師や介護士の方が、毎回の食事に付き添っているので患者さんの状況を最もよく知っています。当然ながら判断は、慎重でなければいけません。なぜかというと、食べることは難しいと判断すれば、経口摂取の人為的中止につながります。患者さん本人が食べたくない、食べられないと言うのと、食事を出さないということは全然違います。食事を出さない場合は次にどうするかを考えなければいけないので、判断はとても重要です。先ず、口から食べることはできない、無理に口から食べると（すでに経験した）誤嚥性肺炎を（再び）起こす可能性が高いこと（その時は抗生剤への反応も低下しているであろうこと）を、医療チームから家族に説明し、理解してもらいます。次に延命治療としての人工的水分・栄養補給の各種方法について、それぞれの長所・短所を家族に説明する段取りになります。

ここからはいろいろな議論があります。私自身は以下のように考えました。自然な死、老衰による死に最も近いのは何か。それは、末梢静脈からの点滴、それが不可能になったら、皮下への持続点滴を行いつつ、病院チームと家族の共同作業による、「看取り」ではないでしょうか。この「看取り」においては、穏やかな死、静かな死を期待できます。とは言っても、患者さんの年齢、あるいは病気になった経過によっては、直ちに「看取り」を受け入れる心理に、家族がなり難い場合もありますし、逆に受け入れやすい場合もあります。「看取り」を受け入れにくい場合には、「胃瘻造設」が考えられます。その他には「中心静脈栄養法」や「経鼻胃管からの栄養注入」という方法もあります。いずれにしても患者さんの家族にいろいろと説明して希望を伺い、医療チームは家族の意向に沿って、いずれかの方法で人工的水分・栄養補給を施行します。ただし、家族がいったん選択した方法であっても、同じ家族の希望により変更することもありえます。

認知症の患者さんが口から食べられなくなった場合、看取りの場合は末梢静脈からの点滴で約二カ月の余命です。延命を選択する場合については、中心静脈栄養による延命の平均値は、論文報告では約半年くらい。胃瘻造設では、報告されている平均値で約二年ですが、五年以上の延命もあります。看取り、あるいは延命を患者さんの家族に選択していただき、家族の希望に沿って対処します。看取りを選択することは、家族の心理としては、なかなか厳しいものがあります。なぜとなれば、看取りの選択とは、亡くなることの前提をその場で決断しなければならないからです。延命は、心理的には選択しやすいのではありますが、栄養補給の方法は不自然であり、無理があります。胃瘻造設は一見、万能に見えますが早晩、必ず限界がきます。中心静脈栄養はさらに無理を伴う補給方法で、胃瘻よりもさらに早く限界がきます。最も重要なことは、胃瘻造設であっても中心静脈栄養であっても一時的であり、最終的にはどこかの時点で看取りをしなければならないということです。看取り、亡くなるということに関して言えば、医療の面でいろいろな注意や配慮しなければならない点もありますが、どちらかというと看護や介護がより深く関与する状況ではないかと思います。とにかく大事なのは穏やかで、安らかな死への導きを支援すること、それが達成されたときの家族の安堵感、家族と医療サイドの共感、が重要であります。

（二〇一七年五月二七日　講演）

最期まで自分らしく生きるために——臨床死生学の核心

清水　哲郎

こちらにお呼びくださいまして、皆さまにお話しする機会を与えていただきありがとうございます。今日は「最期まで自分らしく生きるために」というテーマでお話しさせていただきますが、臨床死生学というと何となく難しそうな感じがするでしょう。臨床死生学と言ってもいろいろな話題があります。今日は普通の市民の方に関わる部分をお話ししたいと思っています。「最期まで自分らしく生きる」と言っても、人生についてどのように考えるかというようなことから、もっと具体的に周りの方がどういうふうにお世話やケアをしていくか、ということまでいろいろな面があります。今日はどちらかというと、医療や介護に関わる面、あるいはご家族とご本人をめぐってどのように皆でご本人を支えていったらいいか、ご本人も元気なうちからどういうふうに考えていったらいいか、ということについてお話しさせていただきたいと思っております。そうは言っても「臨床死生学の核心」と書いてしまったものですから死生学ということについて初めに説明しておきます。

〈臨床〉死生学について

日本で死生学という学問が始まったのは、そんなに古いことではありません。せいぜい一九八〇年代でしょうか。英語圏では「thanatology サナトロジー」と呼ばれていた学問でした。今日は岩田靖夫先生がいらっしゃるのでギリシア語の話をするのは勇気がいるのですが、「サナトロジー」はギリシア語で「死」を意味する「タナトス」と、「論・理・言葉」といった意味の「ロゴス」に由来する言葉から合成されたもので、死についての論とか、死についての学という意味です。ですから欧米の学者たちは、「サナトロジー」と言われれば中身は分からなくても死についての学問だと分かるのです。というのは、心理学のことをサイコロジーと言いますが、これの「サイコ」という部分はギリシア語の「プシュケー」、つまり「心・霊魂」ですから、「サイコロジー」は「心についての学問」ということになります。同じように「生物学」は「バイオロジー」ですが、これの「バイオ」というのは、ギリシア語の「ビオス」つまり「いのち」です。ですから「バイオロジー」は「生き物についての学問」だということになります。こういうことで、ギリシア語でいうタナトス（＝死）についての論という意味の「サナトロジー」は死についていろいろと考える学問だと、分かるのです[1]。実際、一九世紀に、すでにそういう意味で「サナトロジー」が使われた例があるようです。生物学でも死について考えるし、文学でも死を扱う作品がありますよね。思想的にも「死とは一体何か」、「人間にとって死はどういう意味を持っているか」、ということを考えることができます。いろいろな学問で死について考えてきました。それを総合的に考える領域がサナトロジーだったのです。しかし、一九六〇年代後半から七〇年代初め頃、米国でこの言葉に別の意味ができます。それは、死について一般にいろいろな面から考えるのではなく、もう少し限定して、死に近づくことがもたらすいろいろな影響を考え、死に直面している患者さんやご家族にはどういう必要があって、どう支えていったらいいか、ということを考える学問領域がサナトロジーという名で成立したのでした。それが日本に入ってきましたから、最初の頃は臨床死生学なんて言わなくても死生学と言えば死に直面している患者さんご本人や、ご家族を支えるための学問という意味合いがあったのです。例えば、一八〇〇年代は一般に死についての学問という意味でした。しかし、一九六九年にアメリカで死生学財団というのができて、同財団が標榜する死生学は終末期の死に直面している患者さんに対してどういうケアをしていくか、ということが主たるテーマだったわけです。例えば、ある辞書でサナトロジーという言葉の用例をリストアップしていますが、一九七二年頃「終末期の患者さんに、その方がかかっている病気についてどう話したらいいか」ということが話題になっていました[2]。日本では告知問題と言います。その方が抱えている病気について告知するかしないか、どういうふうに話したらいいか。本当のことをあからさまに言っていいのだろうか、それともそんなことを言ったら本人が悲しみとか、驚きとか、あるいは怒りとか、何故といった気持ちで混乱して幸せな最期にならないから言わないほうがいい等、いろいろな考えがあったと思います。日本だけではなく米国でも患者さんに本当のことを言うことは、そうそう昔からあったことではありません。なるべく本人には厳しいことは言わないほうがいいという傾向がどこの国でもあったと思います。しかし、ここでいったい何を話したらいいか、ということが話題になっています。

同じ頃に末期の患者さんの痛みを和らげるためには、どのような投薬をしたらいいのだろうということが話題になっていました。一九七二年といえば、私は大学院の学生だった頃です。この頃のことを思い出すと、すべての場合ではありませんが多くの癌の患者さんの最期はとても痛くて苦しい時間でした。「こんなことだったら死なせてしまったほうが本人は楽なのではないか」というので、安楽死も話題になっていたのです。そこで何とか薬をうまく使って癌の末期の患者さんを苦しくない状態にしたいということが問題になっていました。しかし、一九七二年頃では、まだまだ癌性疼痛を上手にコントロールするという技術はありませんでしたから、癌の患者さんたちの多くは最期にとても苦しむという時代でした。私が高校生だった一九六〇年代頃、脳腫瘍で亡くなった先輩がいました。彼はキリスト教の信者で、その時期を強い信仰を持って耐え抜きました。その後、キリスト教系の出版社から手記が出たことを覚えています。(3) そういう苦しい時代だったのです。その後一九八〇年代の半ばくらいに、WHOから癌の末期のほとんどの患者さんが苦しまなくてすむ方法が発表されました。(4) 現在、医学的には癌の末期の痛さと苦しさはもう過去のこととされているわけですが（実際には必ずしもそうなってはいないでしょうが）、それまでは本当に苦しい時代でした。

それから、このようなことも話題になっています。サナトロジーに関わるワーカーの方たちが「幼い子どもも葬儀に連れて行きましょう」とキャンペーンをしているようです。つまり、親しい人の死を子どもにあからさまに見せないほうが良いという考えがあって、お葬式に連れて行かないということがあったようです。それに対して、幼い子どもであっても肉親や親しい人のお葬式にきちんと連れて行き、人はこういうふうに死ぬとか、この方は亡くなったということを教育し、子どもにもきちんと伝えるようにしましょうというような話題がサナトロジー＝死生学の枠内にあったわけです。

ということで、「サナトロジー」は直訳すれば「死についての学問」です。しかし、日本に入る際に「死学」と訳さず、関係者たちは「死生学」としました。日本にはこれに先立って「死生観」という言葉がありました。「生死」という、生のほうが先に出てくるような呼び方もありました。これは現在では普通「せいし」と読みますが、仏教用語としては「しょうじ」と読むのだそうです。儒教系は「死《し》生《せい》」と言ったようです。私は詳しくは知らないのですが、一九〇〇年に『死生観』という本が出ています。「生死《しょうじ》」と言っても、「死生《しせい》」と言っても、死を単独に考えるのではなくて死と生を併せ考える、あるいは生と死を表裏一体のような関係と考える傾向がもともと日本にはあり、「死学」という死の学問が入ってきたときに「死生学」と訳したという歴史があるようです[5]。私がおります（当時）東京大学の講座の前身は、一〇年くらい死生学についての研究プロジェクトをしていました。そのプロジェクトはサナトロジーという言葉を使わないで、逆に死生学という言葉を「death and life studies」と英語に訳して自分たちは死だけを考えるのではない。死と生を一体のものとして研究すると称していました。結果として東京大学の死生学の場合は、「サナトロジー」の最初の意味に戻って死と生についていろいろな学問分野でこれまで考えてきたことを総合的に見ようとしたことになります。人文科学や社会科学のさまざまな領域で、例えば日本文学における死の問題や、思想史では親鸞における死の問題、あるいはキリスト教思想史であればキリスト教における死と復活の問題等々、さまざまな学問分野において死生について研究されて来たわけです。それを死生学という観点でまとめてみたら、どのようなことが見えてくるだろうかという、いわば学際的な研究として死生学を研究してきました。

　そうなると、今度はそうした一般的な死生学も大事だが、それを背景にして、死に直面している方とその家族、また、ケアにあたる方たちの必要に応える研究も必要だということになりました。こうして「臨床死生学」という領域が成り立ちました。

あるいは小学校から中学、高校で命の教育ということで命の大切さや、人は皆死ななければならないということについて、それぞれの学年に応じて学習する必要もあるということにもなります。ゲームでリセットするように、人間も死んでもまたもう一度始まる、と思う傾向が一部にはあるようですが、死をそんなふうに考えないように、いのちを尊いものとして考える教育などをサポートするような学問も必要です。

蛇足ですが、一九六九年に始まった死生学財団に既に言及しました。そこで出している書籍についてちょっとだけ話します。『終末期患者と遺族のための精神薬理的薬剤』[6]――ちょっと硬い訳ですが、これは背景に死に直面している患者さんとその家族をサポートするというサナトロジー（死生学）の目的があるわけです。その中で医学的と言いますか、死に直面して精神的に動揺し、悲しみに満ちている患者さんや、自分の愛する人を失ったご遺族の悲しみに対して薬を使って何とか和らげることはできないだろうか、という研究です。精神科の分野の研究でしょうが、死生学という枠内のものと考えられていたことが分かります。

また、終末期患者の口腔ケアがテーマになった本も出ています。これは死生学財団の初代プレジデントであるオースティン・カッチャー編著の書籍です。[7]この方はコロンビア大学の歯科学の教授でした。歯科学の教授として死に直面している癌の終末期にあるような患者さんのケアに参加することが大事だということを一九七〇年代に考えていました。東西を見渡してもまだ癌の痛みのコントロールが不十分でした。終末期の患者さんたちができるだけ快適に過ごせるようにケアしようと、イギリスではセントクリストファーズ・ホスピスができた頃です。欧米で痛みをなんとかコントロールしようと専門の医学者たちが一生懸命であった頃です。その頃既に口の中をきれいに保つ口腔ケアが死に直面している患者さんにとっていかに大事なことか、ご本人が快適に過ごすために口の中がきれいで、気持ちの悪い状態になっていないことの重要さを歯科学の先生として主張した本です。『ターミナル患者――口腔ケア』というタイトルが付いていますが、死に臨んでいる患者さんについての一般的な洞察というものがあった上で、口腔ケアの大切さを言っています。一般の方は口の中を綺麗にすることが非常に大事なことだと気づかないことが多いのですが、現在、人生の終わりのケアをしている専門家たちの間では、口腔ケアが非常に大事だと認められています。口の中のケアをきちんとしていないと肺炎を繰り返すことになりかねない、ということが知られてきています。が、一九七〇年代の初めに口腔ケアは大事だと言ったことは、私としてはその時代の達見だと思っています。歯科学教授が死生学財団のリーダーをやっていたということは、とても印象的なことです。今は歯科の先生たちも人生の末期の患者さんたちのケアに参加することを意識的になさるようになってきた時代です。昨日も看護師さんと話していましたが、看護師さんたちは終末期の患者さんの口腔ケアを丁寧に実践している最前線にいる方たちです。その看護師さんが歯科学の先生に口腔ケアに関わっていただき、指導していただくことは大変にありがたいことだと言っていました。歯科の先生は専門的に知っているので、ぜひもっと参加してほしいという話題も出ていました。そのように最近になってやっと歯科学の先生たちが参加するようになった領域に七〇年代から既に必要性を言っていたということです。

少しこの話に入れ込みすぎましたが、こういうわけで今、「臨床死生学」と呼んだ学問領域にほぼ相当するサナトロジーには、例えば精神に対して働くような薬で悲しみを和らげる、辛さを和らげるということをそういう発想で死に直面している患者さんやご家族をサポートしようというアプローチもありましたし、今、言ったような口腔ケアというアプローチもありました。それから、もっとその方の人生について話し相手、聞き手になるという形で死に逝く患者さん、あるいはその家族をサポートする方たちもいたのです。そういうものをまとめて死生学＝サナトロジーと言っていました。

日本でも看護師や医師が加わっているのは向こうの死生学の動きとあまり変わりありません。六〇年代の終わりくらいに向こうで死生学財団ができていますが、七〇年代の前半から日本でも死に逝く患者さんのケアをテーマにした活動が始まっていました。ホスピスの活動で有名な柏木哲夫先生が七〇年代の終わり頃には活動を始めておられ、アルフォンス・デーケン先生の「生と死を考える会」は一九八三年創立です。今、申し上げました、向こうの死生学財団の初代総裁のカッチャーさんの話をあるときデーケンさんの前でしたら、「私は前にその死生学財団から表彰されたことがあって、賞状をカッチャーさんからもらった」ということでした。そのようにアメリカと日本の死生学の繋がりも昔からあったのです。以上が臨床死生学、死生学はどんな学問かということです。これから本題に入ります。

口から食べられなくなった時

まずは口から食べられなくなったとき、という問題を導入として取り上げたいと思います。これは、ここ数年新聞やテレビなどで何回も取り上げられた話題です。高齢者の方が口から食べられなくなったとします。例えば、食べようとするとごっくんすることがうまくいかないという場合があります。普通だったら口の中にある食べ物を喉から食道へと送ろうとしてごっくんするわけです。ところが気管支のほうに間違って入ってしまうのです。私も時たま間違って気管支のほうに入ってしまうことがあります。皆さんもあると思います。そうなると「むせ」ますよね。ちょっとでも気管支のほうに水や食べ物が入ると苦しくてむせてそれを押し戻そうとするわけです。ところがお年寄りで反応が悪くなっていると、気管支のほうに食べたものや飲んだはずの水が入ってしまいます。つまり、「誤嚥」です。それで肺のほうに入って肺炎を起こしてしまうのです。肺炎になって治ったのに、食べたものがまた肺に入り繰り返すということが高齢者の方にはしばしば起こるそうです。

食べたものが肺にいくというだけではなくて、例えば、寝ているとき口の中に唾液があって少し湿っていますが、そこではばい菌が繁殖するのです。そうならないように一生懸命、朝晩に歯を磨くわけですが、磨いた後も残っているばい菌が繁殖します。それが知らないうちに気管支に入ってしまい誤嚥を起こす場合があるのだそうです。こうなると、口から食べるわけにはいかないということになります。ではどうしたらよいでしょうか。例えば、私の友人のK君は私と学部は違うのですが同じ大学の教授です。そのK君にちょうど一年位前に大学の構内で何年ぶりかでばったり会いました。すると、「清水さんいいところで会った。ちょっと聞こうと思っていたんだよね。実は僕の母が誤嚥性肺炎を繰り返すようになって、診察を受けたんだよ。で先生は、胃ろうにすればまだしばらくは生きられる。二年くらいは持っている人もいる。しかし、胃ろうにしないで点滴にすると、一月半くらいで終わりになってしまうだろうと言われたんだ」と言うのです。胃ろうについてはご存知の方もいると思いますが、簡単に説明しておきます。誤嚥というのは、喉のところを通る時に食道ではなく気管支のほうに間違って行ってしまうわけですから、喉を使わないで水分・栄養が補給できれば良いわけです。そこで胃ろうは、おなかの適当な部分に外側から胃に向かって穴を開けてチューブを通し、そこから液体にした栄養を入れるようにするやり方です。そうすると、外部から胃に直接水分・栄養分が入るので、そこから先は普通に口から飲んだり食べたりする場合と同じで、胃から腸に行き、腸で吸収して栄養が体に行きわたるというわけです。胃ろうができる前はどうしていたかというと、鼻からチューブを入れて喉から食道を通り胃までチューブを通し、それを通って水分・栄養分を補給するというやり方が主でした（経鼻経管）。ただ、そのやり方だと私たちのような健康な人間でも鬱陶しくて抜きたくなってしまうでしょう。私の実の母は八〇代で手術をしたときに、手術の前後の栄養補給のために鼻からチューブを入れていました。手術をするとごっくんして食べることが難しくなるかもしれないという理由でした。そのとき母は認知症になってはいなかったので、起きているときには我慢しなければと思って我慢ができました。しかし、無意識のうちに管を抜いてしまうかもしれないというので、看護師さんと話し合って夜寝るときには鼻から入れているチューブを握ったりできないようにミトンのような手袋をすることにしていました。納得してやっていることとはいえ、あまりいい顔はしていませんでした。例えば、お年寄りで鼻から管を入れる場合、ずっと入れていないと栄養補給ができないと理解できる方ならいいのですが、「これを抜いてはだめよ」といくら言っても認知症が進んで理解できていないと、辛いから抜いてしまいます。私の母の場合は、短期間でしたから我慢できましたが、長期間になると大変だったろうなと思います。ですから、人工的な水分・栄養補給を長期間する場合は、胃ろうという方法ができて、鼻から通さず、喉から直接入れるので本人もとても楽になってストレスを感じないですむようになったのです。私の友人K君のお母様も「胃ろうにすればあと二年くらい持ちます」と言われ、点滴では栄養補給は十分にはできないので、一カ月半くらいと言われたのです。「胃ろうにすればまだ持ちます。二年くらい生きている方もいらっしゃいます。しかし、点滴だけだと一月半です」というのは、K君の場合に限らず、何回も聞いている台詞です。

さて、K君はどう考えたか、というと、まず「胃ろうは良くないらしいからやめておこう」と考えたそうです。このように考えている市民は結構多いように思われます。新聞やテレビのキャンペーンの結果、胃ろうは良くないらしいという誤解が一般市民の間に広まってしまったということがあります。K君もご多分に漏れずそう思ってしまったのです。だからと言って、胃ろうにしなかったら点滴だけでは一月半しか持たないわけですから、「肉親の情としてこのまま終わらせるのは忍びない」というので、K君はどうしたかというと、先ほど説明した経鼻経管を選んだのでした。「以来八カ月間そういう状態だ」と言うのです。気安い友達だったので、私は思わず「それって最悪なんじゃないの」と言ってしまいました。この点についていくつか説明します。まず、お医者さんの説明が大変不十分です。この方の場合は胃ろうにしたら二年くらい、そうでない場合は一月半くらいです、と長さだけ言われたら家族は短いほうを選べるでしょうか。長さだけしか頭に入っていないのです。こっちだと二年、こっちだとひと月半と言われ、これだけがデータだったら子供としては親に対して一月半でいいよと言えないのが普通ではないでしょうか。もし、一月半でいいと思うことがあるとすれば、「今の母親は状態が落ちていて、決して本人にとって良いとは言えない日々になっている。それをあと二年間も続けるのは本人がかわいそうだ」というように、生活の内容を考えたり、あるいは良いかどうかはともかく、「今までずっと母親のお世話をしてきて自分も家族も疲れてしまっている。この状態であと二年もわざわざ生かして、その世話をするのは家族にとっても、自分にとっても辛くて苦しくて耐えられないことだ」と思ったり、つまり長さだけでなく中身を考えるということがないと、短いほうを選ぶということはできないでしょう。ですから、お医者さんは長さだけでなく、今後どういう内容の生活になるかということを話題にして欲しいのです。分からないということでもいいのです。分からないにしてもそういうことも考慮に入れるということを話題にしていただくことが大事です。

次に、K君側の一番の問題点は「胃ろうは良くないらしいからやめておこう」と考えたことにあります。胃ろうは手段なのです。はさみと同じです。はさみは使いようでしょう。上手に使えば多くの場合良いところがたくさんあります。でも、間違った使い方をすれば人を傷つける凶器にもなるのです。胃ろうも上手に適切に使えばとてもいい道具です。そして、ご本人がとても快適に過ごすことができます。そういう意味で、どうせ栄養補給をしなければいけないのなら、うっとうしくていろいろなトラブルがおきやすい経鼻経管より客観的に見て胃ろうのほうが良いのです。しかし、胃ろうにしたら少しでも長生きできると言われたのに結果的にかわいそうなことをした、申し訳ないことをしたと考えている家族が結構出てきているのです。その新聞の報道を見て、「胃ろうにしたことでまずいことになった」と思ってしまったわけです。しかし、問題は胃ろうという手段ではなく、人工的栄養補給をして生命を維持していこうという目的の選択がまずかったのです。ですから、K君の母上の場合、胃ろうが良くなければ、経鼻経管はもっと悪いということになります。では、どうしてK君は「胃ろうは良くないらしい」と思ってしまったのでしょうか。これには報道が新聞やテレビでどう報道したかということが関係していると思われます。報道では通常、胃ろうにして良かった例と悪かった例を両方出して、公平にしようとしています。しかし読者は、よかったほうは普通のこととして受け取るのに対して、悪かったほうは普通ではないことが起きた、と印象が強かったのではなかったかと思います。かつ、報道は「胃ろうにして良かった・悪かった」という書き方をしたのです。じつは、ここは「人工的栄養補給で生命維持をして良かった・悪かった」と書くほうが正確です。問題は目的の選択であって、手段の選択ではないからです。分かり易さのため「胃ろう」としたため、読者は目的と手段をまぜこぜに理解してしまったと思われます。

次に、K君は「このまま終わらせるには忍びない」と、家族の情で選択しました。家族の情はごもっともですし、それも考えるときのひとつのポイントにはなるでしょうけれど、ご本人の人生にとってどうすることが一番良いだろうということがメインの考えであって欲しかったのです。このまま終わらせるのは忍びないというときに息子としての気持ちしか考えていない、あるいはそれを理由にして選択をしているということになります。

老年医学会の意思決定プロセス・ガイドライン

以上のような問題に関して、私が関係したことを申し上げます。日本老年医学会というところが二〇一二年六月にガイドラインを公表しました。(8) これはお年寄りが口から食べられなくなったときに水分や栄養補給をどうするか、についてのガイドラインです。「老年医学会」という名称からお分かりのように高齢者医療が専門の医師が中心の学会ですが、このガイドラインの案を作ったのは老年医学会だけではなくて老年看護学会という看護師さんたちの学会や、老年歯科学会という高齢者の歯のケアに携わる歯医者さんたちを中心とする学会や、その他老年社会科学会などいろいろなところから出た人たちが一緒に話し合ってワーキンググループで作りました。私がまとめ役だったので中身についてお話しできるのですが、このガイドラインは第三部で、「水分、栄養補給をどうするか」についての留意点を挙げています。それに先立つ第一部、第二部は一般論です。どういうふうに意思決定プロセスを進めていったら良いかについて書いてあります。第一部では「皆で一緒に決めましょう」ということを提案しています。ご本人と家族を中心に医療系、介護系の方たちと皆で一緒に決めましょうということです。第二部では「いのちをどう考えるか」についての指針を提示しています。胃ろうにして栄養補給すればあと二年持ちますよ、というような場合、生命が延びるのであればいつでもやらなければいけないか。いや、そうじゃないだろう。生命を支えるのは、その方の人生がより豊かに展開するためではないか。では、あるお年寄りの場合、人生を全うするためにどうしたら良いだろうかと考え、生命だけを見て、延びるんだから延ばそうではなくて命が延びたらこの方の人生はどうなるのか、どういう生活があるのか。ご家族と一緒に楽しんだり、悲しんだり、時には喧嘩したりという人生が可能なのか。それとも嬉しいのか悲しいのかも良く分からず、子どもたちのことも見分けがつかなくなってしまった状態でも生きられるのであれば生かさなければいけないか、といった考え方になります。そこで「医療は人生のために生命を整える」という考え方で選びましょうと提唱しています。このように、ガイドラインはケアをする側に対してガイドしているので、これと並行して、ご本人や家族に対してこういうふうに考えましょうと言っている手引きも作りました。[9] 最近では高齢者の腎臓が悪くなったときの透析をどうするかということについて専門の看護師を中心に作っているのをサポートしています。[10] そんなふうにご本人やご家族を中心にその方の人生をよりよくするためにどうするべきか考えようとしているわけです。

人生のために生命を支える

「人生のために生命を支える」ということについてもう少し説明します。これは死生観に関わることです。「生きられるのであれば何だって生かさなきゃ」ということから、「内容によるよね」というように、日本人の生き死にに関しての考え方（死生観）が変わってきたと思います。現在、まさに高齢者の場合にどうなのかというところで変わりつつあると感じています。私が知っている限り、こういうことを考え始めたのは一九八〇年代です。その頃は、癌の末期の患者さんについてその家族の多くは一分一秒でも長く生かしてもらいたい、長く生きてもらいたいと思っていたのです。実際、八〇年代に私の同僚の親が終わりになりかけているというときに、「一分一秒でも長く生きて欲しい」と言っているのを聞いたことがありますし、医師のほうも「一分一秒でも長く生かすことが自分たちの務めだ」と思っていた時期があったわけです。こういうことをすればちょっとは長く生きられる。一分一秒長く生かすことができるのであれば、それをやらなければという時代でした。そこで、これはどうがんばってもそうそう長くは生かせないのですが、それでもちょっとでも長く生かそうと集中治療室で身体のあちこちから電気のコードやチューブが出ていて、それを機械に繋いで一生懸命管理していたわけです。その場所でご家族は亡くなっていく方と別れの時期を静かに過ごすということはままならない。常に臨戦状態で機械が動いて少しでも長く生かせるなら生かすという時代でした。そのように体中から線や管が出ている状態を「スパゲティ症候群」と呼び、どうせだめなのに一分一秒を長く生かしてどうするんだ、いたずらな延命はやらないでほしい、という声が上がるようになりました。そして、その声はどんどん国民の間に広がっていき、現在では厚生労働省が国民に人生の最期についてのアンケートを取るとだいたい六、七〇パーセントの方たちは「最期が近くなった時は生命維持はしないで欲しい。事情が許す限り、自宅で過ごしたい。家族と十分な時間を過ごしたい」という趣旨の回答をするようになりました[11]。そこで、一分一秒でも生命を長く生かすことが医療の勤めだと思っていたのがそうではないというふうに変わっていきました。癌の場合は、人生のために命を支えるのであって人生のためにならなければ無理やり延ばしても詮無いだろうということが普通になってきたのです。

その私たちのいのちですが、英語では「ライフ」(life)です。それを二重の見方で見ることができるのです。一つは身体に目を留めて、身体の生命を見る見方です。お医者さんが診察や検査をする際には、この身体の生命を見ています。聴診器を当てて呼吸や心臓、肺の音を聞いています。血液検査をする。レントゲンやCTを撮る場合にも身体を調べています。そして、難しい言い方をすれば身体が統合を保って生命活動をしていることが医学的には望ましいわけで、その身体の生命の状態がどうか、不都合なところがないかどうか、調べています。

ライフのもう一つの見方というのは、私の人生として見ている場合です。それを私は「物語られるいのち」と呼んでいます。なぜそう呼ぶかというと、私は自分の人生を一つの物語りとして把握しており、人にもそれを説明しています。「私はこういうふうに成長して、こういうところで働いて今はこういう仕事をしています。今後私はこういう仕事をしたいと思っています」というように、自分の既に実現した物語り、今実現しつつある物語り、それから未来にむけて、実現したいと思っている物語り、――そういう物語りとして私たちは自分の人生を把握しているわけです。ですからライフと言っても、身体の生命がどうかということと、身体の生命に支えられて展開している私の人生というレベルでのいのちという二つの見方ができるのです。そして、生命によって支えられなければ、人生は送りようがありません。生命によって支えられて、つまり、私の身体が私の活動を支えてくれているから活動を展開できるわけです。ということは、生命が大事なのは私の人生が展開するためだと言うことになるのです。ある年代より上の方に通じる説明をいたしますと、お芝居や時代劇、落語にも出てきますが、橋の上から飛び降りようとしている人を後ろから引き止めて、「身投げなんてするんじゃないよ。生きていればこそ花実も咲くというものさ」とか言いますよね。これは、生命があってこそ、人生が豊かに展開する可能性があるのだ、という考え方に通じるところがあるのではないでしょうか。

医療は人が人生を豊かに展開できるようにと身体を整える役割を担っています。ですから、医師をはじめとして医療従事者の皆さまには、治療をなさろうとしておられる相手の人生を考えていただいて、今後の人生をよりよくするためには身体をどう整えたら良いか考えていただきたいのです。先ほど触れました老年医学会のガイドラインでも、その点を「生きていることは良いことであり、多くの場合生命によって支えられていることが本人の人生にとって益になる。このように評価するのは、本人の人生をより豊かにし得る限り、生命はより長く続いたほうが良いからである」と言っています。つまり、例えば胃ろうにするかしないか、栄養補給をするかどうかということは、それによって生命維持をすれば本人の人生が延びるとして、その延びた人生の内容がどうなるだろうか、本人が自分で評価できる力があれば「生きていて良かった」、「今日も一日生きられていろいろなことができて良かった」と思えるような人生になるかどうかということに基づいて考えて欲しい、ということになります。人生が良くならないのに生命が延びればそれで良いとはならないわけです。

とくにご高齢の方を中心に考えますと、何をもって良いと考えたら良いかということも考えておく必要があるでしょう。ここではその候補として「長生き」と「快適な生活」ということを上げました。「長寿」という言葉が示すように、長生きできればそれに越したことはない、と通常考えられています。では、長ければ中身はどうでもいいでしょうか。否、中身はどうでも良くないから、あるご家族は本人に胃ろうを造って無理やり生かしてかわいそうなことをしてしまった、やらなければ良かったと後悔したわけです。そこで、中身について「快適な生活」としてみました。「快適」ということに「苦痛がなくて楽に過ごせる」ことが入っているのは当然ですが、プラス「残っている力を発揮する機会がある」ということを入れて考えています。例えば、先ほどお話しした中で胃ろうから栄養補給をしている方がいて、周りの家族や介護従事者が、「この人は胃ろうから栄養を充分補給しているから口からは食べさせなくていいんだ。口から食べる必要がない」と言って、食べるためのお世話をしなかったとします。この方は、実際は沢山は食べられないけれど少量なら食べることができて、それを味わって、美味しいと、また私の好物なので嬉しい、と思える力が残っているとしたら、口から食べさせてもらえないとそういう力を発揮する機会がありません。あるいは、ある高齢者の方は施設で過ごしていますが、まだ息子、娘、孫のことを見分けることができます。その方たちが訪ねてきて声をかけられると嬉しいと感じます。それから、「大きくなったね」「かわいくなったね」と会話ができる力が残っています。しかし、誰も面会に来なかったらその力は発揮できません。こうしたことは決して快適な生活とはいえません。快適ということは楽に過ごせるというだけではなくて、残っている力を発揮できることが大事なことだと考え、この二つを挙げました。

そもそも、この残っている力を発揮する機会がそれなりにあると、「今日はこういうことができた」、「生きていて良かった」と思え、その人らしさを発揮できると思います。ということで、長生きと快適な生活という二つの目的の候補のうち、二つ目のほうは最低限確保したいのです。その上で一つ目も加えられたらラッキーだと思います。しかし、二のほうが充分ではなくなってきているのに、一つ目のほうの生命を延ばすということをしたとして、それは本人にとって良い人生と言えるのでしょうか。以上、「人生のために生命を整える」ということについて考えました。

皆で一緒に決めましょう

老年医学会のガイドラインのもうひとつの要は、「皆で一緒に決めましょう」という決め方、難しくいえば、意思決定プロセスの在り方です。これは人間関係の倫理に関わります。ここ四半世紀ほど、日本の医療界は治療について決めるときに「説明と同意」という枠組みで考える傾向がありました。説明と同意という考え方というのは、お医者さんが面談で患者さんに「あなたの病状はこういうことで放っておくとこうなります。こういう治療の方法があって、それぞれ良いところ悪いところ、こういう危険もありますがうまくいけば良い結果になるでしょう」というような説明をして、「ご家族と話し合って、どうするかお決めください」といった終わり方をすることが多いのです。そこで、患者側は、自分の都合などを考え合わせて、また家族と話し合って、医師から提案された治療法を受けたい場合には、これに同意するし、他のやり方がよい場合にはそのように申し出るといったプロセスになります。これは医師と患者（家族）が相談して決めているように見えるかもしれませんが、実は、一緒に決めてはいないのです。医師が行った説明は、医学的な知識に基づく、診断や治療方針の選択肢が含まれています。どういう治療方針なら医師として応じられるか、ということが含まれているわけですが、この時医師は医学の専門家としての裁量権を発揮して、検討に価する選択肢をいくつか選んでいるのです。次に、それを聞いた患者（家族）は、提示された選択肢の中から、自己決定権を発揮して希望する選択肢を選ぶよう期待されています。ですから、医師が決める（選ぶ）ことと患者が決める（選ぶ）ことは別々に行われている、ということになります。

これに対して、これからは「一緒に決める」という考え方で行きましょう、ということなのです。確かに医療側は患者さんの身体を診て、生命のレベルでこういうふうに整えたら良いのではないかと説明をします。しかし、説明をするだけではなくて、患者本人の人生の物語りを聞こうとします。なぜならば、どういう治療が良いかということは医学的な評価だけでは決まらないからです。その方の人生にとってどうすることがいちばん良いかと考えなかったら、本当にその方にとって良い治療の選択肢は分からないからです。そこで、ご本人から人生の生き方や事情についてお話を伺います。それを伺うと、「そういうような人生を生きているあなたでしたらこのやり方がいいのではないか」とか、「こっちのほうがいいかも知れませんね」とか一緒に考えられるわけです。ご本人のほうも医療側からの説明を聞いて自分の人生の中でどうしたら良いかということを考え、こうしたいという意向が形成されてきます。このようなやり方ですと両方の意見が一致するということが可能になってきます。合意に基づいて決めていくということです。インフォームド・コンセントということも合意に際して本人がしていることだと言えるでしょう。

老年医学会のガイドラインでは、「医療・介護・福祉従事者は、患者本人およびその家族や代理人とのコミュニケーションを通して、皆が共に納得できる合意形成とそれに基づく選択・決定を目指す」となっています。つまり、患者本人やその家族とコミュニケーションをきちんと取りましょう。そして、「皆が」ということは、本人や家族、そしてケアをする側も皆が納得できて意見が一致するものを目指し、意見が一致すればそれに基づく決定ができるので、そのようにしていきましょうと言っているのです。これは、「本人が決める」ということを決して否定していません。「皆が決めているのだから、嫌だろうけど納得しなさい」と本人に向かって言うわけではありません。むしろ、「皆で決めている」のだけれど中身は「本人の意思決定を支えている」という場合が大半です。というのは、ご本人の生き方や人生の事情を聴き、「私はこういうふうに生きたいんだ」といったことを聞いて、それを尊重することがベースになっています。そして、「そういう人生を送っているあなたにとって何がいいだろう」と皆で考えるわけです。本人が「こういうふうに生きたい」ということと「こういう治療にしたい」という希望とが調和していれば、皆でそれを支えることになります。「あなた決めなさい」と放り出されたら、「私は一人で決めなければいけないのか」と不安に思う人も多いでしょうが、「あなたの人生にとって良いように皆で一緒に決めましょう、そしてあなたが決めたことを支えていくよ」ということでしたら、本人も心強いのではないでしょうか。これが本当の本人を尊重する在り方だと思うのです。個別のことについて、「あの人は嫌だと言っているからできない」とか、「あの人は右がいいと言っているから右にしよう」というのは、本当にその本人のことを尊重していることになるでしょうか。「こういうふうに生きたい」と、ご本人の人生にとって肝腎なことを伺って、「なるほど、そういうふうに生きたい方だったらこれが嫌だと言うのはごもっともですよね」とか、「そういうふうに生きたいと思っている方だったら、ここのところはちょっと誤解しているかもしれませんよ。お嫌だとお考えのようですが、こういうふうに考えたらあなたの人生にとって良いやり方ではないでしょうか」というような話し合いが望ましいのです。

意思決定プロセスについては、本人の意思確認ができるときは以上のようなことで進められるとして、できないときにどうしたらよいか、ということが問題になります。例えば、本人が意識不明になっていると、意思確認ができません。認知症が進んだ場合は理性的な判断ができなくなりますが、気持ちが残っているので「痛いのは嫌だ」とは思えても、自分の身や健康のためになるから痛いのを我慢しようとは考えられなくなる場合もあります。厚労省から出ているガイドライン(12)には、「意思確認ができるときには本人と話し合うけれど、できないときには家族と話し合う」と、読めるように書かれています。

では、本人と話し合う場合には、家族を放っておいていいのでしょうか。逆に意思確認ができないときには本人は放っておいて、家族と話し合えばいいのでしょうか。この点について、老年医学会のガイドラインは、本人が右が良い、左が良いといろいろなことを考えられる場合は本人を中心に考えますが、本人がこうしたいと明確に言ったとしても、それで済まないことも多いのです。例えば、本人が自宅で過ごしたいと言っても、家族は共働きで昼間は人がいないから、本人を一人で置いておくわけにはいかない。だから、自宅は無理じゃないか、というように、ご家族がうんと言わなければ成り立たないような決定もあります。こういう意味で、ご家族は当事者ですから、一緒に話し合う必要があります。また、本人の意思確認ができないときは家族と共に話しますが、本人が語った言葉だけで「本人の意思はこうだ」と決めるのはまずいでしょう。本人の意思を推定することと並んで、本人の人生を理解するよう努め、それをもとにして最善を考えることも併せ考えて、合意を目指しましょう。例えばどこで暮らすかを決める際のことですが、自宅に帰ることが本人にとっていちばん良いだろう。しかし、家族の事情を考えると負担が多くなってしまう。だから、自宅に帰らない、という進め方はまずいでしょう。そうではなく、例えば介護保険を使って日中はデイサービスに行くことにし、週に何日かをお泊りをすることにしたら自宅でも過ごせるでしょうし、ご家族も耐えられない負担にならずにすみます。ご家族も犠牲を強いることのないようにケアのプランを立てていきましょうということです。

認知症が進んで本人の意思確認や、責任のある判断もできなくなっても、痛いのは嫌だということは考えられ、言えるなら、本人が持っている力に応じて話し合いましょう。ただし、「痛いのは嫌だ」と本人が言ったからやらないかというと必ずしもそうではありません。私の妻の母が二〇一〇年の一一月に最期になりまして、それまで一〇年くらい一緒に暮らしていましたが最後の三年はなかなか厳しかったです。ある段階で下血し、便に血が混じるようになり、そうでないときも血が変質したと思われるタール便というものがずっと出ていて大腸のあたりに癌ができていることが予想されました。癌の末期であるということが医学的に診断できるならば、今は介護保険で訪問看護さんが入っているけれど医療保険で訪問看護が入れるようになります。訪問看護がお世話をする回数や時期が自由になって、今よりも母に対する手当てが厚くできます。そこで診断のため、血液検査をして腫瘍マーカーを調べる必要がありました。そこで私は母に、「お医者さんがいちばん良いお世話の仕方が分かるから血液検査をさせて」と話をしました。母はじっと聞いていて最後にひと言、「痛いのは嫌だ」と言ったのです。私はそのとき二つのことを思いました。血液検査が痛いということは分かっているんだな。しかし、自分の身体のためだから我慢しようという理性的な思考はもう弱くなっていて、ただ「痛いのは嫌だ」ということになっていたわけです。その母の気持ちは大事にして血液検査はできるだけやらないようにしたい。しかし、診断するための血液検査はしたい。もし、ここで母が嫌だと言ったから血液検査をやらないこととし、その結果母のケアを手厚くすることができなかったとしたら、それは責任を取れない母に責任を取らせていることになります。訪問看護師の方が何回も入れるようにできなかったのは母が検査を嫌だと言ったからだ、ということになるからです。そこで家族として母の嫌だという思いに反して血液検査をしてもらいました。案の定、腫瘍マーカーが上がっていて診断ができました。その後は誰も血液検査をしようとは言いませんでした。母の気持ちとしては嫌なわけだし、血液検査をして医学的には興味のあるデータが出たとしても母にとってより益になる道が見つかるわけではないからです。また、認知症が進んでいて力が衰えていてもまだプライドが残っている方は多いと思うのです。私のことなのに、私に何も言わないで子どもたちだけでお医者さんと話して決めている。それで良いとおっしゃるお年寄りもいると思います。「老いては子に従えと言うのだから、もう息子に全部任せました」と言ってニコニコしているお年寄りもいるでしょうが、「私を蚊帳の外に置いて勝手に決めている」と理不尽に思うお年寄りもいるでしょう。こうしたことで、意思確認ができなくなっても本人の対応する力に応じて本人を尊重することが大事だということを老年医学会のガイドラインでは入れました。

愛という名の支配――本人と家族をめぐって

家族が意思決定の当事者であるということは一応ここに書いてあることですが、家族というのは麗しい関係ばかりではないということを付け加えておきたいと思います。たしかに一生懸命、老いた父と母のために自分の生活を犠牲にしてがんばるご家族がたくさんいらっしゃいます。しかし、麗しいとばかり言えない面もあります。というのは、患者本人と家族の間では「皆一緒だ」という感覚が非常に強いのです。この感覚が強いが故に、例えば、お医者さんのところに本人よりも前に家族が結果を聞きに行って予後が悪いということになると、「先生、絶対に本人に予後が悪いということは言わないでください。本人に知れたら生きる気力を失ってしまいます。あるいはパニック状態で気が狂わんばかりになって、この後の人生が真っ暗になってしまいます」などと主張することがあります。このような時に、家族は、本人に聞く必要はない、本人にとって何が良いかは自分たちがよく分かっていると決めてしまっています。こういう場合、悪いことをしていると家族は思っていませんし、伝統的には悪いことではありません。皆さんも家族の間では、お互いにお節介気味ではないでしょうか。子の側からすると親はいろいろうるさいことを言うと思っていることが多いと思います。しかし、親のほうは血を分けた自分の子どもだから、このくらい言っても何でもないと思っているわけです。「皆一緒」という思いがあると、本人の意思を軽視する傾向があります。本人が何と言おうと家族がこれが良いと考えているのだから、これが良いのだ、と思う傾向があります。それから、患者を保護しようとして抱え込みます。私の腕の中でいつまでも心乱さずに平穏な気持ちで最期まで暮らしてほしい。私が保護しなければいけない、といった抱え込み方です。また、患者の苦悩に対する閾値が低いです。例えば、本人が本当のことを知ったらさぞかし心が乱れて悲しみに突き落とされてしまい立ち直れないだろう、と実際以上に家族が想像する患者の痛みが、家族に響いてしまうのです。それから、克服する力を過小評価します。「そんなことを聞いたら、うちの母に限って立ち直れません」と考えます。以上のような在り方を私は「愛という名の支配」と言っています。愛という名の支配とは愛だけれど、相手を支配し、抱え込んで自分の手の中で幸せであれ、という支配的な愛です。ここはカトリック系の大学ですが、これについてはプロテスタント系の思想家・文学者C・S・ルイスの『愛はあまりにも若く』（原題 *Till we have faces: a myth retold*）という小説がいつも思い浮かぶのです。これはプシュケーとエロースの物語を下敷きにしてルイス流に語り直したものです。ルイスの語り直しにおいてはプシュケーの姉が主人公です。プシュケーがエロースに誘われ、恋をしてしまいますが、エロースは全然見えないのです。プシュケーから見ればすてきな神殿の中に住んでいて、夜な夜なエロースがやって来て、食べたくなったら美味しいものが出てき、眠たくなったらベッドが出てくるという、今の若い人たちにはこう言っても通じないかと思いますが八〇年代でしょうか、ピンクレディーの『UFO』という歌のような生活をするのです。それを見に来た姉たちが嫉妬して、「それはきっと怪物に違いないから夜中にろうそくの光でその若者を見てご覧なさい」と吹き込んで、それに動かされたプシュケーの行動により、エロースとの破局が訪れるというような物語です。それをC・S・ルイスは、なぜ姉が嫉妬したかというと、このプシュケーが（姉から見れば）見えないものに満足して幸せそうであることに嫉妬したというのです。つまり、「自分の（姉の）愛のもとで自分の手の内でいつまでも愛らしく幸せに生きていてほしかったのに、どこの馬の骨とも分からない若者のもとで幸せだと言っていることに嫉妬した」と解釈しています。つまり、自分の支配下にあって幸せであれ、というのが支配する愛です。しかし、それに対して自分の支配下ではなくて、それぞれが独立して幸せであることを喜べる愛であってほしいということになるでしょう。そういう意味で家族というのは支配する愛になりがちであると言えます。それがこの場面の問題であるようです。もっと身近なことでは、お父さんは娘に対してそういう気持ちになるといいますよね。嫁に行く日が来なければいい。いつまでも自分の手の内で愛らしく楽しく幸せに暮らしてほしいのに、どこの馬の骨とも分からない若者のどこがよくて一緒になりたいなんて言うんだ、とお父さんは言う。これも愛という名の支配です。

さて、「遠くの親戚のおじさん症候群」というのはご存知でしょうか。最期が近づいてきたとき、いろいろなことをしないほうが本人にとって楽に過ごせるから一緒に暮らしている家族と静かに家で過ごそうとしているところに、遠くの親戚のおじさんがやって来て、「もうすぐ死ぬというからやって来たら、ただ寝かしておくだけか。医者は何をしているんだ。注射も点滴もしてくれないのか。そんなに悪いのにどうして病院に入れないんだ」などと言うのです。本人は寝ている病人のために一生懸命、心配しているのです。病人の息子や娘が生まれるずっと前から私はこの人を知っていて、昔は自分を可愛がってくれたお兄ちゃんだった。そのお兄ちゃんが今、ここで死の床についている。この息子たちの親不孝な振る舞いをわしが叱ってやらないといけない。わしが一肌脱がないで誰が脱ぐ、というわけです。

日本では「遠くの親戚のおじさん」がこういう行動をする典型でした。が、最近では嫁に出た娘や遠くの長男がこういう役割を果たすことが多くなってきているようです（これはある女性の看護師さんが言ったことで私が言ったことではありませんよ）。アメリカの医学系のジャーナルに出ていたのは、「daughter from California syndrome　カリフォルニアからやって来た娘症候群」という呼び名でした。これは遠いカリフォルニアで暮らしていた娘がやって来て、遠くの親戚のおじさんと同じようなことをするのです。ただし、このジャーナルにはオチが付いていて、カリフォルニアでは「daughter from Chicago syndrome」と呼ぶそうです（これはよくあるパターンなので、事実かどうかは?ですが）。いずれにせよ、家族のこういう傾向は日本だけではなく、普遍的な現象のようです。

愛という名の支配をケアにあたる方たちもお分かりいただけたら、だからこそご家族も一緒に話し合う必要があるわけだとご理解ください。一緒に話し合うからこそ、ご家族が自分の都合だったり、自分の見方だけでいろいろなことをおっしゃったときに、そのご家族も今、悲しんでいるんだ、この方と別れなければならないということをひしひしと感じて、このご家族自身が精神的に非常に動揺しておられると理解しながら、そのご家族が「ご本人にとって何が良いか」ということを考えていただけるように話しかけていく、そういうケアをしていく必要があります。そして、ご家族が今、申し上げたような傾向にあることは、今日はちゃんと言えませんけれど、人類の歴史から言うと仕方がないというか、宿命的なものであるのです。決してそのご家族が悪いということではなくて、人間とはそうなる傾向があるので、そういうものだと思ってケアにあたるご家族も一緒にケアをする気持ちで考えて対応していきましょう。そのためにも皆で一緒に考えて合意を目指すというやり方が必要なのです。

口から食べられなくなった時（続）

先ほど紹介しましたK君のような場合にどうしたらいいか、ここで考えておきましょう。口から食べられなくなったら、すぐ胃ろうにすることを考えるのではなくて、口から食べられる可能性をチェックすることから始めます。例えば、入れ歯の噛み合わせが悪いために食べられなくなっている場合もあるわけです。こういう場合は、噛み合わせを良くするように手当てをして入れ歯を丁寧に直すと、食べられるようになるでしょう。それから、まだ高齢ではない人で飲んだり食べたりが普通にできる場合について考えると、大したことないものは真面目に食べませんよね。美味しいものや、自分の好物は「食べよう！」という気になって本気で食べるのです。しかし、そうでない場合は、いい加減に食べています。それでも特に問題は起きません。誤嚥をする傾向がある高齢者についても、「自分が好きなものを一生懸命食べているときには誤嚥をしない」と時に言われます。あるお年寄りはよく誤嚥をしていたのですが、住んでいる地域の川で獲れる鮎が大好物で、塩焼きにしたものを出したところ、頭からむしゃむしゃとしっかりと食べ、誤嚥しなかったそうです。自分の好きなものはしっかり食べられるようですから、食べものに工夫をすると経口摂取がまだできるという場合もあるわけです。

こうしたチェックをした上で、やはり経口だけでは栄養摂取が不十分となれば、人工的な水分・栄養補給をしたらどうなるかを考えます。そこで先ほどお話ししたように、生命が延びるというだけでなくて、その人の生活が今後どうなるか、生きていて良かったと言えるような生活が可能なのかということについて、専門家に医学的に考えていただき、その上で本人の人生の中で今後何を目指したらいいか、人生が延びて中身が豊かであるということを目指すのか、延びるということまでは目指さないが、ただ残された日々が快適であることを目指すのか、を検討します。

延びることを目指すのであれば、人工的栄養補給をすることになりますし、延びることより、残された日々が快適であることを目指すのであれば、栄養補給はしませんが、水分補給をするか、しないかを、本人にとってより快適なのはどちらかという観点で考えます。場合によっては口から食べられる少量だけでいいという決定になることもあります。

いったん決めても時々見直します。以上のような順序で、医学的に考え、ご本人の人生を考え、人生が延びて快適だという両方を目指すのか、快適だけを目指すのか。両方を目指すのであれば、胃ろう等による人工的栄養補給をすることになるでしょう。しかし、一度、胃ろうにして栄養補給をすると決めてもしばらく時間が経過してからもう一度考えた場合には、もっと身体が衰えていて、以上の順序で考えた結果は、残された時間快適に過ごせることを目指すとなって、人工的栄養補給はしないほうがよい、という結論になるかもしれません。それが栄養補給を終了するときだとガイドラインでは主張しています。これは「もう死なせてもいい」から止めるのではなくて、「ご本人にとってやらないほうが楽」だからやらない、という意味です。医学的判断だけでは決めず、人生にとっての最善を考えるということです。

エンドオブライフ・ケア（人生の最終段階のケア）

最後にエンドオブライフ・ケアについてお話しします。「人生の最終段階のケア」と訳しました。人生の最終段階というのは、最近、厚労省が使うようになった用語です。以前は「終末期」と言っていましたが、最近では同じような時期のことを「人生の最終段階」と言うようになりました。まさに人生ということに目を留めることが厚労省にも浸透してきたということになるのでしょう。以前は「終末期ケア」、「ターミナル・ケア」と言っていました。「終末期」と「人生の最終段階」あるいは、「エンドオブライフ・ケア」がなされる時期は同じなのか違うのか、から話します。癌などではあまり違わないように見えるのですが、いろいろな疾患や、高齢者ケアの場合等を考えると基本的にこんなふうに違います。終末期かどうかは医学的に判断することです。いろいろな定義がありますが、だいたいこういう線が最大公約数です――「疾患が進んで、現在の医学でできる限りのことをしても、近い将来の死を避けられない時期」。できる限りの医学対応をしても近い将来の死はもう避けられない、ということは医学的に診断してもらわないと素人には分からないことです。しかし、人生の最終段階のケア（＝エンドオブライフ・ケア）と言っているときの「ライフ」の「エンド＝終わり」というのは、まさに「人生の

図　疾患進行の軌跡（Illness trajectory）と人生の最終段階

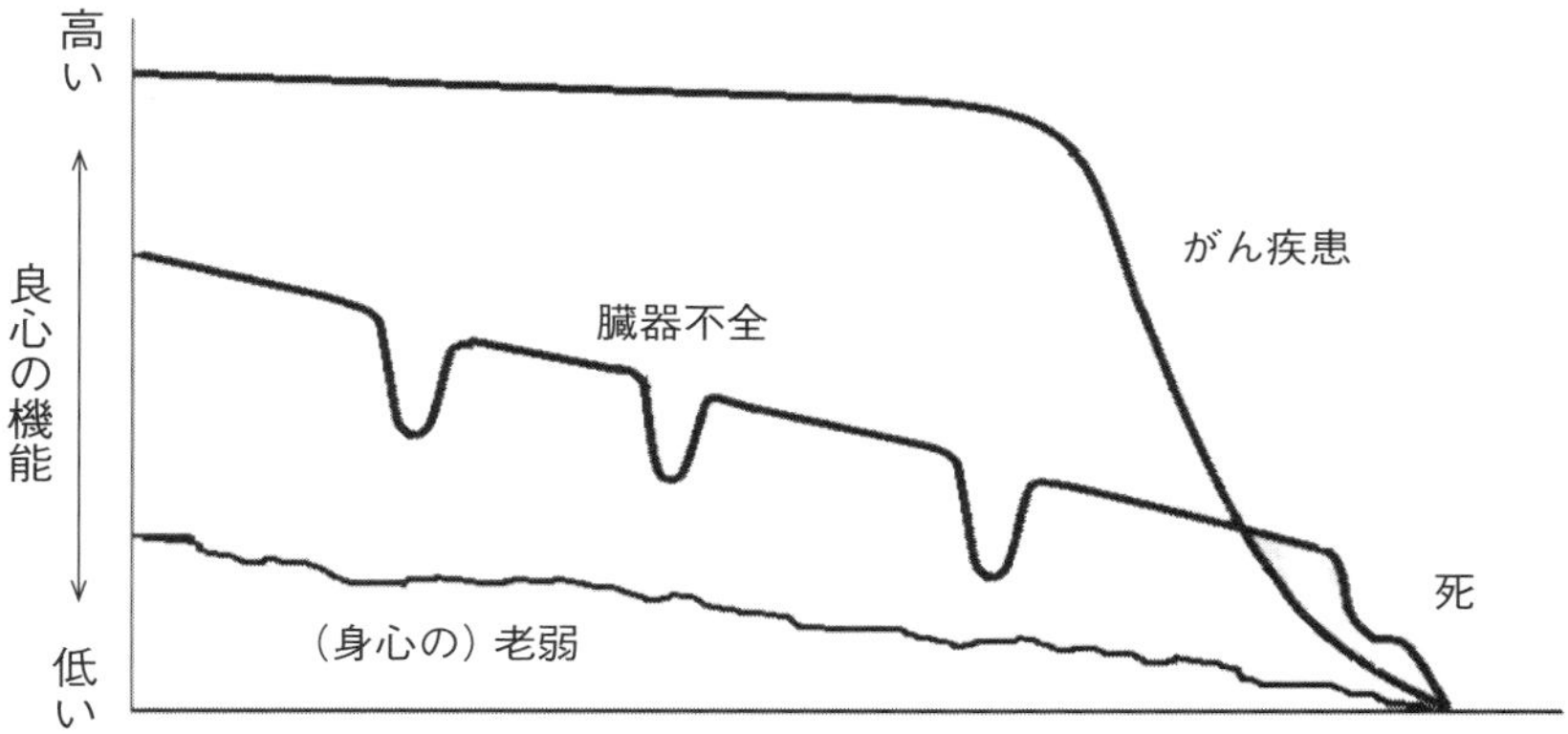

• Lunney JR. Lynn J. Hogan C. Profiles of older medicare decedents. *J Am Geriatr Soc*. 2002: 50:1108-1112 に基づいて作成した

終わり」としての死です。「生命の終わり」ではありません。人生の最期が近くなった時期ですが、それは医学的判断だけでは決まらないのです。本人がどういう選択をするかとか、本人が自分はもう人生の最期に向かっていると意識するかどうかが関係してきます。

　人生の終わりまでの経過（「軌跡」と呼びます）は、どのような原因で死に向かっているかによって異なります。このことを示す図をご覧ください。これは三つの代表的な死に至る軌跡をグラフに表したものです。このグラフの縦軸は、身体の機能や認知の機能の程度を表しています。認識や身体がどのくらい元気に働いているか。高ければ認知症もなく、かくしゃくとして動いているということになるし、低ければいろいろな機能が衰えているということです。横軸は時間の経過を表しています。最期に近くなるまで三つの軌跡のうち、一番上方に位置しているのは、癌性疾患のものです。この場合は軌跡が示しますように機能は少しずつは下がるけれど、あまり下がらないで経過し、終わりに近くなって急激に落ちます。

この急激に落ちていくところが癌の終末期（ターミナル）と言われている時期で、ここはどうがんばっても長く生かすのは無理です。また、急激に落ちる前の緩慢に低下している（あまり低下しない）時期には本人は、自分がもうすぐ終わりになるということをあまり意識しません。お医者さんはもう治ることはなく、あと数カ月だと思っているけれど、本人はまだ二、三年は大丈夫だと思っていることがよくあるそうです。なぜなら、この状態でそんなに弱った気がしないからだそうです。このような経過を辿る癌の場合は、ターミナル・ケアと言っても、エンドオブライフ・ケアと言っても、あまり違いはなさそうに思われます。ただし、ご本人がこの辺の（まだ機能が緩慢に低下している）時期に将来に対する死を意識して死に対する気持ちを準備したいという気持ちになったら、エンドオブライフ・ケアは始まります。

次に、癌疾患の軌跡のすぐ下にある二つ目の軌跡は、時々がくんと下がり、また上がり、すこししてまた下がって上がるという進行をしめしています。この軌跡は、心臓などが悪くてときどき発作が起き、だんだん悪くなっていく経過を示しています。一番下に位置する三つ目の軌跡は、ギザギザの線が続いていて、全体として徐々に下がっていく進行を示しています。これは、frailty（老いによる弱さ）で歳を取ってだんだん衰えていく経過に該当します。

先ほどのK君のお母さんの例は、この老いによる弱さの進行の軌跡を辿っていると思われます。経口では飲食できなくなった時点で、胃ろうにすればあと二年くらいは生きられる見込みがあります。しかし、栄養補給をしないで水分くらいにしておいたら、あと一月半程度でしょう。このように、選択によって長さが変わってくるのです。人のことを見分けられないし、天井を見ているだけの日々だとしても二年間それがずっと続くのか、それともこの辺りでもうおしまいになるのかは、どういう選択をするかで変わってきます。ここで人工的栄養補給をしないことを選べば、まさにエンドオブライフ・ケア（人生の最終段階のケア）をする時期だと言えますが、「まだまだ生きましょう」というつもりで人工的栄養補給をしている方をエンドオブライフ・ケアの対象と言えるでしょうかね。

もっと極端なのはＡＬＳの患者さんです。ＡＬＳは神経難病で、体中の筋肉が麻痺して動かなくなっていきます。あるところで呼吸をするための筋肉が動かなくなりますから、呼吸器をつけなければ終わりになります。しかし、人工呼吸器をつけ、胃ろうにして栄養補給を取ることで二〇年、三〇年生きている方もいます。日本では呼吸器をつける方が欧米などに比べると多いのですが、それでもたしか三割程度の方で、あとの方は呼吸器をつけないで終わりになっていきます。この方たちの場合、呼吸機能が落ちたらそれでおしまいでいいという選択をした方は、まさにエンドオブライフ・ケアの時期にいます。しかし、呼吸器をつけてあと二〇年、三〇年生きるぞという方は、呼吸機能に障害のある障害者として生きていくということであって、決してエンドオブライフに近づいているなんて思っていないわけです。

このように、エンドオブライフ・ケアの方は医学的に決まるのではなくて、本人が自分の人生の中で今の段階をどういうふうだと思っているか、胃ろう等の生命維持効果がある方法に関わるどういう選択をするかによって変わってきます。そして、エンドオブライフ・ケアが現在の医療や特に緩和ケアの世界では盛んになってきているというか、ひとつのトピックになってきています。こういう時期についての相談をする人の養成を厚労省は今年度に始めました。昨年度の終わりにプログラムを作ることが始まり、今年から相談員の養成の試行が始まっています。それがだんだん増えてくると、これから先の人生をどういうケアを受けていこうかなと、高齢者が考えることをサポートしてくれる方も出てきますし、また、そういうことをめぐっては宗教の側からはスピリチュアル・ケアの面で参加しようという動きもあるかと思います。

最期まで生きるということについて、どういうケアを受けるかということ、そしてご本人が快適に身体が痛い、痛くないというだけではなく、自分の残っている力を発揮できるというところに自分らしく生きる在り方を見ることを中心にお話しさせていただきました。ご清聴ありがとうございました。

（二〇一四年七月一九日　講演）

注

（1）Oxford English Dictionary 'thanatology' の項。
（2）前掲書。
（3）竹脇真理『勇ましく高尚な生涯――18歳で逝った若き信仰者の日記』いのちのことば社、一九六一年。
（4）世界保健機関（武田文和訳）『がんの痛みからの解放――WHO方式がん疼痛治療法』金原出版、一九八七年。
（5）島薗進「死生学とは何か――日本での形成過程を顧みて」（島薗進、竹内整一編『死生学1　死生学とは何か』東京大学出版会）二〇〇八年。
（6）Ivan K. Goldberg, Sidney Malitz, and Austin H. Kutscher, eds., *Psychopharmacological agents for the terminally ill and bereaved*, New York, Foundation of Thanatology; distributed by Columbia University

Press, 1973.

（7）Austin H. Kutscher, Bernard Schoenberg and Arthur C. Carr, eds., *The terminal patient: oral care,* New York, Foundation of Thanatology; distributed by Columbia University Press, 1973.

（8）日本老年医学会『高齢者ケアにおける意思決定プロセスに関するガイドライン——人工的水分・栄養補給の導入を中心に』（二〇一二年六月）。http://www.jpn-geriat-soc.or.jp/proposal/pdf/jgs_ahn_gl_2012.pdf（二〇二二年九月三〇日確認）。

（9）清水哲郎・会田薫子『高齢者ケアと人工栄養を考える——本人・家族のための意思決定プロセスノート』医学と看護社、二〇一三年。

（10）清水監修、会田編、大賀由花他著『高齢者ケアと人工透析を考える——本人・家族のための意思決定プロセスノート』医学と看護社、二〇一五年。

（11）厚生労働省、人生の最終段階における医療の普及・啓発の在り方に関する研究会「人生の最終段階における医療に関する意識調査報告書」二〇一八年。

（12）厚生労働省「人生の最終段階における医療・ケアの決定プロセスに関するガイドライン」解説編。https://www.mhlw.go.jp/file/04-Houdouhappyou-10802000-Iseikyoku-Shidouka/0000197702.pdf（二〇二二年九月三〇日確認）。

現代人の死生観とスピリチュアリティ——物語から学ぶ

島薗　進

はじめに

皆さんこんにちは。島薗と申します。今日は、このような題でお話をしようと思っています。私は実は、自分の宗教が何だかよく分からない、という意味は、私の家は浄土宗の檀家で、母の家は神道です。母はカトリックの学校に一五年間通っていて、私も幼稚園はプロテスタントの幼稚園に行きました。一番熱心に研究したのは、金光教という宗教です。そういうわけで、いろいろな宗教につながりがありましたが、どの宗教も長くお付き合いをしていないということです。しかし、宗教学を勉強して宗教が好きである、宗教は大事であると思っています。

そうしているうちに、だんだんとどの宗教も大事だけれど自分のものにならない、しかし自分はどうなのかということになってきました。要するに、自分の心にしっかり響くような宗教的なものを確かめたくなりました。それは自分なりの死生観をしっかりと持ちたいということです。宗教については、どこかに属さなければいけないということはないけれど、死は誰でもぶつかります。あるいは人生の危機ということには関わらざるを得ません。死生観というものは、誰でも持っていなくてはならないのではないでしょうか。そういうことで、自分なりに私の心に響くものをはっきりさせたいと思うようになってきて、東京大学で宗教学を教えていたのですが、最後の何年間かは死生観やスピリチュアリティ、心の中にしっかり響く宗教的なものということを考えるようになりました。そして、このような本を書きました。これは、いずれも東日本大震災以後にまとめたものですが、それ以前から、こういうことに取り組んでいて、『日本人の死生観を読む』（朝日新聞出版、二〇一二年）を書きました。この本を皆さんが読みたいと思うかどうかは分かりませんが、この表紙の絵は良いですよね。私はこの絵を見ると、こけしを思い出します。日本の感性が入っているようで、装丁の方が努力をして選んでくださいました。

一　『宗教を物語でほどく』

『日本人の死生観を読む』で取り上げたのは明治以後ですが、死生観という言葉を日本人が使うようになり、宗教とは少し違うところに死生観があり、文学作品などには死生観ということがよく出てきます。その歴史を少し探ってみました。宮沢賢治や柳田国男などの話が入っています。その後で、『宗教を物語でほどく』（NHK出版）という本が今年（二〇一六年）の八月に出たばかりです。この本の題を決めるのにすごく苦労をしまして、若い編集者の方が工夫をして、このような題になりました。要するに宗教と言うとすごく壁があり、そこに入るのは大変で、私はそういう宗教というのは簡単には入れない、入るということは何か重いものを背負うことにもなる、だからこそ宗教は大事だという面があると思うのです。しかし、入れないとなるとそれを遠ざけてしまうと思います。

実は、物語を書く作家で、この本で一番最初に持ってきているのはアンデルセンです。童話や児童文学などを作る人たち、作った人たちは、宮沢賢治も仏教文学と言って、童話をたくさん作りましたが、それは童話を通してこそ仏教の一番大事なものが伝えられるということです。アンデルセンもそういう考えです。キリスト教の教義とはだいぶ違うことを言っています。しかし、アンデルセンにとっては、それが一番分かるという、そういうものを書いたということです。ですから、物語というのは宗教をほどこうとしたと言えるのではないでしょうか。宗教のこんがらがっているところ、宗教は嫌だなと思うところ、宗教は敷居が高いと思うところ、そこをちょっとほどいて入りやすくしています。ですから、物語を読むと宗教の心に響くものが分かるということではないだろうかと思います。私は物語作家ではないのですが、物語を読むことでその中に、これが宗教の大事なものなのだと、まさにスピリチュアリティということでもあります。そういうことを考えてみました。だいぶ宣伝をしておりますが、このようなテーマです。

この本は「死」「弱さ」「悪」「苦難」の四つの部に分かれています。「死」は誰でも向き合わなければなりません。それから「弱さ」です。私もだいぶ歳を取ってきて、だんだんとできないことが多くなってきました。私は目に自信があったのですが、だんだんと目がうまく働かなくなってきています。耳もそうです。やがて動くことも難しくなってくると思います。老いの中にも弱さがありますし、いろいろなときに自分の弱さというものを意識せざるを得なくなります。災害のときもそうでしょう。そういうときにこそ自分が何だったのかということを改めて考え直します。そういうことを物語が語っているのです。

それから「悪」というのは、いろいろな意味があります。人から傷つけられたことはすごく心に残ります。そして、傷つけられると今度は仕返しをしたくなり、恨みが出てきます。恨みの気持ちもなかなか克服できないものです。そういうふうに傷つけられたり、傷つけたりという気持ちは、人類の永遠の問題でもあります。そのようなことについて考えている作品です。

今日の話は、そのことに一番関わりがあるかもしれません。震災も大変な「苦難」でした。また、戦争もありました。多くの人が共に苦しむこと、それを孤独に苦しんでいる人もいます。そういう問題を物語の中で考えようとしています。このようなことについて世界の小説、アンデルセン以後ですから一八〇〇年頃以降から現代小説まで考えてみました。そういうところで考えたお話を今日は少しさせていただこうと思います。

二　『一〇〇万回生きたねこ』

最初は『一〇〇万回生きたねこ』（講談社）です。この本を読んだことのある方はどのくらいおられますか。三、四割の方ですね。全員が読んでいたら説明するのが申し訳なくなってしまうので良かったです。このとらねこの絵が素晴らしいです。一九七七年に佐野洋子さんが書いた絵本で、もう四〇年くらい経ちますが、今でも子どもも大人も読んでいます。そして、昔、読んだ人はこの本を忘れないというような本です。こんなふうに始まります。

一〇〇万年も しなない ねこが いました。
一〇〇万回もしんで、一〇〇万回も 生きたのです。
りっぱな とらねこでした。
一〇〇万人の人が、そのねこを かわいがり、一〇〇万人の人が、
そのねこが しんだとき なきました。
ねこは、一回も なきませんでした。(二頁)

生まれ変わるということは、死を考えるときに気になることで、生まれ変わりがあるから死が怖くないと言う人もいます。現代では生まれ変わりがあると思っている人がかなり増えている気配があります。しかし、もう生まれたくないと思う人もいます。仏教では輪廻転生と言って、インド的な思想ですが、何回でも生まれ変わって、その中では動物に生まれることもあるし、天と言って神様になることもあるし、地獄へ行くこともあるという話です。しかし、仏教の中にはもう生まれ変わらないことが理想で、それが涅槃、ニルバーナです。というのは、生まれ変わるということはまた苦しみの人生を繰り返すことになるのです。若い人の中には、こんな苦しい人生をなぜ生きていかなければならないのかと思う人もかなりいます。一生の最期になり、これから死ぬというときに良かったと思える人もいるし、こんなに辛かったのかと思う人もいます。むしろそういうときには、もう生まれてこないほうが安らぎだということもあります。そのようなことが、この本に書いてあるわけではありません。このねこは一〇

〇万回生まれ変わったけれど一度も泣いたことがなかった、という話です。強いねこです。私の要約ですが、

たくさんの人が、そのねこをかわいがりました。王さまや、船乗りや、サーカス団の手品（てじな）つかいや、どろぼうや、ひとりぼっちのおばあさんや、小さな女の子、などなど。いろいろな飼い主に飼われました。その度にねこは死に、飼い主は大声で泣いたり、一日中泣いたりしました。でも、「ねこは、一回も泣きませんでした」。

そして、ねこは自由になります。飼われていたわけで、いわば奴隷だったのですが自由になりました。「あるとき、ねこはだれのねこでもありませんでした。のらねこだったのです。／ねこははじめて自分のねこになりました。ねこは自分がだいすきでした。／なにしろ、りっぱなとらねこだったので、りっぱなのらねこになりました」。

すると今度は、たくさんのめすねこに愛されます。強いのでもてます。

「ねこは言いました。『おれは、一〇〇万回もしんだんだぜ。いまさらおっかしくて！』／ねこは、だれよりも自分がすきだったのです」。（四～一八頁）

この本は、文字はそんなに多くはありませんが、絵が多くのことを語っています。これがとらねこです。たくさんのめすねこがいろいろなものをくれたり、愛情を示したりしますが、知らん顔をしているという話です。ところがあるとき、このとらねこにまったく関心を示さない白いねこがいました。そう

すると気になって仕方がないので、白いねこの前で曲芸のようなことをして気を引こうとしました。そうしているうちにこの白いねこが好きになってしまった、という話です。その後の話はだいぶ省略しますが、この白いねこと結婚をして、子どもができて一生を過ごすという話は全部省略をします。

ある日、白いねこは、ねこの となりで、しずかにうごかなく なって いました。
ねこは、はじめて なきました。夜になって、朝になって、
また 夜になって、朝になって、ねこは 一〇〇万回もなきました。
朝になって、夜になって、ある日の お昼に、ねこはなきやみました。
ねこは、白いねこの となりで、しずかに うごかなくなりました。（二八頁）

この最後のひとつ前の絵は素晴らしいですね。そして、最後のことばの頁です。

ねこはもう、けっして生きかえりませんでした。（三〇頁）

この文字だけです。このお話を、結婚して子どもができて幸せだったねと理解するとちょっと浅いことになるかと思います。このねこは、最初は自分一人で生きていると感じていて、そのことにとても誇りを持っていました。しかし、人と共に、人のために、これは「他者のために、他者とともに」という上智大学の目標でもありますが、このねこもそういうことを経験して、この場合は家族ですが、別に家

族に限らなくてもいいのです。そこで初めて生きていることの喜びが身に入ったという話だと思います。このように説明してしまうと何だかありがたいお話にすぎませんが、この物語を読んでいると、すとんとお腹に落ちるような話だと思います。

作者の佐野さんという方は最近亡くなりましたが、詩人の谷川俊太郎さんと結婚していたこともあり、なかなか数奇な面白い人生をたどった方だと思います。佐野さんは何か宗教を信じていたのかというと、おそらく特定の宗教は持っていないと思いますし、キリスト教や仏教の教義にどのくらい関心があったかも分かりません。しかし、佐野さんがこの物語を通して訴えようとしていること、それは自分の人生の経験とも関わっていると思います。それは宗教が歴史の中で伝えてきたことと響き合うものがあると私は思います。今日はそういう話ばかりで、次の話もそうです。

三 『悼む人』

天童荒太さんの『悼む人』という作品は、二〇〇八年に小説が出版されて（文春文庫、二〇一一年）、その後、続編が出ています。主人公が静人という人で、『静人日記——悼む人Ⅱ』（文春文庫、二〇一二年）という本が出ています。そして、二〇一四年に映画になりました。この『悼む人』を読んだ方、映画をご覧になった方はどのくらいいますか。一割いないくらいですね。天童荒太という人は、今、五〇歳くらいだと思いますが直木賞を取った作家です。この小説を書こうと思い立ったのは、二〇〇一年九月一一日に起きたアメリカ同時多発テロ事件です。最近は、この種の事件がとても多いです。先ほど挙げた四つのテーマの中で「苦難」というテーマに当てはまると思います。非常に多くの人たちが、わけの分からない事柄に巻き込まれて命を失い、その家族の方たちの悲しみというのはどれくらい深いか想像できないことだと思います。東日本大震災もそうでした。中には、そのような自然災害もありますし、事故や事件もあります。

今、私は上智大学のグリーフケア研究所の所長をしています。グリーフケアと言うのは、大切なもの、多くの場合、親しい人や子どもを失った人たちへのケアです。ただ、若い親が亡くなると周りの人はとても悲しいです。それから配偶者が亡くなってもなかなか立ち上がれない人もいます。それは個々の場合にあります。自死の遺族も本当に辛いです。今、とても辛い喪失の体験や悲しみを持っている人たちが、同じような悩みや悲しみを持つ人と共に集まる機会を持つことが多くなっています。それはグリーフケアの集いです。そういう集いの場はどうしたら持てるだろうかということです。これも現代の宗教ではないけれど、宗教に近いスピリチュアリティというものの場です。先ほどご紹介いただいた中で、宗教者の災害支援や臨床宗教師という話がありましたが、そういう宗教の資格を持っている人、あるいはボランティアで災害の土地に行く人は、大切な人を失ったり、大事な家や故郷を失った方たちのために何ができるかということです。これは阪神淡路大震災のころは心のケアと言っていました。むしろ、最近はグリーフケアと言ったりします。今、そういうことを学びたいという人が非常に増えてきています。

数日前に、オーストラリアで自分の九歳の息子を交通事故で亡くしてしまったことを『クレオ――小さな猫と家族の愛の物語』（エイアンドエフ、二〇一六年）という物語に書いたヘレン・ブラウンさんの講演会がありました。私もそこで一緒に話をさせていただきました。子どもが亡くなったということの中には、死産もあります。生まれてからあまり長生きできず、数カ月で亡くなってしまう子どものお母さんたちも辛いと思います。たとえば、仙台には「with ゆう」という、お子さんを亡くしたお母さんたちや親たちが作っているグループがあります。

グリーフケアという言葉は、二〇年前の阪神淡路大震災のころはあまり使いませんでした。それより前の一九八五年に日航機の事故が御巣鷹山でありましたが、この方たちもとても辛い思いをし、今でも八月になると御巣鷹山にお参りの登山をしています。そのころはグリーフケアという言葉はありませんでした。この一〇年くらいでこの言葉が広がりました。上智大学のグリーフケア研究所ができたのは、二〇〇五年にJR西日本の福知山線の事故が起きたのがきっかけです。神戸の方から京都の方まで走る速いJRの電車があるのですが、それは私鉄との競争なのです。少しでも速く走りたいとカーブのところを無理して走り、先頭の二両がぐちゃぐちゃになってしまい百人くらいの方が亡くなりました。その事故からグリーフケア研究所が始まっています。それ以前にも悲しい事故や事件、災害がありました。グリーフケアという言葉が広まったのはそのころからです。

今、全国に自死遺族の会があり、先ほどの「with ゆう」のようなグループがあります。これの大事なことの一つが、こういう考え方をすれば、そういう悲しみから立ち上がれますという、例えば「仏教ではこうですから、何々宗ではこうですから」ということでは集まりません。むしろ、同じ苦しみ、悲しみ、辛いことが分かち合えるような集まりが増えています。そういう場合に宗教はそこでお手伝いができます、というか宗教からこそ学びたい大事なことがあります。しかし、それは、こうすれば救われますという答えではありません。同じ苦しみ、悲しみには寄り添うことになりますが、こういうタイプの集まりが増えています。天童荒太さんは、そういうことに反応しています。自殺、自死というのは新聞に報道されるようなことではありません。しかし、新聞に報道されるような大きなことが起こると、われわれの中に、胸が痛い、ご家族やご遺族はどうだったろうと思います。それは、われわれの中に似たような経験があると思います。あるいは、すぐ自分の身の回りにあること、そういうことに感応しているということがあるのだと思います。

その後に戦争もありました。アフガニスタンやイラクとアメリカが戦争をしました。これが大きな災いの連鎖を作っているところがあり、世界中がそうなっています。これは、災害と違うところはどこかというと人災です。先ほどのＪＲの事故もそうです。グリーフケアに携わっている方たちのお話を聞くと、人災はとても辛いと言います。恨みをなかなか克服できないからです。つまりどうしても、「誰かがこうしたからだ」と思うのです。東日本大震災は津波だったので、誰がどうしたということではありません。もし、「誰が」と言うのであれば神様かもしれませんが、そうではありません。具体的な人間の顔は思い浮かばないということです。しかし、原発事故については、東京電力がいけないとか、これまで原発を進めてきた人だ、ということになります。事件や事故では犯人が、ということになると思います。では、それを忘れるということが答えなのかというと、そうではありません。どういう答えがあるのでしょう、ということになるのだと思います。

これは、映画のワンシーンです。主人公は三〇歳くらいの青年ですが、どうもそういうことが気になって仕方がないのです。その理由は物語を読んでいくとだんだん分かってきます。主人公は、最初は医療関係の仕事に就いていましたが辞めてしまい、辛い死があった場所を訪れます。そして、そこでお祈りのようなことをします。それが「悼む」ということなのです。悼むという言葉は追悼の「悼」ですが、「痛い」という字を書くこともあるし、「傷」という字を書いて「いたむ」と読むこともありますが、この字の「悼む」という意味は、どういうことなのでしょう。そのことがこの物語の主題でもあります。

主人公の坂築静人（さかつきしずと）は「何の落ち度もないのに殺された人、思いもよらぬ火災や地震などの災害で亡くなった人、他人の過失による事故で命を落とした人」のことを知ろうと尋ね歩き、一人でその人を悼む自分なりの儀式を行う。三〇歳の彼は、さまようように不慮の死者がいる各地を訪れ、そこで自分流の「悼み」の礼を行うのだ。

どうやら人間であるらしいその影は、左膝を地面につきました。次に、右手を頭上に挙げ、空中に漂う何かを捕らえるようにして、自分の胸へ運びます。左手を地面すれすれに下ろし、大地の息吹をすくうかのようにして胸へ運び、右手の上に重ねました。横顔が見えるあたりへ回り込むと、その人物は目を閉じて、何かを唱えているらしく、唇が動いています。

（『悼む人（上）』一二頁）

これは綺麗な映画の画面です。主人公はひざまづいて、何経でもない自分なりのやり方で何かを唱え、動作をしています。そこに線路が見えますから恐らくそこは鉄道事故のあった場所でしょう。何をしていたのかと聞くと、「いたませて、いただいていました」と答える。「彼・彼女が、誰を愛し、誰に愛され、どんなことで感謝されたことがあったか」を書きとどめ、胸に刻みます。

知っている人にいろいろと話を聞いてノートをして、それをできるだけ覚えるようにする。そして、それを言葉にして唱えるということをするのです。特に何をするのかというと、「彼・彼女が、誰を愛し、誰に愛され、どんなことで感謝されたことがあったか」を書きとどめ、胸に刻む。そして、「この姿こそ覚えておきます」と約束するのです。

普通、亡くなった人がいるときに私たちが行う動作は何と言っているでしょうか。親しい誰かが亡くなったときに「お悔やみを言う」と言います。お悔やみというのは分かります。悼むに近い言葉です。あるいは「ご冥福をお祈りします」と言います。弔電の電報を送る際のリストを見ると、こういうときに使う言葉がいろいろ挙がってきますが、皆さんは、どの言葉がしっくりくるでしょうか。それは、そこに私たちの死生観が入っているのではないでしょうか。そこで、この作家は「悼む」という言葉がしっくりするというふうに考えたということです。「冥福を祈る」というと、その人が死後に何か安らかな幸せな状態になるようにとお祈りをすることになると思います。

身近な人の「冥福を祈る」というのとは異なり、遠いけれども痛ましい他者を「悼む」のです。原爆の死者への思いにも、東日本大震災の死者への思いにも通じるものです。第二次世界大戦以後の世界、アウシュヴィッツや原爆以後の世界を生きる私たちが「悼む」こと、「手を合わせること」の中にはこうした位相があります。

私は自分の子供に対する家庭教育の大事なところが欠けていたと感じています。つまり、先ほども言ったように特定の宗教というものがなくて、私の子どもにこういうときに手を合わせるということを教えませんでした。それは、私としては残念なことであります。その前に、自分自身にも身に付いていませんでした。子どものときにキリスト教のお祈りを教えてもらったので、それを唱えたことはありますが、それは身に付いていません。若い頃にお葬式に行くと、お焼香をするのが嫌で仕方がありませんでした。それをどういう意味でやるのかと思っていたからです。しかし、これがだんだん身に付いてきて、お葬式に行くとお焼香をしなければという気持ちになりました。それはどうしてかというと、私は娘が八歳くらいのときに一緒に広島の平和記念公園に旅行に行った際、何も教えていませんでしたが祈っていました。これはどういうことなのか。私もいろいろな人に教えられたり、周りを見たりしながら、次第に悲しい死に向き合ったときに、どういう心の整え方をするか、ということを考えるようになったと思います。

今でも広島の八月六日、長崎の八月九日には多くの人が平和記念公園に来て手を合わせています。その写真集をあるプロのカメラマンの方が作られて、私はその解説文を書いたことがあります。子どもも手を合わせています。そのときにしていることを言葉で表すとどうなるのか。悼むということなのか、というふうに考えたことになります。

では、なぜ静人はこのような儀礼を続ける旅に出るようになったのでしょうか。『悼む人』の第五章で母の巡子は（映画では大竹しのぶが演じていました。この巡子も癌で死が近づいているという設定になっています）いくつもそれに関わる静人の経験を語っています。

もっとも重い経験は、父、鷹彦とその父、つまり静人の祖父に関わるものでしょう。

静人の祖父は愛媛県今治で一九四五年八月六日に空襲にあいました。四五〇人を超える人が死亡したといいます。

広島に原爆が落とされた日の記憶はことごとに蘇りますが、今治のこの空襲を覚えている人は少ない。鷹彦の二つ年上の、当時五歳だった兄は今治の空襲で重症を負い、しばらくたって亡くなりました。鷹彦の父は教師だったのですが、多くの女生徒が動員先の工場で亡くなりました。鷹彦の父は軍務で外に出ており、その場にいなかったので、それを知ってひどく罪の意識を抱いたと言います。そんな父の悲しみを小さな身に受け止めざるをえなかったのか、三歳の鷹彦は言葉を話さない子供になりました。そして大人になっても対人恐怖症が残りました。

社会適応の悪いお父さんで、あまりしゃべりたくない、おどおどしているような感じがするというような人になってしまいました。

鷹彦と結婚した巡子（私が大竹しのぶのファンですから、彼女の話ばかりが出てしまいますが映画は名演です）自身も辛い死別の経験をもっています。兄の継郎（つぎお）が、一六歳で白血病で早世したのです。その継郎は、「彼自身のいのちの時間を、病気がちだった巡子のために使ってくれるように、神様に頼んだ」のだという。

まるで願いが聞き入れられたかのように、継郎は白血病に倒れ、巡子は健康となりました。死の直前に継郎は、これは願い事のせいではないから気にしないようにと巡子に言い、でももしも巡子と彼女の子どもに自分の命の時間が渡るなら、それでもいいかなと言い残し、息を引き取りました。

巡子はこれを前向きに受け止めようとしてきたが、今も自責の念が残っています。

悲しみということで一番難しいのは、生き残った側が、自分が悪かったという思いをどうしても持ってしまい、そこからなかなか立ち直れないということがあります。巡子の場合もそういうことがあったということです。

静人が小学校三年のとき、鷹彦の父は八月六日の慰霊の集いのあと一泊すると言って家を出ます。集いの後、彼はホテルから海を見に行くと言って出たまま帰らず、翌朝早く、浜に打ち上げられた遺体が発見されました。

おそらく自殺をしたと思われます。それは、自分の息子が亡くなり生徒たちが亡くなったその場に自分が居合わせて動くことができなかったということが辛かった、ということです。

「悼む人」は、こうした忘れられていく無残な死の記憶を自らに「受け」、痛んでしまう。そして、それを忘れてはならないと、「受け止め」ようとするのです。

このように無残な死を遂げたり、見捨てられて死んでいくということは決して新しいことではないので、昔から多かったと思われます。日本人はそういうことに対する慰霊・追悼をすることが多いと思います。お盆は亡くなった人のために行っていますし、その中には辛い悲しい死を遂げた人のことも入っています。お彼岸にはお墓参りに行きますし、お正月にも行くかもしれません。ご命日をとても大事にしています。御仏壇に毎日何かを供える方もいます。その中には無縁仏というものもあります。それから戦争の死者は、敵味方を問わずに供養します。「怨親平等」という仏教の言葉があります。「おん」は怨む、「しん」は親しいと書きます。これは敵と味方です。つまり、戦争や戦いがあった場合に自分の仲間だけを供養するのではなく、敵側の死者も供養することが仏教では当たり前だったということです。蒙古襲来のときに神風が起こったと言われていて、たくさんの蒙古側の兵、これは韓国人が多かったと思いますが亡くなりました。そのときに味方の霊をお祀りする（悼む）だけではなくて、敵側の死者のためにも供養するということが多くありました。

怨霊ですが、恨みの霊に対する供養です。これは放っておくと祟ってしまうという意味もありますが、それだけではないと思います。慈悲の心というのは敵味方を区別しないという考え方があると思います。その見捨てられた人、敵というのは、自分たちの味方の中では普通に関わろうとする人はいませんが、その霊のために何かをするということになります。墓地に行けば、どこでも古くて置き場のない墓石が積み上げられていて、無縁仏を表すものになっています。そこで礼をすることがあります。いろいろな行者さんがいて、シャーマン、イタコやカミサマと言ったりします。沖縄ではユタ、関西では稲荷行者とかオダイと言うことが多く、その人たちは神様とやり取りをし、神様の声が聞こえる、神様の言いたいことが分かると同時に、神様と死んだ人はつながっていたり別だったりしますが、それができる人たちが日本には多かったのです。今でもたくさんいると思います。そのようにして死んだ人たちのために、それも見捨てられた者のために祈るということは、日本の中によくあった伝統だと思います。

しかし、今はそれがなかなか見えません。あるいは、それに自分が参加する機会が少ないと思います。では、『悼む人』が「悼む」のはどういう人たちか。まず、忘れられた異常死者、忘れられるであろう異常死者に対するこだわりが特徴の一つです。この中にはいじめで殺された子どもも出てきます。地面に埋められて殺されたとかです。最近も障害者施設の子どもたちが集団で襲われた事件がありました。それに似た話が『悼む人』にも出てきます。

坂築静人が悼む対象にするのは、新聞記事の片隅に載るような死者たちです。新聞記事に載るのだから気になることではあります。つまりは「異常」な死、無残・無念な死なのですが、その後、多くの人が関心を持ち続けるようなものではありません。すぐに忘れられていくような、個々別々の事件の犠牲者たちです。静人は一人ひとりそれぞれについて固有の仕方で悼むことをしたいのです。

毎日のように新聞記事に悲しい記事が出ていますが、私たちは数日後には忘れてしまい、とても覚えていられません。静人はそれでいいのかと思ってしまう。そのことがどうしても納得できないということだったと思います。

もう一つの特徴は、「悼む」という言葉の意味と密接に関わっています。ご冥福をお祈りしますの「祈る」ということは、はっきりとこういうふうに祈ると分かっている人もいます。私もお葬式の告別式で御焼香をするときには、何と言えばいいのだろうと随分思いました。私の宗教学の先生は浄土真宗だったので「南無阿弥陀仏」と言えばいいと言ってくれましたが、「南無阿弥陀仏」という言葉にはあまり親しみがないと思ったりもしました。

「祈る」というのではありません。静人は、大学卒業後、医療関係の仕事をしながら、無名の死者たちに対する忘却に胸を痛めるようになりました。そして、新聞記事で見つけた事故・事件の犠牲者のゆかりの場所を訪れる行為を始め、やがて仕事をやめて「悼む」巡礼の旅で日々を過ごすことになります。

旅をしながら「悼む」という言葉を思いついたということです。まだ仕事を続けながら「悼む」行為を始めた頃、静人は母親の巡子に「他人の死を求め歩いて、どんな慰めになるのか、何の意味があるのか」と問いつめられます。

静人は苦しげな表情で首を横に振った。なぜそうするのか彼自身も説明できない様子だった。（妹の）美汐が業を煮やし、まさか日本中の人の死を祈って回るつもりじゃないでしょと言った。

祈るなんておこがましい、と静人は答えた。自分には祈る資格も権利もないことが、人の亡くなった場所を歩いてみて、わかってきたという。じゃあ、何をしているの、と美汐が訊いた。「覚えていられないか、と思っている。なんとか、覚え続けていられないかって……」

（『悼む人（上）』二五〇頁）

覚え続けていることも大変なことです。ノートをとっておけば、見て分かるということもあります。「悼む」ことは「祈る」ことと異なります。そこにどうも罪悪感が関わっています。父の鷹彦も静人自身も、死に行く他者に何もできずに生き残っていく自分を責めざるを得なかったことに苦しんでいます。罪悪感はあるが、それを「祈る」ことで癒すことはできないと感じています。

鋭い理解力をもつ母親の巡子に問われて、やがて静人は「悼む」という言葉を思いつきます。

人が亡くなった場所を訪ね、故人に想いをはせる行為を、静人ははじめて「悼む」と表現した。言葉の意味を問うと、冥福を祈るわけではなく、死者のことを覚えておこうとする心の働きだから、祈るより「悼む」という言葉が適切だと思って、と、ぼそぼそと力のない声で答えた。

（同、二五五頁）

「祈る」ときには、応答する存在が前提とされています。だが、静人は悪の体験に対して応答がないことに苦しんでいます。「悪はどこからくるか」「どうすれば悪は克服できるか」――伝統的な宗教は答えをもっています。その答えに沿って「悪に対処する祈り」がありました。だが、今やその答えを受け入れられない人が多いのかもしれない。いや、信仰者であっても、伝統的な答えでは十分ではないと感じていることが多いのです。

では、「悼む」という言葉でしっくりくるのかというと、これは人によっていろいろであると思います。次にお話しするのは東日本大震災前に出た作品ですが、東日本大震災を経て、この作品を読むと一段とああそうだなと思うところがあります。

四　『想像ラジオ』

三つ目のお話は、いとうせいこうという、ラジオのディスクジョッキーやテレビの編集をしたりして活躍していて、ときどき小説を書く人です。もうすく六〇歳くらいだと思います。この方が『想像ラジオ』（河出書房新社、二〇一三年）という本を書きました。これは明らかに東日本大震災を受けてできた物語です。語り手は複雑にできています。いろいろな語り手がいますが、DJアークという人物がよく話をしています。

申し遅れました。お相手はたとえ上手のおしゃべり屋、DJアーク。もともとは苗字にちなんだあだ名だったんだけど、今じゃ事情あって方舟って意味のアークがぴったりになってきちゃってます。
（『想像ラジオ』八頁）

芥川という名前なので、アークだったのですが、ノアの方舟の「はこぶね」を意味するアークです。最近の聖書は「箱」と書きますが、昔は「方」という字を書きました。ここでは実はギルガメシュ神話という旧約聖書よりもっと古い方舟の話です。洪水神話です。世界中に洪水神話があり、それが旧約聖書の「ノアの方舟」という話にもつながっています。日本にも津波だけでなく洪水のイメージはあちらこちらにあります。ですが、ここでは残っている人類の文献の中で最も古いギルガメシュ神話という話を使っています。大洪水の後、方舟に乗って漂流しているように、死んでなおこの世とのラジオでの交信を続けているこの語り手の境遇を指しています。実際は遺体のまま木の上に横たわっているのです。

一人きりなのですが、ここではラジオのディスクジョッキーをしている一人で生き残った者が、死者たち、あるいは生きている人たちと通じ合っているという話です。作者本人もディスクジョッキーをしてきた人なので、ディスクジョッキーらしい語り口で軽妙さ、ユーモア、現代的感覚が活きている物語です。その語り手はどこにいるかというと、津波に流されて木の上に引っかかっています。高い木の上に引っかかって、そこでディスクジョッキーをしています。

主人公は高い木の上にいるんですね。町を見下ろす小山に生えてる杉の木の列の中。細くて天を突き刺すような樹木のほとんど頂点あたりに引っかかって、仰向けになって首をのけぞらせたまま町並みを逆さに見ています。まるでギルガメシュ神話の、洪水のあとの方舟みたいに高いところに取り残されています。

このＤＪアークの語りは想像上のものなので、始まりや合間に流されるジングルは「想ー像ーラジオ」というものです。

死者の声を「想像」によって聞くというのがこの作品の枠組みです。東日本大震災後、生き残った被災者の声は次第に聞こえるようになりました。だが、生き残った被災者は度々、死者の声を聴いていました。他界からの声を聴くことは「死を超える尊いもの」の現れであり、民族宗教ではイタコ等のシャーマンを通して経験されることだった。だが、イタコのような専門家を介さずとも、人びとはしばしば夢や幻のなかで死者の声を聞く経験を持ちます。そして、それは死別した大切な人との疎隔を超える癒しの体験ともなります。

『想像ラジオ』は多くの人びとが、ラジオの聴き手のように死者との語り合いに参加し、ともに苦難のただ中での癒しを分かち合う過程を描き出していきます。

臨床宗教師というのは、お坊さんや牧師さんや教会長たちが、死に逝く人、あるいは死別の悲しみに遭う人、いろいろなかたちで辛い人、悲しい人の近くに寄り添う活動をします。従来は待っていて、悩みを打ち明けてくれたら宗教の話をするということでしたが、むしろ苦しんでいる人の近くへ行き、寄り添う活動をしようということです。そういうことを唱えたのは、岡部健先生という仙台の医師で、在宅の死の看取りをしていた方です。岡部先生はご自分が癌になり、二〇一二年に亡くなりました。岡部先生の残したものは日本全国に非常に大きなものがあります。医療に携わりながらスピリチュアリティ、死生観というものの大事さを強調して下さって、そして、自ら死に直面して宗教の力は必要だということを強調されました。そして、臨床宗教師を何とか日本に根付かせようとなさった方です。

その岡部先生が前から注目していたのが、お迎え現象というものです。仙台近辺で死の看取りをした方、亡くなって逝く方、あるいは家族の方に伺うと、ほぼ半分くらいの方がお迎えというものを経験しています。つまり、もう既に亡くなった方が夢に出てきたり、幻に出てきて、「おまえ、まだ来るの早いよ」と言ったり、「辛いならいつでも来てもいいよ。待ってるからね」と言ったりします。お別れに来るということもあります。死が近づいた人が、昨日突然、枕元に現れたので変だなと思っていて後で聞くと、そのときその人が亡くなっていたというような話を聞くことが多くあります。私にもそういう経験があります。そういう話と、この物語が扱っている、ここではイタコやシャーマンと言っていますが、誰でも夢などで、死者とのやり取りはしています。死者とのやり取りというのは、その中にやはり宗教に通じる何かがある。目に見えないもの、目に見えない尊いもの、死を超えていくものをそこで感じさせるということだと思います。

この小説は、それをディスクジョッキーの話にしているので、深刻な痛みを持っている方たちのことを思いながら作品はできているのです。その悲しみを当事者だけではなくて多くの人が分かち合うことが、この作品の意味だと思います。そのためにこのことを書いたのだと思います。しかし、当事者から見たら、ずうずうしいよ、と言われるかもしれません。そんなことは被災者でなければ分からないと言われかねないことです。

そもそも被災者でない者が、死者や被災者の声を想像して再現するということが冒涜ではないだろうか。被災者を傷つけることになりかねないのではないか。この問いにも作家は周到に答えを用意しています。『想像ラジオ』の場面を補ういくつかの場面があります。DJアークが語る場面がいろいろとあるのですが、そうではない場面に語り手のSさんが出てきて、被災地支援に来ているボランティアの仲間で、ナオくんという人はこう言っています。

亡くなった人への慰めの気持ちが大事なのはよくわかるんですけど、それは本当の家族や地域の人たちが毎日やっていることは体育館でも仮設住宅でもいくらでも見てきたじゃないですか。段ボールで位牌作ってでも、皆さんは鎮魂をしています。
その心の領域っつうんですか、そういう場所に俺ら無関係な者が土足で入り込むべきじゃないし、直接何も失ってない俺らは何か語ったりするよりもただ黙って今生きている人の手伝いができればいいんだと思います。

（同、六四頁）

ボランティアでお手伝いをするというのは、心のケアなんていうことよりも、まずは一番基本的な生きる条件に関わることです。泥をよけたり、汚れたものを洗ってあげることこそがボランティアの大事なことです。あるいは現在、ご高齢者のケアということになれば、認知症のお年寄りのお世話は本当に大変です。そういうことこそが大事なので、グリーフケアや心のケア、スピリチュアルケアは誰でもできることではないし、むしろ相手の気持ちを害することにもなりかねません。そういうこともこの本の中では書かれています。

だが、そうした多様な苦難の在り方を否認することなく、なお皆が死者の悲しみへの共感を感応します。それを分かち合える方向で悲しみを共感します。最後の章で、ＤＪアークは悲しみについて語り始めます。木の上に横にいるＤＪアークの横には、ハクセキレイがいて、「ずいぶん前に一度、ピユ、チュピと高い声で鳴いた気がして、それからというものハクセキレイが何かを言わんとして、こちらの目の奥をじっとのぞき込んでいるように」感じてきました。だが、それを番組でしゃべることができなかった。

なぜかというと、鳥のさえずりを耳にした瞬間から、僕の胸の奥に抑えようのない特別な気持ちが巣くってしまったからで、それは最初ハツカネズミに心臓の真ん中を咬みつかれ続けているような感覚だったんですけど、やがて凍み豆腐が冷水を吸ってふくらんでシトシトと低温の滴を垂らすみたいに感じられ、その頃には僕は悲しみで胸が張り裂けるという言葉の意味がよくよくわかるようになり、もちろん事態が理解できるようになってから僕は長い時間泣いていたし、悔しかったし苦しかったんだけれど、なぜハクセキレイのあのピユ、チュピ直後からこういう透明感のある虚しい悲しみにとらわれて、胸にヒビが入って壊れてしまいそうな思いでいるんだろうか。考えても考えてもわからない。

（同、一五九頁）

ただ一つ分かるのはハクセキレイのピユ、チュピというさえずりが痛ましい声だということだ。「そう考えると今まで僕が想像力こそが電波と言ってきたのは不正確で、本当は悲しみが電波なのかもしれないし、悲しみがマイクであり、スタジオであり、今みんなに聴こえている僕の声そのものなのかもしれない」とあります（同、一五九頁）。

「悲しみが電波」というのは、分かりにくいかもしれませんが直感的に分かるかもしれません。伝えようとして、どうやって伝わっているのか分からないけれど、伝わるときには伝わることを電波に例えているということです。ラジオというのはお祈りのような言葉になるということだと思います。

続いてＤＪアークは父のこと、兄のこと、そして、妻の美里（「奥さん」）と息子の草助のことを語っていきます。草助の逸話は涙を誘います。

いいやつなんですよ。草助は。やつが小学校三年くらいの時だったたか、晴れた休日だったんでタコの形の赤い滑り台のある近くの公園まで行ってキャッチボールをしようと提案して家を出て、二人で道を歩いていると僕の左側に必ず回り込んでくる。ああ、こういう意味のない癖、ジンクスみたいなこだわりを持つ年頃ってあるなと僕は思って黙っていた。

でも、少し行って道を折れると、今度は右側に来て歩くんです。

（同、一七三頁）

なぜそんなことをするのか。パパが車にはねられて死んだら困るから、自分が車の方を歩くのだという。「お前がはねられて死んだら、お前は困るだろう」。

このような話が出ていまして、愛する息子と死に別れて、今、自分は死の側にいる、という話です。

やがて、DJアークは、今は留学先から帰国しているはずの草助と「奥さん」の「声が聞きたい」という。何をしていても「本当はそれしか願っていない」と。ここで、この作品はDJアークの語りを通して「死を超える尊いもの」について記しています。

ここは、「一〇〇万回生きたねこ」のようです。最後の場面を思い起こすかもしれません。

彼らが僕のことをどんな風に悲しんでいるか。今となっては知っても仕方ないけど、僕にして欲しかったことはなんなのか。それを僕はやっぱり知りたい。知って悔しい思いを一緒にしたい。歯がみしたい。僕の思い出を話す時、奥さんは息子に何を話すか、息子は奥さんに何を言うか。もしもこうなってしまった僕を憎んでいるのなら、その憎悪の言葉を激しい炎を受けるようにして聴きたい。まだ混乱したままなら、どうか二人の心が風のない日の湖面みたいに落ち着きますようにと、僕はここから祈りたい。彼らが近くにいて欲しいと思えば僕はいつまでだって近くにいたいし、浄土へ送りたいと思えば遠くへ旅立ちたい。すべては美里と草助の言葉次第なんです。

（同、一七九～一八〇頁）

だが、二人の声は聴こえない。それが心残りだ。「悲しみが足りないのか、想像力不足なのか」。リスナーたちがあれこれ言葉をかけてくる。

「頑張ってー」／「出来る出来る」／「そう、集中集中」

「しーっ」（中略）
「無理だよ、聴こえないよ、あっちの世界の声は」
「私も何度も耳を澄ました。無理でした」
「いいや。想像するんだ、ＤＪアーク」（中略）
「アークの息が深くなってるのがわかる」
「想像力が飛んでいく」（中略）
「聴いている」／「聴こえ始めてる」

（同、一八二～一八四頁）

こうして最後にＤＪアークは美里と草助の声を聴くことができた。軽妙な語りでユーモアに包みながら、作家は死者と生者の隔たりが超えられる場面を描き出していきます。

こんなふうにインターネットの同時放送に流れてくるような言葉が次々に出ています。この物語は宗教的なテーマに接していると私は思うのですが、ディスクジョッキーの話なので、そんなことは考えなくてもいいかもしれません。ところが作家はあきらかにそれを意識していて、『ギルガメシュ叙事詩』を引用して語っています。この本を書いている月本昭男先生は、私の学生時代からの友達であり、オリエント宗教の研究者で旧約聖書研究の専門家でもあります。

ギルガメシュ神話は古代バビロニア時代（前一九五〇～一五三〇）にすでに存在していたことが知られているもので、洪水と方舟をめぐる神話としてはノアの方舟よりも早いものです。その概略は以下のようなものです（月本昭男『ギルガメシュ叙事詩』岩波書店、一九九六年）。

ギルガメシュは死を恐れぬ英雄だったが、盟友エンキドゥの死に直面して死の恐怖に取りつかれる。生が死によって無意味に帰すのだとすれば、そもそも生の意味があるのか。そこで、ギルガメシュは死を超える生を求めて旅に出る。永遠の生命を求める旅だが、その秘密を知っているのが、賢者「遥かなるウトナピシュティム」だ。

ウトナピシュティムへの道は「死の水」によって遮られているが、それを何とか超えてウトナピシュティムに出会う。「誰も死の顔を見ることはできない。誰も死の声を聞くことはできない。死は怒りのなかで人間をへし折るのだ」というウトナピシュティムに、ギルガメシュは何とか「永遠の生命」の秘密を教えてくれるように懇願する。

神々が人間を滅ぼそうとして地上に洪水を送ったとき、知恵の神エアの指示に従ってウトナピシュティムは方舟を建造し、洪水からいのちあるものの種を救った。洪水を起こしたエンリル神は怒るが、知恵の神エアに説得され、ウトナピシュティムに不死の生命を与えたのだ。

この洪水のとき、方舟に逃れたウトナピシュティムが鳥を飛び立たせる場面がある。洪水が引いていって姿を表すはずの大地を探すためのものだ。『旧約聖書』のノアの方舟の物語にもほぼ同じ場面があり、こう記されている。

「更に七日待って、彼は再び鳩を方舟から放した。鳩は夕方になってノアのもとに帰って来た。見よ、鳩はくちばしにオリーブの葉をくわえていた。ノアは水が地上からひいたことを知った。彼は更に七日待って、鳩を放した。鳩はもはやノアのもとに帰って来なかった」(「創世記」八章一〇～一二節)。

これは同じようなことがこの物語の主人公に起こったということです。最後の場面に以下のようになっています。DJアークが、木の上の方舟から抜け出る先ほどの家族たちと何か意識が通じるというときです。前兆を感じ取るに至ります。

そして僕は発熱し始めている。体の境界線がすべて空気に溶け去って、こうしてしゃべる言葉も風に吹かれて自分のものでなくなっていく気がします。今にも浮き上がりそうです。いや、もうすでに浮遊は始まっているんじゃないか。風が背中を通るのがわかる。僕は気球のように熱くふくらんで、いまや風の影響を受けている。／僕の横であのハクセキレイが首を左右に振り始めました。そちらからも小さな風が来る。木の枝がかすかに揺れて、枝をつかんだままの鳥が、羽の具合を試すかのようにはばたき出したのがわかります。

(『想像ラジオ』一八八頁)

そして、ハクセキレイは飛び立っていく。『想像ラジオ』の聞き手たちは感動しつつ声を上げる。「凄いスピードだ」「脇目もふらず一直線だ」「しーーーーーっ」「想像せよ」「鳥よ」「悲しみの中継地点よ」「カムサハムニダ」。そして、DJアークは説明する。

ギルガメシュ神話でも旧約聖書でも方舟から飛び立った鳥たちが希望の地を探しに行ったように、ハクセキレイはすっかり遠ざかったでしょう。僕もやがて上空へとゆらゆら動き出すに違いありません。マジックショーみたいに。盛り上がるオーケストラが木の根元で僕のためにそれなりのＢＧＭを演奏してくれるかもしれない。

（同、一八九頁）

最後にこのＤＪは終わります。終わるということは、死んで木の上に横たわっていて、この世に未練を残していた主人公の魂がいわば安らぎを見出すということになると思います。

おわりに

時間がきましたので、まとめたいと思います。『悼む人』でも、『想像ラジオ』でも死者を呼び起こし、死者の愛と悲しみを思う。共に死者を悼む場を分かち合いたい、しかし、それがしにくい。それは冒涜ではないかと恐れたりする。なかなかその人の悲しみに入っていけない。それは当然のことかもしれません。しかし、それを何とか芸術作品を通して実現しようとしているのです。かつては、宗教の場でそれは可能だったかもしれません。今はその代わりにこのような芸術を通して何とかしようということが行われているようなところがあると思います。そのようにして死を超える尊いものを感じさせる、それが祈りであり、この作品の力になっているのです。『想像ラジオ』というのは、ディスクジョッキーそのものが一つの祈りです。それを天童荒太さん的に言えば「悼み」ということになるのかもしれません。

そういう死を超える尊いもの、永遠のもの、それは例えば、かつてお盆に皆が一族で集まって、そこで御仏壇にお参りをしてからお酒を飲んでいるという場面では、おのずから分かち合う悲しみのかたちがあったのです。あるいは教会で、そういう場を持てるということです。そういうことが安らぎでありました。これがかつてのグリーフケアにあたるものだったと思いますし、宗教の力ですが、それがなかなか現代ではしにくいのです。それにあたるものをいろいろ工夫しています。せざるを得ないのが現代人です。それは自分なりの死生観を持つということになるのかもしれません。しかし、そういう場合に一人ひとりがしなければならない、けれども一人ひとりでやるということは、なかなか辛いのでできません。ですから支え合いが必要になります。そのための集いが、いろいろとできています。

それはかつてのように宗教の場で行われるのが容易ではなくなっています。しかし、それは宗教無しではできないものでもあると私は思っています。つまり現代人は宗教的なものを求めていて、それは死生観やスピリチュアリティという言葉です。それを自分なりに調達しなければなりません。しかし、一人ひとりの個人の力でそれをするということは不可能だと思います。そこに伝統の力があり、だからこそ支え合い横につながっていきながら、そういう場所を作っていくのです。芸術などもそういうところに協力しています。ご清聴どうもありがとうございました。

（二〇一六年九月二四日　講演）

第Ⅱ部　限界状況に生きる人間

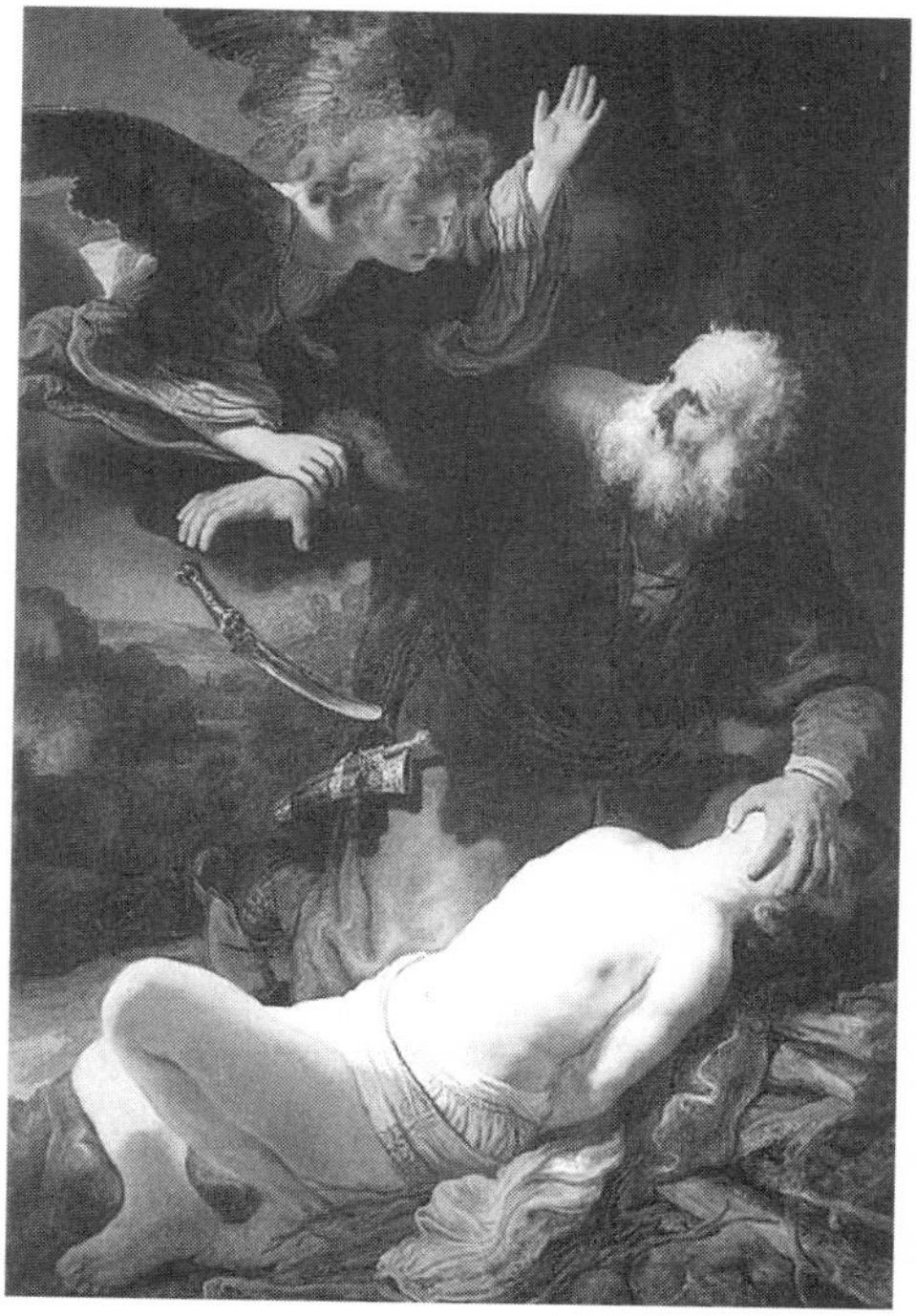

レンブラント・ファン・レイン《イサクの犠牲》、エルミタージュ美術館蔵（サンクトペテルブルク、ロシア）

大災害と人間の生きる意味

岩田　靖夫

今日の私の話は、前半は哲学的に厳しい話をするので、もしかして皆さんを少し不安がらせるかもしれませんが、後半で人間はどう考えて、どう生きればいいのか、前半で語られたことを前提にして話しますので、そこでご安心いただけると思います。私は原稿をゆっくりと読みながら、ときどき説明を入れながら話をしますので、皆さんはお配りしたレジュメをご覧になりながら、時に書き入れたりしながらお聞きください。

一　存在の不思議

存在者が存在する。星が煌き、太陽が照らし、山が聳え、川が流れ、鳥が歌い、私が歩く。なぜ、これらのものはこのように存在するのか。不思議だ。

この場合、これらの存在者の根拠として、もう一段背後に別の存在者を立てても、事態は変らない。再び、その存在者はなぜ存在するのか、という同じ問が生じ、この問の連鎖は無限に遡行する。だから、背後世界（Hinterwelt）を考えることには意味がない。ニーチェの言う通り、「同一なるものの永却回帰（ewige Wiederkehr des Gleichen）」になる。あらゆる存在者を含めて（天使も神ももしも存在者だとすれば）、これらの存在者の総体が存在することは不思議だ。

この問題について私の考えを展開する前に、「神の存在の宇宙論的証明」を否定したカントの論旨に一言触れておくことが適切であろう。

それはこうだ。宇宙の中のあらゆる存在者は原因・結果の関係のうちにある。すなわち、偶然的な存在者である。偶然的な存在者とは、自分が存在することの原因を他の存在者に依存している、という意味である。宇宙の中のすべての存在者は他の存在者に依存して存在している。AはBによってあり、BはCによってあり、CはDによってある。それゆえ、この連鎖のどこかに、それ自身によって存在する必然的存在者（ens necessarium）がなければ、すべての存在者はそもそも存在しなかったであろう。それゆえ、必然的存在者は存在する。それが神である。この神の存在証明は、トマスによってこのように定式化されて以降、万物の存在根拠のもっとも正統的な証明として長く受容されてきた。

ところで、神が必然的存在者である、と言うとき、神がこの原因・結果の連鎖の一項であったとすれば、ABCDと繋がっている連鎖の中のいちばん最後に神がいる、という推論は成り立たない。なぜなら、この因果の連鎖がどこかで止まるという理由はなにもないからである。あるいは、言い方を変えれば、因果の連鎖がどこかで切断され、その先に、無原因の神がいるとすれば、その先はもはや因果の連鎖とは無関係だからである。すなわち、因果の連鎖の中にある存在者はすべて（なにかに依存しているという意味で）同質なのである。

今、私が言ったことは難しいと思いますが、アリストテレスという人が、こういう考え方のいちばん最初の形を作った哲学者です。そのアリストテレスは何と言ったか。この宇宙にあるすべての存在者は、今言ったようにAはBに依存し、BはCに依存し、という形で偶然的（可能的）存在者であるから、最後に何者にも依存しない存在者が存在しなければ、およそ何ものも存在しないことになるだろう。それ故、必然的な存在者は存在する。これは先ほどのトマスの証明の原型です。その時に、この連鎖の最後の項があったとして、それがそれ以前の項から影響を受けたとすると、これはもう必然的存在者ではありえない。なぜなら、「影響を受けた」ということは偶然的（可能的）である、ということを含意するからです。それ故、最後の項は、影響を受けてはいけないという意味で、すべての原因だけれど何者からも影響を受けないという意味で不被動の動者（kinoun akinêton）と呼んだのです。不被動というのは他の者から影響を受けないという意味です。しかし、ここには非常に難しい問題があります。この問題にはここでは立ち入りませんが、とにかく、アリストテレスはそのようにして、究極根拠を考えたのです。これに対して、カントは、それは要するにある意味で因果の連鎖を切断（超越）するという意味だから、神が宇宙を動かすということの証明は駄目だと言っているのです。

その時、恐ろしい問いが生ずる。カントはこう言っている。「万物の究極の担い手として、われわれがこれほどにも不可欠に必要とする、無条件的な必然性（die unbedingte Notwendigkeit）は、人間理性にとって真の深淵（derwahre Abgrund）である。……人は次のような思考を払いのけることはできないが、しかし、それに耐えることもできない。すなわち、あらゆる可能的存在者のうちで最高の存在者としてわれわれが表象するある者が、いわば自分自身にこう問うとする。私は永遠から永遠にわたり存在する。私の外には、ただ私の意志によって何か（etwas）であるもの以外には、なにも存在しない。万物は私が創ったのだ。私の外にあるものは全部私に依存している。だが、私は、一体、どこから存在するのか。私は、一体、なにを根拠にして存在するのか（Woher bin ich denn?）。ここで、万物はわれわれの下に沈む。最大の完全性も最小の完全性も、ただ、思弁的理性の前で（vor der spekulatven Vernunft）支えを失い浮遊する。理性は、どんなものでも、なんの苦もなく、消滅させてしまうのだ」（『純粋理性批判』、A613）。

万物を創った神が自問自答するのです。万物は私によって存在している。だが、私は一体、なぜ存在しているのか。これはものすごく恐ろしい問いです。神が因果の連鎖の最終項（存在者）なら、神はそう自問自答せざるをえないということです。

つまり、宇宙論的証明とは、何かが存在するならば、どこかに何か必然的なものが存在せねばならない、という推論に基づいている。これに対して、カントは、どんな事物の概念についてもその存在（Dasein）を考えることもできるが、そのものの非存在（Nichtsein）を考えることもできるのだから、なにか特定の概念に対応する存在者を必然的存在者と考えることはできない、と言っているのである。

言い換えれば、存在者の存在する世界には、どこにも必然性はない、と言っているのである。

このカントの思想のうち含まれている含蓄をごく簡単に整理すると以下のようになる。

先ず、偶然的な存在者（宇宙の中にあるなにか）は、なんらかの原因によって存在している、という因果の法則は、われわれの経験しうるこの現象世界のうちにおいてのみ妥当する法則であるから、これを宇宙（現象世界）の外部へ適用することはできない。経験的確認という土台を離れれば、宇宙の外部へ出た因果法則はどんなでたらめなことを言うこともできるだろう。これが第一点である。

宇宙はどれほど広くても、われわれがそこに着くまで何億年かかろうとも、その存在を経験的に確認できる保障があるのです。しかし、宇宙の外という概念自体が成り立つかどうか分かりませんが、外に出てしまうと因果の法則は意味を失うということです。でたらめなことを言っているのか、本当のことを言っているのか、確認できないので、なにも分からなくなってしまいます。

第二点は、もしもこの原因結果の連鎖が宇宙の内部に留まるならば、すなわち、宇宙の内部だけで原因、結果の連鎖を考えようとするならば、その連鎖の項がどこかで止まらなければならない、と言う理由はない。必然的存在者という途方もない概念に相当する存在者は宇宙の内部にはどこにも存在しないのである。偶然的存在者が果てしもなく拡大する宇宙の中で、ただグルグル回っているだけなのである。

こうして、宇宙論的証明は否定されるが、実は、この証明は悪名高い「神の存在論的証明」の偽装形態にすぎないのだ、とカントは言う。「神の存在論的証明」とは、アンセルムスとデカルトによってなされた証明である。

アンセルムスは一一〜一二世紀にかけてイギリスのカンタベリーで活動した大司教で、当代の代表的な神学者です。その人が「神の存在論的証明」というものを作りました。それを一六世紀にデカルトが形を変えて焼きなおしたのです。それはどういうものかというと、「最大の実在性（ens realissimum）をもつ存在者という概念は、そのうちに現実存在（Dasein）を含むから、神は存在する」というものです。なぜなら、「最大の実在性という概念」は、もし存在を含んでいなかったとすれば、「その最大の実在性という概念とそれに存在を足した概念」に比べれば、この存在を足した概念よりも小さいからです。だから、それ以上大きい実在性が無いという概念は必然的に存在する。それが神の概念だとすれば、神は必然的に存在する。これが神の存在論的証明です。これは神の存在証明についてキリスト教の中で作られたいちばん最初の証明です。先ほどのトマスの宇宙論的証明は、ギリシアのアリストテレスの論証をもとにして作られた証明なのです。

この証明に対するカントの反論は、どんな観念であろうとも、観念から実在を導きだすことはできない、という点にある（同書、A599）。有名な「観念の一〇〇ターレルと実在の一〇〇ターレルとは概念内容としては何の違いもない」という揶揄はここに出てくる。

すなわち、紙に描いた一〇〇ターレルがここにあるとする。それから、町に行って品物を買うことのできる本当の一〇〇ターレルがあるとする。両方を比べて、この絵に描いた一〇〇ターレルと、本当の一〇〇ターレルは観念内容としてはまったく同じであると。ではどこが違うのかと言うと、こちらは実在する（品物が買えるのに）、こちらは実在しない（ただの紙片である）という点です。だから、ものの実在は、観念とは何の関係もない、とカントは言ったのです。

それゆえ、神を「最高の実在的・必然的存在者」と規定したところで、それは、単なる観念内容であって、それが実在するか否かは、まったくの別問題である。そして、件《くだん》の宇宙論的証明は、最初は経験的存在者から出発すると言いながら、因果法則の権限外の適用によって現象世界を飛び出した途端に、最高存在者という観念に飛びつき、そこから実在を導き出して、すでにその誤謬を暴かれた「神の存在論的証明」に舞い戻っている、というのである。

以上が、カントが『純粋理性批判』の中で神の存在証明を否定した論旨を非常に簡単にまとめたものです。これによってカントはその当時無神論者と思われてひどい批判を受けました。しかし、カントは全然無神論者ではないのです。カントは深い信仰を持っている人です。カントの話をする機会があれば、改めてしますが、今私が言っているのは宇宙論的証明はだめなのだ、ということです。

以上のカントの思考から、われわれはなにを学ぶことができるであろうか。一つは、必然性とは観念同士の関係である、ということである。「三角形の内角の和は一八〇度である」という判断は必然的である。しかし、三角形が存在するかどうかは、必然的ではない。「神は全能である」という判断は必然的である。しかし、「そのような神が存在しない」という判断にはなんの自己矛盾もない（同書 A595）。すなわち、必然性もしくは不可能性（自己矛盾）とは、観念の中にのみあるのである。必然性という言葉は存在（事実）には適用できないのである。

もう一つのさらに重要な点は、それでは、カントは存在についてどう考えたのか、という点である。事物の存在は、われわれ人間には、ただ感覚的経験を通してのみ与えられるが、どうしてそうなのかは、われわれには全く分からない。ただ、見通すことのできないものとして与えられているのである（gegeben, aber nur nicht eingesehen, 同書 A614）。

gegeben とは「与えられている」という意味です。nicht eingesehen とは「分からない」という意味です。ここでカントが言っていることはこういうことです。われわれ人間はいろいろなものの存在を知っています。富士山もあるし、広瀬川もあるし、親もいるし、子どももいる。では、その存在はどのように与えられているのかというと、感覚的経験を通して与えられています。われわれが見たり、聞いたり、触ったりすることによって、存在は与えられているわけです。たとえば、親子が抱擁するとか。富士山を眺めるとか。しかし、存在がなぜ感覚的経験を通してだけ人間に与えられるのかということは分からないのです。われわれは、存在を確かに経験しているのだけれど、感覚的経験を通してだけ存在を経験しているという、この事態がなぜなのか、ということは人間には分からないのです。

このことをカントは、「存在とは単なる定立（blosse Position）である」と言う（同書A598）。すなわち、存在は、見通すことのできないものとして、どこからか知らないが、なぜかも分からないが、われわれに与えられている、ということである。存在はわれわれが証明する事柄ではないのだ。われわれは、ただ与えられた自然を経験的に理解し続けることができるだけなのである。

さて、すべての存在者は意識を通してわれわれに与えられている。

「我考う、故に我あり」という有名なデカルトの言葉があります。皆さんお聞きになったことがあると思いますが、要するにどういうことかというと、宇宙全体は私の意識との相関関係の中にある、ということなのです。たとえば、目の前にあるコップとか、このマイクロフォンとか、何でもかんでも存在者は、私がそれを意識する、私の意識が受け皿になって、ここにコップがあるとか、マイクロフォンがあるとか、空があるとか、がわれわれに与えられるわけです。われわれの意識というものを外してしまったら、存在者が与えられる（現われる）場所がなくなってしまいます。それが「考える我」が万物の根拠だ、という意味なのです。それをデカルトは「考える我」と言い始め、カント哲学でそれは先験的統覚と言われ、現代哲学では超越論的主観性と呼ばれているのです。

デカルトの「考える我（ego cogitans）」に始まり、カントの「先験的統覚（transzendentale

Apperzeption)」を経て、現代哲学ではこの「万物の不動の基礎（fundamentum inconcussum)」は「超越論的主観性（transzendentale Subjektivität)」の名で呼ばれている。この超越論的主観性とは、山でも川でも石でもなく、およそ存在する対象的事物ではなく、まさに「今思考しているこの私」に他ならない。この思考する私が宇宙の全存在者を思考によって包括し、それに存在根拠を考えているのである。もちろん、全存在者は、カントが言うように、どこかから、不可知のかなたから、われわれの知ることのできないどこかから、われわれに贈られてきて、われわれに与えられているのである。しかし、意識という受け皿がなければ、与えられることは成り立たない。意識という受け皿において不可知のかなたから与えられる所与は存在者として構成され、存在者として出現する。それなら、存在者の存在根拠は私以外にはありえないではないか。そうだ。その通りだ。

つまり、今私が言ったことを簡単に言えば、宇宙全体は私の意識が支えて私に認識されている、ということです。だから、その限り私が死ねば、私が死ぬのと同時に宇宙は消えてしまいます。私が意識において与えられてくる物を受け取っている限り宇宙は存在しています。すなわち、宇宙の全存在と私の意識はそういう相互連関の関係にあるということを、今言っているわけです。これが、デカルトとか、カントとか、現代哲学でも現象学というところに流れている思考なのです。ところが問題はこの先にあります。ここから本当の問題が始まります。

しかし、この私は自分自身の存在根拠を知らない。それを「私である」と言うことはできない。なぜなら、私は私の奥底を、私の背面を、見ることができないからだ。だから、私が絶対に見ることができない自己の根底の闇、超越論的主観性の裏側にある不可視の暗黒が、万物の存在根拠なのである。

私は、一応、宇宙全体を意識によって支えていると分かりました。しかし、一体私の意識はどこに根拠があるのか。意識の底は透明でもう何も見えないのです。いくら目を凝らして見ても自己の意識の奥底の奥底は見えないのです。そういう意味では、自分自身の底には底抜けの深淵が口を開いていることが、分かるということです。私は万物を支えているけれど、私自身には何の支えも無いということが分かるということです。

存在者が存在することの驚き、不思議さ、目に見える現実世界の中にいかなる根拠をも見出せない(ohne Grund)不思議さ、なんの根拠もなしに存在者が存在するという深淵(Abgrund)の不思議さ、それが存在の不思議である。

二　大災害

大災害は起こるべくして起こる。それは、宇宙の秩序の一つの現われであり、物理法則によって進行している宇宙の進化の一つの局面である。宇宙は、一三八億年前に、ビッグバンと名づけられた大爆発を起こし、それ以来、超高温状態において、さまざまな核融合反応や核分裂反応を繰り返し、無数の星雲を生みながら膨張し続けている。わが地球も、この宇宙の進化のプロセスの中で、四六億年前に、超新星爆発の際に撒き散らされた塵が集まってできたものである。その塵には放射性ウラニウムなども含まれていた。放射性ウラニウムは、地球の誕生時から今日に至るまで、地球の内部で原子核の崩壊を起こしながら、地球に熱を与えている。初期の地球はマグマの海であり、高温であったが、やがて水に覆われるようになって、地球表面が冷却されて地殻が形成された。また、大気圏と磁気圏、さらには、オゾン層の生成により宇宙からの強烈な放射線や紫外線が遮蔽され、この上下の防壁の生成によって、地球は地表で生物が生存できる温和な星になった。

さて、ここに至るまでの宇宙と地球の進化は、そのすべてが、もしも人間がそれに遭遇していたならば、大災害である。地震や津波や噴火どころの話ではない。星と星が衝突して砕け散り、星々の生成消滅は核融合反応や核分裂反応による火炎地獄のプロセスであり、それらの絶え間のない反復である。しかも、それらは物理法則に従った必然的運動なのであるから、これらの出来事を異常なことと思ってはならない。異常どころではない。全く秩序に則った宇宙の進化の姿なのだ、と考えなければならない。

ところで、この進化のプロセスの中で、三八億年前に、さまざまな偶然の結果、地球が温和な星になり、放射性物質が地表から消え、生物の誕生が可能になった。このとき、宇宙の物理法則に従った正常な運動が大災害という意味を帯びるに至ったのである。地球は現在でも勿論宇宙の運動のプロセスのうちにあり、地球の中心にある燃えるマグマを覆っている地殻は運動している。これらの地殻の弱い地点からマグマが噴出すれば、それが噴火である。地殻と地殻が分裂して離れてゆけば、たとえば、真ん中に大西洋海底山脈という裂け目が生じ、両方の地殻は次第に分離してアメリカ大陸とヨーロッパ大陸を生成する。

皆さんご存知かと思いますが、ヨーロッパ・アフリカ大陸の西岸と南北アメリカ大陸の東岸をくっ付けるとぴったりと付合します。ぴったりと付合するということは、もともとひとつだったということです。真中が割れてだんだん離れていってヨーロッパ・アフリカ大陸と南北アメリカ大陸になったのです。それはどうしてかというと、大西洋の真中に大きな海底山脈が生れたからです。つまり、そこから地殻が割れてマグマが噴出し、岩盤が左右に離れていったわけです。あるいは、インド大陸を載せている地殻がアジア大陸を載せている地殻と衝突し、地殻が隆起してヒマラヤ山脈が生れました。ヒマラヤ山脈という世界一高い山脈は、要するに、プレートとプレートが衝突してできました。ヒマラヤ山脈の頂上はかつては海の底でした。貝の化石が出てきます。あるいは、地殻の下へ地殻が沈み込む場所が日本列島です。日本列島のすぐそばに日本海溝というものすごく深い溝があります。そこに太平洋プレートが沈み込んでいるのです。そのような場所で沈下への反発が起これば、三・一一のような大地震が起こります。

しかし、これらの出来事はすべて宇宙の生成進化の一環であることを、銘記しなければならない。ここには、なんの悪意もなければ、善意もない。ただ、宇宙が法則に従って運動しているという事実があるだけである。すなわち、宇宙がコスモスであることの証明があるだけなのである。

こうして、地球は生物の生存に適する非常に温和な星になったが、それでも、しばしば、過去の、あるいは、未来の、大変動の残像もしくは余型のような運動を起こす。それが、人間との関係において、大災害と呼ばれるのである。この場合、なぜ、ある人々が偶然大災害に遭遇して非業の最期を遂げ、他の人々はそれを免れて生き延びるのか、という問題については、前ローマ教皇ベネディクト一六世が言ったように、「分かりません」と言う他はないだろう。現在、自然災害や戦争によってあまりの巨悪を経験した二〇世紀から二一世紀にかけて生きる人々に対し、あらゆる弁神論の試みは論理的に破綻しているだけではなく、人間の心情を逆撫でる詭弁となった、と言ってよいだろう。

弁神論というのは、ずっと古くからあって、いちばん古いもののひとつは旧約聖書の中にある「ヨブ記」です。弁神論とは何かというと、世の中にある大災害や悪について、神に責任はない、という議論です。世の中には、すごい悪がたくさんあります。大地震とか大津波とか大噴火とか大嵐とか、あるいは戦争とかです。善なる神がもし宇宙を創ったのだとすれば、なぜこんなに世界の中に次から次へと悪が生ずるのか、という疑問を人間は当然抱くわけです。この疑問に対して、弁神論はどういう答えを用意したかというと、それは人間が罪を犯したからだ、と。人間の罪に対する罰として、大災害が神によって送られるのだ、と。神は一から十まで徹底的に正義であって、悪とか災いは人間のいわば愚かさとか、悪さのために起こるのだ、という説明を人類は繰り返してきたのです。これはキリスト教だけではなく、いろいろな宗教で語られています。一七五五年一一月一日にポルトガルのリスボンで大地震が起こりました。当日は、万聖節で、教会で多くの人々が祈っていました。リスボンの建物は殆ど倒壊し、海岸へ逃れた人々は津波に呑まれて、死者六万人と言われています。そのころはまだキリスト教の信仰はヨーロッパで非常に強固であって、皆本当に善なる神を信じていました。そこで、皆驚いて、なぜだ、と。亡くなった六万人の人全員が悪人だったなんて、そんなことは考えられません。その中には悪人も立派な人もたくさんいたでしょう。この出来事によってヨーロッパの人々の善なる神への信仰が揺らいだのです。ライプニッツという哲学者は、この事件より以前に、哲学的に弁神論をかなりうまく作ったのですが、そのライプニッツの弁神論に対する揶揄をフランスのヴォルテールという思想家が『カンディード』という小説で書きました。『カンディード』とはフランス語で「真正直」という意味です。どういう小説かというと、「真正直」という名の素朴な青年がいるのですが、その青年が人生行路の中で次から次へとひどい目に遭うのです。そのひどい目に遭うのをパングロス博士という人が「すべての悪は最終的な善のためである」と説明するのです。何でもかんでも悪いことが起こると、それは必ず良いことのためだと証明するパングロス博士がいる、そういう小説を書いたのです。その小説はライプニッツの弁神論に対するヴォルテールのいわば嘲笑です。ヨーロッパでリスボンの大地震というのが起こったのですが、それは、われわれが三・一一で経験しているような状態をヨーロッパ人はそのとき経験したということです。

そこで、この大災害にどう対処するかであるが、論者に固有の考えはこの講演の最後に述べるが、ここでは、とりあえずの常識的対処について一言述べておこう。すなわち、人間の現在所有するあらゆる科学技術力を総動員して、大災害に対処する、ということに他ならない。これはあまりにも当然のことだ。たとえば、岩盤の堅固な高台に居住地を移すとか、頑丈無比な防潮堤を築くとか、海岸や川べりに居住しないとか、家屋はできるだけ耐震構造にするとか、大津波のときの逃走路を整備するとか、等々のことである。しかし、このように、物理的にインフラを強靭にして大災害に備えても、それを完全に防ぐことはできない。自然（宇宙）の運動が人間の構造物など一撃で粉砕することは、常時頻発する噴火や地震を見れば、明らかだろう。その時には、越後の大地震の際に、慌てふためく村人に対して、良寛が言ったと言われる言葉を噛み締める他はないのである。「災いに遭うときには、災いに遭うのが善く、死ぬときには、死ぬのが善いのだ」。この言葉は凡人が言った言葉ではない。

三　反原発

二〇一一年三月一一日にわが日本国を襲った大地震と大津波の際に、われわれは同時に福島原子力発電所の爆発という大惨事に見舞われた。いま、この問題を考察する際に、両者を同一の事件の各部分と見なしてはならない。両者は全く別の事柄であることを、しっかりと認識しなければならない。すなわち、地震と津波は、今、述べたように、宇宙の運動のプロセスの中の一つの必然的現象である。これに対し、原子力発電所の爆発は一〇〇パーセント人間の惹起した災害なのである。このことを混同してはならない。

先ほどカントの話をしたときに、「存在の世界に必然性はない」と私は言いました。存在の世界はすべて、向こうからやって来る。なんだか知らないけれど向こうからやって来る。だから、偶然の世界です。物理法則も宇宙の運動も、厳密な意味では必然的ではないのです。なぜそうなっているのか分からないのです。しかし、いわば九九・九パーセントの蓋然性（probability）で起こってくることを法則的と言っているのです。必然的という言葉を使っていますが厳密な意味では必然的ではありません。必然性ということは、事実の世界においては成り立たないということは一応念頭に置いて、常識的な意味では、必然的という言葉をそういう緩い意味で使っていると、御理解下さい。

さて、すでに述べたように、宇宙には、ビッグバンや超新星爆発由来の多くの放射線が充満している。大空に輝く星々の内部においては、超高温状態においてさまざまな原子核の核融合や、電子捕獲による原子核の崩壊が常時起こり、ガンマ線やニュウトリノを生み出している。他方、地球の内部においても放射性ウラニウムは原子核の崩壊を起こしながら、地球に熱を与えている。こうして、地球は上方と下方から放射線に囲繞されているのだが、上方の放射線は大気圏、磁気圏、オゾン層によって遮蔽され、下方の放射線は厚い地殻によって遮蔽され、地表には放射線の存在しない空間が生まれた。この稀有の出来事が、生物の誕生を可能にし、人間を生み、文明を発達させたのである。

それゆえ、原子力の利用とは、一三八億年の宇宙の進化のプロセスの中で、さまざまな偶然の重なりの結果生じた「放射線のない場所」という稀有の地球上の空間を自ら破壊しようとする試みなのである。

すなわち、原子力の利用とは、現在の地球上の自然界には存在しない方法で核分裂を起こさせ、それによって発生する莫大なエネルギーをなんらかの目的のために利用しようとすることである。さらに、この核分裂は、地球上の自然界にはほとんど存在しない物質を生み出してしまった。それがプルトニウムである。この際銘記すべきことは、この物質が、放射線、すなわち、アルファ線、ベータ線、ガンマ線を放出する放射性物質であるということである。強い放射線もしくは多量の放射線は人間（一般には生物）に致命的な害を与える。多量の放射線は細胞を破壊し、癌、白血病、その他の内臓障害を惹起し、死に至らしめる。

では、このように猛毒な放射性物質を使ってまで原子力を利用しようとする人間の意図はどこにあるのか。第一に、それは戦争に勝つためであった。核エネルギー利用の最初の目的は原子爆弾の製造であった。この兵器を使い、核分裂によって生成する莫大なエネルギーによる高熱によって多数の人々を一挙に焼き殺し、その際生ずる放射線によって更に多数の人々を後々癌、白血病、その他の病気に陥れて、死に至らしめる。この兵器の惹起する惨禍は、ヒロシマ・ナガサキの原爆被害によって今では全世界に周知のことであるが、放射能のこれほどの毒性について、人類はそれまで明確には知らなかったのである。

最初に放射性物質を発見したのはキューリー婦人という一九世紀の科学者です。そのころはまだ放射線は人類の健康にいいと思われていました。ラジウム泉とか。そんなふうに思われていたくらい分からなかったのです。しかし、放射線というのは、それどころではなくて、人類を殺すものだということがだんだん分かってきて、本当に猛毒だと分かったのはヒロシマ・ナガサキに原子爆弾が落とされた後なのです。

ヒロシマ・ナガサキの犠牲者は、放射能の想像を絶する毒性を人類に知らしめる、最初の（そして、望むらくは、最後の）証人である。それゆえ、いかなる理由があろうとも、このような兵器を使ってはならないことは、自明のことである。それでも、敢えて使うという可能性を保持したいという狂気（核抑止力による平和という独善的妄想）が人類のうちに存続すれば、それは、おそらく、人類と地球の遠くない破滅を現実のものとするだろう。

そこで、問題は、原子力の平和利用と称せられる原子力発電である。これは、核分裂の際に放出される莫大なエネルギーを利用する、という点では、原子爆弾と全く同じ仕方のエネルギー利用である。勿論、その時、同時に多量の放射線を放出する、という点でも、同じである。すなわち、原子力発電とは、鉄やコンクリートで作った堅牢な容器の中で、核分裂を起こさせ、その際発生するエネルギーを制御しながら少しずつ利用して、高熱の水蒸気を作り、これによってタービンを回して発電することである。

さて、この装置が危険極まりないものであり、地球上に存在してはならないものであることは、原子爆弾の使用が許されないものであることと、全く同一の理由による。すなわち、原子力発電と原子爆弾は、地球上の自然界に僅かしか存在しない核子数の非常に多い原子核（ウラニウム）を用いてエネルギーを生み出し、それにともなって、強い放射線を放出する核分裂生成物を生ずる、という点で同じである。

第二に、人間の作ったもので壊れないものはない。どれほど頑丈で精巧な発電装置を作ろうとも、スリーマイル島、チェルノブイリ、福島の原子力発電所の事故が示すように、あるいは、人間の誤操作により、あるいは、建造物の腐朽破損により、あるいは、大地震、大津波、大噴火などの自然災害により、原子力発電所が破壊される可能性は常に存在する。

安全委員会とかいうものがあって、世界でいちばん厳密な尺度によって安全性が確認されたから再稼動していいなどと言っていますが、こんなデタラメな話はないのです。絶対に安全ということはありえないのです。人間の作ったものは必ず壊れるのですから。あるいは自然災害がどの程度の強烈なものが襲ってくるかということに関しては、そんな認識を人間が持つことはそもそもできないのです。

チェルノブイリでの爆発や福島での爆発の惨禍がどれほどの範囲に広がり、何時終わるのかが、未だに不明であることによって、その事態の恐ろしさは人間にとって現在了解不可能である、と言う他はないだろう。このとき、大地、大空、海洋に散乱して飛び散り、流れ出した放射性物質が、何年、何十年、何百年、何万年かかって無害な物質に変化し、元の温和な自然が生き返るのか。まだ、誰にも分からないのである。

放射性物質は放射線を放出しながら崩壊し、次第に無害な安定した物質に変化してゆきますが、その崩壊のプロセスには半減期というものがあって、たとえば三〇年で放射線放出が半分くらいになるということもあれば、二万年かかって半分くらいになるということもあれば、十億年かかってもまだ半分にならないということもあります。それが放射性物質です。これがまったく放射能のない安定した物質にまで変化すると、最後に鉛になるらしいのです。そのように全く無害な物質になるまでに何億年もかかります。その放射性物質が飛び散っているわけです。オリンピックを招致するために、安倍総理大臣が外国に行って、「汚染水は完全にコントロールされている」などという嘘をどうして言えるのか。コントロールされているどころの話ではないですね。汚染水の処理の仕方が分からなくて、日本中が大騒ぎしているのです。

第三に、原子力発電所の内部は外界から遮断された密閉空間である。そこは、地球上の自然界には存在しないプルトニウムやウラニウムの燃え滓（核分裂生成物）である放射性物質が充満した地獄界であり、これらの多量に残存した放射性物質が放射線を出しつづけ、その放射線が熱を与え続けている。これらの核廃棄物（放射性物質）を冷却するために用いられた液体も放射性物質に汚染された有害物質になる。これが汚染水問題である。すなわち、発電のために用いられた原子核の燃え滓（核分裂生成物）やそれを冷却するために用いられた液体もまた、自然界に戻すことができないのである。

このような核廃棄物の処理の仕方を、人類は考えずに、どんどん原子力発電を開始し、有害ゴミの量を増大させている。これらの有害ゴミが密閉空間の、なんらかの損壊によって海に流出すれば海洋を汚染し、地中に浸み込めば大地を汚染し、空中に飛散すれば大空を汚染し、それによって、魚や鳥や植物や動物や泉や小川が有害なものとなる。

密閉空間というのは原子力発電所の丸いコンクリートの容器です。あれが壊れたら大変なことになります。しかし、それが壊れないという保障はありません。

放射性廃棄物を固体化し堅牢な容器に入れて、何千メートルもの穴を掘り地中深く埋めて捨てる、という考えも生じている。だが、そうしたところで、これらの廃棄物が放射線を放出し続けていることには、変わりはない。何百年、何千年後に、われわれの子孫がそこからどんな被害を蒙るかは、誰にも分からない。

すなわち、原子力発電とは、発電所自体の損壊による放射性物質の放出という危険に加えて、地球上に捨て場所のない核廃棄物という有害ゴミを限りなく増大させながら、エネルギーを産出しようとする装置なのである。

そして、最後に、原発と核兵器との密接な連関にも注意する必要がある。原発の燃え滓であるプルトニウムは、容易に核兵器に転用されうる燃えやすい核物質なのである。原子力発電の燃え滓を再処理して生じたプルトニウムは、現在、その保管場所も見つからないまま、わが国に大量に存在する。

日本はフランスとかイギリスに莫大なお金を払って核廃棄物の再処理を依頼し、プルトニウムにしてまた日本に運び込んでいるのです。日本にあるプルトニウムを核兵器にした場合にどれほどの核弾頭になりうるのでしょうか。

地球上から一切の核兵器の廃絶を意図するならば、このような物質を大量に保管することは、自己矛盾である。すなわち、原子力発電は原理的に駄目である。経済的繁栄などということとは次元を異にして、生命の存続と矛盾するから駄目なのである。

四　愛という神秘

(イ) 人間の絆

なぜ、三・一一のような大災害が、ある人々を不条理にも襲うのか。この弁神論を破綻させた問に、人間は答える術《すべ》をもたない。この問は、善なる神を信仰する人々にとっては、神の許に帰るまで人間の理解を超えた絶対的秘密として封印されざるをえないであろう。

しかし、すべての人々に対して、このような大災害にどう対処すべきか、という問いは投げかけられ、その問いへの答えは存在する。それは、「人は人を愛することによって災いと苦しみを乗り越える」という答えである。津波の惨状に遭遇して、肉親を失った人々の悲しみと絶望は、その苦しみを背負わなかった者の胸をも締め付ける。富や名誉などは言うもおろか、なにか素晴らしい仕事を成し遂げたということさえ吹き飛んで、ただ生きているということの絶対的な肯定が、われわれの胸に沁み透る。

大災害に出逢い、家も富も一切を奪われて、人間は本来なにもたない裸の存在であったことを突き付けられる。そのとき、人は人に自己をありのままに露出して、すなわち、無力な自己を露出して、助け合う。誰も、他者を支配しようとしたり、利用しようとしたり、ましてや暴力を振るおうなどとはしない。極限の無一物、裸一貫が人間のありのままの姿を見せ、そこで、人と人は無力と信頼と愛によって助け合う。

すべてを失った人々が身を寄せ合って助け合っている姿、外国からさえ人々が助けにくる姿——北方四島の帰属問題で関係が冷えていたロシア、尖閣諸島の同じ問題で険悪な関係に陥っていた中国、これらの隣国が救援隊を送ってくれたニュースを、虚心に受け止めなければならない。ここに人間の生の根源の姿がある。

こういう場合によく戦略的互恵関係だとか、いわば利己心を背後に隠した助け合いのようなことを言う人々がいます。しかし、そう考えてはいけないのです。これは本当に純粋に何の利己的な動機ももたない行為、後でお返しがあるだろう、とかそんなことを一切考えずに人々は駆け寄った、と考えるべきでしょう。ここに人間の生の根源の姿があります。

すなわち、大災害の苦しみのなかで、人間の生の本来の意味が問われているのではないか。だから、充分な物資をもち、豊かに生きている時でも、本来、人間は、富や名声や快楽によって、生の真の充足を経験しているのではないだろう。そうではなくて、本当は、人と人は信頼と愛によって生きているのである。このことが、実は、平穏無事の外観を被った安逸の生の中で、富や地位や名声や快楽によって遮断され、見えなくさせられているのである。

さらに、現代社会は、科学技術の発達と個人主義の蔓延により、「人間は一人でも生きてゆける」という思想を流行《はや》らせている。

お一人様という言葉が流行っていますね。社会学者の上野千鶴子さんが流行らせました。そのお一人様というのはインチキくさいのです。上野千鶴子さんという人は大変才能のある強者ですから、お一人様でもやっていけるかもしれませんが、普通の人間はそんなことはできるはずがないのです。それに、お一人様なんて言っている人間でも、有能な友達がいて、その友達に頼って自分の生きがいを得ているということは明らかなのです。ですからお一人様というのは嘘っぱちだということです。

この大災害は、それが本当ではないことを確証した。人は、大昔から、他者との絆によって生きてきたのである。死ぬときも、死んだのちも、人は他者との握手（連帯）の中で、死んでゆくのであり、供養されるのである。津波を逃れた被災者が、津波で押し流された墓地を再建し、先祖の霊を供養し、また、遺体の揚がらない肉親の霊に読経する姿は、人間がいかに他者との繋がりのなかで生きているかを、示してあまりある。この大災害は、人間の存在の根源にある、この世とあの世を包括した「他者とのつながり」という「優しさの輪」を、人間存在の根底として紛れもなく見せたのである。

（ロ）ハイデガー

さて、それでは、「愛によって生きている人間の」この愛と、存在の根源との関わりを、どう考えるべきか。先ず、問題の本質に入る前に、現代において、存在の問題を徹底的に考え抜いたハイデガーの思想の骨格に触れておく必要がある。

ハイデガーは、存在（Sein）が現れる場（da）は、人間（Da-sein）であるという立場から出発した。この命名は、存在の顕現する必然的条件が人間の了解（Verstehen）である、ということを言っているのである。この前提が、二〇世紀以降の哲学の方向を決定した、ハイデガー哲学の革命的な点であった。「空は青い（der Himmel ist blau.）」。ドイツ語で、ist とは「存在する」という動詞の三人称単数形である。「私は朗らかだ（ich bin froh.）」。同様に bin とは「存在する」という動詞の一人称単数形である。すなわち、空の青さの顕現（ist）、私の朗らかさの顕現（bin）」は、そう発言する私の言葉、換言すれば私の了解（verstehen）を出現の場所としている。私が der Himmel ist blau. と言うことによって、「空の青さ」が現れてくるのである。つまり、万物は人間の了解を通して出現するのである。

それゆえ、存在を知るためには、その出現の土台である人間を知らねばならない。では、人間とは何か。人間とは、存在を贈られた者（投げられて存在する者〔Geworfenes〕）である。

「贈られた」というのは、ハイデガーの言葉では「投げられてある」と言われます。Geworfenes というのは「投げる」という意味の動詞（werfen）の受動形分詞の名詞化です。私は投げられた者です。どこから投げられたのか、誰が投げたのか、それは分からない。分からないけれど、私はここに投げられて存在する。投げられて存在するということは、自分で自分を存在させているのではないという意味です。私は存在しているのだけれど、気が付いたらどこからか存在を贈られていたということです。

ここには、明らかに循環がある。存在から投げられて存在する人間が、存在を現す土台であるからである。

人間が了解するから存在が現れる。しかし、その存在を了解する人間は、自分で自分を存在させているのではなくて、存在から投げられて存在している。だから、存在と人間は相互に基礎付けあっているのです。それが循環ということです。

しかし、循環があっても少しも構わない。とにかく、人間は投げられて存在するのだから、自分自身のうちに存在根拠をもたないのである。この「自分の存在を支配していない（seines seins niê mächtig）」ということが人間の無性（Nichtigkeit）である。Nichtigkeitというのは、自分の存在を支配していない（nie）ということである。ここに無が出てくる。同じ事を別様に言い換えれば、人間は自分の存在をなにかに負っている（schuldig）、となる。

Schuldとは罪という意味の言葉ですが、借金という意味にもなります。われわれは負い目のある存在である。負い目のある存在であるとは、自分の存在をなにものかに負っているという意味です。これが人間の負債性すなわち罪性の根本です。

こうして、人間は自己の奥底に無（Nichts）があり、負い目（Schuld）があることを自覚する。

人間に原罪がある、と言われます。この根源の罪とは、ハイデガー哲学で言えば、自分の存在がもろに負い目だ、ということです。自分の存在そのものがどこかから与えられたということです。それで、この自覚が、すなわち、自分の存在が自分の手の内にないというこの自覚が、ハイデガーの言う不安（Angst）である。恐怖には、特定の対象がありますが、不安には対象がない（Angst vor dem Nichts）のです。「対象がない」とは vor dem Nichts ということですが、この表現はある意味で積極的な意味を持っています。「存在は無である」ということはハイデガーも言うし、他の哲学者も言うことですが、その Nichts がここに出ているわけです。人間は本質的に不安な存在であり、なんの根拠（Grund）もなく心の奥底から不安という闇の風が吹き上がってくるのが、人間である、ということです。

この根拠のなさ（Grundlosigkeit）が、人間の奥底の深淵（Abgrund）であり、いくら目を凝らしても絶対に見ることのできない「無、無、無、nada, nada, nada」（十字架の聖ヨハネの表現）である。ハイデガー哲学では、宇宙全体が人間の存在了解に依存しているから、人間が底なしの深淵に浮んでいるのならば、宇宙全体も同様に底なしの深淵に浮かぶ宙吊りの状態にあるのである。

人間はどこから来て、どこへ行くのか、宇宙はどこから来て、どこへ行くのか、誰にも分からない。

この事態に関して、後期ハイデガー哲学では、ただ、出来事が起こる（Ereignis ereignet）、と言われる。この「エルアイグニス」という言葉は、日常のドイツ語では「出来事」を意味するが、後期ハイデガー哲学では、人間の了解（Verstehen）と存在（Sein）との相互連関性（Zusammengehörigkeit）を意味する。相互連関性とは、最初に述べたように、一方では存在が人間を送り出して己（存在）を語るように人間に命令し、呼びかけるが、他方では、人間はその呼びかけに応答して存在を語り表す使命を負う（存在の牧人となる）、という関係のことである。人間が語らなければ、存在は現れる場所を失ってしまう。その意味で人間は存在の牧人、存在の羊飼いなのである。それでは、存在と人間（了解）とのこの相互依存的関係は、どこから来るのか、と問えば、それには、もはや答えはない。ハイデガーは、ただ、「存在はある（es gibt Sein）」、「開けはある（es gibt Lichtung）」、あるいは、「開けが開く（Lichtung lichtet）」、と言うだけである。端的に、主語なしに、「贈られるのである（gegeben）」。あるいは、「贈る（geben）」という働きが働いているのである。強いて、主語を求めれば、それは、目に見えない、言葉で表せない、闇の、無底の、退去（Entzug）、そのものである「それ（es）」である。

> es gibt という表現は、ドイツ語で「ある」という言い方ですが、これを文字通り直訳すると、「それが与える」という言い方です。es gibt Zeit というと、「時間はある」という意味ですが、直訳すれば「それが時間を与える」です。

但し、この「それ」とは、存在者でもなく、存在でもなく、「出来事が起こる（Ereignis ereignet）」

ことである。この「それ」から、自然（physis）と言葉（logos）の分岐が起こり、それと軌を一にして、万物は次々と贈り出されて（geschickt）、歴史・運命（Geschick）が形成されるが、その生成（歴史）がどこへ向かうのかは、誰にも分からない。

logosというのは人間の了解する働きです。この人間の了解する働きと、自然、宇宙は相互連関の関係にあるということは、先ほどから何度も話しました。すなわち、どちらかが根源なのではなくて、もっとその奥にゲーベン（与える、贈る）という働きがあって、この働きを「それ」と言っているのです。「それ」から存在（physis）と言葉（logos）が贈られてくるのです。

ただ、現代においては、人間の了解（企投）が技術万能という「総組み立て体制（Gestell）」となり、この「エルアイグニス」の下にどんな乱暴狼藉状態（Unfug）が起こるのか、誰にも分からないまま歴史（運命、Geschick）が進行している。

要するに、不可知の「それ（es）」から、存在と了解の連結関係の下に、次々と万物が「贈り出されて（geschickt）」きます。それが、運命（Schicksal）もしくは歴史（Geschichte）を形成します。この運命が現代では技術万能という、存在了解の仕方になってしまっているわけです。現代のエルアグニスは技術万能という形での存在了解です。それが現代の歴史的状況です。それが今、どういう方向に向かっていくのか、このまま地球の全滅になってしまうのか、あるいはもっとましな世界が出てくるのか、それは誰にも分からない。それは、多分、人間がこれからどのように生きようとするかにかかっているると理解できるでしょう。

(八) 愛(ヨハネの手紙一)

万物の根源は、決して目に見えない、語りえない、触れえない、認識しえない、闇の闇の闇である。ハイデガーでは、それ(es)という言葉で僅かに指示される。それは、存在を贈り、時間を贈り、物質を贈り、太陽の光を贈り、雨を降らせ、穀物を実らせ、百合を咲かせ、鳥を舞わせてくれる。しかし、また、大嵐を起こし、大地震を起こし、大津波によって大勢の人々を一挙に死の世界へ拉っし去る。「それ」の贈るこれらの運命について、ハイデガーは是とも否とも言わない。あらゆる運命をあるがままに受容して、ある時は喜び踊り、ある時は苦しみ悶え、ある時は歓喜の歌を歌い、ある時は痛みに泣き叫び、それらの調べを語る詩人になることが、ハイデガーの示す人間の究極の境地である。しかし、新約聖書は全く異なる根拠の見方を語った。この語り方に哲学的もしくは論理的根拠がある、と言うのではない。むしろ、そういう思考を超越して、この語り方そのものに耳を傾けてみよう。

ヨハネは先ず、「神は愛である(ho theos agapê estin)と語った」(「ヨハネの手紙一」四章八節)。「愛」がなんであるかは、すべての人が体験的にいくらかは知っている。言葉も弁えない新生児は、生まれて直ぐに母親の顔をじっと見つめる。命の源が愛であることを、知的認識以前に体験している。すなわち、神を体験しているのである。愛を体験するということは、神を体験するということである。成長して、自分が孤独な実存であることを自覚した成人は、他者から愛され、自分が他者を愛するとき、人生の意味を認識するのではなくて、体験するのである。神を体験するのだ。これが人生だ、と分かるのである。

この文脈で、ヨハネは、「愛さない者は神を知らない（ho mê agapôn uok egnô ton theon）」（八節）と言う。すなわち、愛さない者は、神を体験しないのである。神が分からないのである。

愛が神だとすれば、あるいは、神が愛だとすれば、神ほど嬉しいものはないではないか。なぜなら、人間にとって、愛ほど嬉しいものはないからだ。これは、誰でも体験的に知っている自明の真実である。それゆえ、ヨハネはこう言う。「愛する友よ、愛し合おう。なぜなら、愛は神からやってくるからだ（hê agapê ek tou theou estin）。愛する者はすべて神から生まれた者であり、神がなんであるかが分かっているのである」（七節）。だから、人間は、神が分かっているのである。しかも、「われわれが神を愛したからではなく、神がわれわれを愛したから、およそ『愛（agapê）』なるものが出現したのだ」（一〇節）、とまで言われている。すなわち、万物の根拠である「愛」は、自分自身を一方的に溢れ出させて、われわれを愛の大洪水の中に溺れさせたのである。

神が宇宙を創造し、人間を創造したというのは、神の愛の溢れなのです。神は愛であるから、もともとそういうふうに溢れて、宇宙の中に満ち満ちて、星々を創り、人間を創って、それらと一緒に愛の交わりの中で生きようとしたのです。神は愛であるから、宇宙も人間もなしに、ただ自分の中にだけ閉じこもっているわけにはゆきません。初めからそういうものではないのです。だから、そういう意味では宇宙や人間の創造ということは、神が神であるということと必然的に結びついているということです。神が愛である以上、宇宙や人間を創造しない神というのは、考えられないということです。私がこういうことを言ったら、ある偉い神父さんから「大きいことを言いますね」と言われました。つまり、われわれは宇宙の中にある存在者だから、宇宙の中からしか神を見ることはできません。だから、私が今述べたような言い方しかできないかもしれないけれど、無限の神にとっては、宇宙が何百億光年のものであろうとも、そんなの塵の一片ほどでもない、という意味でしょう。だから、「岩田さん、あまり大きなことは言わないほうがいいよ」ということになるのかもしれません。しかし、私からすると、私の考え方は、宇宙創造と「神は愛である」ということは必然的に結びついている、という哲学思考の帰結なのです。

さて、しかし、この「分かっている」を「認識できる」と思ってはならない。ヨハネはこう言う。「誰も未だかつて、神を見た者はいない（theon oudeis pôpte tetheatai）」（一二節）。これは何を言っているかというと、神は認識の対象ではないということである。認識の対象ではないということは、神は存在者ではないということです。もしも、神が認識の対象であれば、神と私は分裂して、神は私に対立する、私の向こう側にある、相対的な存在者となってしまう。神は私に対峙する有限者となってしまう。神がどれほど大きくても、銀河系星雲やアンドロメダ星雲よりも巨大な何ものかであったとしても、私の認識の対象になれば、私に対立する、私の向こう側にある相対的ななにかになってしまうわけである。それは有限な存在者として私の知性のうちに取り込まれ消化され、私の所有物になってしまうのである。だから、神は絶対に認識できない「なにか」であり、それが「神は無限者である」という言い方の含意なのである。

しかし、認識できないのであれば、神についてはなにも分からないのか、と言えば、すでに述べたように、そうではない。この文脈の続きでヨハネはこう言っている。「神を見た者はいないのだけれども、もしも、われわれがお互いに愛し合うならば（ean agapômen allêlous）、神はわれわれのうちに留まり（ho theos en hêmin menei）、神の愛はわれわれの中で終局に達するのである（hê agapê autou en hêmin teteleiômenê）」（一二節）、と。すなわち、神は愛としてわれわれに体験されるのだ、と言っているのであり、更に、神の愛はわれわれの愛のうちで「終局に達する」とまで言われている。言い換えれば、われわれ人間たちが相互に愛し合わなければ、神の愛は不発となり目的成就の場を失うということである。人間がお互いに愛し合う、そこで神の愛は完成する（Teteleiômenê）と言われているのは、人間がお互いに愛し合わなければ、神の愛は現われの完成を失って空しくなってしまうということであろう。

人間は自分が生かされていることを知っている。誰が生かしているのかは分からないが、自分の力で生きているのではないことは分かっている。自分の奥底で働いているこの生命の力が、神であり、愛である。われわれは初めから愛されているのである。初めから神と一体なのである。なぜなら、生きているということが、そういうことであるからである。そうであれば、人間同士も相互に愛し合い、生かし合うのが存在の根源に即した当然の生き方であり、喜びであるだろう。

(二) 神と人との相互内在

ヨハネ福音書の中でイエスが祈っている箇所がある。そこで、イエスは、神と人との関係について、こう言っている。「すべての人々が一つであるように（pantes hen ôsin）、と私は祈った。ちょうど、父よ、あなたが私のうちにおり、私もまたあなたのうちにいるように（su, pater, en emoi kagô en soi）、かれらもまたわれわれのうちにいるように（kai autoi en hêmin）、と祈った」（「ヨハネによる福音書」一七章二一節）。彼らというのは、弟子たちはもちろんだが、あらゆる人を指すであろう。われわれのような、すべての普通の人が父とイエスの中にいるようにと祈ったのである。これは、イエスの言葉である。神を父と呼んでいる。神がイエスのうちにおり、イエスが神のうちにおり、そのように、われわれ凡夫の一切衆生もまた神とイエスのうちにいるのである。もちろん、万物は万物の創造主である神のうちにいるに決まっている。そうでなければ、存在者は存在しているはずがないのであり、神は創造主であるはずがないのである。そういう意味で、神も人も、更には、何千億とも知れぬ全宇宙の諸星雲も、本来は、一つなのである。禅僧の澤木弘道は、「私と全宇宙は地続きだ、と分かることが悟りだ」と言っているが、ヨハネの言っていることと根本的には同じことであろう。そうであれば、全体から分断された私という個体の孤独が地獄である、ということになるであろうが、そういうことは本来ありえないことであることも、分かる。全体から分断された孤独な私の遺棄された存在などという観念が、神という観念の誤解から生じた妄想的錯覚なのである。全宇宙の無限に多様な諸存在者はことごとく存在根拠である神に由来し、神に包括され、神と一体化しているからである。目に見えない神は、闇であり、無であり、空であるが、われわれは存在している（愛されている）ことにより、このわれわれ自身の本当の父（根拠）を愛や慈しみや光として体感的に自覚できるのである。

そうであれば、「三位一体」という教義のおそらくは一つの土台となっている、このヨハネ福音書の言葉から、われわれは少し勇敢に次のような理解を展開してもよいであろう、と思う。すなわち、神は万物の創造主として父であり、万物は神から生まれた者として神の子であり、神と万物は相互に愛の交流のうちに生きている。キリストは別格に神の子であるとしても、われわれも神から生まれた者として神の子である以上、キリストはわれわれの兄弟であり、万人もまた無数のキリスト（この世〔他者〕を救う者）であり、こうして、神、キリスト、万人、万物は愛の交わりのなかで相互に交流している。と言うよりは、神、人間、宇宙はもともと完全に一つなのである。この相互内在の、つまり、人間同士だけではなくて、鳥とか獣とかバラの花とか宇宙の中にあるたくさんの美しいもの、あるいは楽しいもの、あるいは核爆発をして輝いているたくさんの星々とか、そういうもの全部が相互交流をしている。この相互内在の絶え間なき交流運動が愛なのである。

こうして、われわれは宇宙的な永遠の愛の活動の最中《さなか》へ突破する。そこでは、時間と空間の枠組が超越され、人は時間の中で永遠を体験し、有限者の中に無限を体験し、人の中に見えない（不在の）神を体験する。これが、愛の充満した世界であり、「三位一体」という教義として固化した思想の柔軟な原初の人間的理解の試みの一つである、と言えないであろうか。

（ホ）終末論の蒸発

イエスは「汝の敵を愛せ（agapate tous echthrous hymôn）」という、人間の世界では殆ど通用するとは思えない非常識きわまりない教えを語った。これに関連するこの教えの具体的展開はすべて非常識である。曰、「悪人に抵抗するな。誰かが汝の右の頬を殴るならば、他方の頬をもかれに向けよ。汝を訴えて汝の下着を奪おうとする者には、上着をも与えよ。……汝を迫害する者のために、祈れ」（「マタイによる福音書」五章三九〜四四節)。

どうして、こんな非常識なことが言えるのか。それは、汝らの父がそういう方であるからである。こういうとんでもない教えの根拠として、イエスはなんと言ったかというと、「なぜなら、天におられる汝らの父は悪人の上にも善人の上にも(epi ponêrous kai agathous)太陽を昇らせ、正しい人にも不正な人にも(epi dikaious kai adikous)雨を降らせるからである」(四五節)。だから、お前たちも父のように生きなさい、と言ったのである。すなわち、天の父は、善悪など眼中になく、万人に一方的に善意だけを贈る方であるのだから、お前たちも、父に倣って、自分を害する人、憎む人、呪う人にも善意を贈りなさい、と言っているのである。

ここには、「裁く神」という観念はまったくない、と言ってよいだろう。

ついでに言うと、終末論というものがキリスト教の中にあって、やがて、この世の終わりが来て、そこで人の子がすべての人々を裁くという教義になっています。これは、もともとユダヤ教の中にあった思想です。ユダヤ教の思想をそのままキリスト教は引き継いだのです。イエスもユダヤ人で、ユダヤ教の中で育てられましたから、そういうことを言っています。しかし、今、話したイエスの考えや、このほかにも福音書の中にイエス自身の非常に強烈な「裁くな」という考えがあります。それは「終末において神が人を裁く」という思想を雲散霧消させてしまっているでしょう。イエス自身の独自の考えはそういうものだ、と理解できるでしょう。

神は万物の創造主として、万物の生みの親であるのだから、万物を肯定し、万物を愛する以外に、存在の仕方がないはずだ。イエスはそう言っているのだ、と思う。そうであれば、出来の悪い子供が生まれれば、親は責任を感じて、ますます不肖の子を愛するのである。その出来の悪さを自分で背負おうとするのである。ここには、親鸞の「悪人正機」の思想と殆ど同じ思想が語られている、と考えてよいだろう。

親鸞の「悪人正機」というのは、悪人こそが阿弥陀如来の救済の対象である、という思想です。かつて、阿弥陀如来は、法蔵菩薩として修行中に、「およそ、ありとあらゆる人を救わなければ、私は成仏しない」と誓ったのです。およそ、ありとあらゆる人を救うということは、立派な人や善い人を救うということではなく、泥棒とか、人殺しとか、とんでもない嘘つきとかを救うということです。ありとあらゆる人の中にはそういう人も入っているわけです。これと同じ含意が今のイエスの言葉の中にあります。

こうして、神は正邪善悪の彼方において、ひたすら愛の働きそのものとして存在している。そうであれば、神の「似姿」として創造された人間の本性のうちにも「善悪を超えた愛」の炎が燃えているはずであり、それに気付けば、「敵を愛す」という次元で生きることができるかもしれない。それが、恐らく、「神の国」に入る、ということである。

「神の国」については、ファリサイ人との有名な問答がある。「いつ神の国（hē basileia tou theou）は来るのですか」とファリサイ人に訊ねられて、イエスはこう答えられた。「神の国は目に見えるようには来ない。……見よ、ここだ、とか、あそこだ、というようには来ない。なぜなら、神の国はお前たちの中にあるからだ（entos hymôn）」（「ルカによる福音書」一七章二〇～二一節）。すなわち、神の国とは場所ではないのである。宇宙のどこか何百億光年の彼方に美しく愉しい花咲く楽園がある、という話ではないのだ。「目に見えない」と言うのだから、物質的形態にもならない。そうではなくて、われわれ人間たちの中にある、とイエスは言ったのである。「中にある」とは二つの意味で言われているだろう。一つは、人間の心の奥底深くに燃えている愛の炎、それが神の国だという意味である。われわれの中には、常に、目に見えない愛の炎が燃え盛っていて、他者を求め、神を求めている。もう一つの意味は、神の国は人と人との交わりのうちにある、という意味である。人と人との交わりとは、愛であるから、この二つの意味は、結局は、同じ一つのことである。

すなわち、神の国は、今、ここに、現前しているのである。未来のいつかに、この世の終わりが来て、神の国が始まる、という話ではない。もし、神の国の到来が終末である、と言うのならば、終末はすでに今、ここに、到来しているのである。人と人が愛し合うとき、その瞬間に神の国が現前し、瞬間が永遠となるのである。

（へ）共に泣く

あらゆる存在者を存在させている根拠は「愛」である、というのは、信仰である。哲学的には、無根拠、脱根拠、深淵、無、空としか言えない。その無根拠を、信仰者は認識するのではなくて、愛として体験するのである。しかし、われわれはこの信仰について、人間の生きる世界において、微《かす》かではあるが、確実な体験をもっている。それは、愛するときに、われわれは最大の生甲斐を感じ、喜びを感じ、存在の最高度の充実を自覚するからである。それゆえ、この信仰によって、大災害によってわれわれを救いなき絶望へと突き落とす運命論もしくはニヒリズムを克服すべく努める他はないだろう。

もちろん、大災害は、すでに述べたように、出来事としては必然的であるが、それに遭遇する人々にとっては不可解な偶然である。この時、不運にも大津波に呑まれてこの世を立ち去った人々の生命の突然の終結の意味を、どう納得できるのか、という問題は、われわれには不可解な謎として残しておく他はない。その謎の解明は、信仰者にとっては、もしかして死後になんらかの仕方で分かるのかもしれない。しかし、それはわれわれには今は謎としか言えない。

しかし、大災害にどう対処すべきか、という問題については、信仰があろうがなかろうが、災害の防御と復興のために、科学技術力を総動員することは言うまでもない前提条件であるが、そういう手段的次元を超えて、根本的には、愛と優しさによって苦しむ者に走り寄り、共に泣く他に道はないのではなかろうか。

（二〇一四年五月三一日　講演）

限界づけられた生を受け継ぐ——恩師からのはがき

竹之内　裕文

二〇一五年の年明けに、東北大学の関係者から連絡があり、岩田靖夫先生のご病状が悪いことを知った。いてもたってもいられず、会いに出かけようと、入院先の東北大学附属病院に電話をかけた。しかし、家族以外は面会できないという。説得を試みたが無駄だった。こういう場合「恩師」や「弟子」という言葉が力をもたないことを痛感した。ご家族の許可を得ようと試みたものの連絡がつかず、先生との面会は叶わなかった。その後まもなく、先生の訃報に接した。私は恩師との別れの機会を逸してしまったのだ。「死別」という事実を受けとめきれず、グリーフを抱えたまま、私は日常生活を送っていた。

そのような折、仙台白百合女子大学カトリック研究所から講演の依頼を受けた。聞くところでは、この講演は生前の先生が発案されたという。当初のプラン通りに運べば、私は恩師の前で講演することになっていたのだ。幸か不幸か、その計画は実現しなかった。しかし私は、先生との出会いについてふり返る機会に恵まれた。講演に真剣に耳を傾けてくださった参加者の方々に感謝申し上げたい。研究会後、故人を偲んで懇談したひと時も、かけがえのないものだった。

熱が入りすぎたのだろう。私の講演は、予定されていた時間を超過してしまった。まだ整理がつかなかったのだろう。『論集』への掲載に際しても、テープ起こしされた講演録を縮約できず、原稿の分量は所定の二倍に達した。編集担当者には、ご迷惑とご苦労をおかけした。しかし、ついに年貢の納め時がきたようだ。本書への収録に際して、大幅な縮約を余儀なくされた。そのため割愛せざるをえなかった部分もある。それでも、故人から私が受け継いだものは、読者一人ひとりに届き、共有されると信じている。

一　はじめに――生きること、出会うこと

自己紹介にかえて

私はだれか。いったい何者なのか。語り手の素性が分からないと、イメージが湧きにくいでしょう。本題に入る前に、これまでの私の歩みを、簡潔にふり返っておきます。

大学に入学した年、私は父と死別しました。父の最後の歩みには、立ち会うことができませんでした。すでに高校時代から、自宅を飛び出していたからです。「生」を受けとめずに、「死」を受けとめられるはずがありません。父と「別れる」ためには、父と「出会い」なおす必要がありました。それには相応の歳月を要しました。

人はいつか死ぬということについては、知っているつもりでした――他人の死についてならば。しかし、かけがえのない人を今、ここで失うことは覚悟していませんでした。大切な人であっても、たやす

く奪い去られる。明日も生きていられる保証はだれにもない――この私自身を含めて。

今、ここで自分が死ぬという可能性に面して、不安に駆り立てられました。「死」について、ましてや「私の死」について語り合える友人は、当時いませんでした。祈るような思いで本を開きました。授業をさぼって、ひとり砂浜や河畔へ出かけ、文学、宗教、哲学の本を読みました。同年代の短期宣教師のアパートで聖書を共に読み、信仰の道へ導かれました。また「死の練習」というプラトンの言葉に惹かれて、哲学の道へ進みました。東北大学理学部数学科から文学部哲学科へ学士編入学し、岩田靖夫先生の指導を受けました。

二〇〇二年、哲学で博士号を取得した直後に、在宅緩和ケア医の岡部健医師と出会いました。「死の現場を開放するから、一緒に考えよう」と誘われ、看取りの場へ足を踏み入れました。こうして死生学の研究が始まりました。終末期患者の自宅を訪問し、本人や家族（遺族）の語りに耳を傾けました。患者たちは住み慣れた自宅で、親しみのある事物にとり囲まれながら、かけがえのない人たちとともに、最期まで日常生活を営んでいました。病院で「死を待つ」父と対照的な「生きる」姿がそこにありました。

農村地域の患者宅へ出かけ、驚くような出来事に遭遇しました。あるおじいさんは自宅へ戻りたいため、ホスピスを無理やりに退院してしまいました。自宅へ帰って土に触れると、嘘のように痛みが和らぎ、生き生きと日常生活を営むようになりました。また、あるおばあさんは病気がかなり進行し、痛みもひどいはずなのに、手押し車を押し、這うように畑へ出ていきました。畑の手入れをし、作物の世話をするためです。こうした姿にふれるうち、私は考えるようになりました。死生観と自然観はつながっている。生きて死んでいく人間の真相を突きとめるためには、これらの老人たちとともに、自然のうちに自らの生と死を置き入れる必要がある。

こうして私は、農村や白神山地へ足を運び、農業者やマタギから学ぶようになりました。ただ文学部に在籍したままでは、身をもって学ぶ機会は限られている。そのように感じていたところ、ちょうど静岡大学農学部で哲学・倫理学分野の教員を募集していました。農学部ならば、そのような機会がたくさんあるだろうと考えて応募したところ、幸運なことに採用していただきました。

農学部で仕事していると、「農」とはどのような営みかという問いに直面します。また最近は、「食べる」ということについて考えています。いずれも身近で、奥の深い問題です。二〇一一年には「梅ヶ島農援隊」というグループを組織しました。農山村では高齢化と人口減少が進み、存続が危ぶまれる村が少なくありません。しかし農山村というのは、伝統的に閉鎖的なところです。かつては閉鎖的であっても、外部の人（よそ者）を排除しても、村の生活は成り立ちました。しかし過疎化と高齢化が進むと、そうもいきません。農山村住民と都市住民が力を合わせて、新しいコミュニティを創る必要があります。そのような展望を描きながら、村の人たちと信頼関係を築き、仲間になって新しいコミュニティをつくろうと、活動しています。

二〇一三年には静岡市内で哲学カフェを立ち上げました。今年の一月には、「死生学カフェ」を創設しました。死生学カフェは日本で初めての試みです。また、よりよいケア・看取りのかたちを求めて、ヨーロッパを歩いています。次頁の写真はストックホルム（スウェーデン）のホスピスを訪問したときのものです。ホスピス医長が「会ってもいいといっている患者さんがいる」と教えてくださり、面談しました。彼女は、私のような見ず知らずの「若者」ではないですが（笑）、自分から見たら孫のような若い男性に向かって、自分の人生を真剣に語ってくれました。彼女は小学校三年生のときに突然、神の声を聞き、「自分の一生を捧げる」と決意したそうです。中学校卒業後、ずっと教会で秘書の仕事をし、一生を終えようとしていました。彼女と会ったのはこの時の一回限りです。それでも彼女のライフストーリーを聴き、彼女の人生から「なにか生きたもの」を受け取ったという手応えがあります。その手応えと緊張感が写真から伝わってきませんか。

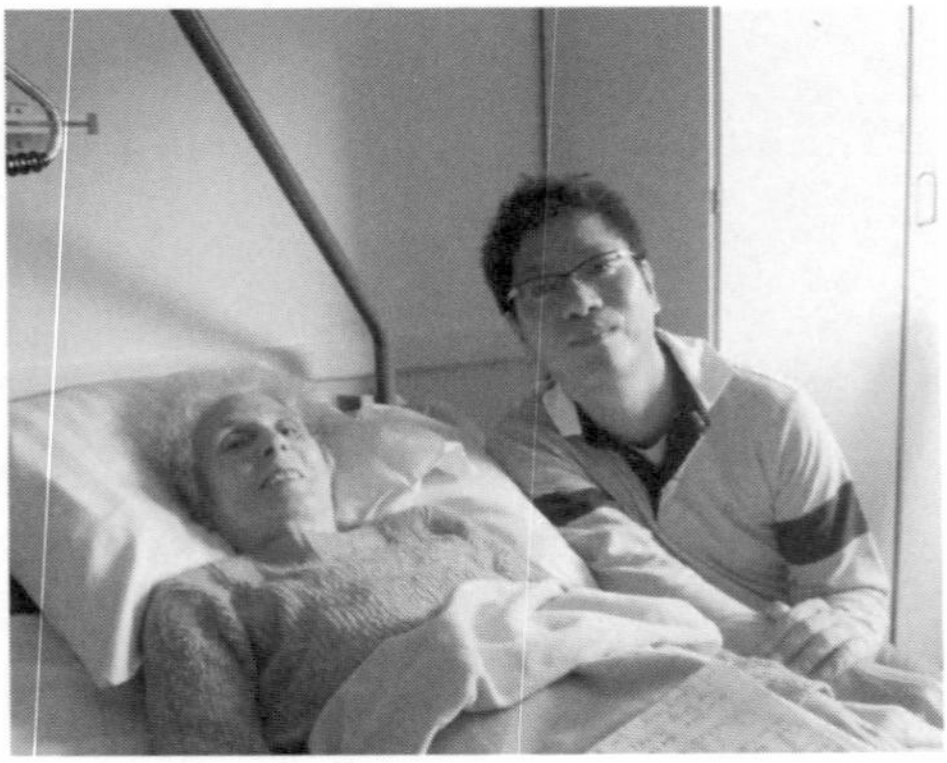

生きること、出会うこと

以上が私の自己紹介になります。しかし、「自己」を「紹介」するとは、どういうことなのでしょうか。なにをしたら、「自己紹介」したことになるのでしょうか。この頃、そんなことを考えています。「あなたはどのような人ですか」と尋ねられたら、皆さんはなんと答えますか。自分でないもの（者・物）、つまり他なるものとの出会い・関係を引き合いに出すのではないでしょうか。私の「自己紹介」もそうでした。ストックホルムのおばあさんの場合も、「神」、「教会」、「秘書」が引き合いに出されます。ここから分かるように、「私はいったいだれだろう?」と考えるとき、その手がかりを与えてくれ

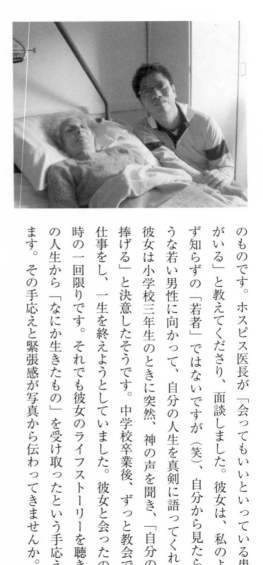

るのは「私が出会ってきたものや人」であり、「私が結んできた関係」です。鏡の中の自分をいくら見つめても、自分は分からない。

ミルトン・メイヤロフという哲学者は、次のように指摘します。


作家は自分のアイディアをケアすることで成長し、教師は学生たちをケアすることで成長し、親は子をケアすることで成長する。（略）他者が成長していくために私を必要とするというだけでなく、私が私自身であるために、ケアすべき他者を必要とするのである。[1]

ケアするとはどういうことか。相手を気遣う、手助けする、世話するなど、なにかをしてあげることをいうのでしょう。ただそれは事柄の半面にすぎません。私があなたをケアするという、まさにそのことによって、私がケアされているからです。たとえば、お母さんははじめからお母さんではなくて、子を育てることによって「お母さん」になっていきます。育児を通して成長し、「お母さん」として育てられていくのです。その場合、子はお母さんをケアしているとは思っていないでしょう。メイヤロフが言わんとするのは、そういうことです。

あなたが大事にしているもの、世話しているもの、育てているものを思い浮かべてください。もしそれらがすべて消えてなくなってしまったら、あなたはどうなるでしょうか。自分が大事に育てているもの、気にかけているもの、大切にしているもの、そういうものを全部奪われて、なお自分が自分でいられるでしょうか。M・ブーバーというドイツの哲学者の言葉を手がかりに、考えてみましょう。

私はあなたのうちで生成する。〔そのように〕生成しながら、私は「あなた」と呼びかける。現実的に生きることは、すべて出会うことである。(2)

私は、あなたとの関係のうちで育まれ、「私」になっていく。あなたと話をするときもそうです。「あなた」と呼べる相手がいなかったら、「私」もない。「私ってこういう人なんだ!」と気づくのは、いつだって、自分ではないもの、つまり他なるものに遭遇するときです。たとえば、友人のAさんと話していたら、「あなたは……だね」と、私が思ってもみなかったことを指摘する。私はもちろん驚く。傷つくかもしれない。それでも、よくよく考えてみると、「なるほど」と頷《うなず》ける面がある。そのとき私は、Aさんを通して「新しい自分」を発見し、それと同時に「新しい自分」に創り変えられている。

「私」と「あなた」の関係は、人間関係に限定されません。一例として、作家と作品の関係を考えてみましょう。皆さんは、作家の頭の中に初めから明確なアイディアがあって、それをそのまま言葉で表現すると作品になるというイメージをもっているかもしれません。しかし、自分で書いてみると分かりますが、実際はそんなに簡単なものではありません。いざ書き始めてみると、アイディアが未熟だったり、妙な方向に逸《そ》れてしまったりして、うまく言葉にならないことがあります。そんなときは、せっかく書いた原稿を破棄して、当初のアイディアに立ち返ることになります。執筆が進んでいくうちに、アイディアそのものが変わってしまうこともあります。書くという行為を通して、事柄の理解が深まり、より深く考える人間に自分が育てられるのです。かけがえのないアイディアや構想だからこそ、注意深く、大切に、作品へ仕上げていく。それを通して自分自身が成長し、新しくされるのです。こうして考えてみると、「生きる」という営みは、一人ひとりの「あなた」、一つひとつの「あなた」との、その都度の出会いの積み重ねです。それを措《お》いて「生きる」ということを考えることはできません。

あなたは、だれ、なにと出会い、生きてこられましたか。あなたの人生は、だれ、なにとの出会いによって創られてきましたか。私の生は、恩師である岩田先生との出会いによって創り上げられました。次に、それについて話します。さらに続けて、私の生を創り上げてきた、もうひとつの出会いについて語ります。『七転び八起き寝たきりいのちの証し　クチマウスで綴る筋ジス・自立生活二〇年』（阿部恭嗣著、竹之内裕文編、新教出版社）という本があります。ただ一冊だけ、岩田先生が手放しで褒めてくれた本です。阿部恭嗣さんという友人の遺稿や講演録を、私が中心になってまとめたものです。この本に対するコメントを岩田先生から受け取ったとき、私は驚きました。なぜ先生はこの本にそんなに感動されたのか。この問いに導かれて、岩田先生と阿部さんという二人の大切な人との歩みをふり返ります。そのうえで「限界づけられた生」を受け継いで生きるとはどういうことか、共に考えましょう。

『七転び八起き寝たきりいのちの証し』

二　岩田先生との出会い――「自己」と「他者」の間で

研究室を訪問するまで

どのようにして私は岩田先生と出会うことになったのか。出会いまでの歩みをふり返っておきましょう。先ほどふれたように、私は大学一年生の秋に、父を膵臓がんで亡くしました。私は中学生の頃から非常に反抗的でした。父は高校で世界史の先生をしていましたが、人生に疲れたようなところがありました。私はそんな父に対して、そのままの表現ではありませんが、「あなたの人生は惨めだ。負け犬のようだ。自分はそんなふうには生きたくない」と暴言を吐いていました。自分自身の道を拓き、進んでいくために、父の影を振り払おうと躍起になっていたのだと思います。しかし、実際に父が亡くなってみると、「あんな言葉を投げつけなければ、父はもっと穏やかな気持ちで長生きできたのではないか」、その意味では「自分が父を殺したに等しいのでないか」と恐ろしくなりました。それと同時に、こんなにあっけなく「人は死ぬのだ」と身をもって知り、不安でたまらなくなりました。

皆さんはどうでしょう。人はだれでも必ず死ぬと思っている方は、手を上げてください。「いや、なかには死なない人もいるだろう」と思っている人はいませんか。機会があると尋ねているのですが、「自分は死なない」と考えている人に会ったことがありません。しかし、なぜ「人は皆死ぬ」と主張できるのか。そういえる根拠はなにかと問うてみると、意外に難しい。世界中で、毎日、たくさんの人が亡くなっていきます。もしかしたらこの自分も、明日は生きていないかもしれない。そう思われる方は、おられますか。結構いますね……。しかし、「もしかしたら明日、生きていないかもしれない」と思いつつ、私たちは手帳に一年後の約束を書き込みます。一年後に生きていることを前提に、日常生活は営まれているのです。人はいずれ必ず死ぬと理解していながらも、今、ここで「死ぬ」のは、自分や家族ではなく、どこかのだれかだと暗黙のうちに想定しているのです。

しかし、どれほど大事なもの、かけがえのないもの——つまり代理がきかず、交換不可能なもの——であっても、簡単に奪い去られてしまう。父の死を通して、私はそれを知りました。それならば、かけがえのない、この自分も、いつ奪われてもおかしくない。そう思うと、いても立ってもいられず、数学の勉強も手につかなくなりました。「どうしよう、どうしよう」と、不安に駆り立てられ、荒れた生活を送りました。悪戦苦闘を経て、信仰の道を歩み始めました。

きっかけは、北四番丁の角にある日本パプテスト連盟仙台教会で開かれていた英会話教室（サーチライトクラブ）です。父の納骨の司式をしてくださった宣教師の知人に電話で誘われ、英会話を学ぶために通い始めたのです。英会話の先生の一人にアメリカ人の大学生、ケレン・トーマス（Calen Thomas）がいました。彼は理学部に隣接するアパートで、バイブル・スタディを開いていました——要するに聖書研究会です。ただ彼は日本語を話せないため、すべて英語で進められました。バイブル・スタディには、東北大学の学生が大勢集まっていました。ネイティブ・スピーカーから生きた英語を学ぶためです。メンバーたちは、英語の勉強にはとても熱心です。しかし、ケレンがもっとも伝えたいと思っていること、つまり聖書の話になると冷淡でした。まったく関心を示さないのです。それはひどい、失礼だと思いました。彼はそれを伝えるために、わざわざ日本までやって来て、バイブル・スタディを開いているわけですから。私は真剣に話を聴こうと思いました。

話を聴いているうちに、信仰の世界はすごいと惹かれるようになりました。しかし、飛び込めないでいました。最後の一歩が果てしなく遠く思えました。そんなある晩、ケレンのアパートを訪ねました。私は自分の葛藤を伝えました。キリスト教に対する疑問を打ち明けました。すると彼はひと言だけ発しました。質問に回答するのでなく、「裕文がクリスチャンになっても、ならなくても、僕は一生、君の友人だから」と応えたのです。どうしてでしょうか。その言葉を聴くと、迷いが消えてしまいました。私は最後の一歩を踏み出すことができたのです。彼に誘われて、北四番丁の教会へ通うようになりました。

しばらくして私は、牧師になる決意を固めました。しかし、教会の主任牧師である金子純雄先生――この研究会にも参加されています――に相談したところ、「もうすこし教会生活を送り、信仰生活を重ねてから、神学校へ進んだ方がよい」と助言されました。「そんなものか」と思い、もう二年間、仙台にとどまることにしました。その間なにをしようかと、構想を練り始めました。教会内外の多くの方から、さまざまなアドバイスを受けました。しかし「なにをしたい？」と、静かに自分に問いかけると、「文学部へ行きたい！」という自分の気持ちに気づきました。不思議なものです。高校時代は父に反発し、文学部を馬鹿にしていました。父と出会いなおすことで、自分の気持ちに素直になれたのかもしれません。父と死別してから、私は広瀬川の河原で、あるいは荒浜という市内の海岸まで車を走らせて、キルケゴールやニーチェを読むという生活を送っていました。我流ではなく、本格的に哲学を学びたいと思いました。

出会い

学士編入学という制度があるということを知り、私は数学科卒業後に文学部へ入ろうと、三年次編入学試験を受けることにしました。理学部は青葉山という山の上にあるのですが、文学部はそこから下った川内という高台にあります。文学部棟に哲学研究室があるというので、門を叩くことにしました。

哲学研究室は文学部棟の最上階（九階）にあります。そこは哲学科、倫理学科、宗教学科、仏教学科、インド学科など、浮世離れした学問分野ばかりが集まっていて、「天上界」と呼ばれていました。その天上界までエレベーターで昇り、「哲学」と書かれた教官室はないか、探しました。しかし、その日はあいにく会議があったようで、どの部屋の電灯も消えていました。「だれもいないのか」と意気消沈しながら、廊下を奥まで進みました。最後の一室だけ、明かりが灯っていました。それが岩田先生の居室でした。勇気を出してノックし入室しました。ここで哲学の勉強をしたい、編入学試験に向けてどういう準備をしたらよいのか教えてほしいと切り出すと、「語学をやることだ」とだけいわれました。愛想はまったくありません。さらに勇気を出して、「過去問はありませんか」と尋ねると、「あるにはあるが、閲覧期間を過ぎているから、どうにもならない。独力で頑張るほかない」と突き放されました。「冷たいものだ」と思いましたが、仕方がないので、傾向と対策も分からないまま、実家にあったパスカル『パンセ』の英訳を読むなど、闇雲に勉強して試験を受け、幸運にも入学を許可していただきました。

四月を迎え、新入生歓迎の花見の席で再会したとき、岩田先生はニコニコされながら、「竹之内君は哲学をするために生まれてきたような男です」と、私を紹介されました。他の先生方や先輩たちの怪訝《けげん》な表情、冷たい視線を感じ、気まずい思いを抱きながら、私は黙っていました。なぜだかよく分からないのですが、初めからそんな調子で、岩田先生にはずっとかわいがっていただきました。

私はキルケゴールを学びたいと思って哲学科に入ったので、「キルケゴールをやりたいです」と先生に告げると、「キルケゴールもいいけど、君だったら、ハイデガーを読んでから、自分の専門を決めたほうがいいんじゃないか」といわれました。『存在と時間』というハイデガーの著書があるから、試しにその序論——ドイツ語で四〇頁ほど——を読んでごらん。おもしろくなければ、そのままキルケゴールで卒業論文を書けばいいし、もしおもしろいと思ったら、ハイデガーで卒業論文を書けばいいじゃないか、と助言されました。

「そんなものか」と素直に受け入れ、編入学直前の春休みに自習したばかりのドイツ語で、『存在と時間』を読み始めました。どうしても分からないところは先生の部屋まで質問に出かけました。土曜日には、定期的に読み合わせもしていただきました。そうやって序だけは、曲がりなりにも読み通したのですが、とにかく難しくて、おもしろいかどうかも分かりませんでした。ただ問いの立て方に凄みがあると感じました。結局、判断がつかないので、そのまま『存在と時間』と取り組むことになり、私はハイデガーを研究することになりました。

先生の人柄

当時の東北大学文学部には、ハイデガーを指導できる先生が複数おられました。岩田先生ご自身は、もともとアリストテレスの研究から出発された古代哲学の専門家でした。私が修士課程に進学し、改めて指導教官を引き受けてくださるようにお願いしたところ、「うちには他にもハイデガーの専門家がいるけど、本当に僕でいいのか」と念を押されるのです。岩田先生には、こういう謙虚な一面がありました。

現在の大学の講義では、豊富な資料が配付され、パワーポイントで画像まで呈示されます。至れり尽くせりの感があります。岩田先生の講義は対照的です。古代中世哲学特殊講義という授業では、ギリシア哲学のテキストの日本語訳を岩田先生が読み上げました。受講生はそれに耳を傾け、ひたすら筆記しました。隔世の感があります。当の訳書が絶版で手に入らなかったという事情もあったのでしょうが、「コピーを配ってくれたらいいのに」と思いながら、授業を受けていました。それでもずっと聴いていると、印象的な言葉や頻出する用語が耳に残るようになります。そのひとつが「立派な」という言葉です。プラトンの対話篇には、「立派なお考えです」というソクラテスの発言がしばしば登場します。それがとても印象的で、「立派な」という言葉を耳にすると、今でもソクラテスの姿が思い浮かぶほどです。

岩田先生の演習（ゼミ）では、ハイデガーのテキスト、先生が当時邦訳を手がけられていた『形而上学入門』を原語（ドイツ語）で読みました。それも独特なスタイルでした。担当の学生が一段落ごとに音読し、日本語に訳していきます。鋭い指摘を受けながら、なんとか無事に訳し終えると、先生はいつも「ここはどうだね？」と質問されるのです。どうかと尋ねられても、なんと応えてよいか、よく分かりません（笑）。それでもともかく、「こういうことだと思います」と言葉にしてみます。するとたいてい、「うーん、あまりピンとこないね」といわれました。とはいえ私は、まだましなほうです。仙台白百合女子大学での岩田先生の評判を落とすことになってしまうかもしれませんが、東北大学では日常的な光景でしたので、率直にお話しします。

その演習には、学部三年生から博士課程の諸先輩方までが一堂に会します。私から見たら大先輩にあたる方が質問に答えると、岩田先生が「幼稚園児並みだね」とコメントされるのです。もちろん場は凍りつきます。恐ろしいと思いました。ドイツ語を読解できないと判断されてしまうと、途中でも止められて、「君には後期にもう一度だけチャンスをあげるから、それまで死に物狂いで勉強しておくように。前期はもう来なくてもいい」と突き放されます。私は何度か、親しい同級生が泣いている姿を目にしました。岩田先生と良好な関係を保持できる秘訣を、真顔で先輩から尋ねられたこともあります。思うに、岩田先生は正直すぎる、ストレートすぎるのです。オブラートに包んで婉曲的に表現することができず、思ったことをそのまま口にしてしまう。相手もストレートに応ずれば、そこから対話が始まるのですが、強い表現に臆して、たいていは身を閉ざしてしまいます。そうすると先生の言葉が「暴言」として残ることになります。

岩田先生が東北大学を退職された年、私はドイツに留学していたもので、東北大学での最後に立ち会えませんでした。最終講義も拝聴しておりません。しかし、先生が聖心女子大学に移られた後も、亘理町のご自宅にお邪魔し、月例の読書会を続けていました。当時、刊行されたばかりのハイデガーの講義録『ソフィストたち』（全集一九巻）を一緒に読んだ後、岩田先生ご自身の手料理を囲んで歓談しました。岩田先生と似たところがあるのでしょうか、私はなんでも率直に尋ねてしまう性質《たち》です。ある日「先生はどうしてそんなに攻撃的なのですか」と質問しました。すると「そうなんだよ、竹之内君。僕は小学校時代に転校をくり返し経験して、その度にいじめられていたんだ。だけどある学校で、クラスでいちばんケンカが強い子をコテンパンに言い負かしたら、それ以来、もういじめられなくなって、そこからどうも攻撃癖がついてしまったみたいなんだ」と、驚くほど正直に打ち明けてくださいました。

先生の学ぶ姿勢には、深い感銘を受けました。あるとき私は、先生とテキスト解釈を異にし、「先生の読みは違うと思います。こうではないですか」と、徹底した予習の成果を披露すると、「そうか」と言って、先生は丹念にメモを取られたのです。傲慢にも、というべきか、愚かにも、というべきか、私は「ついに立場が逆転した！」と喜びました。しかし「立派」だったのは先生でした。正しいと思えば、体裁など気にせず、三〇歳以上も歳の離れた弟子の発言を書き留め、自身の思索の糧にする。こうした向学心、探究心があればこそ、八二歳のご高齢にいたるまで、哲学者としての生涯を貫くことができたのでしょう。

先生からのはがき

仙台と静岡に離れてからも、私が新しい論著を献呈すると、先生は必ずコメントをくださいました。一枚のはがきにぴったり収まる文字数で、的確な書評が書き送られてくるのです。ご自身のご論著も、公刊される度に郵送してくださいました。しかし情けないことに、私はきちんと返事できたことがありません。非常に悔やまれます。

ここでは、三枚のはがきを紹介します。「いまひとつだね」とコメントされ続けたためでしょうか、私は先生に褒められた記憶がほとんどないのですが、改めてはがきを読み返すと、思いのほか高い評価をしてくださっていることに驚きます。一通目には、こう書かれています。

前略。過日は抜刷二篇ありがとう。「生と死の現在」はとても良い論考だと思いました。人に迫る説得力があります。君自身の体験に根差しているからでしょう。「よく生きる」ことが大地と伝統に根差し、死をも射程に入れた人間の広い意味での文化から生まれる、その御論旨は全面的に賛成です。(二〇〇八年八月一五日)

二篇の論文を送ったのに、そのうちの一編にしか触れられていません。もう一篇は言及に値しなかったということでしょうか。二通目を紹介します。在宅緩和ケアの専門職・研究者たちとの共著です。岡部健医師と二人で編集したものです。

拝啓。先日は御高著『どう生きどう死ぬか』をありがとう。よい本だと思いました。君の書いた第五章を拝見。問題を哲学的に詰めてゆく姿勢、最後に「よく生きる」の「よさ」の探究、それが限りなく続くこと、基本的に賛成です。いちばん最後に、有用性ではなく、「あるがままの生」という示唆で終わっていますが、この「あるがままの生」とは何かが、本当の問題です。今後の御精進を期待します。御礼まで。
(二〇〇九年八月一一日)

このあたりは実に岩田先生らしいです。「これが本当の問題です。もっと深めなさい」ということです。こういうことをずっといわれ続けてきたように思います。最後のはがきを紹介します。

前略。『七転び八起き』をありがとう。君は素晴らしい本を編集したね。君の書いた序論もとてもよい。僕は、この本のおかげで、いささか曖昧な雲のかかっていた人生に、光と希望と信頼をとりもどせるかもしれない、と思った。君もすごい人生を歩いているようだが、阿部君にも、君にも、奥さんにも脱帽です。人生は素晴らしい。（二〇一〇年一〇月一一日）

この葉書を受け取ったとき、私はとても驚きました。「こんなコメントを書くような人だったっけ」と思いました。嬉しいというより、びっくりしたのです。「この本はそんなにいい本だったのか」と、むしろ逆に、考えさせられました。「光と希望と信頼をとりもどせるかもしれない」という言葉については、後ほどじっくり検討することにして、ここでは、岩田先生の話をもう少し続けさせてください。まだ研究の話をまったくしていませんので。

先生の研究――「自己」と「他者」の間で

文化功労賞を受賞されるだけあって、岩田先生の研究業績は圧倒的です。東北大学の「お別れ会」で配付された業績目録を見ると、単著一五冊、共著三冊、共編著一冊、論文六三篇、訳書八冊を数えます。ここで、簡単にまとめられるようなスケールではありません。ただ印象に残っている先生の口癖があります。「僕にはあまり取り柄はないのだけど、僕の話は分かりやすいんだよね」と、よく話されていました。つまり、分かりやすく書く、明快に書くということを大切にされていました。学識をひけらかしたり、理屈をこね回したりせず、事柄の本質、エッセンスを単刀直入にいい当てる。それをご自身にも、また弟子たちにも課しておられたのだと思います。

そう考えてみると、「ここはどうだね?」というゼミの問いかけも、同じことを要求していたことが分かります。『ヨーロッパ思想入門』（岩波ジュニア新書）、『ギリシア哲学入門』（ちくま新書）、『よく生きる』（ちくま新書）など、多くの入門書を執筆されたのも、論述の明快さが評価されてのことでしょう。このうち『よく生きる』は、仙台白百合女子大学での講演等から構成されています。読みやすい良書ですので、ぜひ一読ください。

岩田先生の研究は「自己」と「他者」という二つの極のあいだで進められてきました。「自分がある」「自分である」ことの根拠にかかわる自己の問題と、その枠組みに回収されない他者、つまり「自」という枠を逸脱する「他」なるものとのあいだで、両者の緊張関係のなかで、思索を重ねてこられました。そう考えてみると、私自身の哲学的な問題設定も、岩田先生の影響のもとにあることに気づかされます。博士課程での私の研究課題は、「存在の思索と倫理――ハイデガーの根拠に関する思索と共同存在としての人間」というものでした。この題目は、先生と相談して、先生の助言に基づいて定めたものです。岩田先生のダイナミックな哲学的探求は、「存在の思索」と「倫理」を両輪に進められました。私は、先生のその問題意識を受け継ぎながらも、先生ほどうまく前に進めず、「自己」と「他者」の間で宙吊りにされてきた感があります。

一方で、自己の存在根拠をめぐる先生の探究は、ソクラテス、プラトン、キルケゴール、ハイデガーといった哲学者とともに進められてきました。たとえば、一年前の講演の配付資料には、次のような言

葉が見られます。(3)

私は自分自身の存在根拠を知らない。自己の根底の闇。何の根拠もなしに（ohne Grund）存在者が存在するという深淵（Abgrund）、それが存在の不思議。

（講演「大震災と人間の生きる意味」配付資料、二〇一四年五月三一日、仙台白百合女子大学）

存在するものは、意識を通して、私たちに与えられている。その意味で意識は、存在者が立ち現れる場、受け皿といってよいでしょう。存在者が存在するという事態の足場・拠り所といってよいでしょう。しかし、ここで私たちは問うことができます。当の意識あるいはその担い手である私たち自身の存在根拠はどこに求められるのか、と。これに対して岩田先生は、「私は自分自身の存在根拠を知らない」と応じられるのです。私という存在の根拠をさらに別の存在者に求めることができないとしたら、私の存在はなにものによっても根拠づけられない。それとともに私の意識に立ち現れるすべての存在者は、最終的な存在の基盤を失う。このような洞察とともに、先生は、なんの根拠もなしに、存在者が存在することの驚き、不思議、底なしの深みを語り出されるのです。

他方で、岩田先生は、「他者」の経験とその倫理的省察に魅せられていました。いくつか身近な具体例をあげてみましょう。たとえば、よかれと思って、私があることを他の人にします。けれどもその人は、とても悲しい顔をして私をじっと見つめる。私は、いったい自分は何をしてしまったのだろうと、自問するでしょう。あるいは駅にホームレスの人がいる。この人はどうしてここにいるのだろう、この人になにが起こったのだろうと、思わず考えてしまう。自分にできることがないかと自問しながら、けれども、どう声をかけてよいか分からず、結局はなにもしないで、その人の傍らを通り過ぎる。しかしその瞬間、ホームレスの人と目が合い、その視線に射貫かれるような、いたたまれなさが残る。それがたとえば他者の経験でしょう。

このような経験は、先ほどのような存在根拠をめぐる探究とは異質なものです。問題の次元が違います。私がどれほど深く、万物の存在根拠について思索を巡らせようとも、自己の存在根拠を懸命に探究しようとも、当の探究の営みそのものに疑問を差し挟み、中断を迫るように、他者が私の世界に立ち入ってくるのです。

子育てにも、他者の経験があります。私は二人の子の父親ですが、子という存在は、自分の子であっても、親の枠をはみ出していると痛感させられます。親が思った通りに育ちません。こちらの都合に縛りつけられず、こちらの用意した枠をはみ出して、その人らしさというか、独自のあり様が芽生え、確実に育っていきます。たとえお腹を痛めた子、血を分けた子であっても、目の前の子は「他者」です。いくら愛情を注ごうが、思い通りにコントロールできないし、支配などできません。自分のうちに同化・回収しようとする一切の試み（暴力）に対して、「否」を突きつける者です。

岩田先生は後半生において、この「他者」の経験について深く省察されました。その同伴者がレヴィナスというユダヤ系の哲学者でした。私が博士課程に進学した頃には、先生はレヴィナスのテキストを熱心に読まれていました。その探究は真摯なものだったと思います。しかし、これは私の個人的な印象になりますが、岩田先生は、ホロコーストに極まるユダヤ人の命運に共感を寄せるあまり、ユダヤ思想そのものの「他性」に少し無頓着なところがあったように思います——ここに共感の落とし穴があります。キリスト者としてユダヤ系哲学者のテキストを読む際に、ヘブライズムの伝統とキリスト教の伝統の非連続や不整合をそれほど強く意識されていなかったのではないでしょうか。

いずれにしても先生が「他者」について語られるとき、そこには独特の明るさ、大らかさが見られました。ここには、先生のカトリック的な土壌が大きく作用していたように思います。それは一緒にハイデガーを読むときにも感じられたものです。カトリックの伝統においては、アリストテレス以来の存在論的な伝統と他者の経験について証言する聖書的な伝統が接合されており、ハイデガーとレヴィナスを共に同伴者とする先生の探究は、その土壌の上に可能になったのでしょう。前述の講演資料には、聖書の伝統に根差した、次のような言葉も見られます。

「汝の敵を愛せ　agapate tous echthrous hymôn」。この命令に関連する教えはすべて人間の倫理を否定的に超越している。(「マタイによる福音書」五章三九〜四四節)

自分に害悪を加え、暴力をふるう者に対して「抵抗を控えろ」と命じるどころか、そのような者を「愛せよ」と命じる教えは、ある意味で狂気じみています。そのような教えを遵守することは、きわめて困難であり、常識を逸脱していると思われます。それに応じて先生は、この教えが「人間の倫理を否定的に超越している」と指摘されるのです。しかしどのような社会にも、一定のルールや規範が欠かせません。そして「倫理」には、人間の相互関係や共同生活を支える重要な役割があります。「人間の倫理」が無効とされた場合、どのようにして他者と私の間に橋を架けるのか。ここで登場するのが「愛である神」（「ヨハネの手紙一」四章八節）です。

たとえば先生は絶筆では、「神は正邪善悪の彼方において、ひたすら愛の働きそのものとして存在している」と明言し、次のように語られます。

人間は自分が生かされていることを知っている。誰が生かしているのかは分からないが、自分の力で生きているのではないことは分かっている。自分の奥底で働いているこの生命の力が、神であり、愛である。われわれは生かされている以上、初めから愛されているのである。初めから神と一体なのである。なぜなら、生きているということが、そういうことであるからである。そうであれば、人間同士も相互に愛し合い、生かし合うのが存在の根源に即した当然の生き方であり、喜びであるだろう。(4)

先生の「他者」経験には独特の明るさ、大らかさが認められると先に指摘しましたが、その由来がここで明かされます。自己の奥底に神すなわち愛の働きを見てとることで、「自己の根底の闇」に光が差し込み、他者と私の間に橋が架けられるのです。ここには、「生かされて生きる」とでも呼ぶべき境涯が示されています。この言葉は、重度障害者の友人、阿部恭嗣さんの座右の銘といってよいものです。彼の自立生活を追ったドキュメンタリー映画（二〇〇三年）のタイトルは、ずばり「生かされて生きる」です。もうひとつ、岩田先生は同じ講演のレジュメに、「ありのまま」という言葉を書きとめておられます。

極限の無一物、裸一貫が人間のありのままの姿を見せ、そこで、人と人は無力と信頼と愛によって助け合う。財産も着るものも、なにもない。なにひとつもっていない。包み隠すものをなにももたず、ゼロから出発しなければいけない。その極限からの出発が人間をありのままの姿に連れ戻す。なにももたないからこそ、無力だからこそ、人を信頼するほかない。神を信頼するほかない。なにももたないゆえに信頼関係が築かれ、その中で愛が育まれていく。

これは阿部恭嗣さんの生き方そのものでした。岩田先生はおそらく「ありのまま」ということについて、考え続けておられたのでしょう。だからこそ私の論文を読んだときに物足りなく感じ、「ありのままの姿ということが問題です」とコメントされたのでしょう。しかし、次に送られてきた阿部恭嗣さんの本を読まれて、眼を開かされた。そこで先生は、「光と希望と信頼をとりもどせるかもしれない」と応答されたのではないでしょうか。この見通しのもと、阿部さんの生の軌跡を簡潔に辿り、ありのままに生きる彼の挑戦を浮かび上がらせましょう。(5)

三　ありのままに生きる——阿部恭嗣の挑戦

出会いと別れ

阿部さんのもとを初めて訪れたのは、一九八八年の夏です。私がキリスト者として歩み始めた翌年にあたります。彼は仙台市太白区西多賀にある「ありのまま舎」――重度障害者のための日本で最初の「自立ホーム」――に入居していました。自立ホームは、廊下の両側にワンルームの居室が並んでいて、長屋のような造りになっています。家賃を払って住むという点では、アパートと同じです。初めて訪問したとき、私は二一歳、阿部さんは三三歳でした。

阿部さんにとってありのまま舎は、「いわゆる障害をもつ者ともたない者」が「原点であるありのままの姿」で共に生きるという願いを実現する拠点でした。興味深いと思いませんか。先に確認した通り、岩田先生は「ありのままの人間の姿」について考察されていた。それに先立って、「原点であるありのままの姿」で共に生きたいと願う重度障害の若者たちが自立ホームを立ち上げ、そこで生活を始めていたのです。

進行性筋ジストロフィー症（デュシェンヌ型）が進行していたため、私がお会いした頃、阿部さんはすでに肢体をほとんど動かすことができませんでした。「障害をもつ者」にとって「原点であるありのままの姿」というのは、「ない」「ない」「ない」尽くしです。料理もつくれない、掃除もできない、寝返りも打てない。その「ない」の極限から、文字通りに「無一物」である者たちが共に生きる場を作りたいと願った。それがありのまま舎の出発点です。

阿部さんは二八歳のとき、「障害は、神様が私を選んで与えてくれた恵みであり、生きていることの使命」と書きとめています。「障害は恵み」だというのです。阿部さんの生の軌跡を見定めるにあたって、これは大切なキーワードです。「障害は恵み」という言葉を支えに、阿部さんは自立生活に踏み出します。洗礼を受けた二年後には、新潟県の実家へ単身で帰省し、自立生活への手応えを掴みます。その翌年（一九八七年）、三一歳のときに、ついに決意を固めて、開所から一カ月遅れでありのまま舎に入居します。その日の日記には「自分の時間を集大成として証する使命感のみ」と書かれています。入居して二日目に、やがて伴侶となる晃子さんと出会います。彼女と共に生きる決意を、阿部さんは次のように語ります。

三十四歳に昨日なった。主に生かされ、ここまで来た。決して自分が生きてきたという思いより、時の流れの中で、私という歴史が主の証という目的をもって、造られてきたのだ。これからの日々も、様々なかかわりにその意味を感じ、生きたいと思う。（略）共に生きる晃子さんと信じて生きたいと思う。また新たな歴史が始まる。（一九八九年一一月一三日の日記より）

四〇歳になって、筋肉がだんだん動かなくなり、座っていても、身体を前後に揺り動かして――「舟を漕ぐ」と表現します――、肺に空気を溜めながら話すようになります。横になっているときはさらに呼吸が苦しいため、就寝時には呼吸器を装着するようになります。ちょうどその頃、阿部さんを主役にしたドキュメンタリー映画『生かされて生きる』の撮影が始まります。その制作過程で西多賀病院時代以来の仲間との間にトラブルが生じます。目指す運動の方向性などが食い違い、孤立するという経験をしたようです。詳しくお話しすることはできませんが、自分史のためのメモには「裏切り、妻の涙、退職、掛け値なしの自立生活、しがらみからの脱却」と書かれています。

二〇〇五年、四九歳のとき、二〇年と三〇日にわたって暮らしたありのまま舎を離れて、阿部さんは大腸がんの手術のため仙台医療センターに入院します。退院後は、かつて自立生活をするために退去した西多賀病院へ戻りました。このとき阿部さんは、どんな思いだったでしょう。晃子さんから電話をいただいて、西多賀病院に会いに行ったら、阿部さんは寝たきりの状態でした。私はあまり泣かないタイプですが、その時ばかりは泣いてしまいました。そんな私に向かって、阿部さんは「竹之内君、僕はこれからだと思っているよ」とひと言だけ発しました。本人が生きようとしているのに、勝手に感傷的になって、自分はいったいなにをしているのだと、ようやく我に返りました。

ありのまま舎は自立ホームで、アパートに住んでいるようなものでしたから、人の出入りは基本的に自由でした。しかし病院では、衛生上の問題もあり、やたらにいろいろな人が出入りしないように、面会に制限が設けられます。また、阿部さんはとても食いしん坊で、ありのまま舎では年がら年中いろいろなものを食べていましたが、病院では食事の指導が入ります。自らの責任で生活を設計し営むことより、むしろ医療専門職による指導が優先されます。人と自由に接触できない、好きなものを食べられないということで、阿部さんご夫妻はとても辛そうでした。それを見ている私も、とても辛かったです。しかし私にはよい打開策が思い浮かばない。そこで冒頭でお話しした岡部健医師が理事長を務める診療所に勤務するソーシャルワーカーの友人に相談したところ、岡部医師と二人で病院へ駆けつけてくれました。二人は阿部さんの様子を見て、「クチマウス」というものを教えてくれました。

写真を見てください。阿部さんの口には呼吸器がつながれていますが、ベッドに寝たきりでも、パソコンの画面を見られるように配置すれば、舌でマウスを動かしてパソコンを操作できるのです。阿部さんはこの方法で「やすぐす君の心象風景アラカルト」と題したブログを開始し、亡くなるまで五一〇本

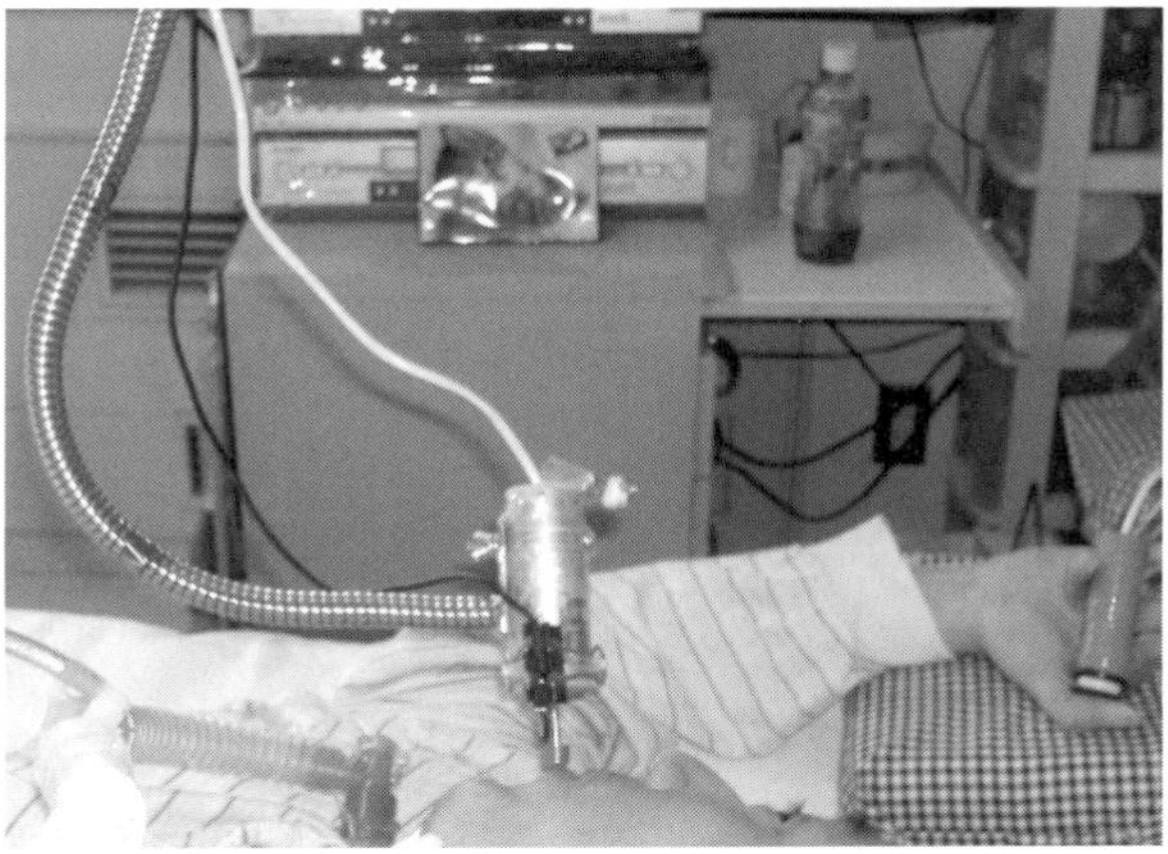

の記事を書き続けました――このブログは今でも閲覧可能です。(6) 阿部さんのお墓は塩釜市の高台にあります。「障害を恵みに変えて生を生ききる」という墓碑銘が刻まれています。

共に生きること、本当に生きること

阿部さんから学んだことは、たくさんありますが、ここでは「共に生きる」ことと「本当に生きる」ことについてお話しします。まず「共に生きる」とはどういうことか。阿部さんはこんな言葉を残しています。

> 共に生きるということは、様々な垣根を越えて、互いにいのちを認め尊重し合うことだと思います。(7)

> 人間は人間とのかかわりあいの中で生きられるものであり、一人では生きられない。もし一人で生きていると思っている者がいれば、そう錯覚しているのだと思う。(8)

これらの言葉こそ、自立ホーム創設の礎石です。その道のりは険しく、文字通り「垣根」だらけだったはずです。なんにもないのです。お金もない、運動に取り組んでも、その輪が拡がっていかない。やがて東北福祉大学の大学生たちが障害者運動に協力してくれるようになるが、四年経つと卒業していなくなってしまう。関係が切れてしまう。育てても、育てても、全然追いつかない。ない、ない尽くしで、なんとかやってきたのです。しかしそんな状況の中でも阿部さんは、「互いにいのちを認め尊重し合うこと」ができるのではないかと信じて歩んできた。共に生きるということは可能だ、なぜならそれが人間の本来の姿だから、と確信して生きてきたのです。立場や考えの近い者どうしが一緒にやっていくのはそれほど難しくありません。異なる考えをもつ人間、利害の一致しない人間、ここでは「障害者」と「健常者」がどうやったら一緒に生きていけるか、それが共に生きるということの試金石ですよね。

次に、「本当に生きる」ということについて、阿部さんがどう考えていたのか、見てみましょう。文中に登場する中島さんは、西多賀病院の先輩で、阿部さんを信仰の道へ導いた方です。文夫君というのは西多賀病院の後輩です。

中島さんも文夫君も、また私も例えるならば、ある意味で筋ジストロフィーという病魔と闘っている戦士と言え、今も闘っている「生き残り」である。その極限的状況からいわゆる「普通」と言われる状況に生きている人たちに一つの本当に生きること、生きている意味を逆説的に問い返すことができるのではないか、そして今、生を与えられ生きている素晴らしさを再認識できるのではないかと思ったのである。(9)

ここで阿部さんは、文字通り「極限的状況」から「生きる」ことを捉えています。極限からしか見えないもの、捉えられないことがあります。それを阿部さんは「今、生を与えられ生きている素晴らしさ」と表現しています。

神谷美恵子さんの『生きがいについて』という本では、これが「ひとたび深い悲しみを経て来たひと」に固有の「よろこび」、「深刻な否定の上に立つ」「肯定」と表現されます。[10]「悲しみ」の経験の深さに応じて「生」が輝き出るのです。若い方たちはぜひこの本を読んでください。とても良い本です。私の研究室では三年生が後期になって研究室に入ってくると、一緒にこの本を読みます。

以上、「共に生きる」と「本当に生きる」について、阿部さんの発言を拾ってきました。ではこの二つの「生きる」は、どのように関係づけられるのでしょうか。先に確認した岩田先生の研究課題に対応させれば、「共に生きる」という課題は、他者をいかに受けとめるか、他者との間をどのように架橋するかという倫理的な問題に、「本当に生きる」という課題は、自己の存在根拠をめぐる存在論的な探究にかかわります。したがって問題は、倫理的な省察と存在論的な探究がどのような関係を結ぶことができるのかと読み替えられます。

存在論と倫理がどのように結合するのか、それは私にとって、ハイデガーを読み始めた当初からの問いでした。やがて私は（東北大学時代の）岩田先生とともに、両者は基本的に次元を異にする課題であり、両者を統合することは基本的に不可能であると考えるようになりました。ただし存在論と倫理はいずれも重要な課題であるので、どちらかを捨象するわけにはいかない。そのような展望のもと、少なくとも東北大学時代の岩田先生は、存在論的な探究をハイデガーとともに、倫理的な省察をレヴィナスとともに進めておられました。

ところが阿部さんの生においては、二つの課題は繋がっています。繋がっているどころか、不可分の関係にあります。ある個人的な経験を通して、私は身をもってそれを知ることになりました。もちろん阿部さんは、存在論的探究や倫理的省察といった哲学的な問題には関知しません。「本当に生きる」ということを欠いて「共に生きる」ということは成り立たない、また逆に、「共に生きる」ということがなかったら「本当に生きる」こともできないと、シンプルに考えるのです。

光を嗣いで生きる

私には二人の子どもがいます。下の子にはダウン症があります。この四月から特別支援学校の一年生になりました。スクールバスが迎えに来るバス停まで、私が朝、歩いて送っていきます。この子が生まれてきたときのことを話します。

妻が妊娠して病院でエコー写真を見せられたときのことです。ほんの小さな胎児が膜のようなもので覆われています。担当の産科医師は、「無事に生まれてくる可能性はまずないでしょう。おそらく死産でしょう」といいます。「死産は気持ち悪いから避けたい、障害をもっている可能性も高いので、検査を受けてください」と畳みかけます。これらの言葉に傷つきながらも、どうするか妻と話し合いました。夫婦ともに、検査を受けるつもりはありませんでした。ただなぜ受けないのか、その根拠を固める作業だったように思います。

障害をもっている子が生まれたら、私たち家族の生活はどうなるだろうと、想像しました。その子のために費やす時間が圧倒的に増えるだろう。夫婦のどちらかがキャリアを犠牲にしなくてはならなくなるだろう。上の子とは一〇歳離れているけど、そのお姉ちゃんにも大きな影響を与えるだろう。ほかならぬこの子は、生まれてきてどうなるのだろうか。障害者として生まれてきたとしても、「幸福」を手にできるのだろうか。

ずっとそんなことを考えていました。そして私は阿部さんのことを思ったのです。阿部さんも、私たちと同じように、いや、それ以上に、多くの言葉に傷つけられ、「幸福」の意味について問わざるを得なかったはずだ。しかし苦悩を重ねながら、阿部さんは今、全身からいのちの光輝を放って生きている。この子が幸福になれるかどうか、生まれてくるべきかどうか、いったい誰が決められるというのだろう。そのことに気づくと、次のような思いが湧き上がってきました。もしこの子に生まれてくる力が秘められていて、なんとかこの世界に生を享けることができたら、心から歓迎して家族に迎え入れよう。

こうして私たちは「共に生きる」という思いを固めました。その瞬間、それこそ私にとって「本当に生きる」ことなのだと分かりました。障害のある子が生まれてきたら、自分の自由になる時間が減ってしまうでしょう。研究にも確実に影響が出るでしょう。しかしそれを理由に、生まれる可能性のある自分の子どもを切り捨ててしまったら、その存在を無きものにしてしまったら、その後、存在の探究にどれほど邁進し、本や論文を量産したとしても、それによって私が「本当に生きる」ことができるとは思えませんでした。この子と「共に生きていく」ことによってのみ、私は「本当に生きる」ことができると得心したのです。

「本当に生きる」とはどういうことか、その理解は生きていくなかで、経験を積むことを通して、その都度、変化していきます。この子と「共に生きる」ことを通して、私はきっと現在の自分の枠を壊され、新しい理解を手に入れていくだろう、それとともに「本当に生きる」ことの新しい意味が見えてくるかもしれない。しかし、かりにここで「共に生きる」ことを避けてしまったら、「本当に生きる」という課題は、私という自我の枠に閉じ込められてしまうだろう。

このようなことを考えながら、私は、阿部さんが入院する西多賀病院へ向かいました。病状が悪化したので、話のできるうちに面会しておくためでした。その場を借りて私は、生まれてくる子の名付け親になってほしいと阿部さんに頼むつもりでした。そこには二つの理由があったように思います。

ひとつには、こんなに長く阿部さんと付き合ってきたのに、自分のうちには、できれば健常な子がほしいと願うひそかな欲望があると気づいたからです。生命を授かればそれで十分だと思いながらも、できれば障害がない方がよいと望んでいる自分がいたのです。かりにこの子が障害をもって生まれてきた場合、そのような欲望を隠し持ったまま接するとしたら、それはその子の存在を否定するに等しい。しかし自分はいつ、そのような方向に流されてしまうかしれない。だから阿部さんに名づけ親になってもらい、阿部さんの名前の一部を子どもに刻みつけたい。阿部さんと共に生きようと試みてきたように、これから私はこの子と共に生きることに挑戦しよう。そう考えたのです。

もうひとつには、阿部さんご夫妻が子どもに恵まれなかったためです。しかし阿部さんには、彼の生き方を受け継ぐ者が必要だ。そう感じていました。生まれてくる子に対しては、「阿部さんの生を一緒に受け継いでいこう」と呼びかけ、阿部さんには、「生まれてくる子にぜひあなたの人生、障害者として生きる恵みを受け継がせてください」とお願いする、そんな気持ちでした。そのような私の思いを汲んでくれたのでしょう。阿部さんは子に「光嗣《こうじ》」という名前をつけてくれました。「嗣」という字は、「恭嗣《やすつぐ》」の「嗣」からきています。

どうして阿部さんは「光嗣」という名前をつけたのか、その理由については詳しく聞いていません。ありがたく名前を授かっただけです。それゆえこれは私の推察になりますが、「光嗣」とは「光を嗣ぐもの」なのです。「ああ、そうか。この子は『光を嗣ぐもの』なのか」と、妙に合点がいったのです。相手を自分より弱い者と位置づけると、しばしば「守ってあげなきゃ」、「暗い世界に光を当てて、少しでも状況を改善しなくちゃ」という発想に陥ります。しかし光嗣君は、彼自身が光を嗣ぐ者なのだから、私が守ってあげたり、光を当ててあげたりする必要はないのです。「守ってあげなきゃ」とか、「光を当ててあげなきゃ」と考えること自体が誤りで、私の驕りなのです。むしろ逆で、この子自身が光であって、私はその光に与っている。光を嗣ぐ者は、私ではなくこの子なのです。

もう少し広くとらえれば、光嗣君に限らず、障害をもつ者は光を嗣ぐ者です。障害者の存在そのものが光であって、その光に私が与っているのです。生まれつきの盲人について、イエスが「神の業がこの人に現れる」(「ヨハネによる福音書」九章三節)と宣言されたように、やはり障害は「神様からの恵み」だったのです。

仲間たちに対する応答と責任

このように私は、阿部さんと「共に生きる」という経験に支えられて、子と「共に生きる」という道、自分が「本当に生きる」道を歩み始めることができました。阿部さんの場合は、重度障害者の仲間たちと「共に生きる」という経験に導かれて、新たに出会う人びとと「共に生きる」という道、阿部さん自身が「本当に生きる」道を歩んできました。いずれの場合も、「共に生きる」という経験が別の「共に生きる」と「本当に生きる」を可能にしているわけです。西多賀病院時代の阿部さんの言葉を紹介します。

外に出ることもままならず、管理される日常と、今わの際の仲間の傍らで励ます言葉さえ見失っている自分があります。

現に、私がいる三階病棟は九年前にでき、当時八十名いた仲間は、一人減り二人減りして、今は九名しか残っていません。九年間の変化というのなら余りに悲しい変化です。

ただ露のように消えていった生命かもしれませんが、残った仲間にとって、彼ら一人ひとりが筋ジスという病気と、〝見えない意識〟によって葬られたという気がするのです。(11)

私は生きている限り、言うことをやめるわけにはいかない。

多くの仲間が死んでいき、残っている者として、自分の生を証すためにも。(12)

阿部さんの生を支えているもの、それは先に死んでいった仲間たちに対する「責任」です。平たい言葉で言えば、阿部さんは先に死んでいった仲間たちの存在を背負って生きているのです。仲間の大半は、一〇代で死んでいった。それが兄貴分の寛之さんや秀人さんだったり、先に紹介した中島さんや文夫さんだったりした。亡くなったのは、たまたま自分ではなく、彼らだった。自分ではなく、これらの仲間が死んだことに、必然的な理由などない。そのような思いで仲間たちの死を受け止め、生を受け継ぎながら、阿部さんは「生きた」のです。

岩田先生の表現を借りれば、ここには、自己存在の無根拠、極限の無一物という自覚が見られます。自己が底なし（無底）であるからこそ、他のものに開かれて生きることが可能になるのです。自分が存在する足場を掘り下げていって、かりになにか土台が見つかれば、自己完結が可能です。「私にはしっかりと存在する根拠・理由がある。それに安んじて生きていこう」となります。ところが掘り進めていったところ、土台など見つからない。拠って立つものが自分の中にはない。寄る辺なき者、それがありのままの自分の姿ということになります。そのとき「自分には根拠がある」という自負や拘りから自由に、自分以外のものに開かれて生きることが可能になる。いや、そのように生きることを余儀なくされる。それが他者への愛や信頼としての信仰まで育て上げられる。こうして岩田先生の場合、無根拠（無一物・裸一貫）によって「自己」が「他者」と接合されるのです。

阿部さんの場合はどうか。先に死んでいったのは、たまたま自分ではなく、同病の仲間たちだったという認識は、自分の存在に確かな根拠がないという認識を前提にしています。その点は岩田先生と同じです。しかし阿部さんは、自らの無根拠から、「ただ露のように消えていった」仲間たちの儚い生を受けとめて応答する（respond）、それがそのまま阿部さんの責任ある（responsible）生き方──「共に生きる」と「本当に生きる」──になっているのです。

じっさい自立ホームの阿部さんの居室には、いつもいろいろな人が出入りしていました。部屋にあるカレンダーには、昼のボランティア（炊事・洗濯の担当）、泊まりのボランティア（就寝の介助担当）、風呂介助のボランティアと、いつも多くの人の名前が記入されていました。ボランティアがいなければ生活できない、生きていけないからです。しかし角度を変えて見ると、それゆえに阿部さんは、一つひとつの出会いの中に身を置くことができたのです。彼個人をとり挙げてみたら、何もできない、基本的な生活力に欠けるといえるかもしれません。しかし視点を転じて、その人が出会っているもの、受け止めて生きているもののうちに、その人が生きるということの豊かさを見てとるならば、阿部さんの生はとても豊かです。しかも阿部さんは、その豊かな生き方を実践することで、亡くなった仲間たちに応答し責任を果たしていたのです。

「責任」について、ハンス・ヨナスというドイツの哲学者が次のように指摘しています。

責任の対象は、移ろいゆく（滅びゆく）ものであり、移ろいゆくからこそ、責任の対象となる。だとすると、この対象と私の間には、共に移ろいゆくものという共通点があることになる。（略）〔この対象、すなわち〕他者は、〔真善美など古典的哲学の対象に比べて〕卓越したよいものであるわけではないが、固有の権利においてそれ自身である。しかもこの〔具体的な〕他者の他性は、私が彼に同化することによって、または彼が私に同化することによって橋渡しされない。ほかでもない他性が私に責任を要求しているのであり、〔責任においては〕我がものにすることは意図されない。その他者は、〔真善美のような〕「完全性」からほど遠く、その事実性においてまったく偶然的な対象であり、移ろいやすさ、貧窮、不確実性を帯びたものとして知覚される。しかし、まさにそのような対象が〔特殊な諸性質によってではなく〕それ自身が現にあることによって、我がものにするという私の欲望を離れて、私の人格を動かす力をもたなければならない。他者は明らかにそれをなし遂げることができる。さもなければ、他者が現に在ることに対して、いかなる責

任の感情も存在しないであろうから。(13)

阿部さんが「ただ露のように消えていった」と語り出した生を、ヨナスはここで「その事実性においてまったく偶然的な対象」、「移ろいやすさ、貧窮、不確実性を帯びたもの」と言い表します。少し難しいテキストですが、できるだけ噛み砕き、読み解いてみましょう。私たちが責任を負うのは、価値ある対象や不変不朽のものではなく、むしろ移ろいやすいもの、滅びゆくものである。これがポイントです。たとえば、私は自宅のプランターの野菜と花に水をあげます。水をあげないと枯れてしまいます。移ろいやすく滅びゆくものだからこそ、いつも注意を怠らず、何か変わったことはないか、虫がついていないか注意して、必要な手当てをしなければならないわけです。つまり、眼の前で起こる現実の変化に応答しなければなりません。その花なり野菜なりが私に訴えかけている。それを私がどう受け止めて、どう応答するか、そのようなかたちで私の責任が問われているのです。

「責任」という言葉は、ドイツ語や英語では「応答できる」という意味合いになります。つまり、私が自分の植物に責任を持つということは、植物が枯れそうなときに私が応答する／できるということです。阿部さんの場合は、ひとつでも多くの出会いに開かれて、自分の生を生きるという仕方で、仲間たちの生に、そして新たに出会った生に応答しました。

信に立つ生き方

しかも阿部さんの生きた世界は、応答だけで完結しません。さらに「信」が入ってくるのです。「信仰」というと、その対象が特定されてしまうので、そう表現したくありません。「信頼」でもよさそうですが、「頼る」という要素を混入させたくないので、「信」という一語を選びます。阿部さんは神に対しても人に対しても「信」を抱いていた人でした。晃子さんの誕生日に阿部さんが書き送った手紙の一部を読んでみましょう。

神さまの不思議な導きで、私たちは出会い、「愛を育む」という使命を与えられました。私はけっして世の人々のように誇れるものも、力も、お金もありません。しかも今は、消え入りそうないのちのなかにあります。でも私は、一つだけ確信めいたものがあります。私たちは、全能なる神さまによって出会わされました。それは、それは不思議な選びによるものでした。(中略)

私はこれまでも、そしてこれからも、与えられた恵みのままに生きていこうと思っています。それは辛く、苦しい日々になるかもしれません。でも、それも恵みであると、神さまはどんな時もとらえて、証の場に変えてくださると信じています！

奥さんへのラブレターですね。もうひとつ文章を紹介します。

多分、その見えない意識は、私の中にもあるかもしれませんが、それ以上に人々の根底にあるはずの温かいものを信じたいと思います。(14)

この発言の背景には、西多賀病院時代のある職員の発言があります。西多賀病院に入院する重度障害の若者たちに向かって、その職員は「皆はいろいろ補助も受けられるし、好きなことができていいね。朝も遅くまで寝てられるし、私もそうしたいわ」と言い放ったのです。これに対して二六歳の阿部さんは、相当に怒り、悲しみながらも、同時に、当の職員の労働環境や労働条件にも言及し、最終的に右のように結ぶのです。

こういう信ですね。改めて読んでみて気づいたのですが、阿部さんの「信」というのは気分ではありません。相手を信じられるか、相手が信じるに足るかどうかではなく、信じると決めたということです。あなたに預ける、ということです。私はあなたに信を置く。あなたはそれを投げたり壊したりせず、あなたなりに大切に扱ってくれるだろう。そう思って預けるということです。信というのは、人に対して自分を開く、預けるということにほかなりません。応答と責任によって特徴づけられる阿部さんの生き方は、信によって支えられていたということが分かります。

生きていくということは、一つひとつの出会いに自分を開いていくことの積み重ねです。極限的状況に身をおき、それを洞察していたからこそ、阿部さんは、一つひとつの出会いに自分を開き、生きてきました。病棟での手厚いケアを手放して、地域社会での自立生活を選択しました。病棟にいれば専従の看護師さんたちがいて、行き届いたケアをしてくれる。なんの心配もない。対して自立生活を営むということは、二四時間、三六五日の生活を自分で管理するということです。それは重度障害者にとって途方もない挑戦です。しかし自立生活は、地域の人びとや事物との出会いに開かれている。ありのまま舎は住宅地の中にあるので、地域の子どもたちとの交流がある。餌をねだりに、のら猫たちが集まってくる。そういう一つひとつの出会いに、自分と仲間たちの生きる意味を見出す、そういう生き方を阿部さんは選び取り、最後まで生ききったのです。

四　限界づけられた生を受け継ぐ――結びにかえて

はがきのメッセージの意味

今日のお話しは、かつて贈呈した本に対する岩田先生のコメントを読み解くという課題から出発しました。改めて確認しておくと、はがきにはこう書かれていました。

この本のおかげで、いささか曖昧な雲のかかっていた人生に、光と希望と信頼をとりもどせるかもしれない。

これを読んだ当初はとても驚いたのですが、今は、先生のメッセージを額面通りに受け取ってよいのではないかと考えています。

岩田先生の研究の両輪は、すでに紹介した通り、存在論と倫理です。いずれも重要な課題であるので、どちらかを捨象するわけにはいかない。そのような展望のもと、少なくとも東北大学時代の岩田先生は、存在論的な探究をハイデガーとともに、倫理的な省察をレヴィナスとともに進めておられました。その後、国立大学からミッション・スクールに移られて、聖書を中心に、キリスト教や他の宗教のテキストと正面から取り組まれるようになりました。それとともに先生は、「無根拠」ないし「無底」に神の愛の働きを見てとり、「自己」と「他者」を接合するという境位に進まれたように思います。

対して阿部さんは、自らの境遇や仲間たちの生と死にかかわる痛切な経験を経て、自分が無根拠（無一物・裸一貫）であることを自覚せざるを得ませんでした。しかも阿部さんは、そこから他者に開かれた生き方に転じるばかりでなく、さらに仲間たちの儚い生、「まったく偶然的」で「移ろいゆく」生を受けとめて応答する生き方、その意味で「責任ある」生き方を体現しました。

それを明確に見てとられたからこそ、岩田先生はご自身の生を、阿部さんの生と対比して「いささか曖昧な雲のかかっていた人生」と捉え、阿部さんの生を手がかりに「光と希望と信頼をとりもどせるかもしれない」と予感されたのではないでしょうか。その三カ月後、岩田先生は、亘理町のご自宅で東日本大震災を経験されます。被災者として、震災の経験を身に負うことで、先生は「ただ露のように消えていった」犠牲者たちの生と死を受けとめ、これに応答する生き方に踏み出された。そのようにして「いささか曖昧な雲のかかっていた人生に、光と希望と信頼をとりもど」された。岩田先生はおそらくこうした境地から、ご自身の弟子であり、同時に阿部さんの生を受け継ぐ者でもある私の話を聴いてみたいと所望されたのではないでしょうか。

逆説的に響きますが、悲劇的な大震災の経験を通して、岩田先生は「光と希望と信頼」を手にされました。絶筆には、その事情が次のように描き出されています。

現代社会は、科学技術の発達と個人主義の蔓延により「人間は一人でも生きてゆける」という思想を流行《はや》らせている。この大震災は、それが本当でないことを確証した。人は、大昔から、他者との絆によって生きてきたのである。死ぬときも、死んだのちも、人は他者との握手（連帯）の中で、死んでゆくのであり、供養されるのである。

津波を逃れた被災者が、津波で押し流された墓地を再建し、先祖の霊を供養し、また、遺体の揚がらない肉親の霊に読経する姿は、人間がいかに他者との繋がりのなかで生きているかを、示してあまりある。(15)

大災害に遭遇し、家も富も一切を奪われて、人間は本来なにも持たない裸の存在であったことを突きつけられる。そのとき、人は人に自己をありのままに露出して、無力な自己を露出して、「助けて」と叫ぶ。その叫びを聞いて、人は走り寄る。誰も、他者を支配しようとしたり、利用しようとしたり、一人勝ちしようとしたり、ましてや暴力を振るおうなどとはしない。極限の無一物、裸一貫が人間の本当の姿を見せた。そこで、人と人は信頼と愛によって支えあった。(16)

私たちの裸の存在、ありのままの生は、あまりに脆《もろ》く、傷つきやすい。だからこそ信頼と愛によって支えられるほかない。信頼と愛によって結ばれることができる。「本当に生きる」ことを離れて「共に生きる」ことはできないし、「共に生きる」ことを離れて「本当に生きる」ことはできない。障害者と被災者という境遇の違いはあるものの、晩年の阿部さんと岩田先生はともに、「限界づけられた生」の希望を証言しています。この希望を受け継ぎ、私はこれからの人生を歩んでいこうと思います。

（二〇一五年五月二三日　講演）

注

（1）Milton Mayeroff, *On Caring*, Harper Perennial, 1971, p. 40（ミルトン・メイヤロフ『ケアの本質　生きることの意味』田村真・向野宣之訳、ゆみる出版、六九頁、ただし訳語は変えてある）.

（2）Martin Buber, *Ich und Du*, Reclam, 1983, S. 12（マルティン・ブーバー「我と汝」、『我と汝・対話』所収、植田重雄訳、岩波文庫、一九頁、ただし訳出は引用者による）.

（3）この講演は次の本に収録されている。岩田靖夫『極限の事態と人間の生の意味　大災害の体験から』筑摩書房、二〇一五年。

（4）同書、七五頁。

（5）次節の詳細については、以下の著書を参照されたい。阿部恭嗣著、竹之内裕文編『七転び八起き寝たきりいのちの証し　クチマウスで綴る筋ジス・自立生活二〇年』新教出版社、二〇一〇年。竹之内裕文『死とともに生きることを学ぶ　死すべきものたちの哲学』ポラーノ出版、二〇一九年（とりわけ一章と五章）。

（6）https://ameblo.jp/yasutugu55/（二〇二二年五月三〇日閲覧）

（7）阿部恭嗣「いのちのせとぎわにて」、いのちを考えるチャリティフォーラム「いのちをともに」、兵庫県民会館、一九九二年一一月二四日。

（8）阿部恭嗣「第7回ハレ晴れ村合同キャンプを終えて」、前掲『七転び八起き寝たきりいのちの証し』七五頁。

（9）阿部恭嗣「難病患者のおもい　極限で生きる――二十四時間昏睡からの生還」、前掲『七転び八起き寝たきりいのちの証し』七七～七八頁。

（10）神谷美恵子『生きがいについて』みすず書房、二〇〇四年、一三五頁。

（11）阿部恭嗣「難病筋ジス患者のぼやき」、前掲『七転び八起き寝たきりいのちの証し』六五～六六頁。
（12）阿部恭嗣「第7回ハレ晴れ村合同キャンプを終えて」、前掲『七転び八起き寝たきりいのちの証し』七五頁。
（13）Hans Jonas, *Das Prinzip Verantwortung*, Insel Verlag, 1979, S. 166（ハンス・ヨナス『責任という原理　科学技術文明のための倫理学の試み』加藤尚武監訳、東信堂、二〇〇〇年、一五六～一五七頁、ただし訳出は引用者による）.
（14）阿部恭嗣「難病筋ジス患者のぼやき」、前掲『七転び八起き寝たきりいのちの証し』六七頁。
（15）前掲『極限の事態と人間の生の意味　大災害の体験から』六七頁。
（16）同書、四一頁。

『夜と霧』に学ぶ〈生きる意味〉——不条理を越えて

加藤　美紀

「生きる意味」に関する研究が、最近はブームといえるほど、医学、社会学、心理学などの領域で数多く出てくるようになりました。ヴィクトール・フランクルの思想は、それらの研究のルーツ、源流の一つとなっています。私はとにかくフランクルが大好きで、何度読んでも涙なくして読めないほど感動しますし、いくつで読んでもその時々、魂に響く言葉が散りばめられているのがフランクルの奥深さだと思います。今日はパワーポイントに沿って、フランクルの魅力の一端をお伝えできれば幸いです。

Prof. Dr. Franz Vesely 撮影

これはフランクルの一人娘、ガブリエレのお婿さんが撮影したフランクルです。戦後に再婚された奥様は、最初フランクルを見た時ハンサムだと思ったそうですが、体は小柄で、特に家族に心配されるくらい足が細く、決して頑健ではなく、少し神経質で心気症的な傾向があったようです。

他方で、ユーモアが巧みで、打てば響くウィットに富んだ会話を楽しむチャーミングな人柄だったと伝えられています。

フランクルの生涯と人物像

フランクルの生まれ育ちは、オーストリアのウィーンですが、両親はともにユダヤ人です。精神医学者ですが、臨床医としての腕前も抜群だったようです。二四歳で開設した青少年相談所が評判を呼び、翌年には自殺予防の名手として新聞に掲載されます。二八歳から三二歳の頃は、特に自殺未遂の女性を専門的に診て治療効果を上げます。こうして早くも三二歳で個人クリニックを開業します。その後、市民総合病院で精神医療に携わるのですが、他方ではウィーン大学医学部神経科の教授として、精神医学や神経学の教鞭を執ります。また、心理学者としても有名で、ドイツ語と英語のフランクル文献のほとんどは、フランクルが開発した心理療法、ロゴセラピー（Logotherapie）関連のものです。心理学の潮流全体の中では第三ウィーン学派に位置づけられています。

フランクルは実存主義哲学の歴史にも足跡を刻んでいます。医師を目指すも叶わなかった父親の影響かもしれませんが、なんと三歳でお医者さんになろうと決心したそうです。フランクルの早熟ぶりを示すエピソードとして、四歳のある夜の出来事があります。ふと寝入りばなに、死んだ後に何もない世界が広がっているとしたらと考えて怖ろしくなったというのです。死が怖いということではなくて、死によって結局は世界が無に帰してしまうなら、そんな無意味な人生は怖ろしい、と思春期にもほど遠い四歳の子どもが感じていたのです。中学生になると家庭教師から「思想家さん」とあだ名されるほど考え深くなり、一五歳にして既に、後でお話しするような生きる意味の理論の三つの前提を確信していました。一七歳で書いた論文は、フロイトがその才能を認めて有名な国際ジャーナルに送り、それが二年後に掲載されて、一九歳で学界デビューを果たしています。その他にも、ハイデガーなど巨人級の哲学者もフランクルを評価していて、例えば、ヤスパースはフランクルの本は全て読んだと語っています。

フランクルを語る上で欠かせないのは、彼が大変熱心なユダヤ教徒であったことです。一四歳の時には祈りを深く体験していたと本人が『回想録』に書いています。神様とは「永遠の汝と我」と呼べるほど特別にパーソナルな関係で結ばれ、例えば、家族旅行でドナウ川を船旅した際に、汽船のデッキで深夜に神様の神秘に深く分け入る体験を持ったようです。その後、無神論的な時期もありましたが、少なくとも戦後は、九二歳で心臓病のバイパス手術を受けて帰天するその日の朝まで、必ず毎朝三〇分は書斎にこもって額に聖句箱を付けて祈っていたと奥様が証言しています。また、旧約聖書に親しみ、論文や講演でもよく引用していました。学会とユダヤ教礼拝がバッティングする場合は、礼拝を何よりも優先していたそうです。戦後の奥様のエリーがカトリック信者だったこともあり、晩年は二人でカトリック教会のミサへ行くこともありました。エリーの後年のインタビューによれば、フランクルのそばにいると確かに神様につながっている人だと深く感じる瞬間があったそうです。

学問の世界では、四〇冊の本を世に送り、それらが五〇カ国語に翻訳され、三〇近くの大学から名誉博士号を授与されています。特にアメリカでは人気が高く、ハーバード大学の客員教授を務めたりもしましたが、ヨーロッパ受けは今一つで、正当な評価を受けているとは言い難いようです。驚いたことに、ドイツに長年暮らしている友人が、地元ミュンヘンの大きな図書館でも『夜と霧』の原作はないというのです。三人のお子さんがいて、ギムナジウム三年生になると近隣の強制収容所ダッハウへの社会科見学が義務づけられているし、ナチ式の敬礼は法律でも禁じられていて、黒板に鈎十字の落書きをしたクラスメートは保護者が学校に呼び出されたそうですが、フランクルの名前はドイツで聞いたことがないといいます。

鈎十字といえば、フランクルの家の扉にはナチス・ドイツのシンボルであるハーケンクロイツが落書きされることもありました。なぜなら、フランクルは、『夜と霧』の中でも講演会でも一言もナチの非人道極まりない愚行を非難していないからです。このため、身内が残酷な殺され方をしているのに、諸悪の根源のような存在を非難しないことを許せない人もいて、フランクルはナチの一味だという悪質な揶揄嘲弄を免れませんでした。それでも、フランクルは、ナチの中にも自費で囚人に薬を与えたホフマン所長のように善人はいたという例を引いて、罪を集団全体になすりつける集団的罪の考え方を一貫して斥けています。

この他、五大陸を横断する四回もの世界一周の講演旅行を含めて、世界各国二〇〇以上の大学で講演会をこなし、旺盛な活動力で目覚ましく活躍しました。一九九七年九月二日に亡くなった時には、八月下旬に逝去されたダイアナ妃と、その一週間後に帰天されたマザー・テレサの間にはさまれたので、日本ではあまり注目されませんでしたが、東日本大震災後に静かなリバイバルブームが興り、例えば、仙台アエルの丸善書店でも、『夜と霧』は旧版と新版が平積みにされ、フランクルのシリーズ本も揃えられています。

フランクルの大切な人たち――家族、師匠、妻

これは子ども時代です。真ん中がフランクル、左側が兄のヴァルター、右側が妹のステラです。こちらは大人になってからの家族写真ですが、この中で生き延びることができたのはオーストラリアに亡命していた妹さんだけで、ご両親とお兄様、奥様、ご親族を収容所で亡くされています。この写真はフランクルが二四歳の医学生時代です。ちょっと気難しい真面目そうな顔をしていますが、若い頃は御多分にもれず、ダンスやデートを楽しむ青年だったようです。これは三五歳頃、施療中の写真です。外科的にも腕利きで、手術の技量も人一倍だったといわれています。同じ頃の写真ですが、キリっとして一分の隙もなく、いかにも秀才といった表情ですね。

これがフロイトです。彼は一九〇〇年に『夢判断』という本を書き、人間には意識だけでなく無意識がある、と初めて本格的にアカデミズムの場で公言した学者で、無意識の発見者ともいわれます。フランクルは高校生の頃、フロイトに私淑し、手紙を書くとフロイトも返事をくれて、これが二年間に及ぶ文通に発展しますが、やがて見解の相違から袂を分かつことになります。それでもフランクルは、後年も書斎にフロイトの写真を飾り、彼を巨人とみなして、自分とアドラーは巨人の肩に乗る小人に過ぎない、と自分より上に仰ぎ見ています。ところが、フロイトの後に師事したアドラーについては、自分と同格に見ています。アドラーは今、日本ではドラマ化されるくらい注目されていて、あるところまではフランクルと考えが近いのですが、決定的に違う点は、人間にとって根本的な動機付けは何か、についての見解です。フロイトは生理的な欲求に基づいた快楽への意志が人間の根源的欲求だと考えましたが、アドラーは病弱で身長も低く、他の兄弟に比べて劣っているという劣等感に悩んでいたこともあり、人

間は皆から認められたいという社会的欲求に基づいた権力への意志に動かされていると考えました。

ところが、フランクルはそもそも天才肌で、自分を人と比べて悩むようなタイプではありません。人はいくらお金に困らない生活をして、名声や権力を手にしたとしても、結局、生きる意味が分からなければ虚しさに苦しめられると洞察しました。どんな人間にも何か意味のあることを実現したい、自分の人生を意味のあるものにしたい、という根本的な憧れがあると考えたのです。「自分の存在が何の意味をも持っていない」という感情のことをフランクルは「実存的空虚」と名付けましたが、先進諸国に住む現代人の多くは物質的な文明を享受しながらも、どこか満たされない虚しさを抱えている。それは自分が何のために生まれてきたのか、自分には存在意義があるのだろうか、という根本的な問いに答えが見出せないからで、そうした実存的欲求不満こそが真の問題だと考えたのです。それでフランクルは、現代は生きる意味が見失われがちな「意味喪失時代」だといいます。フランクル自身、全てが虚無の闇に消えゆくような怖ろしい虚しさ、ニヒリズムと闘わねばなりませんでした。

それでは、生きる意味をどれくらい実感しているか、数値で測ることはできるのでしょうか。フランクルの弟子たちは、意味充足感を測定するためのＰＩＬテストやロゴテストを開発しました。ただし、フランクルのいう「意味」は、自分が意味を感じられるかどうかの主観的な感情ではなく、ほとんど無意味のように見えても永続する価値を築こうとする態度にかかっている、という点に注意が必要です。

この方はティリー・グロッサーです。フランクルの最初の奥様で、フランクルが三六歳、彼女が二三歳の時、一回り以上の歳の差で結婚しています。フランクルが働いていた病院に勤務していた看護師でした。結婚しようと決めた時のエピソードをフランクルは『回想録』で明かしています。フランクルが自宅で両親と一緒にティリーの手料理を前にしたまさにその瞬間、電話が鳴り、病院から緊急手術で呼び出されます。やむなくランチはそのままに病院に駆けつけて、手術を終えて帰宅してみると、ティリーだけは食事に手をつけずにフランクルの帰りを待っていて、開口一番「患者さんの具合はどう？」と訊くのでした。フランクルと空腹を分かち合い、まず患者さんを気遣う、このような女性と一緒になりたいとその瞬間に結婚を決めたそうです。この方とは、アウシュビッツで生き別れになっています。フランクルはもう一度妻に再会できる日を夢見て生き延びますが、彼女は悪名高い女性収容所で惜しいことに終戦の年、解放後に衰弱のため亡くなってしまいます。

それを知った時のエピソードも印象的です。奇跡的に生還できたフランクルは妻を捜し続けるのですが、ある日、野原でたまたま話していた外国人労働者が手の中に何かを弄んでいるのが気になり、見せてもらうと、なんとそれは、二人で初めてお祝いした彼女の誕生日にあげたプレゼントでした。地球儀の形をしたペンダントで、青い七宝塗りの美しい地に金色で、「全世界は愛を中心に回る」というロマンチックな言葉が赤道の輪に彫り刻まれたものです。ウィーンで一つしかないとお店で聞いて選んだものでした。それなのになぜ別の男性が持っているのか。実はベルゲン・ベルゼン収容所で亡くなった方たちが身に付けていた遺留品を闇市で手に入れたこと、そこにいた囚人たちの肝臓は煮て食べられてしまったという噂を聞いてしまうのです。それからというものフランクルは、悪夢に苦しめられることになります。その頃のことをフランクルは、首を吊って死にたいと思っていたと晩年に語っています。結局ティリーと暮らしたのは九カ月だけでした。実はこの間にティリーは赤ちゃんを授かるのですが、ユダヤ人の血を絶やそうとする非人道極まりない断種法が既に施行されていて、二人の意志に反して出産は諦めざるを得ませんでした。そのことがずっと心懸かりだったのでしょう、アメリカで出版した『〈生きる意味〉を求めて』(邦訳)の献辞に、「光を見ることのなかった」我が子に名付けていたであろう「ハリーまたはマリオン」へ、と記しています。原題が『聞かれざる意味への叫び』となっているところも胸を打ちます。

実はティリーは、フランクルについていくために自ら収容所送りを志願したのでした。自分はそんなティリーには値しない人間だとフランクルは手紙に書き残しています。別の収容所に移送される前、死を覚悟したフランクルは友人に、夫婦でいられたのは短い間だったけれども、収容所の苦しみの全てを補って余りあるほど幸せだった、という遺言を記憶させました。

奇跡の生還、絶望を越えて

奇跡的に故郷に生還して二年後の一九四七年にエレオノール・キャサリン・シュヴィン(愛称エリー)という女性と再婚しています。四一歳のフランクルが病院で勤務中に二〇歳そこそこの看護師エリーを初めて見た瞬間、隣にいた別の医師に「彼女のあの瞳を見たか」と言ったそうですから、まさに一目惚れですね。大変幸せな結婚生活だったようで、フランクルがエリーに宛てた「あなたは苦悩する人を愛する人に変えてくれた」という献辞を記した本が彼の死後に書斎から発見されています。

これは四七歳のフランクルがクライアントの話を聴いている写真です。フランクルが開発したロゴセラピーは、日本のカウンセリングで主流となっている来談者中心療法、つまりロジャーズのように相手の気持ちに共感しながらお話を傾聴して内部を掘り起こすというやり方ではなく、人生であなたを待っている誰か、何かはありませんか、と外部からの要請、外からの招き、他者からの呼びかけに気づかせる方法です。患者の心の奥底に鳴り響いている声に聴いて、それに応えようとする責任意識を呼び覚ますために対話するというスタイルでした。フランクルは、自分の人生の意味は実存的空虚で苦しむ人が人生の意味を発見できるよう援助することだと語っていますが、この写真はまさに患者が人生の意味を見出せるようセラピーを通して手助けしている場面です。

他方でフランクルは、音楽鑑賞、メガネフレームのデザイン、ネクタイ集め、六七歳で始めた飛行機操縦など、趣味も大切にしていて、晩年まで登山を楽しみました。これは六〇歳の頃の写真ですが、自然を愛でながらの山歩きとは違って、このように岩山の斜面をザイルとハーケンを使ってよじ登っていく本格的なロッククライミングで、そのために命の危険に遭ったこともあるそうです。

これは聖パウロ六世です。今から四代前の教皇様ですが、ご自分からフランクルに是非会いたいと望まれて謁見が実現しました。隣にいるのがエリーです。最初は公式的なイタリア語での謁見だったのですが、帰り際に今度はフランクルが分かるドイツ語で呼び止めて「どうか私のために祈ってください」と懇願されたそうです。考えてみれば、カトリック教会の頂点に立つ人物が、ユダヤ教徒に個人的な祈りを乞うのは、大胆でもあり、このことはフランクルを感動させました。彼は精神科医なので、パウロ六世が世界中の苦しみを背負って眠れぬ夜を過ごしている人の顔をしていると見抜きました。日本にも来られた聖ヨハネ・パウロ二世教皇様もフランクルのファンで、ポーランドのクラクフ時代にはよく講義やお説教でもフランクルの著作から言葉を引用しておられたそうです。

妻のエリーは、フランクルの世界中の講演にも同伴して、何もかも分かち合ってきた方です。フランクルは、ともすれば独り思考の世界に没頭しがちで、生活の実際面に疎く、電球の交換すらおぼつかなかったといいますから、自由闊達ながらも現実的な物事の処理に長けたエリーのサポートが必要でした。フランクルはおそらく内向型でエリーは外向型だと思います。フランクルは八四歳のある日突然失明し、晩年の八年近くは目が見えませんでしたが、エリーは一日何時間も声が涸れるまでフランクルのために本を朗読してあげたそうです。フランクルとエリーは、娘さんお一人とお孫さんお二人を授かっておられます。お孫さんはフランクルの記録ＤＶＤを製作していますが、その中でフランクルが舌を出すお茶目な場面もあり、お孫さんととても親しそうに見えます。これは、アメリカの人気写真家がウィーンの遊園地プラターで撮った、晩年の写真です。

『夜と霧』が生まれるまで

それでは、ここからようやく『夜と霧』の話に入っていきたいと思います。これは一九五六年に刊行された旧訳『夜と霧』初版の表紙ですが、とても有名な写真です。『夜と霧』のインパクトがどれくらいかといえば、二〇世紀最大級のベストセラーになっています。数え方にもよりますが、累計部数は一千万部を超える世界的ロングセラーです。この本は戦後まもなく、フランクルが時には泣きじゃくりながら、時にはベッドで横になりながら、録音用のテープを口元に当てて堰を切ったように語り続けるのを速記者三名で記録し文字化して、九日間で一気に書き上げたそうです。ただ、フランクルは徹底した完全主義者で、一度でき上がったものに推敲を重ねるたちですので、別の本では一行を考えるのに三時間くらいかかったこともあるようです。初版は一九四六年に発行されています。最初は自分の名前を出さずに匿名で、『強制収容所におけるある心理学者の体験』というタイトルで発行されました。当初はあまり注目されなかったのですが、その後、友人たちから説得されて本名で出版し、さらに英訳されると、これが大変売れまして、「アメリカで最も読まれた本」、「我が人生に最も影響を与えた本」などでベストテン入りしています。日本では二〇〇〇年に読売新聞が行った調査「読者が選ぶ二一世紀に伝えるあの一冊」のドキュメント部門で第三位になっています。学校の推薦図書や大学教員が勧める読書の定番でもありますね。

ところが、フランクルのデビュー作は、実は『夜と霧』ではありません。日本では『死と愛』というタイトルで霜山徳爾先生が翻訳されています（新訳『人間とは何か』）。ご存じのように『夜と霧』には二つの邦訳がありますが、何と言っても霜山徳爾先生がおられなければ、日本人がアルゼンチンに次いで世界で二番目の早さでこの本を読むことはなかったでしょう。霜山先生は臨床心理学の人間学派の第一人者で、三〇代の初めに西ドイツのボン大学へ留学されています。その頃に古本屋でたまたま平積みの山からわずかにはみ出していたこの本を手にしたところ、引きずり込まれるように一晩で読みきったそうです。この深い感動を何とか日本人にも伝えたい、とウィーンのフランクルに会いに行くと、精神性の高さ、信仰の深さが響き合ったのでしょう。「快活、率直な彼の魅力的な人となりにひかれ、私は彼と十年の知己の如く親密になった」そうで、すぐに肝胆相照らす仲になり、日本で翻訳する版権を託されました。二〇〇二年には現代の若い世代にも読みやすいようにと、ドイツ語に堪能な翻訳家の池田佳代子さんが新訳を出してくださいましたが、こちらは一九七七年の改訂版からの翻訳なので、旧訳にはない記述もありますし、新訳をきっかけに改めて霜山先生の格調高く教養に満ちた文体に触れる方が増えているのではないでしょうか。

これはフランクル夫妻と霜山先生が『第三の男』という映画で有名なアントン・カラスのお店でお食事されている写真です。このお店を出て、フランクルも霜山先生も大好きなマーラーの《大地の歌》を二人で歌いながらすっかり意気投合したそうです。ただ、それは人生の哀しみの歌でもあり、霜山先生も戦争を経験されて親しい方たちを亡くされ、人間の心の闇や痛みを知り尽くしておられる方なので、その点でも気脈が通じたのではないでしょうか。私は幸運にも、上智の学部時代に霜山先生の臨床心理学の講義を受講することができました。卒業後、人生行路に迷った時期に霜山先生にお導きいただいた御恩がありますので、どんなに素晴らしい先生かということは、また別の機会にお話しさせていただければと思います。

四つのユダヤ人強制収容所に送還されて

これから強制収容所の話になっていきます。収容所は一九三三年から一九四五年の間に東ヨーロッパとドイツを中心として、主だった所だけでも二〇カ所以上あったとされます。この中で絶滅収容所と呼ばれていたのは六つで、ガス室や、人体焼却炉、人体実験や拷問がある所です。フランクルは三七歳から四〇歳まで、約二年半に四つの収容所を体験しています。『夜と霧』は旧チェコスロバキア国境近く、ポーランドのアウシュビッツに到着した場面から始まるので、そのために錯覚してしまいがちなのですが、実はこの本のだいたいの舞台は、ダッハウまたはテュルクハイムという別の収容所での話です。その前にテレージエンシュタットという少しましな収容所にもいましたが、そこでの体験はここでは触れられていません。それにしても非常に劣悪な環境下で、人間性を失わせるような極悪非道な扱いを受ける極限状況です。伝染病、飢餓、重労働など、明日の命も知れないような生死の境のギリギリを生きていたことは間違いありません。

ところで、日本独自の『夜と霧』というタイトルは、ヒトラーの「夜と霧命令」にちなんで付けられました。これは、ユダヤ人の一家を夜陰に乗じて人知れず収容所に連行する命令で、一九四一年頃から発布されていたようです。まさに私たちの知らないところで、いつの間にか消される怖ろしさ、不気味さを表していると明治大学教授の諸富祥彦先生は書いておられます。

フランクルは、三六歳の時点でナチ当局から出頭するよう通達を受けていますが、精神科医であることが幸いして、ナチス・ドイツの秘密警察ゲシュタポの悩み事を聴いてあげて、そのアドヴァイスが功を奏して感謝されたこともあり、一年猶予されます。ですが結局、両親、妻とともにプラハ北方のテレージエンシュタット収容所に抑留され、お父さんはフランクルの腕の中で息を引き取りますが、ゴミを漁るほどの烈しい飢えのためでした。お兄さんはアウシュビッツの支部の鉱山で亡くなります。お母さんはアウシュビッツに移送されてすぐガス室送りとなりました。

この写真は、ヒトラーの政治集会の様子です。ヒトラーは自己顕示欲の塊ともいわれますが、とにかく人に自分をどう見せれば一番効果的か計算することに余念なく、全身を三方向から映す鏡の前でプロカメラマンに撮影させながら、ジェスチャー付きの演説の練習を何時間でも繰り返したそうで、自己プロデュースに長けていたようです。これについては、《道》や《残照》で知られる日本画の巨匠、東山魁夷さんがちょうどヒトラーが台頭してくる時代にベルリンに留学しておられた頃のエピソードがあります。向こうで誕生日を迎えて、ホームステイ先のお母さんから、「今、ベルリン娘たちが夢中になって欲しがっている、とっておきのプレゼントをあなたにあげるわ」と渡されたものは、なんとヒトラーのブロマイドだったといいますから、当時は国民から熱烈に支持されていたという話は本当だったことがうかがえます。ヒトラーの演説が始まる一時間前には、広場を埋め尽くす群衆が「ハイル・ヒトラー（ヒトラー、万歳）」と熱狂的に叫び続けていたともいいます。群衆の歓声の中を楽隊の演奏をバックにオープンカーで華々しくパレードしたり、現代のロック・コンサートよろしくサーチライトを浴びてセンセーショナルに登場したりと、ビジュアル的な効果も狙って自己演出をしていたのです。

ただ、ナチの蛮行はヒトラー独りでなしうるはずもなく、独裁者の台頭を許した要因として、政治的、経済的、文化的、歴史的要因などが指摘されています。例えば、第一次大戦の敗北国ドイツが世界恐慌の煽りを受けて、経済的に逼迫していたこと、ヨーロッパで中世から潜在したユダヤ人に対する差別意識や排斥感情、ゲルマン民族の団結のためにナショナリズムを先鋭化させるスケープゴードが要請されたこと、などです。

これが『シンドラーのリスト』の映画などでおなじみのアウシュビッツ＝ビルケナウ強制収容所です。貨車が真っ直ぐに向かっている先にガス室、人体焼却炉があります。さっきまで話していた友達はどこへ行ったのかフランクルが訝しんでいると、左右どちらに行ったのか囚人の先輩から尋ねられます。「左へ行った」と答えると、お友達はあちらだよ、と指差された彼方には、煙突から黒煙が天に昇っているのでした。おぞましい話ですが、一日に約二千人のユダヤ人が殺害されていた時期もあるようです。皮肉なことに、収容所のゲートには「働けば自由になる」という言葉が刻まれていました。これは一九世紀後半のドイツの小説のタイトルですが、ナチのスローガンです。実際に、この人は役に立たない、働けないとみなされると、すぐにガス室送りになる過酷な極限状況でした。

それなのにフランクルが生き延びることができたのは、いくつかの幸いが重なったからです。まず、最悪の絶滅収容所アウシュビッツが三日間ですんだことは大きいでしょう。また、本人は医師としての特権は使っていないと書いていますし、実際にフランクルの担当は土木作業や鉄道建設現場の重労働がメインでしたし、ひどく殴られたこともありましたが、やはり精神科医としてのタレントに恵まれていたこともあり、時々ゲシュタポやカポーたちの悩みを聴いてあげていました。そのことによってスープの配給で野菜や豆の多い底からすくってもらうとか、寒さが大変厳しい収容所では点呼を取る時、後ろや端にいると体温が消耗しがちなので、前の方や中央に入れてもらえて、わずかながらですが護られた面もあったようです。

極限状況下の典型的な囚人の心理

ヨーロッパ各地のユダヤ人強制収容所の犠牲者について、資料には六〇〇万人と書きましたが、正確な数字については一千万人以上ではないか、という学者もいますし、四〇〇万人と見積もっている方もいます。八〇〇万人が妥当だという意見もありますが、どうしてそんなに開きがあるのかといいますと、敗戦の色が濃くなってきた頃ナチス・ドイツ軍が、自分たちの蛮行が世界から非難されないように証拠隠滅を図り、収容所の一部を爆破するなど書類を焼却したために全容が解明できない部分もあります。また、収容所にはユダヤ人だけでなく、少数民族や障碍者の方、ナチにとって厄介な政治犯や聖職者、この中にコルベ神父様も含まれますが、司祭や修道女たちも収容されました。それでも、おそらく全ユダヤ民族の人口の三分の一が亡くなったと見積もられています。

これはフロックコートを着て、指で右か左と指示しているメンゲレという悪名高い医師ですが、身の毛もよだつような人体実験を次から次へと発案しては実行していた人物です。聞くだけで気分が悪くなるようなおぞましいことなので割愛しますが、フランクルは何とメンゲレに選別されているのです。左側はガス室、右側は労働者として生き残れるのですが、実は初め、フランクルは左に並ばされていたのです。ところが、若くて元気な医師の友人が右の列にいるのを見て、そちらの方がよいと直感し、どうしてそんなことができたのか分かりませんが、メンゲレの目を盗んで瞬時に列を移動したのです。フランクルは小柄で顔色も悪く、しゃんとした感じではありませんでしたから、収容所に入るや先輩の囚人から、「君が一番危ない」と言われます。生き残りたければ、せいぜいガラスの破片などで髭を剃って血色をよく見せ、背筋は真っ直ぐ伸ばして、少しでも働けるように見せることだと忠告されます。

こちらの写真はまだましな方で、フランクルは入所して三週間経った頃の自分を「骸骨が皮を被ったような」姿と表現しています。彼らはまず名前を剥奪されて、腕に囚人番号を焼印され、六桁の番号で呼ばれていました。人は名前を呼ばれなくなるとアイデンティティの感覚が失われるようです。人間としての誇りや尊厳は奪われて、一つの番号でしかなくなりました。食事は一日に一回しか与えられず、カチカチのパン一個と、かろうじて野菜が浮かんだほとんど水のようなスープ一杯で、盗みが横行するほど皆いつも飢餓状態にありました。一度もお風呂に入れないので、体にはシラミが湧いて、痒みで夜も眠れません。衛生状態が悪いためにチフスや赤痢など伝染病が蔓延し、皆お腹を壊しているのですが、トイレはバラック内に仕切りもなく人に見える穴を使い、それも排泄時間さえ隣に監視役の囚人カポーがいて、一回につき数秒と決められています。結局、毎朝飲んでいるスープのお椀の中に排泄し、それを砂で洗って、翌朝またそこにスープを入れてもらうというような生活をしているので、極度の不衛生、栄養失調、極寒での重労働にバタバタと人が亡くなっていったそうです。

このような収容所に拘禁された囚人の心理状態をフランクルは精神科医の目で記録していますが、まず恩赦妄想といって、きっと自分だけは土壇場で助けてもらえるという、何の根拠もない楽観的な妄想が湧いてくるそうです。また、人間は追い込まれると意外に強くて、どんなに虚弱でも鼻風邪一つ引かないといいます。マイナス二〇度の極寒の中、シャツ一枚、裸足で重労働をしているにもかかわらずです。心理的にも鎧の如く自分の身を守るために何も感じなくなる術が身に付き、アパシーといいますが、感情が鈍磨、消滅し、無関心、無感動、無感覚になります。さっきまで話していた人が目の前で亡くなって、こちらを凝視していても何も感じずに、その前に座ってパンを食べていることができるなど、人間らしい感情がどんどん失われていきます。睡眠中は、パンやケーキなど食べ物や気持ちの良いお風呂に入っている夢を見て、無意識が日常生活に欠けたものを補償してくれるようになります。飢えのために寝ても覚めても食べ物のことしか考えられなくなるので、フランクルは「あらゆる高次の関心は引っ込んだ。文化の冬眠が収容所を支配した」と書いています。それでも、イタリア語のオペラを歌い出す人がいたり、冗談を言い合ったり、自然の美しさに心を震わせたりと、ごく稀に文化的な空気が流れることも皆無とはいえないようですが。他方で長けていくのは、自分を目立たなくする術です。変に目立ってしまうと殴られたり蹴られたり、暴力の対象になりがちなので、自分を集団の中に消して埋没させることによって生き延びようとしたのです。

このように常に集団で同じ作業をしていたり、同じバラックに大勢で眠ったりしていると、人間というのはほんのいっときでいいから一人きりになりたいと思うようです。フランクルは死体がたくさん横たわっている所でも、時間を見つけてはこっそり行って、そこで孤独になることで自分の世界を取り戻していました。囚人たちがいつもイライラ、怒りっぽくなるというのは、栄養失調や睡眠不足という肉体的な変化が大きい理由です。暴力や盗みも平気になります。モラルが崩壊し、倫理観が狂ってしまう人が出てきます。ただし、後でお話しするように、全ての人がそうなるわけではありません。しかも、宗教に対する関心は意外なことに高まるといいます。囚人が見せる宗教的な感性の瑞々しさにフランクルは度々心打たれたと書いています。例えば、すごく激しい労働の後に、家畜用の貨車やバラックの片隅など、一人きりになれそうな暗がりを見つけては、ヒソヒソと祈りの文言を唱えている人が何人もいた、とフランクルは証言しています。

奇跡の生還者に共通していたものは

生還率三パーセント、故郷に帰れるのは二八人に一人ともいわれる過酷な環境でも生き延びる人がいました。それは幸運が重なったのかもしれませんが、精神医学者の目で見れば、彼らは共通して非常にデリケートであったといいます。スポーツマンタイプで体が頑健であるとか、根っからの楽天家であるとかではなく、むしろくよくよと悩むような繊細な気質の人たちだったのです。これはすごく興味深いことだと思います。感受性の強い人々ほど精神的なダメージを受けなかった。それはなぜかといえば、彼らには「内面的な拠りどころ」があるからだとフランクルは説明します。つまり、繊細な人たちというのは、おぞましい世界から遠ざかって精神の自由な国、豊かな内面の世界に立ち戻る道が開けているのだと。普段からある程度、本を読んだり物を考えたりという精神的な生活を営んでいる人は、外側の世界の地獄から逃れるための内側の別な世界への通路を持っているということだと思います。しかも、その内面の世界は外的世界にまさります。つまり、人間は身体的・心理的要因よりも精神的要因によって生き延びるのです。生きるということは、外界の刺激に条件反射で反応するだけでなく、自分の「内面的な拠りどころ」に従って、どのような態度を取るのか、自分で決断して選び取ることであり、そのような精神的自由が人間には最後まであるのです。ここでいう「内面的な拠りどころ」とは、「未来の目標」であり、具体的には「自分を待っている誰か（何か）」、つまり「希望」です。

フランクルの場合、その根本には神への信仰がありました。「生きるとは、自分自身の人生に責任を持つこと」であり、「人生の問いに答えるためには自らの存在に責任を担わねばならない」。これはフランクルの理論の第二の前提ですが、昨今の自己責任論のような弱者切り捨て理論ではなく、人間はどこまでも自由な存在であり、自由であるがゆえに、神からの呼びかけに責任を持って応答する存在である、ということです。

具体例を挙げますと、ある時、二人の囚人が希死念慮を抑えきれないとフランクルに打ち明けます。彼らは生きていることに何の期待も持てないというのです。実は収容所の周りには脱走防止のために高圧電流が流れた鉄条網が張り巡らされているので、そこに走り込みさえすれば即死できるという誘惑と闘わなければいけないのです。あなたは生きていることにもはや何も期待できないというけれど、人生はあなたに期待している。あなたを待っている仕事、あなたを待っている誰かは本当にいませんか。フランクルは、そう問いかけることで、その人たちの責任意識を呼び醒まします。一人はシリーズ本を書いている科学者でした。自分があの本を書かなければ誰もその代わりはできない、という責任に目醒めます。もう一人は、外国で自分を待っている子どもがいる、その子のために私がいてあげなければ、と自分を待っている我が子に対する責任に目醒めるという場面があります。

これについては、サバイバル・バリューという言葉で説明できるかと思います。アメリカの精神医学用語で、生存価値とも訳されます。そのためならば死んでも構わない、自分の命も惜しくないと思える誰かがいる、何かがある。そう思える人は寿命を延ばすことができるし、危機的な状況に強いといいます。また、フランクルはニーチェの格言をよく引用しています。「なぜ生きるかを知っている者は、どのように生きることにも耐える」。生きる目的さえ分かれば、生き延びるための方法もどうにかして探り当てるものだ。生きる意味を見つけた人は、どう生きればよいか、自ずと分かるようになる、ということでしょう。

生死を分けたのは希望

とにかく人間は未来への希望を失ってしまうと致命的だといいます。これも『夜と霧』に出てくる話ですが、ある有名な劇作家が、最近おかしな夢を見ましてね、とフランクルに打ち明けます。実はフランクルは夢分析も得意でした。フロイトとはずいぶん解釈が違いますが。夢の中で「知りたいことがあるなら、何でも答えよう」という声を聴いて、その劇作家はいつ戦争が終わるのかを尋ねます。囚人の誰もが知りたいことだったでしょう。すると夢の声は「三月三〇日」（新訳では五月三〇日）と告げました。この会話が交わされたのは二月の初めでしたが、戦争は終結することなく、その人は三月三一日（新訳では五月三一日）に亡くなります。このエピソードは何を物語っているかといえば、三月三〇日まで生きていればいいことがある、という希望を夢の中の声によって与えられていたわけですが、結局その希望は叶わなかった。すると希望がついえると同時に、はや翌日には体の生命力が絶えてしまったということです。この話だけではなくて、クリスマスには恩赦が出て故郷に帰れるのではないか、という噂が収容所内に流れます。だから、何とかそれまでは風邪も引かずに頑張って生きているのですが、結局、解放されないと分かった一二月二六日から元日の間に大量に死者が出ます。つまり、内面が破綻してしまうと、体も壊れてしまうということです。精神的にしゃんとしていると、体も生き延びることができる。何よりも希望が大切だし、人間は身体に限定された存在ではなく、精神的存在だということをフランクルは言いたいのだと思います。

じっさい生死を分けたのは希望だったのです。フランクル自身はいつも辛い時に、この収容所での体験を故郷のウィーンの豪華なホールの舞台に立って、ふかふかのソファに腰掛けて、熱心に聴いてくれる聴衆に向かって話していることをイメージしながら、今の苦しみは必ず未来に役立つはずだ、自分の体験談を人に語ることによって人類の負の遺産から学んだこと、人間存在の意味を伝えられる、この苦しみにはそういう意味があるのだと自分を奮い立たせていくのです。それは実際にフランクルが奇跡的に生還した翌年の一九四六年に、ウィーンの市民大学で行った講演会で実現しました。その時の聴衆は一四人だけでした。それでもフランクルにとっては、たった一人の聴衆であったとしても価値あることだったのです。ここで話された三つの講演の内容が『それでも人生にイエスと言う』という本に収録されていまして、人生を真面目に考えている方には是非お薦めしたい名著です。

それにしても、なぜフランクルは生還できたのか――。何としても自分の本を出版したいという強烈な願望があったことは見逃せません。これはもう、フランクル自身の苦悩から生み出された生きる意味の思想を何とか人々に伝えて、生きる希望を与えたいという人類への愛の結晶です。これこそ自分が生きている意味だと思える、フランクルにとってのライフワークだったのです。これは収容所初日のエピソードですが、「強制収容所で得た、恐らく最も深いと思われる体験」だといいます。フランクルは出版間近のほとんど完成している原稿をどうにかして隠し持っていたいと思い、上着のポケットの内側に縫い込んでいたのですが、入所してすぐに身ぐるみ剥がされて、あの縞模様の囚人服に着替えさせられて、結局は自分の体以外は失ってしまうのです。我が子同様に思っていた本の原稿を奪われた喪失感でフランクルは絶望を味わいますが、代わりに受け取った囚人服の裏側のポケットに、祈祷書から引きちぎった紙切れが忍んでいるのを発見します。それは、旧約聖書の「あなたは心を尽くし、魂を尽くし、力を尽くして、あなたの神、主を愛しなさい」という、フランクルが毎朝唱えていたトーラーの祈りでした。これを見つけたフランクルは、「お前はいつどんな時でも生きることには常に意味があると語ったり書いたりしてきた。ヴィクトール、今度はそれを生きる番だ」という特別な呼びかけとして受け取ります。フランクルはその後の収容所生活で、ガス室送りになった見知らぬ囚人が秘かに隠し持っていた祈りの紙をずっと大事にしていました。ところがどうしてか、収容所から出てきたら、その紙切れは紛失したそうで、それは本当に必要な時だけの宝物であったのでしょう。

それでも本を出したいというフランクルの意欲は失せませんでした。フランクルには友達思いの友人がいて、四〇歳の誕生日のプレゼントに、こっそり調達してくれた小さい紙と鉛筆をもらいます。発疹チフスによるひどい高熱でうなされる夜、フランクルはなんとその高熱を利用して、自分の心の中にずっと書き続けていた原稿を速記で復元していくのです。そのメモはご覧の通り、故郷に持ち帰ることができました。霜山先生は『夜と霧』の「あとがき」の中で、びっしりと細かい記号が書き込まれたその数十枚の汚れた小さな紙片をフランクルから見せてもらった時のことを書いておられます。自分だったら極限状況で「果してそれだけの勇気とそれだけの学問への愛があったであろうか」と。あの霜山先生にして、です。

これは、ドイツ語初版の表紙です。フランクルがナチ親衛隊からひどく殴られて、眼鏡が水溜まりに飛んで壊れた、という実体験をイメージしたものです。収容所から解放されて、両親もお兄さんも妻も亡くなっていると分かった時、親友の医師パウルに「これほどの試練を受けるのには、何か意味があるはずだよね」と涙ながらに語ります。「何かが僕を待っている、何かが僕に期待している。何かのために運命を担っているとしか言いようがない」と。ある意味、フランクルの絶望は故郷に帰還したこの時がピークだったかもしれません。

意味への問いのコペルニクス的転回

ここがフランクルの理論の第一の前提で、重要なポイントです。「コペルニクス的転回」という言葉は、カントが最初に使いましたが、フランクルは哲学青年だったので、時々カントの言葉を引用します。

私たちはともすると何のために生まれてきたのだろう、生きる意味は何なのかと人生に向かって問いますが、実はそれは問い方が逆だとフランクルはいうのです。本当は人生から問われている存在だと。だから、問いの立て方を一八〇度転回させなければならないといいます。このことはピンと来ますでしょうか。私の友人は「ガツンと頭を殴られたような気がする」とすごく感動していました。「人間は生きる意味を問い求める必要などなく、私たちが実際に生きることを通して、意味を実現することによって、人生からの問いに答えなくてはならない」という考え方です。「私が人生に何を期待できるか」ではなく、「人生が私に何を期待しているか」に目を向けるということです。例えば、あなたにはこの子どもを育てて欲しい、あなたにはこの商品を売って欲しい、あなたにはこの料理を作って欲しい、というような具体的な務めです。あなたでなければできない、他の人では絶対に代わりのきかない何かが、この世で一人ひとり異なる使命があるというのです。たとえ私が人生に何も期待できないような状況であっても、人生の方では、ずっとずっと私に期待し続けてくれているのだ、と。しかも、人生最期の瞬間まで意味ある人生にすることは可能なのです。

これは面白い話で、ある青年がフランクルの講演に来るのですが、「ねえ、フランクルさん、私は婚約者の両親に呼ばれていて、あなたの話を全部聞いていられないのです。だからどうか結論だけ教えてください。結局、生きる意味とは何なのですか」と尋ねます。それさえ分かれば何も九〇分も話を聞く必要はないという、失礼な質問ではあるのですが、フランクルは持ち前のユーモアを持って受け留めたようです。生きる意味というのは人が教えてあげられるようなものではなく、その人にしか実現できない唯一無二のもの。一人ひとりが違う独自の人生を生きながら、自分自身で生きる意味を闘い取るしかないのですよ、というのがフランクルの答えです。「生きる意味への答えは、知的な答えはあり得ず、ただ実存的な答えしかあり得ない」。生きる意味は万人共通ではなく、個別具体的なものなのです。例えば、皆に敬愛されているマザー・テレサは、私も大好きですが、「人間は愛し愛されるために生まれてきました。それ以外の理由はありません」とおっしゃっています。死生学で世界的に有名な精神科医キューブラー・ロスは、「人間の生まれてきた意味は、無条件の愛を体験すること」だと講演会で語っていて、このように万人に通用する普遍的な答えを提示する方もあります。ですが、フランクルが語る生きる意味は一人ひとり異なり、他の誰かとは絶対に代わりのきかない全く独自な意味のことです。

これはよくフランクルが引用するのですが、ヒレルというユダヤ教のラビの教えです。「もし私がそれをなさないのなら、誰がそれをなすのだろう。もし私がたった今それをなさないのなら、いつそれをなすのだろう」。林修先生の「いつやるの？　今でしょ」ですね。これに「誰がやるの？　私でしょ」が加わります。「今・ここで・この私」、今しかできない、ここでしかできない、他ならぬこの私にしかできないことがある。この世界には私だからこそできる使命がある、ということです。特にフランクルの思想で生きる意味を実現するための鍵となるのは、「かけがえのなさ」「取り替えのきかなさ」です。反復不可能で一回限り、唯一無二の存在であるという点にこそ生きる意味の根拠があるといえます。誰一人例外なく、自分にしかできない仕事、その人に成就されるのを待っている具体的な使命があると、フランクルは講演会で聴衆に語りかけました。それは他の人が代わりに果たすことのできないもの。それを実現できなければ世界はその分だけ意味を失う。誰も代わって補うことのできない価値です。一人ひとりにとって、今、ここで実現できる意味は、まさにかけがえのない唯一のものなのです。しかも、それを実現できるチャンスは後にも先にもなく、たった一度だけだというのです。「一度きり」という一回性と「たった一人」という唯一無二性に限定づけられた有限性こそが生きる意味をもたらす。限りがあるからこそ人間存在は尊いというこの考え方は、フランクル思想の中でもひときわ精彩を放っています。

生きる意味の三つの価値領域

創造価値、体験価値、態度価値は、フランクルの考える生きる意味の三つのカテゴリーです。人間は活動や体験によって人生を意味あるものにできます。ところが収容所のように、苦しみしかないようなそんな時も、人生を意味あるものできるとフランクルはいいます。

まず創造価値は、主に行動することで実現できます。仕事をする、物事を達成する、作品を生み出す。それは誰にも真似できないようなすごいことである必要はなくて、例えば、休日の余暇、レジャーですね。旅行やガーデニングなど何でもいいのですが、余暇活動も創造価値に含まれます。幼い子どもがお絵描きしたり、主婦がお料理したりするのも創造価値でしょう。これについて、ある若者から質問されます。「フランクルさん、あなたは何とでも言えますよ。あなたは相談所を開設して人々を手助けし、立ち直らせている。でも私ときたら、一介の洋服屋の店員ですよ」。するとフランクルは、「活動範囲のスケールが大きいか小さいかは問題ではありません。ただ最善を尽くすことだけが大切なのです」と力説します。職業に貴賤なし、影響を及ぼすのが百人であろうが一人であろうが、影響範囲の大小ではなく、ベストを尽くしたかどうかだけが問われるのです。

体験価値については、「こんな人がいるだけでも、この世界は意味を持つし、この世界の中で生きている意味がある」とでも言いたくなるような人物との出会いや愛の体験、美しいもの、偉大なるもの、善きものを愛することを通して人生を意味あるものにできます。例えば、学生たちに「生きていてよかったと思う瞬間」について尋ねると、誰かにありがとうと感謝されたり、美味しいものを食べたり、好きなアーティストのコンサートに行ったりした時、という答えが多いのですが、それらは体験価値に含まれると思います。美術館に行くとか、夕焼けや新緑など自然の美しさに心が震える体験もあります。フランクルはブルックナーが好きだったそうで、もしブルックナーのコンサートで一番好きなメロディが流れた時に「生きていることに意味はあるのでしょうか」と聞かれたら、「この瞬間のためだけに生まれてきたとさえ思えるほど」意味があると答えるだろうと言っています。

余談になりますが、本学で定年退職された優秀な精神科医の先生が、その昔とても辛いことがあって死を考えたことがあったそうです。遺書を書き終えてふと窓の向こうを見たら、泉ヶ岳の嶺が雪できらきらと白銀に輝いていて、もうこんな雪景色が見られないのかと思ったら、遺書を破いて捨てていたと伺いました。結局、死にたいとまで思った要因は何も解決されていないにもかかわらず、人間というのは本当に美しいものに触れると、日常とは別の次元の世界が垣間見えて、ふつふつと新しいエネルギーが湧いてきて、悩みがどうでもよくなることがあるのだと思います。

これはこの本の中で最も感動的な場面の一つだと思いますが、「ある夕べ、地平線いっぱいに、この世のものとも思えない色合いで絶えずさまざまに幻想的な形を変えていく」美しい夕焼けがパノラマのように広がっていることを仲間が知らせに来ます。皆、「言葉もなく心を奪われていた」のですが、誰かがポツリと囁きました。「世界はどうしてこんなに美しいんだ！」。生きるか死ぬかという地獄さながらの極限状況でも、人間は夕陽の美しさに感動し、心を震わせることができるのです。しかも、その感動を独り占めにせず、誰かと一緒に共有しようとするのです。まさに「人間はどうしてこんなに美しいんだ！」とでも言いたくなる場面です。

もう一つ、フランクル自身が、これは詩のように美しい話だ、と書き残しています。その若い女性の患者さんは重病でもう長くないと悟っているのに、実に晴れやかな顔をして自分の運命に感謝しています。かつては裕福で甘やかされた暮らしをしていて、人生について真面目に考えたことのなかった彼女は、収容所でかつて経験したこともない壮絶な苦しみに遭って、初めて深い内面の世界が自分の中に打ち拓けてくるのを感じているのです。独りぼっちの彼女は、病室の窓から見えるマロニエの樹が「たった一人のお友達」だと明かします。「わたしはここにいるよ、わたしは、ここに、いるよ、わたしは命、永遠の命だって……」。そのような語りかけを彼女は魂の内に聴いたのです。収容所に入ったほうがい い理由などないはずですが、それでも死んだらそれで終わりではなく、その先にあちら側の世界があるのではないか。一本の樹との魂の対話を通してそう深く感じ取ることによって、彼女は救われているという話なのだと思います。彼女はあちら側の世界とつながった、否、命そのものとつながったので、もはや死ぬのは怖くないのです。

これは『夜と霧』のクライマックスで、圧巻の感動場面ですが、フランクルの最初の奥様であるティリーと「精神的な対話」（旧訳）を交わすエピソードが五ページにわたって描出されます。フランクルたちが「雪に足を取られ、氷に滑り」「何キロもの道のりをこけつまろびつ、やっとの思いで進んでいく」その時、仲間が不意に呟きます。「女房たちの収容所暮らしはもっとましだといいんだが」。その瞬間「わたしは妻の姿をまざまざと見た！」。これは単なる空想や過去の思い出に浸るということではありません。妻はここにいるとしか言いようのない、ものすごいリアリティがあります。「妻が答えるのが聞こえ、微笑むのが見えた。まなざしでうながし、励ますのが見えた」のです。その時、フランクルの精神は妻の生き生きとした面影に満たされます。愛が人生で一番大事だということは思想家や詩人が謳い上げてきたけれど、生まれて初めて骨身に沁みて、「愛は人が人として到達できる究極にして最高のものだ、という真実」を悟ったとフランクルは記します。「人は、この世にもはやなにも残されていなくても、心の奥底で愛する人の面影に思いをこらせば」、どんな悲惨な状況であっても、「人は内に秘めた愛する人のまなざしや愛する人の面影を精神力で呼び出す」ことによって、「至福の境地になれる」。

この中に「ダーザイン」と「ゾーザイン」というドイツ語が出てきて、旧訳で前者は「身体的存在」、後者は「精神的存在」と訳し分けてあります。ドイツ語に堪能な方にも確認したのですが、実際にこの場に生身のその人がいるかどうかはもはや問題ではない。精神的存在として在るその人そのものと結びついている状態です。それを裏付けるように、フランクルはここで「魂」（新訳）という言葉を使っています。実際に生きているか否かはどうでもよくなるくらいに精神的な結びつきがあまりに強く、「たった今昇ってきた太陽よりも明るく」フランクルを照らします。今この瞬間、魂が結合して一つになっているこ とはもはや疑い得ず、この愛は永遠につながっている。人はこのような愛によって救われると確信を持って語っているのです。

『夜と霧』の中に詩編が背景にあると分かる箇所はありますが、明確に引用箇所を挙げて聖書を引いているのは、おそらくこの一カ所だけではないかと思います。それは男女の恋愛を描いた、旧約聖書の「雅歌」の相聞歌です。「我を汝の心の上に印（おしで）の如く置け——そは愛は死の如く強ければなり」（八章六節）。つまり、私の存在をあなたの魂に刻み付けてください。愛は死よりも強いのです。フランクルは結局、身体が滅びても、魂のつながりは永遠だと言いたいのではないでしょうか。

「運命から逃げない」という決断——良心をセンサーとして

フランクルが生きる意味の三つの価値領域の中で一番大事だと考えたのは態度価値です。人生の苦しみや制約に対してどのような態度を取り、どう振る舞うか、苦悩をいかに引き受けるかによって実現する意味です。それが可能なら運命を変えてよいのですが、それが不可避なら進んで運命を引き受けるという態度によって闘い取る意味です。この世には取り除いたほうがよい苦しみもあるでしょう。不必要な悩み、無用な苦しみをわざわざ生み出すよう勧めているのではありません。ですが、人間には不条理のように避けられない苦しみもあります。それがどうしても避けられないものとして人生に贈られてくるのであれば、それを運命として引き受けることによって、他の人には築くことのできない独自の意味を実現することができるとフランクルは考えました。

実はフランクルには、運命から逃げられるチャンスが三回ありました。収容所送りを免れる、または収容所から脱出できる絶好の機会です。ところが、フランクルには信念があって、それは「運命のなすがままに任せる」「運命の主役を演じない」という原則でした。一度目は、収容所に送還される前、一年待っていたアメリカ行きのビザの申請がおりて、亡命できるラストチャンスです。アメリカに渡れば学者として思う存分成功できるのだから、両親も息子の幸せのために自分たちのことは構わず逃げてほしいと頼むのですが、フランクルはすごく悩みます。このままでは収容所送りが確実な年老いた両親を置き去りにして、自己実現を優先してよいのだろうか。ウィーンのシンボルであるシュテファン大聖堂で一時間ほどお祈りしますが、そこで答えは出ませんでした。ところが、カテドラルから帰ってくると、自宅の机の上に大理石の破片が置いてあります。聞けばお父さんがその日、破壊されたシナゴーグで拾ってきた物でした。その欠片には旧約聖書の十戒の最初の文字が刻まれていて、ヘブライ語のそのイニシャルから始まる掟は一つしかありません。それは、第五戒「あなたの父母を敬え。この地であなたが長く生きるためである」でした。お父さんからすれば、たまたま拾ってきた物を見せているだけですが、フランクルは、この共時的な意味のある偶然の一致を自分が教会で祈ってきたことの答えとして受け取るのです。つまり、自分はやはり亡命するべきではない、両親と一緒に故郷に留まることが神様の御旨なのだと直ちに悟ります。

二度目は、病人収容所付きの医師として移送者リストにフランクルの名前が発表されます。実はそう見せかけたガス室送りなのではないかと心配した医長はリストから外すこともできると耳打ちしますが、フランクルは「病気の仲間と一緒に行きます」と提案を断ります。移送先は本当に病人の収容所だったばかりでなく、元いた収容所はフランクルがいなくなった後に飢餓がひどくなり、人肉食が横行して地獄絵と化します。病人を癒すという医師の務めに忠実であったことがフランクルの命を救ったのです。

三度目は、亡くなった死者の埋葬を理由にわずかに外に抜け出せそうなチャンスが到来します。いわば医師の特権を利用するということですが、うまくすれば脱走できるまたとない好機です。しかし、フランクルは葛藤します。もちろん脱走できるならしたい。同僚の医師も一緒に逃げようと強く迫り、その手はずも教えてくれるのです。ですが、彼らの脱走計画を見抜いた患者から「やっぱり逃げるのか」と問われた時、フランクルは「良心のやましさ」を覚え、相手のまなざしを逸らすことができませんでした。ところが、「患者のもとに残ると決心したとたん、やましさは嘘のように消え」「心はかつてないほど安らか」になります。結局フランクルは、やはり苦しんでいる仲間と一緒に留まろうと決断した時に、「良心のやましさ」は綺麗に消えたということです。実はその時フランクルが脱走しなかったのは正解で、うまく逃げおおせたように見えた同僚はその後、放火で殺害されたことを後で知ることになります。生きるか死ぬか、生死を分ける決断を瞬時に求められる「地獄の業火の体験」の中でフランクルは、それが変えるべき事態なのか、引き受けるべき運命かの見極めのポイントとして、良心がどう反応するか、良心をセンサーにして決断している点に注目すべきでしょう。

医師による魂の教導——収容所の中のスピリチュアルケア

これはフランクルが収容所のまさにギリギリの極限状況下でスピリチュアルケアを実践する非常に印象的な場面です。ある日、飢えた囚人仲間がささいな窃盗をした罰則で同じバラックの全員が断食を命じられます。その棟の賢明なリーダーは、「精神的な崩壊でつぎの犠牲者が出ることを未然に防ぐ」ため、フランクルに話をしてほしいと頼みます。実をいえば、その時のフランクルは、極度の空腹と凍えるような寒さで疲労困憊し、苛立っているところに停電が追い打ちをかけ、最悪の気分で、人を鼓舞する話ができるようなエネルギーは残されていませんでした。それでも今「かつてないほど必要」だと感じて、最後の気力をふり絞って立ち上がり、皆に語り始めるのです。

確かに今の私たちは「お先真っ暗だと映ってもしかたない」状況で、生き延びる可能性は極めて乏しいだろう。それでも「大きなチャンスは前触れもなくやってくること」を私たちはよく知っているではないか。光というものは未来だけでなく過去からもやってくる。ある詩人も「あなたが経験したことは、この世のどんな力も奪えない」と言っているように、過去の「豊かな経験の中で実現し、心の宝物としていることは、なにもだれも奪えない」のだから。過去に成し遂げたこと、過去の喜び、過去の苦しみ、それらは全て現実の中に救い上げられて、永遠に保存される。秘かにその人の心の中で宝物となったことは決して奪われない、永遠の価値があるとフランクルは訴えます。一度実現した価値は、永久に古びず、色褪せることなく、永遠に保存されるのだ。あなたがひとたび経験したことは、いかなる力をもってしても決して奪い得ないのだ、というのです。

さらにフランクルは言葉を絞り出します。困難を極める今この時、誰かの促すようなまなざしがあなたを見守っている。それは友か妻か、生者か死者か、あるいは神か……。誰であろうとそのまなざしが「失望させないでほしい」とあなたに願っている、と語りかけます。

これに続く部分は、ベストセラー『置かれた場所で咲きなさい』の中でシスター渡辺和子先生が引用しておられます。「彼は収容所に入ってまもないころ、天と契約を結んだ。つまり、自分が苦しみ、死ぬなら、代わりに愛する人間には苦しみに満ちた死をまぬがれさせてほしい、と願ったのだ」。友人のこととして語っていますが、「彼」というのは、実はフランクル自身のことです。どうしても苦しみに遭わねばならないのなら、どうか愛する人には苦しみを避けさせてあげてください。その人が苦しい死を迎えることを、自分が苦しむことで逃れさせてください。こういう祈りをフランクルは捧げていたのです。「誰かのために苦しむなら意味を持つ」というのがフランクルの考え方です。実は、マザー・テレサはノーベル平和賞の選考事務局にフランクルを推薦していたそうですが、このような深い精神性がマザー・テレサに通底しているからかもしれません。フランクルはこうして、今の苦しみも死も意味のないものではなく、犠牲としての深い意味で満たすことは可能だと仲間の魂を鼓舞しているのです。フランクルが語り終えたタイミングで、停電していた電球の明かりが一つ灯り、目に涙を浮かべてフランクルにお礼を言おうと寄ってくる仲間のぼろぼろの姿を見ることになります。

『夜と霧』の第三部には、収容所から解放された囚人の意外な心理状態が綴られます。あれほど望んだ解放なのに、強度の離人症になり、喜びが感じられません。戦争でトラウマを受けた子どもたちの回復過程で歌や踊りが大事だと聞いたことがありますが、フランクルも人間らしい感情を学び直す必要があると指摘します。また、何時間でも食べ続ける、ひたすら語り続けるなど、何事も抑制がきかず過度になるとか、権力や暴力に囚われ、自分は最悪の理不尽な目に遭ったのだから、不正を働いてもよいと考えてしまうとか、世間の冷淡な扱いを受けて、あれほどの苦しみを耐えたのは、一体何のためだったのかとショックを受け、あの極限の苦悩を帳消しにできるような幸せはもはやこの世に存在しないと知って失望する、というような記述が続きます。

もう一つ触れておきたいのが、サバイバーズ・ギルトについてです。例えば、東日本大震災で、あんなにいい人が亡くなったのになぜ自分は助かったのか、というように災害や事故、戦争などで奇跡的な生還を遂げた人が生き残ったことに対する罪悪感を覚える心理です。フランクルも「最もよき人々は帰ってこなかった」（旧訳）と書き残しています。このような思いもあってか、収容所の生還者の中には誰にも悟られずひっそりと隠れて暮らしたいという方もあるようです。フランクルのように表に出てきて収容所の話を語ると、ともすれば作り話のように思われたり、あらぬ批判を受けたりすることもありますが、彼らは葛藤を乗り越えて公に話しているということだと思います。

スピリチュアルな人間存在――誰にも奪えない魂

彼はアウシュビッツに移送された第一日目の夜に、決して自ら命を絶つまい、と誓いを立てます。なぜなら、死によって心理―身体的自我は失われても、人間には永続するスピリチュアルな自己があるとフランクルは考えるからです。一九七〇年代後半以降、精神医療の現場ではバイオ・サイコ・ソーシャルモデル、つまり、人間を身体的・心理的・社会環境的な側面からサポートする人間観が普及します。ですが、フランクルはそれだけでなく、人間はスピリチュアルな存在だと力説し、人間は身体・心理・精神の三次元から成り立つという次元論的存在論を一九五三年から唱えています。フランクルいわく、人はたとえ心の病に罹ったとしても精神は絶対に壊れないし、病まない、と断言していて、これはとても救いになる言葉だと思います。私たちの身体は病気になることもありますし、心理的に弱ることもあります。ですが、人間存在に特有のスピリチュアルな次元、その人がまさにその人そのものである根幹の精神的次元は、絶対に誰からも奪われないし、破壊され得ないし、永遠に保たれる、という考え方です。

これについて、世界保健機構ＷＨＯ憲章の「健康」の定義に、従来の「肉体的・心理的・社会的」な調和に加えて、「スピリチュアル」という言葉を入れるべきだ、という議論が一九九八年にあったにもかかわらず、その文言はちょっと怪しげだし、文化によっては誤解を招くから時期尚早ということで、結局見送られました。ですが、フランクルは、人間にとってスピリチュアルケアが何よりも大事だと考えていたと思います。実はフランクルが収容所に隠して持ち込んで没収された草稿、ライフワークの本のタイトルは直訳すると『医師による魂への配慮』です。「魂への配慮」の部分は原語ドイツ語ではゼールゾルゲで、英語のスピリチュアルケアと意味領域が重なり合うようです。ということは、まさにこれがフランクル思想を貫く根本と考えて差し支えないと思います。フランクルは熱心なユダヤ教徒なので、旧約聖書のいう「魂」が前提にあると思うのですが、聖書学者の雨宮慧神父様の解説によれば、旧約聖書で「魂」を指すヘブライ語原語の「ネフェシュ」は、原義「のど」から派生して、それが充足されないなら、もはやこの私として生きているとは言えないほど重大で根本的な欲求を指すようになり、やがて「飢え渇いたのどのように命を欲求する存在」、「神に飢え渇いた人間存在」を表すようになったそうです。そうであれば、魂とは実存的欲求の源泉と捉えることができるでしょう。特にフランクルは、超越からの呼びかけに応答する過程で身体的・心理的・精神的に異なる次元が統合された一つの全体となる実存を指して、魂と呼んでいたと思われます。

究極の意味を信じて

結局、アウシュビッツ第一夜に生き抜くことを誓ったのはなぜかといえば、フランクルは究極の意味である「超意味」を信じていたからだと思います。「超意味」とは、宇宙には有限な人間の知性を凌駕する無限の意味があって、世界は捉えきれないほどの意味に満ちている、その究極の意味です。「究極的な意味は人間の理解を超えている」。これはフランクルの生きる意味の理論の第三の前提です。「すべては意味に満ちている、と究極の意味を信じる決断をすれば、その創造的な結果が現れてくる」とフランクルは述べますが、これはもはや信仰ですね。結局はそれを信じるか信じないかの問題になると思います。この世には無限の意味の根拠があるのだと信じる決断さえすれば、ポジティブで素晴らしい、よいことが生じはじめる、というのです。言い換えれば、フランクルは究極の意味の源である神を深く信じていたのです。だからこそ、この世界は生きるに値する、という感覚を保てたのでしょう。

なぜ『夜と霧』が世界中で、こんなにも読み継がれたのか——。私たちは環境の奴隷ではないということをこの本は証言しているのではないでしょうか。「人間の内面は外的な運命より強靭」で、それがたとえ強制収容所のような極限状況であっても、「わたし」を見失わない人がいたといいます。自分よりもっと弱っている囚人に、自分に配給されたなけなしのパンを分けてあげる人もいたし、優しい思い遣りの言葉をかける人もいたとフランクルは証言します。どんな環境でも良心を見失わない人が少数ながらいたのです。限界状況でどのように振る舞うかは、その人次第だと言っているのだと思います。「人間の内なる自由は決して失われることがない」し、「最期の瞬間まで誰も奪うことのできない人間の精神的自由がその人の生を意味深いものとする」というフランクルの信念は、収容所体験によってますます強固になったといえるでしょう。

確かに紛争が絶えない地域や言論の自由が封殺されている国で生まれたら、それでも人生にYESと言えるだろうか。想像を絶する苦しみだと思います。ですが、「どんな絶望的な状況であろうと、たった一つ、与えられた環境でいかに振る舞うかという人間としての最後の自由だけは奪えない」とフランクルはいうのです。どんな遺伝子をもらって、どういう気質体質を受け継ぎ、いかなる社会環境で生まれ育ったとしても、私たちには精神的な自由があるということは、一人ひとりがどう生きるかは最終的に自分次第なのです。近年、脳科学がものすごく発達しているので、人間を脳の働きから理解しがちですが、フランクルは、それが生物学的であれ、心理学的であれ、社会学的であれ、あらゆる現象を唯一の原因に帰して考える還元主義的な見方を批判しています。脳や遺伝子の働きも、もちろん無視できませんが、どんなIQで、どんな体質で生まれてきたとしても、どんな家庭環境で育ったとしても、誰でも自らの決断で変わり続けることができる。なぜなら人間は最終的に自由な存在なのだから、とフランクルは励まします。これは希望の言葉です。確かに苦しみは私たちの生活で避けられないものだけれど、苦悩があってこそ実現できる価値があるとフランクルはいうわけです。苦しみの中でこそ、その人が本当はどういう人物なのか、真価が表れるのだ、と。これが『夜と霧』の第二部のラストの言葉です。「人間とは何かを常に決定する存在だ。人間とは、ガス室を発明した存在だ。しかし同時に、ガス室に入っても毅然として祈りのことばを口にする存在でもあるのだ」。人間というのは、自分で何かを決めて生きていくことができる。この世にはガス室を生み出す人間もいるけれど、ガス室の中でさえ、呪いの言葉を吐くのではなく、天に唾することなく、神を信じて己の魂を委ねて、至高の祈りを捧げるような、人間の尊厳を証する崇高な精神の自由を失わない人もいたのです。

これは、妻エリーの手紙です。日本人のある医師が、フランクル宛てに悩み相談の手紙を書きました。自分は難病に罹患したから、もう死んでしまいたい、と。この時フランクルは既に亡くなっていたので、奥様が代わりに返事を書きます。夫はいつもこう言っていました。「人間誰しも心の中にアウシュビッツを持っている。でも、あなたが人生に絶望しても、人生はあなたに絶望しない。あなたを待っている誰かや何かがあるかぎり、あなたは生き延びることができます」。ここでいうアウシュビッツとは、人生で誰しも避けることができない光の見えない絶望の淵、不条理の闇のことでしょう。でもあなたが人生を諦めても、人生はあなたのことを決して諦めない、人生の方ではあなたを絶対に見捨てない、という希望のメッセージです。

これが最後のスライドになります。一五歳のフランクルが散歩している時、自ずと浮かび上がってきたという詩です。思春期の少年がこのような賛美歌を紡ぎ出すとは、やはり精神的に卓越した偉大な人物だったのだと圧倒されます。さらに、この祈りを読むと、フランクルの生きる意味の思想の核心部分が弱冠一五歳にして確立していたことも分かります。すなわち、フランクルにとって生きる意味とは、人間が問う前から既に実在している超越的な価値であり、それは人間の知性を凌駕しているけれども、私たちが人生を意味あるものにできるかどうかは、生きることには意味があると信じて、自分の運命を愛し、責任を持って人生を引き受けていく態度にかかっているのです。このフランクルの祈りを込めた人生讃歌が私たちの魂の歌ともなることを願いながら、唱えたいと思います。

祝福させたまえ、その運命を。信じさせたまえ、その意味を。

（二〇一七年九月三〇日講演）

フクシマの痛みの中で――国際被曝者連帯とスピリチュアルケア

川上　直哉

おはようございます。川上でございます。ここの教室は、毎週、私が授業で使わせていただいている教室で、見える景色が多少変わりますと不思議な感じがいたします。今日はどうぞよろしくお願いいたします。

タイトルにご注目下さい。「フクシマ」と、わざとカタカナで書いてあります。広島、長崎、水俣、それぞれカタカナで書いたり、漢字で書いたりしますが、書き方によって、違う意味を持ちます。そして同じように、福島も漢字とカタカナでは、意味合いが変わります。本日の話の中ごろで、そのあたりのことをお話しできると思います。そして、「痛みの中で」というのが全体のキーノートになってございます。結論は「国際被曝者連帯とスピリチュアルケア」です。被曝者の「曝」の字にご注意ください。私も時々、漢字の変換を間違えますが、この「曝」の字の偏が火曜日の「火」であるか、日曜日の「日」であるかで、これはずいぶん意味が違います。日曜日の「日」と書く「曝」は、「曝《さら》される」という字です。爆発の「爆」は、普通、広島・長崎で語られる被爆になります。あれは本当にひどい爆弾が爆発し、爆風が吹き、そして人々がひどい目に合いました。その後、放射能がそこにあり、人々はそこで被曝をしたのです。この最後の被曝の「曝」は、その後あまり使われずにおりました。そして六〇年前になります一九五四年に第五福竜丸事件がありまして、あれは爆風も何もありませんでしたが、遠くにきのこ雲を見た第五福竜丸という船が放射能に曝露した、あるいは被曝したということでこの字を当てることになります。その意味での「被曝」という言葉を意識して、国際被曝者連帯ということがひとつの結論です。そしてスピリチュアルケアということをもうひとつの結論として、今日はお話をさせていただきます。

一　自己紹介

(1) 仙台キリスト教連合被災支援ネットワーク・東北ヘルプ

私は、今日は仙台白百合女子大学カトリック研究所客員所員の立場でお話を申し上げておりますが、同時に、仙台キリスト教連合被災支援ネットワーク・東北ヘルプという団体の担当者の一人として、ここに立っているつもりでもいます。この「東北ヘルプ」というものは、仙台キリスト教連合を足場にして今も活動しております支援団体です。せっかくカトリック大学でお話ししますので、ぜひ強調したいことがございます。それは、一人の神父の尊い犠牲、ということです。「犠牲」という言葉は、実は、とても使いにくい言葉ですが、強い強い教会に対する思いが尊い犠牲となり、そのことに皆が触れて、「東北ヘルプ」という団体が作られたということは、お話ししておきたいと思うのです。それから、具体的なことで今、何を「東北ヘルプ」という団体が担っているかということを、あまり時間をかけずにお話しします。

「東北ヘルプ」は「ラシャペル神父の逝去を受けて」始動しました。二〇一一年の三月一一日の津波があった夜に、塩釜カトリック教会のアンドレ・ラシャペル神父様が、天国へ逝かれたのでした。ラシャペル神父様は、仙台キリスト教連合のカトリック側からの担当者のようなところがあって、カトリックから毎回の世話人会に出てきてくださっていました。この方が、発災当日、ご自分が司牧される塩釜の教会へと無理に向かってしまい、亡くなられたのでした。塩釜へ出立する前、仙台の元寺小路カトリック教会へおいでになった時に、すごく怯えてもいらしたし、お体の具合も悪かったようです。長年の友人でもあったエメ神父様は、ラシャペル神父様がその時「本当に青い顔をして、震えて立っていた。あの時引き止めればよかった」と、元寺小路カトリック教会で最後にお会いになった時のことを語っておられました。スポーツマンでもあり体の大きかったラシャペル神父様は、愛用の軽自動車で塩釜へ向かい、案の定、渋滞に巻き込まれながら、あるいは津波を避けながら、一晩中運転し続けたようです。最終的には翌日の陽が昇る頃、教会のすぐ近くまでたどり着き、車が水に浸かって使えない状況となったので、車から降りて歩いて迂回して、もうそこからぐるっと回れば教会まで到着するという道路で、遂に心臓が止まってしまい天国に逝かれたということです。その近くである人と出会い、その会った方が写真を撮ってくださったということで、その最期が分かったという次第でした。彼の火葬は、震災直下の混乱の中では、奇跡的にすぐ執り行うことができました。たまたまポケットにパスポートが入っていて、本人確認がすぐにできましたので、大使館からの要請もあり、すぐにできたのでした。その火葬の前のご葬儀に、キリスト教連合の関係者がたくさん集まりました。そしてお互いの情報がそこで交換されて、何かしなければいけないという気持ちがとても昂まり、東北ヘルプが始まったのでした。

⑵現場から、「ＲＤＲ」を

自己紹介の最後に、「現場からＲＤＲを」ということを申し上げます。「ＲＤＲ」とは「Radiation Disaster Reduction」の略で、「原子力災害の減災」を意味しています。

ａ「逃げる・逃げない」をめぐる葛藤

原発事故の被災地への支援活動のために、真面目に放射能のことを勉強し始めましたら、ある声が聞こえてきました。仙台に住んでいる私にも、福島の人にも、投げかけられるこんな声です。「何で逃げないのですか？」あるいは、「なぜ、あなたは子どもを逃がさないのですか？」。この言葉は、時々、反原発運動の方などから聞こえてくるものです。これは、きつく刺さる言葉です。あるいは外国からのお客様から頼まれて、福島の様子を直接お見せしますと、必ずと言っていいほど、この言葉をおっしゃるようになります。「あなたたちのことが、信じられない」と。つまり、その人の国ではそのレベルのところに人が住んではいけないのです。あるいは、日本人だけ特別なのでしょうか⁉……それにしても、「何で逃げないのか」と言われると、とてもきついんですよね。その問いに答えるのは、簡単ではありません。私たちの中には、はっきりと葛藤があります。誰もすっきりして逃げた人もいない。疑いもなく残った人もいない。皆、悩んでいる。そうして考えて思い浮かんだのが、「ＲＤＲ＝原子力災害の減災」という言葉です。

b　二〇一四年七月一九日清水哲郎氏講演／主体は誰か？／「人権」とは何であったか？

ヒントになったのは、仙台白百合女子大学で行われた清水哲郎さんの講演でした［本書76頁以下を参照］。このとき、清水先生は、胃ろうの話をなさいました。胃ろうというのは、胃に穴を開けて外から食べものを入れる医療的措置のことを言うそうです。お年寄りが食べものをうまく飲み込めなくなったとき、飲み込めないものが気管に入るとそれが腐り、たくさん雑菌ができて肺炎になって死んでしまう。そういうことを避けるために、「胃ろうをしよう」という話が出てきます。口から入れたらいけないのであれば、胃に直接入れたらいい、ということです。しかし、そうすると余命が何カ月から何年に延びたとしても、あまりにもかわいそうではないか、ということで、「胃ろうは良くない」というキャンペーンが起こってしまった。でも、もう少しよく考えてみなければならない。「短絡的に『胃ろうは良くない』と言うのは良くない」という清水さんの強い強い主張が発信されましたのが、その講演会でした。

このお話はヒントになりました。つまり主体は誰か、ということです。胃ろうは良くないとか、胃ろうは良いとか、それを言っているのは誰か？と問うてみる。はたしてそれは、ご本人が言っているのか、どうか。ご本人に十分情報があって、ご本人が胃ろうが嫌だ、と言えば、もちろんそれは止めたらいい。でも、周りが「胃ろうは良くないからそれはちょっと措いておいて他の方法があるよ」と言っているのだとしたら、それは、ひどいんじゃないか、ということです。それはつまり、結局、人権とは何であるか、ということなのです。私が生きるというのは、私が生きるのであって、誰かのために誰かに使われて、誰かの道具になって生きることではない。誰かの道具になって生きることを「奴隷」と言います。これはアリストテレスの時代からそう定義されています（奴隷とは、口をきく道具である！）。奴隷の反対側にあるのは人権です。人権とは何かと考えてみまして、「Radiation Disaster Reduction 放射能災害の減災」という言葉に行きあたりました。すごく日本語としてごちゃごちゃしているので、RDRと言っています。これが、原子力災害の現場で私たち東北ヘルプがしていること、ということになります。

c　Radiation Disaster Reduction（放射能災害の減災）

RDRは、結局のところ、三つにまとめられます。第一に、逃げたいと言う人の避難は支援します。できることは何でもします。第二に、逃げられないと思った人は、どうしたら放射線被曝を減らすことができるか、ということを一所懸命に、一緒に、考えます。第三に、迷っている人がほとんどですから、この大多数の迷っている人には、寄り添います。一緒に迷う、一緒に悩む。ここで迂闊に自分の答えを出すと、それは人権の問題にもなる。その人が決めなければいけないことを邪魔してはいけない。この三つのことをもって、RDRと名付け、支援活動として実践しています。

私たちの支援活動としては、放射能計測所を三つ運営して始まりました。いわき、郡山、仙台、の三つです。その計測所から『食卓から考える放射能のこと』という本が出ています（いのちのことば社、二〇一三年）。これはレシピ集です。どんな食事をしていけば放射能に対応できるか、つまり放射線曝露を減らせるか、ということを、栄養士に書いてもらい、本になりました。

二　二〇一四年に分かってきたこと――フクシマとはどこか

次に、放射能禍に関係して、二〇一四年に分かってきたことを、足早にお話しします。ここを丁寧にすると、頭にきたり、腹が立ったりと、問題が起こりますので、ここはできるだけ足早に進みましょう。以下、去年分かったことを整理します。去年、分かってきたことは、「何が分からないか」ということです。

(1) 聞こえてきた声

ここで、私の手元にあります「短期保養のための面談」記録から、お母さんたちのご様子をご紹介したいと思います。

いわき市の事例一

あるお母さんの事例。娘の喘息の悪化を心配して鬱とみなされ、病院に行かされる。投薬後、慢性的な不眠症になりました。

いわき市の事例二

学校などで放射線量を計って教育委員会に除染を要請する運動をやっているお母さんの事例。彼女は、自分の活動について「夫には内密にしていますから」と、私が一～二時間お話を聞いた後に、言っていました。

いわき市の事例三
四歳のお子さんが昨年、一人亡くなりました。来週の金曜日にいわきに行く予定なので、その子のお母さんに会えるかどうか。メールの返信がないのです。

仙台市の事例
新潟から二〇一四年に仙台に引っ越してきた方。新潟では「どのように子どもを放射能被曝から守ろうか」と話し合ってきたが、同じようなことを仙台でしようとしたら、「あなたは頭がおかしい。鬱に違いない」と言われて病院に送られました。幸い、漢方薬を処方されたので、不眠症などにはならずに済みました。

郡山市の事例
町内会の役員を担っておられるお母さんのお話。放射性物質が降ったことが明らかな場所で、子どもと一緒の除草作業を始めたいと町内会長が言い出し、反対すると「そんなことだから放射能に負けるんだ」と、押し切られました。機械を使った除染作業です。粉塵は、もうもうと飛ぶ。でも、もう、反対していたお母さんたちも、皆黙ってしまいました。それで結局、子どもを守りたいお母さんたちは、子どもたちを参加させずに、自分たち母親が人一倍働いて、批判をかわすことにしたそうです。精いっぱいの抵抗でした。

福島市の事例

あるお母さんは、「放射能について心配してはいけない空気なんです。私たちはまるで、隠れキリシタンですよ」と語っていました。これは今年（二〇一五年）聞いた言葉です。

東北のある都市の事例

二〇代で血液関係の癌を発症した大学生のお話。非常にたくさんの放射性物質が降った時・降った場所で高校三年生の最後の日々を過ごし、その後、遠隔地の大学に進学し、そして癌を発症しました。癌は、若い人にも、少ないとはいえ、起こり得ます。問題はその先です。東北の土地柄もあり、普通であれば、親戚中が大騒ぎするはずなのに、今回は、誰にも言えない、というのです。その方はお母さんにだけ、自分の病気のことを打ち明けた。怖くて、誰にも言えないと、その若い癌患者は語るのです。

(2)二〇一四年に分かってきたこと――分からないことは何か、分かってきた一年

今申し上げました「いわき市の事例三」は、二〇一四年までに起こったことです。さて、終わったばかりの昨年、二〇一四年という年に何があったか、覚えておられるでしょうか。少し、振り返ってみましょう。

まず、五月に「美味しんぼ騒動」ということがあったのは覚えているでしょうか。最近、騒動となったマンガの連載が単行本になったので（『美味しんぼ』一一一巻、小学館、二〇一四年一二月）、買って読んでみました。実に感動的な物語となっていました。図1のコマが大写しになって新聞ではたくさん叩かれていました。山岡という主人公が原発の中に入って帰ってきたら鼻血が出た、という場面です。「鼻血なんて出るはずがない」のだそうです。「絶対にない」のだそうです。私の知り合いの福島の人にその話をすると、皆、「ははは」と笑います。「絶対に出ない」のだそうです。どうしてそんなことを、福島県外の人が、力んでいうのでしょうか。不思議でおかしなことが、大規模に起こったのが、去年（二〇一四年）の五月でした。

この漫画で、もうひとつ叩かれた場面があります。大学の先生が顔を出して「福島は原発事故前であれば人が住む場所ではないのです」ということを実名で喋っている場面です。これもとても叩かれました。「何てことをするんだ。風評被害だ」と。「では、どれくらい風評被害が出たのですか」とジャーナリストが調べたところ、ひとつのホテルで、修学旅行が一件、なくなったそうです。大変な被害ですね。でも、それ以外には、その程度の被害も、なかったとジャーナリストは伝えています（http://www.videonews.com/special/20140517_fukushima/）。

この一件は、東京の人たち、あるいは福島県の周囲の私たちが、どれだけ不安に怯えているかをよく表す出来事だったということになると思います。ちなみにこの漫画は、買って読めばよく分かりますが、福島への愛に満ちたものです。この主人公がずっと「あいつ、あいつ」と言って憎んできたお父さんと、ついに和解をする、というところが、この物語だったのです。積年の恩讐を超えて、この福島で、主人

図１　© 雁屋哲・花咲アキラ／小学館

公が宿敵である実父と和解します。作者としてはすごい思い入れをしているはずです。実は、この物語は、この漫画の単行本にして、実に一一一巻目に掲載されているのです。作者は、この巻まで、主人公の和解譚を、ずっと引っ張った。この福島編に、とっておきの和解の物語を持ってきている。そしてその最後のところでは、「福島は私たちにとって本当に大事な場所だ」「そうだ」と語り合って、この二人の和解が完成するのです。一部マスコミが、たった一枚のコマだけ取り上げて、福島をネタに心ない漫画家がひどいことを描いた、というイメージを広げた。多くの人がそのイメージに感情的に反応し、狂騒が起こった。それがつまり「美味しんぼ」問題だと思います。

この問題が起きたときに、「鼻血なんてあるはずはない」と、皆が口ぐちに言うものですから、その年（二〇一四年）の七月一四日に神戸新聞がある記事を載せました。勇気ある記事でした。それは、原発事故を原因として鼻血が出ることはあり得る、という署名記事でした（この記事もまた、インターネット上で叩かれていました）。あるお医者さんが「鼻血は出ますよ。もし核燃料が蒸発して、それが金属とくっ付いたら鼻血くらい出ますよ」と、顔を出して証言している記事でした。

どんなに医者が証言し、新聞がそれを記事にしたとしても、それは仮説に過ぎないのであって、鼻血が出ることなど、あるはずがない、のだそうです。絶対にない、のだそうです——それが五月の段階の話でした。六月になると三六万七七〇七人の子どもたちの中から一〇三人が甲状腺癌およびその疑い、と発表されます。そのうち五七人が切開して、ひとりだけ見間違いで、間違いなく五六人はひどい癌の子どもです、と報告されました。その報告は今でもホームページで見られます。その報告の中で、私がいちばん嫌な予感がした、嫌な感じを覚えたのは、会津若松市のデータでした。会津若松市は、原発事故現場から一〇〇キロの距離にあります。その間には二つの山脈があります。私たちが今住んでいます、ここ仙台市は、原発現場から一〇〇キロです。その間に山は一つしかありません。仙台の子どもの数は、会津若松市の一〇倍です。報告によると、会津若松市で、約一五〇〇人の子どもたちの中から五名の甲状腺癌とその疑いのある子どもが出ました。とても嫌な感じがしました。同じ一〇〇キロ、山は一つ少ない、仙台市はどうなっているのだろう。飛び散った放射性物質が「ここが県境だ！」と思ってパタッと落ちてくれればいいのですが、そんなことがあるのかどうか、どうも、分かりません。ただ、この甲状腺癌は、原発とは関係ないそうです。そう報告されていますから、福島県内限定のエイリアンか何かが、おそらく、いるのでしょう……そんな冗談でも言わないと、どうもおかしくなります。何だか分からない。意味が分からないのです。多分、私の勉強が足りないので、もっと専門家の方に教えてもらわなければならないのでしょうね。

七月になると、原発事故現場の瓦礫を撤去する作業の中で「一兆ベクレル以上」の放射性物質が飛散した、ということが報告されました。昨年、南相馬の農家が米から放射能が検知されたので、どうも変だ、外からくっ付いたみたいだ、ということで、詳しく調べてみたら、確かに放射性物質が付着していた。「これは飛んできたのではないか」と国に言ったら、一昨年（二〇一三年）、国は「それは絶対にない」と言いました。しかし結局、去年（二〇一四年）の七月に、東京電力が「ごめんなさい」と、謝った。でも、すぐその後、東京電力は「再計算」してみたら、問題ない量しか飛散していなかったことが分かったと、発表する。さらにその後、去年（二〇一四年）の一二月末に分かったことは、衝撃的でした。「飛散はない」と言った理由は、「べたべたした薬剤」を撒いて放射性物質が飛び散らないようにしていたから、だったのですが、実はその薬剤は、一〇倍に希釈して使用していたということが、新聞報道で知らされることになるのです。もちろん、その責任者が逮捕された、ということは聞いたことがありません。誰か、この問題の責任を取ったのでしょうか。私は、知らないのです。

次に八月です。これは決定的な報道だったと思います。「ウラン飛散」という報道です。これはNHKの報道ですが、先ほどお話しした「核燃料が蒸発して飛び散ったら、鼻血くらい出ますよ」という話と対になる報道でした。「それは、単なる仮説に過ぎない」と言っていた話が、事実だったらしい、ということが分かりました。分かったのは明石市にあるスプリングエイトという機械で、茨木県の筑波山で採取した塵の中に、ガラス状になったウラン、つまり核燃料の蒸発したものが見つかりました、というプレスリリースです。これはとても嫌なことを私たちに伝えています。

日本人は、本当に寛容で豊かな心を持っていると思います。不思議でならない。誰もこのことをびっくりしないのです。このプレスリリースに、昨年一二月に確認された情報を加えますと、こうなるのですから――「マスクを透過する大きさPM二・五マイクロメーター以下の大きさのガラス状で、水に溶けないで何度も舞い上がる性質のウランを中心とした、ガイガーカウンターでは計測できない放射性物質」が「一七〇キロ圏内に一平方センチメートルあたり、平均七〇個程度は最低、散らばっている可能性」があり、そして「原発由来の放射性物質の七五パーセントのその形質は分かっていない」のに、「薬剤を適切に使用しなかったので放射性物質が後から後から大量に飛び散り続けた可能性がある」ということが分かった、ということになるのです。少し、説明を丁寧にしてみます。

二〇一一年九月に、日本アイソトープ協会がわざわざある文章を出しました。それは「核燃料が蒸発してガラス化したなんてことは、絶対にありえません」という文章です。根拠としていたのは、まともな論文にそんなことが載ったことがないからです。そうしたら、二〇一三年に『Nature』誌でまともな論文としてまともな議論が載ってしまいました。その後、先ほどのスプリングエイトという機械で、昨年（二〇一四年）の八月にプレスリリースしたものは『Analytical Chemistry』という論文雑誌に載りました。ということで、それを分析すると、先ほどお話しした通りのことがはっきりしたのでした。つまり、大きさPM二・五、ガラス状で何度でも舞い上がる、α線を出す放射性物質が、どれくらいか分からないけれども相当程度、飛び散ったと分かったのでした。α線を出す放射性物質ですから、いくらガイガーカウンターを振り回して「空間線量が下がった」と言っても、あまり意味がありません。ガイガーカウンターでは、γ線と、ほんの少しのβ線という放射線しか量れません。今回飛び散ったことが分かった放射性物質とは、あまり関係ないのです。その物質が見つかった場所は、原発から一七二キロメートル離れたところでした。今回の原発事故では、原子炉が三つ溶けたのですが、三つのうち第一号機のうちの一パーセントが蒸発して飛んだら、飛び散る放射性物質の量は、一七二キロメートル圏の中に均一に飛び散ったとしても、一平方センチメートルあたり七六個となるそうです。それ以上のことは、分かりません。ただ、分からないということは分かることになります。それは、昨年（二〇一四年）の一二月二一日に報道されたNHKのニュースの結果です。そのニュースによると、原発から出てきた放射線物質の七五パーセントについては、出所も分からなければ、その経緯も分からず、中身が分からない、ということでした。私たちに分かっているのは二五パーセントだけだ、というのです。当事者が調べていない以上、分からない。

以上が、去年（二〇一四年）に分かったことです。

加えて私は、去年の一〇月に、早稲田大学で行われた「原発災害と人権」というフランスと日本合同のシンポジウムに出て、チェルノブイリ事故のことを勉強して非常に多くのことを学びました。一九八六年にチェルノブイリ事故が発生したときには、「即時退去、三日で帰宅。火事ですから絶対すぐに帰れます。念のために避難してください」と指示が出された。当時はソビエト連邦共和国でしたから、官僚制国家なので、その指示を受けた人々は皆、お役人みたいな感覚をお持ちでした。通達があれば、必ず、すぐに従います。そして結局、皆裏切られ、帰れなくなった。ここまでは、日本の話と同じでしょう。ただ、日本と違うのは、チェルノブイリ事故の場合は、三万人の軍隊が動員された、ということです。軍隊ということです。死んでもいいという人（本当はよくないのですが）が、三万人動員されて、無理やりでも放射性物質の拡散を防いだ。それは功を奏し、七カ月後には、これ以上放射性物質が飛び散らないようにとコンクリートで覆ってしまいました。それでもゴルバチョフさんによれば、ソビエトが崩壊したのはこの事故のせいだった、ということでした。チェルノブイリ事故のとき、「絶対に大丈夫だ」と、ＩＡＥＡやＩＣＲＰという国際団体が言ったのですが、だめでした。事故から五年目の一九九〇年九月に「第一回チェルノブイリ事故の生物学的、放射線医学的観点に関わる国際会議」を開催して情報を公開したら、本当に世界中がびっくりしてしまった。日本から笹川事業団が支援に行くのをソ連が受け入れるほど、その事態は深刻でした。今有名人となった山下俊一さんは、この時の中心人物です。そういう出来事があったことを考えますと、この後何が起こるのか、考えてみる必要があるように思われます。ソビエトのことを勉強してみますと、今の日本は後を追いかけているような気がします。

放射能汚染ゾーンの区別

（土地の初期汚染が基準）

ゾーン区分	土壌汚染（セシウム 137）Bq/m²	土壌汚染（セシウム 137）Bq/kg	年間被曝量 mSv/年
ゾーン1 避難（特別規制）ゾーン			原発周辺 30㎞ 立入禁止区域
ゾーン2 移住義務ゾーン	555,000 〜	8,538 〜	5 〜
ゾーン3 移住権利ゾーン	185,000 〜 555,000	2,846 〜 8,538	1 〜 5
ゾーン4 放射能管理強化ゾーン	37,000 〜 185,000	569 〜 2,846	0.5 〜 1

＊「土壌汚染　Bq/kg」 ＝ Bq/m2 ÷ 65として計算＊

図2

ソビエトでは連邦国家の崩壊へと追い詰められる過程で、厳しい基準を作らざるを得なくなりました（図2をご覧ください）。日本では「大丈夫だ」と、まだ言っていられる状態にあるようです。ソビエトでは四年で「大丈夫だ」というのが維持できなくなって、国際会議を開いて、世界中がびっくりすることになった。そして「チェルノブイリの基準」と言われる避難の目安が作られることになった。

今、土の放射能の値が気になります。土壌汚染についてのチェルノブイリの基準を、日本政府の換算式に合わせて換算し整理してみたことがあります。その換算結果を、既に報告されている各種の土壌汚染情報に当てはめると、その多くが、移住することが奨励される（移住を国が支援する・移住の権利が認められる）地域となるのです［二〇二二年の註記：二〇二一年、福島駅から自動車で一〇分ほどの住宅密集地の敷地の土壌から「七万ベクレル／kg」を超える放射能が計測された］。

(3) フクシマとはどこか――数千万人の問題

結局、今、申し上げていることは「フクシマとはどこか」という話です。ガラス状でPM二・五の大きさのα線を出す放射性物質が、一七〇キロ圏内（筑波山あたりまで）に、平均して一平方センチメートルあたり七六個程度は、飛んでいるかもしれない。このことを国連が出している資料（http://xfs.jp/ZN5fj）と重ねると、分かってくることがあります。つまり、福島県内の内陸部よりも、関東地方や宮城県北部の方が、ずっと放射能に汚染されている可能性がある、ということです。

そうすると、「福島」とはいったいどこなんだ、という疑問がわいてきます。私たちは福島、フクシマと言って、福島県に何かを押し付けて安心しようとしているのではないか。今、皆で、口裏を合わせるようにして、「臭いものに蓋をしている」のではないか。だから、その蓋が外れたら困るのだ。だから、美味しんぼ騒動のようなおかしなことが起こるのではないか――これは必ずしも穿った見方ではないような気がします。もし宮城県北部から関東までが汚染されているとしたら、数千万人の規模で、困ったことになる。そんなことがあったらソビエト連邦共和国のように国が滅びる。そんなのは困るじゃないですか。だから「臭いものには蓋を」ということで、たまたま「美味しんぼ」は騒ぎになった、とすれば、辻褄が合ってきます。

私たちは、仏教とキリスト教の教役者が組織している団体から、「輝かせたい憲法九条―第八回シンポジウムと平和巡礼 in 仙台―」というシンポジウムを行うので手伝ってください、と頼まれて、元寺小路カトリック教会で大きな催事を行いました。二〇一二年九月のことでした。そのとき仙台キリスト教連合の皆さんで、このシンポジウムでのアピール文をどうしようかと話し合いました。その結果、仙台キリスト教連合の一致した声として、一つの声明文を出すことができました。その中で、最も大事だと思う言葉は、以下の部分だと思います。

昨年の東日本大震災によって引き起こされた福島第一原発事故による計り知れない放射能汚染の拡散は、原発が「国民の生存を脅かし、いちじるしい恐怖と欠乏に陥れる」核施設であることを明らかにしました。

右の鍵かっこ内の言葉は、日本国憲法前文の言葉を用いています。つまり、今回の原発事故は日本国の問題（憲法が保障しているはずのことが日本国政府によって守られず、しかもその問題が放置されている問題）のはずなのです。でも、それを直視するのは、私たちにとってしんどい。だから、この問題を他人事とするために、「福島」の問題としている——もしそうだとすれば、それは福島の人たちに対する差別です。

自分たちが安心して暮らすために、福島に「ちょっとよろしく」と言って済まそうとしているのは、基地問題を沖縄に押しつけるのと同じ、酷い差別です。福島に原発を押しつけてきたのです。その上さらに放射能も押しつけた、ということになってはいけない。この事故は、本当は私たち全員の、人権の問題です。少なく見積もっても、宮城県を含む福島県周辺約一千万人の問題のはずです。それがつまり、「フクシマの痛み」です。

三　この二年をどう過ごすか――国際被曝者連帯とスピリチュアルケア

それでは、私たちはどうすればよいのか、ということになります。とりあえず、「何が分からないか」が、昨年やっと、分かりました。だいぶ進歩しました。今までは「何が分からないか」が分かりませんでした。でも、もう分かりました。たとえば、事故で放出された放射性物質の七五パーセントが「分からない」ということが分かりました。「放射性物質の種類がα線を出すものだから、問題だ」ということも分かりました。つまり、「α線がどこから出ているのか、それがどんな問題を生み出すか、分からない」ということが、分かりました。この最後のことは、いつか、分かってくるでしょう。私たちの体が、人体実験の素材となっています。残酷なことですが、でも、もしかしたら「なんともない」かもしれない。もう少ししたら、はっきり分かると思います。あと二年程度して、何もなければ「大丈夫だ」と言えると思います。そして、その理由は後でまた、人類学者や生物学者の方に調べていただいたらいいと思います。

実に、あと二年もすれば（二〇一七年になれば）、私たちは現実を知るでしょう［二〇二二年の註記：このことについて、いったいどうなったのかは、本稿末尾を参照ください］。本当に「大丈夫」なのか、私やこのお母さんたちが気にしすぎたのか、それとも本当はチェルノブイリと同じなのか。それはこれから分かる。ですから「それまでの期間をどう過ごすか」ということに、問題はまず、絞られてくると思います。

その上で、私は宗教者として何ができるか、考えてみました。その答えが、今回の副題としていただきました「国際被曝者連帯とスピリチュアルケア」となります。その中身は、三つに分けられます。第一に、二つのビジョンを立てるということです。そのビジョンとは、「出エジプト物語」と「マタイの黙示録」です。第二に、世界教会協議会と「核から解放された世界」という目標です。それから第三に、実践の具体的な形として、スピリチュアルケア・無力の力・祈りの力、がある。以下、この三つのこと、ビジョンと目標と実践について、語ります。

(1)二つのビジョン

まず、私たちに何ができるかを考えるために、二つのビジョンを立てます。私たちプロテスタントの間で、特に二〇世紀に流行った言葉が、「ビジョン」でした。これはアメリカ式のキリスト教由来の言葉で、そこには実はいろいろ弊害もありましたが、大事な言葉です。聖書の言葉では「幻のない民は滅びる」(「箴言」二九章一八節)が参照されます。ビジネスの世界ではよく使われる言葉です。現実を超えた地点に視点を置き、現実全体をとらえ返す。それが、「ビジョン」ということの意味だと思います。

被曝地の痛みの中で、どんなビジョンが望見できるか。現場で思い出される聖書のイメージは、「出エジプト物語」と「マタイの黙示録」でした。前者は、エジプト帝国の維持発展のために、小さくされた民の子どもを犠牲にしようとする圧力と、それに抵抗を示す神の物語でした。後者は、エルサレム滅亡を視野に入れた時の心構えをイエスが語るものです。

a　手段と目的の転倒――「ノシズム」の無責任

私は、フクシマで起こっていることを何とか言葉にできないか、ビジョンとして提示できないか、と思って言葉を探していました。そして、カトリックの哲学者の今道友信先生が良い言葉を遺してこの世を去って逝かれたことに気が付きました。それは、「目的と手段の逆転」です（『エコエティカ』講談社）。少し、その説明をします。

もともと電気は、私たちの快適な生活のために存在します。たとえば、今皆さんはこうして健やかに座っておられる。ここに空調が効いている証拠ですね。照明もきちんと点いています。部屋の中でも明るく過ごせますから、目が疲れずにすむ。つまり、ここには「人生を楽しむための電気」がある。私たちは、目的があって電気を使っています。ここで言う目的とは、健康とか人生の維持や向上です。そうであるはずですのに、今、起こっていることは何でしょうか。「被曝したって仕様がないよ、電気が必要なんだから、少しくらい我慢しよう」という声が聞こえてきます。「復興のためには、少しぐらい、我慢しよう」。これはつまり、七〇年前のスローガンと同じでしょう。つまり、「欲しがりません。勝つまでは」です。復興も勝利も、健康や人生の維持向上を目的としていたはず。それらは手段に過ぎなかったはず、ですのに、目的と手段が、逆転しているのです。七〇年前に「欲しがりません。勝つまでは」と言ったのは大日本帝国ですが、そのときも「国民の生活のために」戦争をしていたはずなのです。あるいは「アジアの解放のために」戦争をしていたはずなのです。それが目的と喧伝されていたのに、いつの間にか、現実は、手段と目的がひっくり返っていた。目的が手段に換えられていた。国民の生活もアジアの解放も、戦争のための手段とされていた——本当は戦争こそが手段だった、はずなのに。

このように、目的と手段が入れ替わると、どうなるか。「目的」は、必ず、「誰かの目的」です。目的には、その目的をもっている当事者がいる。そうすると、責任がはっきりします。対して「手段」は皆のもの、不特定多数の、すべての人のものです。全ての人に開かれているから、手段はいつも、皆で寄ってたかって作りあげ、バージョンアップしていくものとなります。そうやって、発電所が生まれ、あるいは戦争も行われた。もちろん、国家もそうです。それらは、健康と生活を守るための手段として、装置として、機構として、整備され、すべての人に開放される。そうすると、皆で不具合を直し改善し発展させる点、良いのですが、しかしそうやって「寄ってたかって」作ったものには、誰も、責任が取れないことになります。皆で作ったのだから、しょうがありません。

そうなると、問題がはっきりしてきます。「手段が目的の位置に入ってしまったら、どうやって責任を取るのですか」という問題です。このことをはっきり指摘されたのが、今道友信先生でした（『未来を創る倫理学　エコエティカ』）。先生は、「ノシズム nosism」という言葉を使っておられました。「エゴイズム（利己主義）」ではなくて、「エゴ」の複数形「ノス」を用いて、「ノシズム」。「我々主義」と訳される言葉です。「皆のために」という、無責任の問題。手段と目的がひっくり返っている、という問題。

b 「出エジプト物語」と「マタイの黙示録」

こうして、問題がはっきりしてきますと、古い一つの物語が思い出されてきます。つまり、旧約聖書の「出エジプト物語」です。

「出エジプト物語」のスタートは「国家を守るために子どもを殺せ」というファラオの命令から始まります。奴隷が増えすぎたから、その子どもを間引かねばならない。本来、国家は、命を守るために・生活を守るために・人生を楽しむためにあるはずなのに、「国家を守るためには、まず奴隷の子どもを殺さなくてはいけない」と、ファラオが命じた。これは、そっくりそのまま、「復興のためには、子どものことで気を病む母親を無視しろ」ということと、同じことです。ここに、ひとつのビジョンが確保できそうです。それは「出エジプト物語」のビジョンです。

もうひとつのビジョンは、「フクシマはどこだ」という問いから始まります。繰り返し申し上げます。私は「フクシマ」とカタカナで書くときには「福島県」とは区別しています。カタカナで「フクシマ」というのは、海外の人とやり取りするときに「ＦＵＫＵＳＨＩＭＡ」と語る、そのイメージを表現しています。海外の人のほとんどは、当たり前ですが、福島県の地境なんて、ご存じないのです。つまり、海外の方々からすると、宮城も茨城も、おおむねFukushimaです。この感覚を持つと、亡国という言葉が、ぼんやり浮かぶように思われます。チェルノブイリのことは、まさに、そのことを私たちに思い出させるものでしたね。そして、このことから、「マタイの黙示録」（「マタイ福音書」二四～二五章）が思い出されてくるというわけです。それは、イスラエルという一つの国が滅びて行く現実を前にして、そのイスラエルの民は、亡国の現場で、どのような心構えを持つべきかを語るもの、だからです。

以上二つのビジョンの中身については、後でもう一度、振り返るようにして確認したいと思います。ここではまず、ビジョンを提示する宗教者の役割について、確認しておきたいと思うのです。

ビジョンということを考える時、宗教者の役割がはっきり見えてくるのではないか、と思います。究極の事柄、生と死の事柄を前に人はしばしば神話的になります。このことは、私たちにとってひとつの手がかりになります。死に向かう人は、お迎えが来たと言ったりする。神話的になる。多くの被災者・被ばく者が「私の運命はどうしてこうなのだろう」と悩みます。実に、これは神話的なものの言い方です。被ばく地のお母さんたちは、子どもを目の前において、深く真剣に「生・死」ということに向き合う。それで、彼女たちは本当に掴まなければいけないものを掴み始める。そのとき人は自らの生のオリエンテーションを求めて、神話的になるのです。

c　神話の意味と宗教者の役割

神話を使って（「出エジプト物語」も「マタイの黙示録」も、神話といえば神話です！）、ビジョンを語る。実は、それは津波のときに私たちが経験したことです。津波は巨大すぎまして、現地では、その被災の全貌は、なかなか明らかにならなかった。その時に、「とにかく大丈夫だから落ち着こう」と私たちは語った。「なんでそう言えるのか」と問われるならば、「神様が・仏様が・ご先祖様が、一緒だから」と、私たち宗教者は、それぞれのやり方で、何度も言いました。つまり、信仰だけに基づいて無根拠に、私たちは語った。根拠が壊れてしまったときは、これしかないでしょう。信仰ということを理解しない人（そういう人がいても不思議ではありません）からは、無責任のそしりを受けるかもしれない。でも慌てるよりはましです。祝意をもって、無根拠に、「大丈夫」と語ること。祝意をもって、ということが重要です。そこに、宗教者の価値が表れます。政治は祝意を示すことに価値を見ません。政治の価値は、相手をやっつける「政治力」にこそある。これは宗教と政治の大きな違いです。とにかく敵を愛する、祝福をする、それが宗教の役割です。そして、調和をもたらす。調和をもたらす点においては、政治も宗教も、同じです。でも、その目標への経路は、ずいぶん違います。政治は闘争を経る。宗教は祝福に徹する。

⑵世界教会協議会と「核から解放された世界」

今、政治と宗教の関係について考えてみましたから、そこから少し、具体的な教会の働きについて、考えてみたいと思います。それはつまり、「出エジプト物語」のビジョンをもって、近未来の目標を立てる試みの御紹介となります。

「核から開放された世界」という言葉があります。それは、まさに「出エジプト物語」の神話からビジョンを得て作られた言葉です。この言葉は二〇一二年一二月に会津で行われた「原子力に関する宗教者国際会議」で、韓国梨花女子大学の張允載教授が発表したものです。この会議は、日本基督教団若松栄町教会の方々と現地実行委員会を組織して一緒に行った、私たちにとっては初めての「国際デビュー」となったものでした。仏教者の人たちともご一緒に開催した会議でした。会議の最終日、日蓮宗の御僧侶が私を捕まえて「すごい人がいるね」と言うのです。それは、張教授のプレゼンテーション、とりわけ下記の言葉に触れてのことでした。

今私たちは、核産業（原子力産業）と核兵器によって生命が脅かされる時代と対峙しています。かつてのイスラエルの人々のことを思い出してみましょう。この人々が四〇年の砂漠の旅を生き抜き、ヨルダン川を渡って、いざカナンに入る直前に、神はこう言われました。

「わたしは今日、天と地をあなたたちに対する証人として呼び出し、生と死、祝福と呪いをあなたの前に置く。あなたは命を選び、あなたもあなたの子孫も命を得るようにしなさい」（「申命記」三〇章一九節）

今こそ我々は、最初に核実験が行われた場所ホルナダ・デル・ムエルト（米ニュー・メキシコ州の砂漠および砂漠にある約一六〇㎞の道路であり、その語源は、スペインの征服者が名付けたもので、Journey of the dead manの意味である）を抜け出ていかなければなりません。この砂漠で「死の遊び」が始まったのです。これを止めて「いのち」を選ばねばならない。私たちは今、核から解放された世界への出エジプトが、ここに始まらなければならない。私たちは今『バガヴァッド・ギーター』（「神の詩」の意。ヒンドゥー教の重要な聖典の一つ）が語るところの「死、即ち世界の破壊者」のようなものとなっています。だからこのインドの古い物語が語る通り、私たちも、大地を維持し育む者へと変わっていきましょう。その旅路の先に私たちは人間性を取り戻せるはずなのですから。長く厳しい旅路となるかもしれません。しかしその旅において、あなたは孤独ではないのです。なぜなら、この出エジプトの道は、いつか、いのちと正義を重んじる多くの人々の列となるのですから。

ここには、ビジョンというものの力が良く表れていると思います。

その後、私たちは二〇一三年一一月に釜山で行われた、世界教会協議会第一〇回総会に参加します。実は会津で行われた会議はその準備会合でもありました。釜山では大きな会場でブースを持って、ここで初めて「「International Solidarity of/with Hibakusha 国際被曝者連帯」ということを言い出します。この言葉を掲げてプレゼンテーションをし、皆で話し合う時間をブースで持ちました。そして、その裏では、会議の本体の方で「核から解放された世界にむけて」という声明文を作りましょうと展開していた運動に参加しました。これは大変なロビーイングでした。それを作りたいという嘆願書は全会一致で通りました。嘆願書に署名をもらうために、私たちも走り回りました。しかし、その声明文の採択については「継続審議」になってしまいます。議論は「延長戦」に入りました。結局、総会が終わっても、ゆっくりはしていられなくなります。

すぐその後、二〇一四年三月に仙台で東日本大震災国際会議を日本基督教団が開くということで、そこに向けて、世界中の皆で力を合わせていきました。その国際会議は東北学院大学で行われました。私たちの仲間になってくださった世界中の方々に参加していただき、この会議でどんどん仲間を増やしていって、「延長戦」の間、議論が下火にならないように努力しました。その結果、この仙台の国際会議でも、一つの大事な声明が生まれます。「東日本大震災国際会議宣言文」です。

仙台で生まれた声明文の、何が大事かというと、「今まで縷々述べてきた福島の痛みの責任は私たちにある」と述べたことです。「ノシズム」あるいは「手段と目的の転倒」ということで申し上げた通り、今、この巨大な原発事故をめぐって、「誰も責任を取らない」。いや、たぶん「取れない」のです。その現実を直視した上で、教会が「これは私たちの罪の結果です」と宣言した。この仙台の国際会議の宣言文は、「罪の告白」で始まります。これが大事なことです。誰かが責任を取らないのだったら、神の名において自分で責任を取ったらいい。そして、教会にはそれができた！

そして、「延長戦」は最後を迎えます。二〇一四年七月二日に、タヒチとジュネーブで、それは展開します。ジュネーブには、世界教会協議会の本部があります。そこで、第一〇回総会から意思決定を付託された「中央委員会」が開かれました。そこには、釜山で共に汗を流した多くの仲間が出席していました。そしてまた同じ日に、タヒチでは、太平洋のヒバクシャの痛みを共に覚える式典が行われ、そこに私は来賓として参加したのでした。それは毎年七月二日に行われる式典でした。その日は、一九六六年にフラン

図３　「ムルロア・エ・タトゥー」の記念碑。世界中の「被ばく地」の石が据えられている。

スが初めて太平洋で核実験を行った、恐るべき記念日でした。

実は世界には大変な被曝が広がっています。一九四五年に、先ほどの張教授のプレゼンテーションにあった「死の道 ホルナダ・デル・ムエルト」での最初の核爆発が行われ、その後、ヒロシマ・ナガサキで核爆発が起こるわけです。その後、世界は狂ったように核実験をし続けるのです。核実験はだいたい人のいない場所、太平洋の無人島などで行われます。その数は、なんと二〇〇〇回を超えるのです（インターネットで、A Time-Lapse Map of Every Nuclear Explosion Since 1945-by Isao Hashimotoと、検索ください）。太平洋で行われた核実験は、近隣の島々の人々を徴用して行われる。当然そこには、被爆者／被曝者（ヒバクシャ）が生み出されます。そのヒバクシャは、何も手当てをされないで、「安全だから」「大丈夫だから気にしないでいいから」と言われ、それぞれの島に戻される。体調がおかしくなったら、どうなるか。例えばタヒチでの証言によると、フランスから軍隊がやって来て、フランス本国の病院に連れて行かれ、ほどなく、棺に入って帰ってくる、というのです。太平洋では、そういうことがずっと繰り返されてきました。それではまずいということで、タヒチにひとつの記念碑が作られました（図3を参照）。この記念碑を中心にして人々が被ばくした人たちを覚えよう、ということなのです。この記念碑の台座の中心部分は南太平洋を意味していて、太平洋の島々が、それぞれの石を用いて表現されています。この記念碑の手前には、ヒロシマ・ナガサキからも石がきて、据付けられています。フィジィー、アルジェリア、セミパラチンスクの実験場の石も、一緒に据えられていました。それは、世界のヒバクシャ連帯を作ろうという意思を示していました。ここに長崎の石があるということで、私たちは長崎市長の親書を持って、福島の石を届けに行ってきた、という次第でした。

太平洋ではこういうことをやっている！と、世界中の教会に情報が流れることに、とても意味があると、世界教会協議会の仲間が教えてくださいました。つまり、欧州のジュネーブは現地から遠いので、アジア太平洋のことは忘れてしまう。だから、ジュネーブで話題になるように、ちょうどジュネーブの中央委員会が開かれるその日に贈答式が行わることを、最大限活かそう、という趣旨だったのです。

そうして、昨年七月に、ジュネーブで、声明文「核から解放された世界へ」が採択されることになります。その英語の原文はインターネットで見ることができますし、日本語文であれば「核から解放された世界へ」と調べてくだされば、私と友人が訳したものが見られます。

以上のような経緯を経て、声明文が出来上がった。それは、私たちの教会としての目標を定めた、ということを意味しています。今年（二〇一五年）の二月二三日、二四日に、私たちは韓国に呼ばれていまして、この先どうするかということを台湾と韓国と日本で話し合うことになっております。それは、私たちが「核から解放された世界へ」進むためにどうすればよいのか、話し合う会議です。その目標は、

「出エジプト」のビジョンに裏打ちされています。それは、世界中のヒバクシャの声を聴き、そこに共に苦しんでおられる神様の呼びかけに答えて、死ではなくて命を選択する、という目標になっています。以上、「被曝者国際連帯」について、お話し申し上げました。

(3)スピリチュアルケア・無力の力・祈りの力

もうひとつ「スピリチュアルケア」について、お話しします。スピリチュアルケア、と言ったときに、ひとつ重要なことがあります。それは、カルトの問題です。

ここまで、私が縷々《るる》申し上げた「フクシマの痛み」は、特に福島の県内ではひそひそと喋っていることでした。実は、以上に語ってまいりました問題は、福島県に住んでいれば、どうしても、すぐに分かることなのです。でも、「復興」のために、表向きは、それを無視しなければならない。そうすると、「表と裏」を使い分けることになる。そしてすごく鬱屈した心情が醸成される。そういう心情に付け込むのが、カルトです。

現実から目を背けたいという誘惑が強くなり、そしてそこに、カルト的な宗教の跋扈する余地が生まれる。ここに、キリスト教系カルトの宣伝用パンフレットがあります。「放射能禍に苦しむ福島の人々よ、あなたたちは、このままでは絶対に不幸になる。幸せになりたければイエス・キリストを信じなさい。それも、私が示すキリストを信じなさい」――そうしたメッセージを発しています。これは、カルトの典型事例です。そこで語られるのがイエス・キリストだろうと、シャカ・ムニ・ブッダだろうと、そんなものは全部だめです。人を脅し上げて、意思を鈍らせて、信仰を持たせるということは、端的に逸脱です。非常に深刻な問題です。実はもう、カルトがはっきり動き出しているのです。

他方、国も、同様のことをしているようです。環境省が予算をつけて「お寺を使って、被ばく地に安心をあたえる実験」を行いました。七〇年前の戦争の時、同様のことが行われたことを思い出します。「だいじょうぶだ」「安心だ」「頑張るんだ」と、宗教を使って、思い込ませる。宗教を使わなくても、宗教のような式典を行って、「福島の復興のために頑張る」と子どもたちに宣誓させ褒賞する、ということも福島県内で多々行われていると、友人が報告してくれました。それはつまり、戦地へ向かう犠牲心を育み育てようとしたことと、同じだと、その方は報告していました。「私は、自分の子どもを、戦地には送りません。この決意は、今、本物かどうか、試されています」と、その方は私におっしゃったのでした。

私たちは、津波被災地で「臨床宗教師」という言葉を産み出しました。臨床、つまりベッドサイド、死に逝く人や死を身近に感じた人の傍ら、あるいは、いのちの現場。そういう現場にいる宗教者、という意味で使っております。実際には、それは被災地チャプレン、そして刑務所チャプレン（教誨師）や学校チャプレン（宗教主任）そして病院チャプレン等を意味しています。津波被災地で、私たちはそうした役割を、急遽、担うことになった。その試行錯誤の累積を、後代に残さなければならない。それが、「臨床宗教師」という言葉を産み出した背景です。

死を身近に感じた人、あるいは、死に逝く人に、宗教者がいったい何をするのか。そう考えると、実は、宗教者は何もできない、していない、と気づきます。それは、私たち宗教者が皆、知っていることです。傍にいても、治療もできない。ハンドマッサージもできない。念力もありませんし手かざしもできません。情けない話です。

しかし、私たちは知っています。能力のある人は、その能力を発揮した順に、一人ずついなくなっていく。なぜかというと、どんな能力も死には勝てないからです。死を止めることはできない。だから、能力のある人はどんどん抜けていきます。そして、能力のない私たちは、まだそこにいる。しかもその人が亡くなってもまだ「ベッドサイド」にいるのです。遺族と一緒に。私たちがやっていることは何かというと、お茶を飲んで、賛美歌を歌って、聖書を読んでお祈りをしている。何もしていないのです。「何もしないで、そこにいる、ということ」。これはとても大事なことです。何もしない、ということがどんなに難しいことか。仮設住宅に傾聴喫茶をするために行った人たちは、そのことを感じて帰ってきます。逆に仮設住宅側の人たちは、何もできない人たちが来てくれたことが、どんなに嬉しいか、語ります。そういう人たちにお茶を出して上げられた、お話ができた。何もできなかったけれど……。このギャップです。「何かできる」と思っている人は、どうしても押し付けがましくもなる。そして、そういう人は、いつか、どこかにいなくなる。でも、私たちは、何もできないで、そこにいられるのです。何もできないからいられるのです。そして、体を張って、いのちのオリエンテーションを試みる。友達となって、一緒に生きようとする。こういうことがつまり、「スピリチュアルケア」というのだと思います。

「マタイによる福音書」の黙示録(二四〜二五章)を、ここで思い出しましょう。今、亡国の臭いが漂うフクシマの現状を見る時、この言葉に、教えられることが多くあるように思います。「これからひどいことが起こるよ」と、イエスが弟子たちに告げる場面です。実際、その三〇年か四〇年後くらいに、イエスが言った通り、本当に、イエスの国が滅びます。そのことを踏まえて記録されたイエスの言葉です。「ひどいことが起こるけれども、それは終末ではありません」と、その言葉は語り始めています。そして、「最後まで耐えしのぶ者は救われる、という善い知らせを、あらゆる人々への証として、世界中に宣べ伝えること」が勧められます。

具体的には、まず慌ててはいけません。変な人がたくさん出てきます。よく見て自分で決めなさい。危ないと思ったらすぐに逃げなさい。ただし、最後まで耐えしのぶ者は救われるという善い知らせを世界中の人に伝えなくちゃいけない。そう、イエスは最初に語ります。それはまさに、カルトについての警告として、今、響いてくる気がします。

イエスはその後、「天国の例え」というものを語り始めます。この例え話は三つ並列されます。最初の例え話（花婿を待つ一〇人のおとめの話）においては、その前に語っていたことと同じことが、繰り返されています。とにかく最初は慌てないで、必要な備えを整えるようにしなさい、いざとなったら人のことはかまえなくなるぞ、と、そういう話です。

ここで思い出すのは、津波被災地の痛ましい事例です。たくさんの人が、人を蹴落としたりして自分の身を守った、ということに、深く傷ついています。実際、そうすることでしか、人は津波から自分の身を守れない。「津波てんでんこ」という言葉で、それはずっと語られてきたそうです。イエスの最初の例え話は、そういう事態に至るところまで耐えしのびなさい、と語っているように思います。

では、何のために、耐えしのぶのでしょうか？――私たちに、何かできることがあるはずです。そう思うと、次の「タラントの話」の意味が見えてきます。「私たちにも、できることがあるはず。教会にできることがある。それを隠してはいけない」ということが、そこに語られているのですから。そして最後の例え話（最後の審判の話）で、イエスは「最後の日には、救われる者と滅びる者を分ける」と語ります。その時、キリストは、ある人々に、こう言うそうです。「あなたは私によくしてくれたから救おう」。その時、人々はキリストにこう言う。「私たちは身に覚えがありません」。するとキリストはこう答える「いや、あなたは困っている人がいたときに助けたはずだ。あなたは着るものがない人に着るものをあげた。住まうところのない人には宿を貸した。飲み物が必要な人には飲み物をあげた。牢屋にいる人・病気の人を見舞った。それは私にしたことだから、さあ天国に行きなさい」と。

以上全部を繋ぎますと、どうなるでしょうか。まず、最後のところは自分で決めなさい、ということが語られています。最後ギリギリのところまで自分で考えて、ここが最後だと思ったら、人のことはいいから逃げる。これが第一です。他人になんて左右されてはいけません。第二に、その逃げるギリギリまでは、人に奉仕しなさい、ということが語られる。教会は、教会にできること（たとえばスピリチュアルケア）を担う。そうするにあたっては、世界各国に対してはちゃんと迷惑をかけたことをお詫びして、助けてください、と申し出ること。現状をきちんと直視して、それを報告し、奉仕の業をご一緒ください、と申し上げること。それがつまり、「国際被曝者連帯」ということになるだろうと思います。そして第三に、そうしたら神様が最後は報いるということ、つまり「最後まで耐えしのぶ者は救われる」ということが、必ず、弟子たち（願わくば教会！）によって、世界に広がるということが語られる。これが多分、私たちがこの二年間に採るべき道だと思います。

以上がつまり、今日私が致しましたお話の全てであっただろうと思います。以上で終わります。

（二〇一五年一月二四日　講演）

【二〇二二年の付記】

本稿は、二〇一五年までの「被曝地フクシマ」を見つめて行った講演である。この後、福島県キリスト教連絡会放射能問題学習会において、次の通り、事態が明らかになった。すなわち、二〇一五年まで、「国立がんセンター」の資料が公開されている（なぜか、二〇一五年以降はそのデータが見つからない）。その分析をしてみると、

・「二〇一一年に放射能の雲が通った地域」の
・「二〇〇九〜二〇一一年」と
・「二〇一四〜二〇一五年」を比べると、
・「一〇〜一四歳」の男女で、
・「一〇万人中のがん罹患率」の数値が、
・「一〇〇パーセントの増加」を示す。

（了）

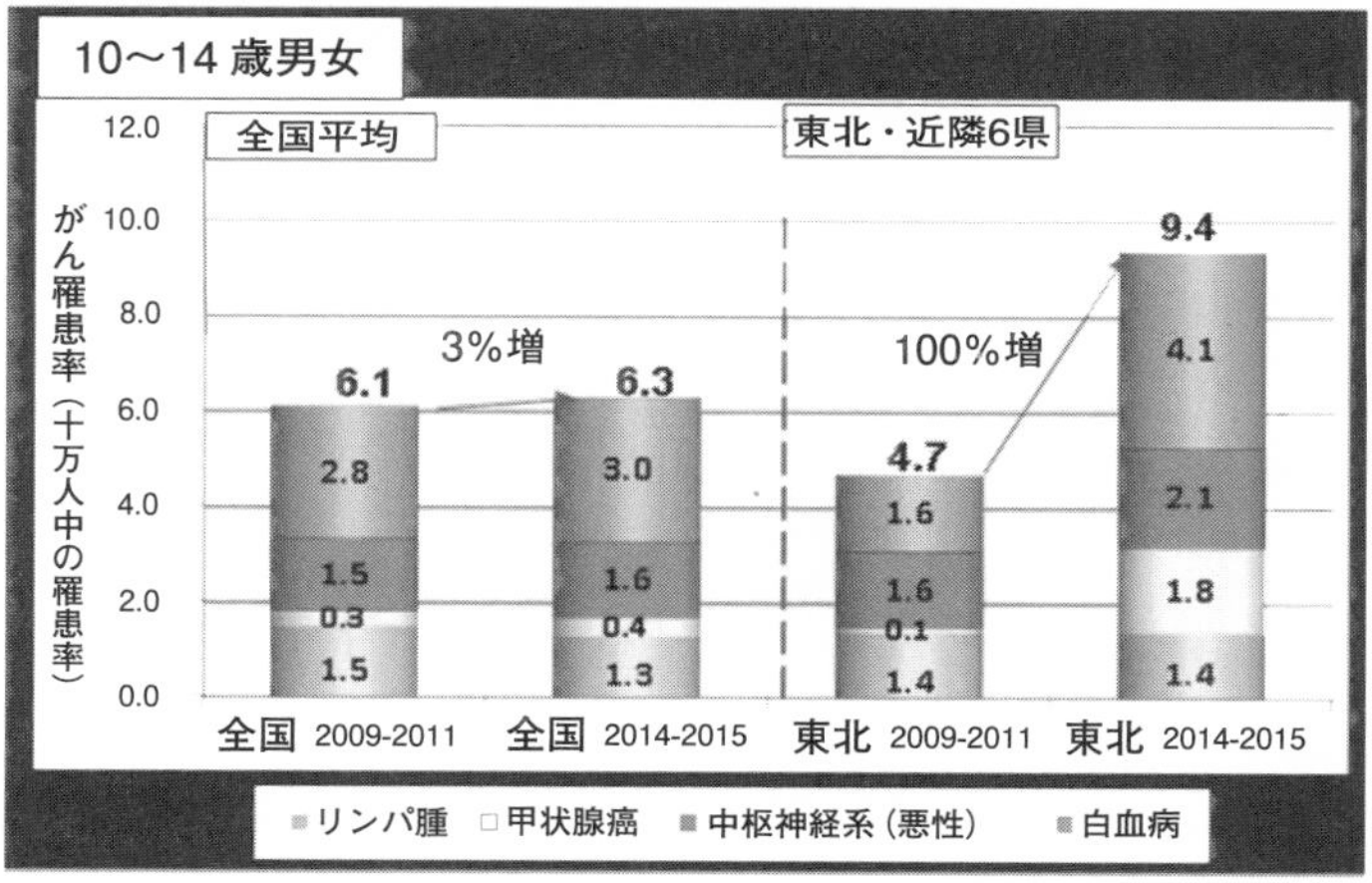

なぜ神は助けないのか

西平　直

公開講演会は、ふつう、これまで自分が調べてきたこと、学んできたことを、皆様に聞いていただくという形を取ります。ところが私は、今回この話をいただいたときに、ちょうど考えていたことがあって、それをそのままタイトルにしてしまいました。ですから、今日は、既に分かっていることをお話しするのではなくて、何が自分の中で分からないのか、その問いを少しずつ整理してみたい。そのプロセスにお付き合いいただくことになってしまいます。

「なぜ神は」という問い

なぜ神は助けないのか。この問いは不信仰でしょうか。身の程をわきまえない、失礼な問いでしょうか。私は、傷ましいニュースを目にする度に、この問いが気になっていました。正確には、〈痛ましいニュースに接するたびに感じてきた不満〉を、なんとか言葉にするとすれば、こういう問いになると思います。しかし封印してきました。この問いを正面から問うことはできずにおりました。

今日の話は、地震をめぐる話なのですが、実は、テーマについて加藤美紀先生と相談していたのが、二月後半、ということは、ウクライナのニュースが鮮烈な印象と共に入ってきた時期でした。この「なぜ神は助けないのか」という問いが、戦争の悲惨な現実を前に、あらためて切実に湧き起こっていた時でした。そこで、話をウクライナの問題にしようかとも考えたのですが、今は、そうしなくてよかったと思います。「なぜ神は助けないのか」という問いは打ち砕かれてしまいました。むしろ逆に、神様から問い返されていると感じます。なぜ人間はこんな愚かなことを続けるのか。なぜあなた方は、いまだに、こんなこと続けているのか。そう問い返されているように感じています。

リスボン大地震と「悪（悲惨な現実）」

さて、自然災害の場合は、少し状況が違います。例えば、リスボン大地震。一八世紀中頃に起こった地震です。ヨーロッパの人たちは、その地震に際し、「なぜ神様は助けないのか」という問いをめぐって多くの議論を重ねていました。

一七五五年一一月一日、九時四〇分、西ヨーロッパで巨大な地震が発生しました。推定マグニチュードは、八・五〜九。東日本大震災が九・〇〜九・一ですから、ほぼ同じ位の地震だったようです。被害は西ヨーロッパ全体に及び、とりわけポルトガルの首都リスボンは、壊滅的な被害を受けました。町の中心部に大きな地割れが生じ、八割以上の建物が崩れ落ち、即死者だけでも二万人、津波を含めるともっと多くの方が亡くなられたそうです。

この出来事は当時の人々に深刻な疑念を呼び起こしました。重要なのは、この地震が起こった一一月一日という日です。カトリック文化圏では、この日は「万聖節・諸聖人の日」、日本のお盆にも似た、死者を想う日です。そうした、聖人を讃えていた人たちが、なぜ悲惨な仕方で死ななければならなかったのか。敬虔なカトリック国の首都リスボンが、なぜ神の罰を受けなければならないのか。日本でいえば、いわば、お盆の真最中に地震が起きて、多くの方が亡くなったようなものです。なぜ死者を迎える敬虔な人たちが、神の罰を受けなければならないのか。その問いが人々の信仰を揺るがす疑念となったというわけです。そこで、しばらく、こうした議論を見ようと思います。

当時のフランスを代表する知識人に、ヴォルテールという人がいます。ヴォルテールは、この地震に大きな衝撃を受け、有名な『リスボンの災害についての詩』を書きました。それは、神に対する怒りではなくて、「神への信仰に対する怒り」です。分かりにくいのですが、この場合の「神への信仰」とは、「神の御手のうちで、すべての出来事はよいと見る世界観」を意味します。世界は神の御手のうちにある。神によって守られている。この世界で生じることはすべて「善い・良い・好い」。そう信じる世界観、それに対して、ヴォルテールは、反旗を翻したというわけです。

実は、彼自身がそれまで、そうした世界観の信奉者でした。世界は神によって守られているから世界で生じるすべてのことは良い。彼自身が考えてきたのです。ところが、大震災に遭って、その信念が動揺してしまったというわけです。失望した・悔しかった・怒りが湧いてきた。この悲惨な現実を前にして「すべては善い」と言ってよいか。今、痛み苦しんでいる人を前にして、それでも「すべては善い」などと言えるか。

例えば、このように語ります。苦しんでいる人に向かって、「お前の痛みも苦しみも、全体の法則の下では、すべて善いことなのだ」。そんなことが言えるのか。そんなことを言ってよいか。あるいは、「安らかに死んでいいぞ。お前は世界の幸福のために犠牲になれるのだ」。悲惨な仕方で死んでゆく人に、そんなことが言えるか。ヴォルテールは、いわば今までの自分に対して噛みつくように、怒りの言葉を並べてゆくわけです。悔しくて仕方がない。この世はすべて神によって守られていると、単純に考えてきた自分自身に、怒りをぶつけたのだと思います。

最善説について——「完璧 maximum」と「最善 optimum」

とはいえ、その議論は、もっと複雑でした。「最善説（オプティミズム）」と呼ばれる考え方です。オプティミズムと言っても、今日の「楽天主義」とは違って、哲学上の一つの立場です。むしろ、今日の「オプティミスティック」という用語法が、後になって、この思想から派生したのだそうです。

最善説も地震は悪であると認めます。悲惨な現実である。あってほしくない。しかし悪も、神の大きな計画の中の一つである。より大きな善が実現される為の、いわば、踏み台である。全体の調和を実現させるためには、小さな不幸は仕方がない。そうした不幸や苦しみは、最後には、全体の幸福のために役立つようにできている。神の壮大な計画の中でみれば、どんな悪も、最後には善のために役立つように、うまく配置されている。大きな全体を見るというわけです。

ところが、人間には、「神の摂理」が理解できない。神の摂理としてみれば、どんな不幸も決して無駄にならない。今はつらいかもしれないが、神の摂理の中で見れば、すべてが役に立つ。決して無駄にならない。全体として見れば、すべてよい。地震前のヴォルテールもそう考えていました。ところが、そうした考え方が、地震によって崩れ去ってしまった。そして、それまでの自分を呪うかのように、最善説に（自分自身に）噛みついたわけです。この悲惨な現実を前にして、そんなことが言えるか。

ところが、実は、さらに話は複雑でした。もう少しだけ厄介な話にお付き合いください。「最善optimum」は「完璧 maximum」とは違うと言うのです。分かりにくいのですが、後者「完璧な世界」には「悪（悲惨な現実）」はありません。もし神様が、完璧な世界を作ることができたならば、地震などありません。あってはいけないわけです。ところが神様も「完璧」な世界を作ることはできなかった。そこでこの世には「悪（悲惨な現実）」がある。というより、さすがの神学者たちも、これだけの地震を前にして「完璧な世界」と主張することはできなかったのだろうと思います。実際に「悪（悲惨な現実）」があることは認めたわけです。

ところが神様は、その悪を、最小限に抑えようと努めて下さっている。本来ならば、現実の不幸よりももっと悲惨な不幸が生じる可能性もあったのですが、神様が、一生懸命、不幸を最小限に留めてくださっている。本当はもっと被害が大きくなったのかもしれないのだが、神様が最小限にしてくださっていたから、この程度で済んだ。最小限の不幸で済んだ。そこで「最も善い」世界というわけです。

確かに「完璧」ではありません。悪があり・不幸があり・苦しみがあります。それは仕方がないのですが、しかし、本当ならばもっと悲惨なことになっていたのに、神様が見守って下さったから、考えられる限り最も小さな不幸で済んでいる。その意味で「最善（最も善い）」というわけです。

さて仮に、ここまでは理解したとしても、この先に困った問題が生じてきます。この考えを延長してゆくと、人間には現実を改善する余地がなくなってしまうのです。現状が「精一杯（最善）」なのであれば、今より善い世界は存在できません。神様が精一杯守って下さっても、この状態なのであれば、それ以上、人間が何をしても無駄である。むしろ、人間の努力は逆効果になる。人間は黙って現実を受け入れるのがよい。神様から与えられた現実を最高のものと信じて受け入れる。それが一番良い。そう考えて、何もしない・しなくてよい・するべきではないという、放任主義に陥ってゆく。

実は、ヴォルテールは、そうした無責任な人々に対して怒りを向けていたというのです。ヴォルテールの怒りは、無関心とか無責任な放任主義に向けられていた。神様に向けられた怒りではなくて、最善説を口実に、他者の痛みに無関心である人々への怒りであった。最近のヴォルテール研究はそのように理解しているようです。

ルソーからの批判

さて、こうしたヴォルテールを批判したのが、ジャン・ジャック・ルソーでした。ヴォルテールは〈個人の痛み〉ばかり気にしていると言うのです。一人一人の不幸ばかり見ることによって、最善説の本質を捉えそこねている。最善説の重要な点は、「全体の法則としてみれば」、すべては善のために役立つという点である。その、全体の法則として見る（長い目で見る）という点をヴォルテールは見落としているというわけです。

この点も丁寧に見ていくと多くの問題が出てきますが、ごく簡単に言えば、「一人一人の当事者の痛みや苦しみ」を大切にするのか、それとも「全体」を大切にするのか。その視点の違いです。ヴォルテールからすれば、すべては良いなどと簡単に言わないでくれ。逆に、ルソーの側からすれば、そういう小さな痛みを見ただけでは視野が狭い。全体を見る目を持つことが大切だというわけです。

ヴォルテールは、今までの自分に対して憤っていますから、全体を見るという名のもとに個々の痛みを塗りつぶすことが許せない。この痛みこそ、すべてに優先して、大切にされるべきことである。それに対して、ルソーは、そんなにカッカするなと言うのです。もっと冷静になれ。冷静になって、長いタイムスパンの中で理解してみれば、いかなる不幸も、最後には、幸福のために寄与することが見えてくる。神様は宇宙全体のバランスを見る。個々の幸・不幸は問題にしないと理解したのです。

ここは微妙な点です。ルソーによれば、「神は、全体の保存のために、個人の幸福を多少犠牲にすることがある」。全体のバランスを考えるからこそ、やむを得ず、「個人の犠牲」を強いる場合もある。神様は善を成したい。しかし全体の善を思えばこそ、多少の痛みを伴う改善が必要になる。本当はあってほしくないのだが、しかし、全体の善を思えばこそ、やむを得ず、多少の不幸が生じざるを得ない。

個人の不満ばかり聞いていたらバランスが崩れてしまいます。例えば、こちらの痛みを優先すると、あちらの痛みが増してしまう場合、どちらを優先するか。そうした個々の痛みにばかり目を向けていると、結局、全体としての「善」が実現できなくなる。ルソーによれば、ヴォルテールはそうした「近視眼」的な見方に陥っているというわけです。

ちなみに、現代の思想と重ねてみると、ヴォルテールの立場は「ケアの倫理」に近く、ルソーの立場は「正義の倫理」に近いと思われます。「ケアの倫理」から見れば「正義の倫理」は個々の痛みを見ていない。全体のバランスにばかり目を向けて、一人一人の痛みや苦しみを軽視している。逆に「正義の論理」から見れば、そうした「ケアの倫理」では全体のバランス（例えば、公平性）を保つことができない。

もちろんどちらも大切です。というより、いかにその両者を兼ね合わせることができるか、その工夫こそが求められるのですが、しかし、実際の場面では、どちらの見方を優先するか、今日でも議論が繰り返されています。

ところで、ヴォルテールは、ルソーからの批判に反論しませんでした。その代わり、三年後に長編小説『カンディード』を書き、最善説を強烈に皮肉っています。純朴な青年カンディードが先生から最善説を習い、どんなに悲惨なことがあっても、それは最後には「良い・善い・好い」ことが理解されると信じて旅に出ます。戦争に出くわし、悲惨な貧困の姿を目にし、伝染病の惨状を体験する。でも、これもすべて神のご計画であり、すべてうまくいくと、自分に言い聞かせる。全体の調和のため、長い目でみればこれも役立つと信じようとする。しかし徐々に目覚めてゆき、最後には、最善説に見切りをつける。最善説というのは、「うまくいっていないのに、すべては善だと言い張る血迷った熱病みたいなものだ」と、ヴォルテールは、この青年に語らせています。

一八世紀、西洋キリスト教世界の人々は、こうした議論を繰り広げていました。「神義論」とか「弁神論」とか呼ばれる領域です。もちろん、さらに厄介な議論もたくさんありますが、さしあたり、ここで前半の話を区切りにしたいと思います。

（中仕切り）「なぜ神は助けないのか」という問いは不信仰か

ここで、中仕切りに入ります。そして最初の問い、「神はなぜ助けないのか」という問いに戻ってみます。この問いは、信仰を失ったから生じるのでしょうか。それとも、信仰があるからこそ生じるのでしょうか。

信仰の立場は「なぜ」とは問いません。たとえ今はその意味が分からなくても、いずれ明らかにされる時が来る。そう信じる。今は分からなくても神様がお与えになったこの現実はすべて良い。そう信じる信仰から見れば、この問いは不信仰です。「なぜ神は助けないのか」などという問いは不信仰である。

しかし逆に、完全に不信仰であったら、「なぜ神は」とは問わないのではないでしょうか。問いをぶつける相手として神様を想定した時点で、既に、神様が前提になっている。とすれば、完全な不信仰とは違います。神を相手に、神と格闘している。その意味で、信仰を前提にした問いであるわけです。

ということは、この問いは、完全な信仰とも言えないし、完全な不信仰とも言えない。どこか、その中間で揺れているように思われます。

先ほどの最善説に倣えば、神は助けないのではない。既に精一杯、助けている。しかし完璧ではないから、悲惨な現実は残ってしまう。しかしこれでも精一杯である。神様が一生懸命守っていてくれるから、これで済んでいるというわけです。

この際、どうやら西洋のキリスト教の中には、「共に悲しむ神・痛む神」という視点が出てこなかったようです。悲惨な現実を神様も防ぐことができずにいる。本当は防ぎたいのだけど、神様にも、それができない。だから神様も一緒に悲しむ。人と一緒に痛む。そういう視点が西洋キリスト教の中には、あまり出てきませんでした。

それに対して、あとから見ますが、関東大震災の時に、内村鑑三が、その点に少し触れています。「犠牲者の痛みは、神ご自身が実は最もご存知だ」というのです。私はこの視点をもっと大切にしたいと思っています。後でまた見ます。

後半は日本の話です。日本の場合は「自然の猛威」という言葉がキーワードになります。神に対して問いかけるのではなくて、自然の猛威ならば仕方がない、というところに話が進んでゆきます。

関東大震災に際して――内村鑑三「神の審判」

関東大震災に際して、日本でもさまざまな議論がありました。まず、先ほどの内村鑑三は、「この大震災は神の審判（さばき）である」と言います。神が「虚栄の街」を滅ぼした。震災は神が下された審判（さばき）である。しかし、滅ぼすことが目的ではなく「救いのための滅亡」である。つまり、人々が悔い改める機会として、試練を与えられたと言うのです。贅沢な暮らしに驕り高ぶっていた人々に対して、悔い改めの機会が与えられた。日本のためを思えばこそ、一度、滅び、あらためてやり直す機会として、この地震が与えられた、と語りました。

この点だけみれば、少しルソーに似ています。長いタイムスパンで見れば地震の不幸も実は最後には幸福のために寄与する。悔い改めの機会である。日本が悔い改めて新しくなるため、全体の善を思えばこそ、多少の悲惨な現実も必要になるというわけです。ところが、他面においては、ヴォルテールに似ています。「多くの無辜（つみなきもの）も犠牲になった」。なぜ彼ら（罪なき者）が苦しまなければならないのか。内村は、一人一人の痛みに目を留めています。しかし内村は、その「奥義」は私たちには知り得ないと言います。苦しい・痛いという叫びは、救いのために必要なことであったが、しかしなぜこの人が苦しまなければならないのかという、その奥義は知り得ないというのです。

災禍を呼びし罪に直接何の関係なき多くの者が死し又苦しんだ。私共は無辜の苦患《くるしみ》に関する人生の深き奥義を探ることは出来ない。

（内村鑑三「末日の模型」）

なぜか、その理由は、私たちには分からない。ただ私たちは犠牲者のために泣くと言うのです。

私共は罪を審判《さばき》給ひし正義の聖手《みて》を義とするが、それと同時に、その犠牲となりし多くの犠牲となりし人の為に泣く。

（内村鑑三「末日の模型」『内村鑑三全集』第二八巻、執筆の日付は一九二三年九月九日）

ということは、少し意地悪な読み方をすれば、犠牲となった人のために泣くけれど、神の正義は疑わない。神のなさったことは正しい。そこで、それ以上、犠牲となった人について語ることはしませんでした。しかし、先ほどもちょっと出ましたが内村はこんな言い方をしています。

犠牲者の痛みは、神御自身が最もよくご存知である。此事に関し最も甚しく痛み給ふ者は、天に在ます父御自身であると信ずる。彼は我等の知らざる或る方法を以て充分に此苦痛を償い給ふと信ずる。

地震の悲惨な現実の中で苦しんでいる人の痛みは、神様が最もよくご存知である。そして私たちには知り得ない仕方で償ってくださる。贖ってくださる。私はこうした視点をとても大切であると思います。神様は共に痛んでくださる、共に悲しんでくださる。神様でも助けることができない。しかし（というより、だからこそ）同じだけ神様も苦しみ、悲しんでおられる。そうした理解をもっと豊かに育てたいと思っています。

しかし既に見たとおり、内村はそちらには話を進めませんでした。やはり、神の審判《さばき》は正義である。犠牲となった人々のために泣くが、審判に疑いはない。そこで、内村は、なぜ彼らが犠牲にならなければならないのか、という問いには立ち止まりませんでした。罪なき者の叫びに言及しますが、その理由（「奥義」）は知り得ないというだけで、話を先に進めてしまいます。そして神様に従うことを強調するわけです。

繰り返しますが、私はこの場面において「共に泣く神」「共に苦しむ神」という側面をもっと大切にしたいと思います。今日「compassion コンパッション」という、仏教思想に由来する言葉が強調されていますが、この「共に苦しむcompassion」は、まさに「共に泣く神、苦しむ神」と重なります。ともあれ、内村は、震災は神から下された罰であるが、同時にこれは恵みであると言いました。単なる懲罰ではない。人間を成長させるための、人間が悔い改めるための試練である。いわば、愛のムチであるというわけです。

実は、関東大震災の頃には、こうした理解が、天譴論《てんけんろん》と呼ばれ、しばしば論じられておりました。「天譴」とは、天罰であり、贅沢や不道徳がはびこる世の中に対して、天から譴責《けんせき》（天罰）が下ったという理解です。私たちが悪い事をしていたから天罰が下った、自業自得だ。罰《ばち》が当たった。そうした感覚が、当時の多くの人々に共有されていたようです。実は、ヨーロッパの議論には、こうした「罰が当たる」という感覚はあまり見られません。共有されていないのです。自分たちが悪いことをしていたから自業自得であると納得するのではなく、むしろ、なぜ悪い事をしていないのにこうした悲惨な目に合うのかという、いわば、運命に立ち向かうような議論が多かったのです。この点は、何らか日本的メンタリティと関連する問題なのかもしれません。日本語では、さまざまな場面で、まず「すみません」といいます。「ありがとう」の代わりに、自然に「すみません」という。そうした感覚と重なっているのかもしれません。

もう一つ、この天譴論は、もともと儒教の思想で、災害は天からの警告だと言うのですが、重要なのは、この時、「王道に背いた為政者に対する警告」であったという点です。天罰は、政治家（為政者）に対してこそ下されるはずだったのです。ところが関東大震災の時には、その点が抜け落ちてしまい、東京市民が不道徳だったための天罰であると語られました。それに対して、東日本大震災の時には、こういう発言はあまり聞かれませんでした。あるいは、そう語られた時には、失礼ではないかとか、被害者の気持ちを尊重するべきだという意見が勝っていました。時代精神が大きく違っていたようです。

自然の猛威に立ち向かえ――芥川龍之介

ところで、この「天譴」という言葉を最初に使い始めたのは渋沢栄一でした。そして、それに共鳴する仕方で、さまざまな人が、同じ見解を表明したわけです。しかしそれに反論する人たちもいました。罰を受ける必要のない人が、なぜ犠牲にならなければならないのか。あるいは、皮肉を込めて、罰を受けるべき人がなぜ犠牲にならないのか、不公平ではないか。

例えば、芥川龍之介です。彼は天譴論を認めません。ある座談会では、「天譴説を真としたならば渋沢栄一先生などは真っ先に死んでもよさそうだがね」と、ずいぶん口の悪いことを言っています。同様に、菊池寛も、書いていました。

> もし、地震が澁澤榮一氏の云ふ如く天譴だと云ふのなら、やられてもいい人間が、いくらも生き延びているではないか。澁澤さんなども、自分で反省したら、自分の生き残っていることを考へて、天譴だなどとは思へないだろう。
>
> （菊池寛「災後雑感」『菊池寛全集』補巻・第二、高松市菊池寛記念館武蔵野書院所収）

ある人は地震によって妻子を亡くし、ある者は何も失わない。不公平ではないか。芥川はこの点を繰り返し強調しました。震災は神の審判ではない。こんな不公平な事が、神の審判であるはずがない。これは自然の猛威だ。自然は善も悪も選ばない。良い人であろうが、悪い人であろうが、そんなことは関係ない。それが自然の猛威である。だからこそ、そうした冷酷な自然に対して立ち向かう人間が必要だ、と議論を進めるのです。

そして、自然の猛威に対して、自分の力で立ち向かって行く人間を期待します。自然の猛威に負けてしまわない、気概のある人間を確立すべきである。項垂《うなだ》れていたらダメだ。自然に屈せず、自然に対して立ち向かう人間こそが求められている。芥川はそう考えていました。

「仕方がない」――庶民の感覚

さて、内村も芥川も、とても興味深いのですが、当時の記録を見ていると、どうやら庶民の感覚は、少し違っていました。庶民の生活感覚としては、災害というのは避けられない。意味とか理由を考えても、どうにもならない。あるいは、どうでもいい。むしろ「定め」であるなら仕方がないというのです。この「仕方がない」という感覚が、どうやら、庶民に共有されていたように思われるのです。天は何かを伝えようとしているとか、立ち向かうことが大切だというのではなくて、むしろ、そんなことを考えても、仕方がない。運命なら、受け入れるしかないではないか。理由も意味も分からないまま、あるいは、分からないからこそ、運命として、ありのままに、受け入れる、仕方がないという感覚です。

芥川のように、運命と対決する気概ではありません。むしろ「受け入れる」。本当は受け入れられないのだけど、受け入れようとする。こんな悲惨な現実を受け入れることなどできないのだが、なんとか、受け流す。そして、ともかく、次に移っていく。日々の暮らしに戻ってゆく。食事を作り、住む所を確保し、ともかく暮らしに戻ってゆく。

実は、この点は、日本的な「あきらめ」という視点から、さまざまな機会に注目されてきました。例えば、『方丈記』の中で、鴨長明がこんなことを書いています。「地震の当座は世の無常を嘆いていた人が、しばらくするとそれを忘れ、地震のことは話題にしなくなる」。忘れやすいというのです。あるいは、関東大震災に際して、海外の記者たちは、日本の被災者たちがすぐ立ち上がると驚いていました。しかしこれは、単に、忘れやすいのではなくて、幾重にも屈折した「諦め」であるように思います。あきらめるしかないと受け流す仕方で、その日の晩飯の用意をする。立ち上がりが速いと見えるかもしれないけれど、本当は、立ち上がったのではない。忘れたのでもない。本当は、受け入れられないけれど、あたかも、受け入れたかのように、ともかく暮らしてゆく。食べようとする。暖かいところを見つけようとする。そういう仕方で、かろうじて、対応してきたのではないかと思います。

菊池寛がこんな事を書いていました。

自然の前には、悪人も善人もない、ただ滅茶苦茶だ。今更人間の無力を感じて茫然とする外はない。生あるものは皆、滅びゆく。いのちは、いずれ消えてゆく。人間も、しょせん、自然の一コマである。人間だけ特別視することはない。自然の一コマにすぎない。仕方がない、あきらめるしかない。

（菊池寛「災後雑感」）

「滅茶苦茶だ」というわけです。「ただ自分の無力を感じて茫然とする外はない」。それは、言い方を変えれば、「自然の一コマにすぎないんだから、仕方がない、あきらめるしかないではないか」ということになる。そしてこの場合の「あきらめる」という言葉は、実は、とても豊かな厚みを持った言葉でした。

同じことを田山花袋が、震災で破壊された町を歩きながら、書いています。

しかしこれも仕方がない。皆、そうして亡びていくんだ。どんなものでも、どんなに栄えたものでも、またどんなに強いものでも、どんなに大きなものでも、皆、そうして亡びていくんだ。これが人間と自然の運命だ。自分だって、いつかはそうなってしまうんだ。この大きな自然だってそうだ。こんなことを想いながら、私は橋のたもとに立ち尽くした。

（田山花袋『東京震災記』）

こうした感覚は、私たちには、懐かしく感じられます。例えば、「夏草や兵どもが夢の跡」、あるいは、「国破れて山河あり、城春にして草木深し」というような、何らかの無常観とつながっています。

芥川は「自然に向かって立ち向かっていく」と言いましたが、庶民の感覚はそれとは違います。立ち向かってゆくわけではありません。しかし、ただ「項垂《うなだ》れる」のでもない。運命ならは、受け入れるしかない。仕方がない。この「仕方がない」がキーワードであるように感じられてならないのです。対決するのでも、立ち向かうのでもなく、何とか受け入れようと、日々の暮らしに戻る。忘れるのでもなく、立ち上がるでもなく、いわば、立ち尽くしながら、それでも「仕方がない」と生きてゆく。暮らしの土台に戻って、寝て・食べて・働く。

そうした感覚を「無常観」と結びつけて語るとすれば、日本人の五臓六腑にはこの無常観が染み渡っていると語った寺田寅彦の有名なエッセイが思い起こされます。

地震や風水の災禍の頻繁でしかも全く予測し難い国土に住むものにとっては、天然の無常は遠い祖先からの遺伝的記憶となって五臓六腑に染み渡っている。

（寺田寅彦「日本人の自然観」）

いずれ皆、死んで逝く。皆、朽ち果ててゆく。その感覚が五臓六腑に染み込んでいる。西欧キリスト教の議論では、そうした無常観は前面に出てきません。むしろ、小さな犠牲はやむを得ないとか、最後には全体の善のためになるという、理論的整合性が語られました。しかし本当は、それは思想家の話であって、西欧でも庶民たちは、やはり、こうした無常観に近いものを感じていたのかもしれません。この点は今後の課題としたいと思いますが、さしあたり今は、もう少しだけ、日本の無常観を見ます。

生あるものは皆、滅びてゆく。いずれいのちは消えていく。人間も自然の一環に過ぎない。そうした漠然とした理解の中で、明日になれば、またお日様が出てくると、語ってきたのではないか。

天罰とか、恵みとか、天からのメッセージとか言わない。自然の猛威ならば仕方がない。定めであるならば、どうすることもできない。自然の災害であれば、人間にはどうすることもできないと「諦める」。この「諦める」を give up と訳したら、あまりに弱いと思います。貧弱すぎます。この諦めるという言葉はもっともっと豊かであり、腰が強いと思います。日本語を母語とする者が「諦めるしかない」と語るときには、単なる断念ではなくて、受け入れるに近い意味が含まれている。あるいは、「受け入れる」などという簡単な状態ではなくて、受け入れることなどできないけれど、受け入れるしかないとすれば、ともかく飲み込んでしまう、仕方がないじゃないか。そうした感覚なのではないかと思います。

余談ですが、キュブラー＝ロスの「死の受容」理論はよく知られています。自分の死を予感した時、人は五段階のプロセスを経て受容するという、看護学の世界では、常識になっているようです。では、日本語の場合、この「仕方がない」はどこに当たるか。抑うつか、否認・拒否か、あるいは、抵抗も含まれているのか。むしろ、受容のニュアンスも含まれるのか。「泣いていても、しょうがない」と語られる場合は、キュブラー＝ロスの五段階理論で言えば、最も理想的な「受容」の姿が、この言葉によって語られているようにも思われます。

また、こうした感覚が仏教思想に由来するという話も時々聞かれますが、仏教が伝来して初めて無常観が生じたわけではないと思います。むしろ、日本列島に暮らす人々は、五臓六腑に染みていた身体感覚を仏教思想の言葉に見て、その言葉に共鳴したのだろうと思います。同時に、この「仕方がない」の感覚は、実は、日本人特有というわけではないのかもしれません。世界各地、表現は微妙に違うのでしょうが、丁寧に調べてゆけば、案外、かなりの程度、世界中の人々に共有されているのではないかと思います。

「なぜ神は助けないのか」という問い——暫定的整理

最後に、暫定的な整理を試みます。「なぜ神は助けないのか」という問いに対して、さまざまな返答が可能でした。天罰である。自業自得である。神に助けを求めるのは場違いである。そう答えることもできます。逆に、神はすでに助けている。助けようとしているのだが、神にもできないことがある。そう考えることもできます。そしてその際、既に何度も繰り返しましたが、「神様にもできないことがある」という点を、私はもっと大切にしたいと思います。神様も私たちと共に痛む。一緒に悲しんでおられる。神様は答えないのではなくて、問い詰められ、苦しんでおられる。なぜ神は助けないのか。そう問い詰められて、一緒に苦しむ神。神は多様な顔を持ちます。人間のちっぽけな頭ですべてを理解できるはずがありません。ですから、人間から見ると、ある時は怒り、ある時は慰め、ある時は弱い姿に見えてしまう。しかし実際は、そのすべての側面を持っておられる。そうであるなら、この「痛む神」という側面を、もっと大切にしたいと思うのです。

そう語った上で、しかし「なぜ神は悲惨な現実を見ているだけなのか」という（神に立ち向かうような）問いも大切にしたい。「なぜ」という疑問をぶつけることができる相手がいること自体、大切なことです。「神よ、なぜあなたは」という言葉に乗せて、悔しさ・悲しさ・切なさをぶつける。そういう文法も大切にしたいと思います。

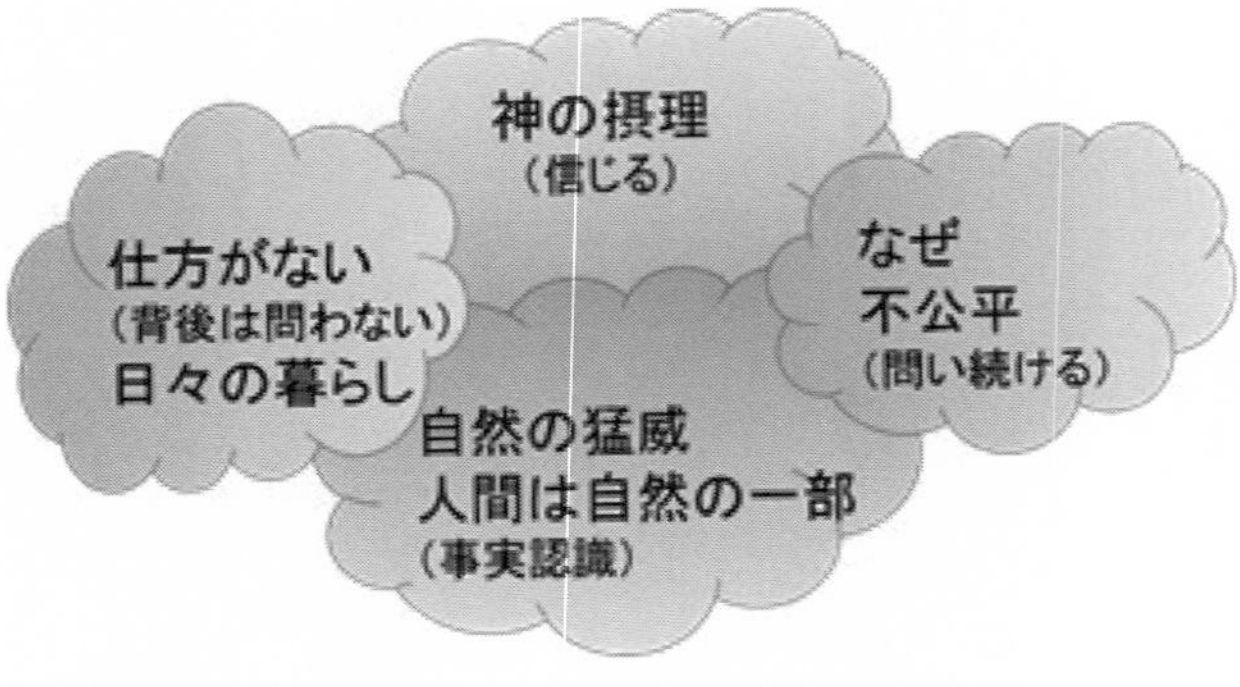

「仕方がない」という言葉は、気をつけないと、悔しさや悲しさを塗り潰してしまいます。とりわけ、外から（上から）「仕方がない」と言われると、抵抗・反抗する機会が奪われてしまう。その危険はいくら用心しても用心しすぎることはないと思います。自然の猛威だ、そういうものだ、仕方がない。そうした言説によって、悔しさ・悲しさ・つらさを塗り潰してしまうことは、何としても、避けたい。その時「なぜ神は」「なぜあなたは」という抵抗する文法が、貴重な意味を持ちます。悔しさをぶつける文法を、私たちは、私たちの日常言語の中に確保しておくべきであると思うのです。

神は怒るとは限らない。許すとも限らない。むしろ、一緒になって痛む。一緒になって泣いてくれる。そうした神に向かって問い掛ける文法。キリスト教とか、一神教とか、そうした信仰の問題ではなくて、個人の気持ちを表現するための文法として、確保しておきたいと思うのです。もちろん、同じだけ「仕方がない」も大切にする。これは決して、意気地なしを意味しない。これもやはり、人類の大切な知恵であると思うのです。

何とか整理してみようと、図を作りました。きれいに分かれるわけではありません。湧き起こる雲のように、さまざまな思いが重なります。

どの側面も私の中にあります。すべての出来事は、神の御手のうちにある、そう信じたいという気持ちがあります。でも同じだけ不公平ではないかと問い続けています。あるいは、自然の猛威とも考えています。人間も自然の一部であるという感覚が、体の中にしみ込んでいます。そして、仕方がないとも思います。

そうした、矛盾を孕んだゆるやかな全体の中から、どれか一つだけを選ぶことは無理です。すべてが混ざり合いながら、時々に応じて、かろうじて、対応する。それが実際の姿であると思います。

そうした中で、「神からの裁き・試練・恵み」という視点を、やはり大切にしたい。その考え方が、時に人を傷つける危険があることも承知しながら、それでも、やはり手放さない。その代わり、まったく逆に、天意などない、自然の猛威であるという視点も手放さない。両者は、理論的・思想的には相容れないのですが、どちらも自分の中に残しておく。むしろ、その矛盾を抱え込み、その矛盾にもちこたえるように、自分を「しなやか」にしておきたいと思うのです。

また、「諦める」という言葉の厚みも大切にしたいと思います。仏教用語の「諦」は「真理」を意味しました。「明らかにする（真理を明らかにする）」。ところが、事実を明らかにすることには、哀しみが伴います。事実が明らかになると、期待は破れ、幻想が打ち砕かれてしまいます。そこから、今日の用語法である「諦める＝断念する＝放棄する」という意味が生じてきたようです。ということは、逆に言えば、「諦める」は、単なる give up とは違うということです。もっと奥が深い言葉であると思います。

補足（蛇足）

さて、用意したスライドはここまでなのですが、少し時間があるので、一言だけ。私はある時期から、ブータンを訪ねるようになりました。そしてブータンの人々から、さまざまな意味で影響を受けているのですが、とりわけ、転生の人生観・世界観からは、多くを学んでいます。生あるものはすべて「生まれ変わる」というコスモロジーです。

ブータンの人々は、生まれ変わることを当然のこととして生活しています。ブータンの社会は、生まれ変わりを前提とした共同体なのです。死んだら終わりではありません。何度も生まれ変わります。あるいは、既に何度も生まれ変わってきました。

確かに、若い世代は、生理学的な生殖について学び、現代医学における死を理解しています。そして、そうした考え方は、近代科学としては尊重されますが、社会の土台をなす共通感覚（コモンセンス・常識）には馴染みません。むしろ、共通の感覚として前提となっているのは、生きとし生けるすべてのものが、生まれ変わりの中にあるという世界観なのです。

実は、今回、その話には触れませんでした。避けたわけではありませんが、キリスト教世界から話を始めたために、「生まれ変わり」の世界観には、たどり着かなかったというわけです。もし今回の話に「生まれ変わり」という思想地平が加わると、話はさらに複雑なことになります。私の理解では、すべての議論を、もう一段ヴァージョンアップする仕方で、やり直すことになる。「仕方がない」という言葉も、今世（今生）においては、という限定が付きます。「神の摂理」という言葉も、何度も生まれ変わる人生の中で、理解され直す必要が出てくると思います。

こうした異文化における、異なる世界観・人生観の地平。私が知っているのは、少しばかりブータンの話だけですが、世界中のさまざまな人々の知恵を集めてみると、「なぜ神は答えないのか」という問いをめぐっても、さらに豊かな考え方があるのだろうと思います。私たちはそうした豊かな思想から学びたい。そして、考える前提を、もっと豊かにしておきたいと思います。考えることが、自分を耕すことになる。そして、それが、今、苦しんでいる人たちに寄り添うための稽古になる。そうなることを望んでいます。

ありがとうございました。

（二〇二二年七月一六日　講演）

第Ⅲ部　現代世界に息づくキリスト教霊性

《Salus Popoli Romani》ボルゲーゼ礼拝堂蔵、サンタ・マリア・マッジョーレ大聖堂（ローマ、イタリア）

心に到来する他者——アウグスティヌスとデリダ

田中　智志

〈概要〉　本章の試みは、私たちの心のなかに**生の基底**を見いだす試みである。そのために、まず、**アウグスティヌス**に立ちかえり、**神の観想**という概念を敷延する。神の観想は、心で「神を見る」ことである。この「神を見る」ための条件は、人の心が「**神の類似**」となること、いいかえれば、心に「内なる人」「心の眼」が立ち現れることである。この「**内なる人**」「**心の眼**」は、イエスによって、アニマにふくまれるアニムスが活性化され、**霊性**ないし**知性**としてはたらくことである。こうした神の観想に類似する営みは、**ジャック・デリダ**がいう「**他者の到来**」に見いだされる。その他者は「**メシア的なもの**」とも形容されている。この他者は、人が**信じ待つ**ことのなかで、到来する。信じ待つことは、アウグスティヌスの神の観想においても、大前提である。この信じ待つことは、日常生活、社会活動、教育活動の大前提でもあり、**無条件の肯定性**、そして意識を超えた**先導性**をともなっている。これらの心の営みは、生の基底性である、と考えられる。**有能性**が強調される現代社会・現代教育において、アウグスティヌス、デリダの議論は、私たちが忘れがちな、私たちの**生の基底**を教えてくれる。

一　「心の眼」をめぐって

人は信じ待つ

待つという行為は、ごくふつうの行為である。たとえば、待ち合わせで人を待つ。よい知らせを待つ。天気の回復を待つ。わが子の帰郷を待つ。こうした待つという営みは、のぞみをともなっている。この待たれるもの、のぞまれるものは、善きものである。つまり、つねにというわけではないが、待つという行為は、善きものへの希求がふくまれている。この待たれ、のぞまれるものの到来は、約束・規則によって保証されている場合もあれば、何ものによっても保証されていない場合もあるが、後者、すなわち、到来が何ものによっても保証されていない場合のほうが、まさに待つという行為であろう。本来、待つという行為は、待たれるものの到来が保証されていない、といえるだろう。

到来することが、何によっても保証されていないにもかかわらず、その到来を待ちつづけるということは、到来するものを、そしてそれが到来することを信じている、という思考をふくんでいる。この信じるという思考は、いわゆる認識するという思考ではない。すなわち、〈約束・規則があるから、来るはずである〉という合理的・客観的な予期・予想にもとづいた、信用・信頼ではない。この信じるという思考は、〈私はあなたを信じている〉という証言を生みだすものとしての、自・他の関係を基礎づけている信である。他者を根本的に信じる、他者に無条件に義しいという態度は、人の言語活動の大前提であり、したがって、社会生活・教育活動の前提である。私たちの会話は、たしかに嘘や偽りがふくまれているが、基本的に、相手に嘘をつかない、相手を欺さないという前提に支えられている。近年、増加している詐欺メールは、この前提がなければ、成り立たない。

ここで、いわゆる信仰・信念は、この信じ待つことから区別されるが、この信じ待つことを前提にしている、と考えてみよう。すなわち、この信じ待つことは、何らかの教義によって規定されているいわゆる信仰・信念を、その教義から解き放ち、普遍化させる可能性を秘めている、と。いいかえれば、この信じ待つことは、いかなる宗教的対立・思想的対立にも巻き込まれない、根底的思考である、と。なるほど、この根底的思考としての信じ待つことは、それが宗教的信仰や思想的信念を生みだす原動力であるという意味では、宗教的対立や思想的対立を扇動したり激化したりすることもあるだろう。しかし、そうだからといって、この信じ待つことを無視したり看過したりすれば、私たちの私事生活も、社会生活も、そして宗教生活も、不正・犯罪・異端を取り締まる規則にただ従うだけの、そうした規則をますます増やすだけの、コンプライアンス地獄と化していくだろう。信じ待つことが、混乱・騒乱を招き寄せるとしても、それは、かけがえのない、そしてもっとも深い歓びにつながっているのではないだろうか。

神を見る「心の眼」

本章では、この根底的思考としての信じ待つことを、まず、アウグスティヌスの思想のなかに見いだしてみたい。アウグスティヌスは、いわゆるラテン教父の一人であり、古代キリスト教思想を代表する思想家である。そのアウグスティヌスが信じ待っていたことは、端的にいえば、神の顕れである。アウグスティヌスは、この神の顕れを「神を見る」(visio Dei 神の観想)と表現している。『神を見ること』

（「手紙 第一四七」）によれば、それは、「身体の眼（corporis oculis）が天上や地上の物体を見ること」でもなければ、「心の注視（mentis aspectu）が何かを思いだすこと」でもない（AA, DVD: 1. 3）。それは、「浄い心情（mundo corde）で神の子であることを希求する人が、見えない神を見ること」である（AA, DVD: 5. 13）。「身体の眼」は「肉の眼」（oculis carnis）とも表現され、「浄い心情」は「心情の眼」（cordis oculis）とも表現されている（AA, IEIT: 7. 6）。さらに、この「心情の眼」は、後述するように「心の眼（oculus mentis）」とも表現されている。

この「心の眼」という言葉は、新約聖書の著者の一人、パウロに由来している。パウロは、いわゆる「エフェソの信徒への手紙」のなかで「［神が］あなたたちに知恵と啓示の霊性（pneuma/spiritum）を与え、あなたたちが神を知ることで［あなたたちは］心情の眼（tous ophthalmous tes kardias / oculos cordis）を開き、……神の力の巨大さを認識できる」と述べている（「エフェソ」一章一八～一九節）。パウロのいう「心情」は、アウグスティヌスのいう「心」「心情」（mens/cor）と重なり、古代のキリスト教思想で語られる人の内面である。それは「知性」（intellectus これに相当するギリシア語はない）、「アニマ」（animaギリシア語の「プシュケー」psyche）、「霊性」（spiritus ギリシア語の「プネウマ」pneuma）をふくんでいる。これらの言葉の意味を確かめることで、アウグスティヌスのいう「神を見る（神の観想）」「心の眼」がどのようなものか、いくらかはっきり示すことができるだろう。

以下、次のように論じられる。まず、アウグスティヌスのアニマ、アニムス、心の意味内容を示す。とりわけアニマに〈神に与り生き創る力〉という性状を見いだす（第2節）。次に、アウグスティヌスの「神の像」、霊性・知性の意味内容を示し、霊性・知性に〈神に向かう志向性〉という性状を見いだす。それは、人が「神の類似」であることを暗示する力である（第3節）。つづいて、こうした「神を見る（神の観想）」は、デリダ（Derrida, Jacques）のいう「他者の到来」に大きく重ねられる、と述べる（第4節）。最後に、到来する他者がだれであるか、と問うことよりも、その他者を信じ待つという思考のほうが大切である、と述べる。それが、生の基底性を暗示するものだからである（第5節）。

二　アニマ・アニムス・心

アニマという与り生きる力

まず、「アニマ」について、その意味を確かめてみよう。アウグスティヌスの「アニマ」は、英語では「ソウル」（soul）と訳され、フランス語では「アーム」（âme）と訳され、日本語では「魂」と訳されている。しかし、そのように訳されても、何を意味しているのか、よく分からない。その言葉の出自をさかのぼれば、それは、ギリシア教父の一人であるオリゲネス（Origenes Adamantius）が用いたギリシア語の「ソーマ」（soma 身体）、「プシュケー」（psyche 魂）、「プネウマ」（pneuma 霊性）という区別のなかの、「プシュケー」に行き着く（金子 2012: 15–20, 81–85 参照）。確認しておくなら、この三対の区別は、パウロに由来するものである。パウロは、たとえば「テサロニケの信徒への手紙一」で「あなたたちのプネウマ、プシュケー、ソーマ」と書いている（五章二三節）。このプネウマ、ソーマは、ラテン語のスピリトゥス（spiritus）、コルプス（corpus）である。

プネウマ（スピリトゥス）、プシュケー（アニマ）、ソーマ（コルプス）の関係については、古来、さまざまに論じられてきたが、さしあたり、次のように理解しておきたい。ソーマは、身体の感覚で感じられるものであり、いわば、この世界を生きるものの生身であり、プネウマは、身体の感覚で感じられないものであり、いわば、この世界からの超越という動態である、と。そして、プシュケーも、身体の感覚で感じられないものであるが、このソーマとプネウマを結ぶものであり、知る・感じる・志す（認識・感覚・意志）といったはたらきをもつ、と。つまり、ソーマはプシュケーと重なり、プネウマもプシュケーと重なる。いわば、ソーマとプネウマは、プシュケーによって相関している、と。

　このようなプシュケーを念頭に置きつつ、アウグスティヌスのいう「アニマ」の意味を考えてみよう。金子晴勇に教えられつつ、まず確認すれば、アニマと身体は、ともに人に本来あるものであり、基本的なものである。アウグスティヌスの言葉でいえば、「人間の自然」である。アウグスティヌスは「人のうちの実体（substantiam）ないし自然（naturam）に属するものは、身体とアニマ以外に何もない」と述べている（AA, S: 150: 4. 5; 金子 2008: 95）。また「確かな人の自然の全体（natura certe tota hominis）は、霊性、アニマと身体である」と述べている（AA, DAO: 4. 2. 3; 金子 2008: 95）。霊性については、後でふれることにしよう。

　アニマのはたらきは、いくつかあり、たとえば「知性」「理性」「意志」と呼ばれているが、アニマの本態は、生動的であることである。「アニマは、霊性であり、知性的・理性的であり、つねに生動的（vivens）・動態的であり、善も悪も意志しうる。……それは［身体を］生かす（vegetat）という意味で［まさに］アニマである……」（AA, DSA: 13）。「……身体は、アニマによって生命（vita）を与えられる」（AA, DM: 6. 5. 9）。「アニマは……身体の組織を生命（vitae）でみたす、私の力である」（AA, C: 10. 7.

11)。「身体は……アニマが身体のなかで生きるかぎり、それによって生動する」(AA, DCD: 13. 2)。生きものの「息吹」は「すべて、明らかにアニマを表徴している」(AA, DCD: 13. 24. 3)。

この生動性としてのアニマは、人を神に向かわせる先導性をふくんでいる(この先導性は、後で霊性の本態として語ることになるだろう)。「アニマは、自分を神に向かわせ、神とともに在るとき、神から義とされる[＝肯定される]」(AA, IEIT: 19. 11)。この神に因り与ることは、アニマにとって重要である。アウグスティヌスは、『三位一体論』で「アニマは、神に捨てられることで、死ぬ」と述べ(AA. DT: 4. 3. 5)、『神の国』で、人がアニマをつうじて「神に因り与り、生きている」ことを忘れ、自己を「始原」と思い込めば「高慢」に陥り(AA, DCD: 14. 13. 1)、あきらかな罪過すら認めようとしなくなる、と述べている(AA, DCD: 14. 14)。金子は、アニマを「身体を生かす生命原理」と表現しているが(金子 2008: 96)。私は、少しいいかえて、与り生きる力と表現してみたい。

アニムスと心

アウグスティヌスの「アニマ」とよく混同されるものが、「アニムス」(animus)である。ラテン語辞典の「アニムス」の字義は「精神、気質、高慢、意志」などであるが、アウグスティヌスのそれは、アニマのなかにある、ある志向性をもつ想念(思考・情動)である。アウグスティヌスにとって「知られるものは、二種類あり、一方は、身体の感覚を通じてアニムスが把握するものであり、他方は「アニムス」それ自体を通じたそれである」(AA, DT: 15. 12. 21)。アニマは、他の動物にもあるが、アニムスは、他の動物にはない。「見たものと感覚を結びつける」という「志向性(intentio)は、アニムスにのみ属する」(AA, DT: 11. 2. 2)。この志向性は、神に向かう力でもある。「[アニムスによって]私たちが[肉という人の]自然を超えて……ある真実の存在を問い求めるなら、創られず創りだす自然としての神に出会うだろう」(AA, DT: 15. 1. 1)。「アニムスそれ自体は、[可知的なものを]知解することである。……アニムスは、自分が見ている身体を司るもの(dominator)、導くもの(rector)、馴らすもの(habitator)である」(AA, DSA: 2)。

こうした想念としての、そして神に向かうものとしてのアニムスは、端的に「私」(ego)とも表現されている。この「私」は、アニムスが自分に向かい、自分を知るときに生じる、自分についての想念である。「私たちが話すとき、[話す人の]アニムスによって象られたもの[=思考されたもの]が[声となって発せられ、聞く人の]身体の耳によって、その人のアニムス[=思考]に入り込む」。ただし、アニムスによって象られたもの、すなわち「人が思考したこと(cogitatio)は、そのまま[話す人のなかに]とどまり、声の形(forma vocis)となったもの、すなわち音声(sonus)だけが[聞く人の]耳に入り込む」(AA, DDC: 1. 13. 12)。こうしたアニムスは、また、神と人であれ、人と人であれ、「呼びかける者」(vocans)/「受けいれる者」(percipiens)の関係、つまり呼応の関係のなかで、人の内面が生き生きしていることも、意味している(AA, C: 10. 16. 25)。

このアニムスは、また、失敗したり、激昂したり、忘却したりと、いろいろと誤りうるが、そうした不安定な状態から抜けだし、「純化されうる」(AA, DT: 1. 1. 2)。その純化されたアニムスは、「心」(mens)と呼ばれている。「メンス」は、しばしば「精神」と訳されているが、「心」と訳すことにしよう。この純化されたアニムスとしての心は「人間のなかにある卓越したもの」を意味している(AA,

DT: 15. 1. 1)。「心［ないし純化されたアニムス］は、アニマのうちにあるものであり、いうならば、アニマの頭、眼、顔」である。「アニマすべてではなく、アニマのなかにあるもっとも優れたものが、心（mens）と呼ばれる」（AA, DT: 15. 7. 11)。この心ないし純化されたアニムスは、あとでふれる霊性・知性にほぼ重ねることができる。

一つの試みとして、アウグスティヌスにおけるアニマ、アニムス、心の関係は、次のように考えてみよう。すなわち、人のなかには、非物体（可知的なもの）のアニマと、物体（可感的なもの）の身体があり、そのうちの、神に与り生き創る力としてのアニマのなかに、何らかの志向性をともなう想念としてのアニムスがあり、そのアニムスが純化されたものが、心である、と。後で確認するように、この心は、「心の眼」の基礎である。アウグスティヌスにとって、人の心が神に向かう理由は、人の心がもともと「神の類似」（similitudo Dei）だからである。しかし、人は、つねに自分の心を「神の類似」として活動させているのではない。むしろ、そうすることをすっかり忘れていたり、できなくなっていたりする。心が「神の類似」として活動するのは、心が「神を受け容れ、神に与るかぎり」である（AA, DT: 14. 8. 11)。そして、アウグスティヌスは、その神に与る「心」すなわち「心の眼」を「知性」と呼んでいる。「知性」（intellectus）は［心の］眼であり、そのなかで［人の］アニマは、永遠不変［＝神］を感じる」と（AA, DLA: 2. 6)。

三　神の像と内なる人

「神の像」と「神の類似」

ここで、「神の類似」(similitudo Dei) と「神の像」(imago Dei) を区別しよう。「神の類似」と「神の像」を区別しないという考え方もあるが、金子は、アウグスティヌスにおけるこれら二つの概念の関係を次のようにとらえている。すなわち「精神〔＝心〕がその認識の究極において神の観照〔＝観想〕にまで至るとき、神の像は神の似姿〔＝類似〕にまで達する〉と（金子 2002: 80; cf. 2012: 117)。ここでは、あくまで一つの試みとして、次のように考えてみたい。すなわち、「神の類似」は、人が、もともと神に似せて作られていることを意味するが、本来のそれは、傷つけられ、忘れ去られている。しかし、純化されたアニムスである心が、神を見る（＝観想する）とき、心に象られる「神の像」は、本来の「神の類似」にまで高められる、と。

アウグスティヌス自身の言葉を引用しておこう。アウグスティヌスは、『三位一体論』において「私たちが神を知るとき……［私たちは］いくらかその類似 (similitudo) となる」と述べている (AA, DT: 9. 11. 16)。また、この「神を知る」ものは、「心の眼」(oculus mentis) であり、「神の像」を映しだす心の「鏡」である、とも述べている (AA, DT: 11. 4. 7; 11. 7. 12; 11. 8. 12)。「心のなかの……永遠なものの観想〔＝神の観想〕にかかわるその部分〔＝心の眼〕においてのみ……神の像 (imago Dei) は、見いだされる」と (AA, DT: 12. 4. 4)。『ヨハネの福音書説教』では、「神の像はどこにあるか。心のなかに (in mente)、知性のなかに (in intellectu)。あなたは、心をもつから、動物に比べてよりよい (melior)。それによって動物が知解できないことを知解できる。このように、動物に比べてよりよいから、あなたは人である」と述べている（AA, IEET: 3. 4）。

アウグスティヌスの「神の像」は、その解釈をめぐり、長く議論されてきたが、ここでは、トマスの解釈を挙げるにとどめよう。トマスは『神学大全』において、アウグスティヌスの言葉をそっくり引き、「神の像」と「神の類似」の違いについて、次のように述べている。「［神の］像のあるところ、そこには［神の］類似がある。しかし［神の］類似があるところ、そこに［神の］像があるとはかぎらない」と。すなわち、「神の類似」は「神の像」に先行し人に潜在し、「神の像」が象られるための必要条件にとどまる。「［神の］類似は、［神の］像という意味（ratio）［が成り立つための］の前提である。そして［神の］像は、人が［神の］類似であるという理由（ratio）のうえに、あることを加えることで、成り立つ」（TA, ST: I, q. 93, a. 1 co）。この「あること」は、神学的思考の積み重ねでもあるが、ヨハネの「彼［＝イエス］が現れるとき、私たちは、彼に似るものとなる」（「ヨハネの手紙一」三章二節）という言葉を念頭におくなら、イエスの到来、その「言葉」を感じ知ることであろう。そうであるなら、人は、完全な「神の像」であるイエスを感じ知ることでも、その心に「神の像」を映しだせる、といえそうである。「アニマは、創造者の像［＝イエス］のもとで再生されるが（sui renovatur）、［そもそも］その像のもとで［＝その像と同じように］造られたものが、人である」（AA, IEIT: 8. 2）。

内なる人と理性

傷ついた「神の類似」が、本来の「神の類似」に回復する契機が、心に「神の像」を象ることである、と考えられるなら、その象りは、いかにして可能になるのだろうか。その象りは、現代的な意味の主体的行為ではない。すなわち、人が自分の意図・思惑によって行うことではない。「神の像」の象りは、自分の意図・思惑を越えて、いわば、おのずから到来するものである。「神の像」が、物体ではなく、人の意図を越えている超越者だからである。人は、ただその到来を受け容れることができるだけである。しかし、この「神の像」の到来は、いくつかの条件のもとで可能になる。それらの条件のなかでもっとも重要なものは、本論の冒頭に述べた、信じ待つことである。

アウグスティヌスが「神の像」の到来を信じ待っていたことは、中期の著作『告白』に如実に描かれている。あまりに長く待ちつづけ、不安に苛まれていたアウグスティヌスは、とうとう「いったい、いつまでなのか……どうして今すぐではないのか」と、「あなた」に問いかけている。そしてついに「安らぎの光のようなものが、私の心に注ぎ込まれ、すべての疑いの闇が消え去る」(AA, C: 8. 12. 28–29)。『告白』においてこの瞬間にいたるまでに語られていることは、「神を見る」ための思考の遍歴である。それは、「内なる人」(homo interior)が「私の神」と呼ばれる「神の像」を心に映しだす過程である。この「内なる人」と、「あなた」と呼ばれる「私の神」は、区別されている。「私の神は、私の内なる人にとって、光、声、香、糧、抱擁である」。その神は、造物主としての神でもあり、イエスという「神の像」でもある(AA, C: 10. 6. 8)。ただし「あなた」と呼ばれるときのそれは、およそ造物主の神であろう。「内なる人」は、この「私の神」と対話できる「アニムスとしての私」である。このアニムスとしての私は、「私の神」に尋ねることも、「私の神」から答えてもらうこともできる(AA, C: 10. 6. 9)。

おそらく、この対話の一端は、初期の著作『独り対話』(soliloquia ソリロクィア)において、「私」と、

「私」のなかの「理性」（ratio）が交わしあう、長大な問答として描かれている（AA, SL）。その『独り対話』の冒頭で、アウグスティヌスは、次のように述べている。「私は、長いあいだ、さまざまなことについて黙想をつづけ、何日間も、熱心に自分、私の善について、また避けるべき悪について、探求してきた。そのとき、突然、だれかが、私に話しかけてきた。そのだれかが、私自身（ego ipse）であったのか、いいかえれば、外から来たのか、内から来たのか、分からない」と。そして、アウグスティヌスは、この分からないだれかを「理性」（ratio）と呼んでいる（AA, SL: 1.1.1）。

この『独り対話』において「理性」と呼ばれているだれかは、先にふれた純化されたアニムスの営み、とりわけ理知的・推論的な思考をさしている、と考えられる。それは、たとえば「人とは何か。身体をもつ理性的アニマ（anima rationalis）である」といわれるときの「理性」である（AA, IEIT: 19. 15）。ただし、『独り対話』の「理性」は、可知的なものである「神の像」への傾きももっている。すなわち「私」を神へと向かわせる先導性をもっている。おそらく、この先導性が、『告白』において「内なる人」として語りなおされているのだろう。さしあたり、『独り対話』の理性は、『告白』の「内なる人」と同一ではないが、「内なる人」として語られる先導性をふくんでいる、としておこう。

神の像としてのイエスの本態

このように考えるなら、アウグスティヌスが信じ待っていたものは、彼が繰りかえし「あなた」と呼びかける神である。その神は、イエスを「仲保者」（mediator）として、「大いなる言葉」（Verbum）として顕れる（AA, C: 11. 2. 4）。イエスは、神の「大いなる言葉」の「引用者」ではなく、神の「大いなる言葉」である。そして、この「あなた」の「大いなる言葉」、すなわちイエスの「大いなる言葉」を聞き、「あなた」に問いかけるために必要なものが、純化されたアニムスである「内なる人」である。念のためにふれておくなら、アウグスティヌスにとって「神の像」は、さまざまに語られてきたイエスの「顔」ではなく「本態」である。「主自身の肉の顔（facies Dominicae carnis）は、数多くの異なる知見（cogitationum）によって数多く描かれるが、本当の顔は、つねに唯一である［私たちは、その顔を見たことがない］。私たちが主イエス・キリストを信じるとき、私たちの［純化されていない］アニムスが作りだすもの［＝イエスの顔］は、実物と大きく異なるだろうし、大切でもない。大切なことは、私たちが［その］人を本態（speciem）として思考することである」（AA, DT: 8. 4. 7）。この本態は「大いなる言葉」であろう。

ともあれ、神との対話が向かうところは、「願い」から区別される「祈り」（prex）、つまりもっとも大切なものである。アウグスティヌスにとってもっとも大切なものは、「慈愛」（caritas）である。人に対するそれは、他者を、無条件に、その固有性に即しつつ、生き生きとさせ、活動的にさせる、おのずからのはたらきかけである。この隣人への慈愛は、神への慈愛をふくんでいる。このはたらきかけが、神の無限に創造的である「存在」（esse）によって可能になるからである。人に「隣人への愛があるなら、必然的にそこには、神への慈愛（Dei caritas）がある……」（AA, IEIT: 83. 3）。「慈愛」は「アニムスの躍動（motum animi）であり、それは、神を彼自身のために享受することに向かう躍動である」（AA, DDC: 3. 10. 16）。人は「［心］に慈愛をもつべきである」（AA, IEIPT: 5. 6）。「慈愛がなければ、信仰は無益であり、希望もありえない」（AA, E: 2. 8）。アウグスティヌスにとって、この他者への、神への慈愛を充全なかたちで体現している人が、イエスである。

神の「大いなる言葉」は、端的にいえば、イエスが体現する慈愛である。「神の知恵（sapienta）は［肉の］眼に見えない。……キリストは神の知恵、神の力能（virtus）、神の言葉である」（AA, IEIT: 3. 18）。繰りかえされる「神の」という形容にもかかわらず、この慈愛は、私たちの心のなかにもふくまれている。私たちがふだん経験しているように、人の意識は、およそ確かなもの、また美しいものに向かうが、アウグスティヌスのいう人の心は、「義しさ」（iustus 神に肯定されること）に向かう。すなわち、もっとも大切なものをもっとも大切にすることに。「あなたたちは、何に焦がれているのか。眼に見えるもの、触れられるものか。眼の保養となる美しいものか」。見えるものが「腰が曲がり、杖に寄りかかり、ほとんど動けない、皺だらけの老人」であっても、その人が「義しいと聞けば、［あなたは］その人を慈しみ、抱きとめるだろう」（AA, IEIT: 3. 21）。アウグスティヌスにとって、人は、もっとも大切である慈愛をもっとも大切にするように、造られている。その志向性が、先にふれたアニムスの先導性であり、以下に敷延する霊性である。

霊性と知性

一般に「スピリトゥス」という言葉は多様な意味をもっている。たとえば「息吹・生命・意欲」などを意味する。アウグスティヌスの場合も、一様ではないが、主要な概念としてのそれは、アニマに潜在する、神に向かう志向性、金子がいう「神への対向性」を意味している（金子 2012: 107-8）。アウグスティヌスは、ヨハネ（「福音書」四章二四節）によりつつ、そもそも「霊性は神である」（Spiritus est

Deus）と述べている（AA, DVD: 17. 42; IEIT: 23. 9; 122. 8）。この言葉は、さしあたり「霊性が向かうところは神である」と解釈しておこう。「あなたは、あなたが語るべき言葉［verbum＝神的な言葉］を心情のなかにもっている。その言葉は、あなたとともに在り、それ自体、霊性的（spiritalis）である（というのも、あなたのアニマが、そもそも霊性的だからである。……この内なる言葉は、心情の概念（conceptione cordis）、または心の鏡（speculo mentis）に留まったままである）」（AA, IEIT: 14. 7）。

こうした霊性は、先にふれた神に向かう「理性」（ratio）と重なるだけでなく、「知性」（intellectus/intelligentia）にもつうじている。知性は、イエスが体現した「神の言葉」を深く知ること、イエスの言動という「徴し」（signum）の意味を把握することである（AA, DGaL: 12. 8. 19）。この営みの動詞形が「知解する」（intellegere）である。たとえば「私たちは、身体の感覚によって、物体的なものを知覚し、知恵の理性［＝神に向かう理性］によって、永遠不変の霊性的なものを知解する」といわれているように（AA, DT: 12. 12. 17）。

アウグスティヌスにとって、この知解（する）は、心が心「それ自体」（seipse）を知ることである。心それ自体は、かつて記憶されていたが、今は忘却されていて、改めて想起されるべきものである。「……知性（intelligentia）とは……かつて記憶のなかにあったが、まだ思考されていなかったものがあり、それが発見されることによって、私たちの［神性への］思考が形成されることである」（AA, DT: 14. 7. 10）。私たちのあらたな思考を喚起する、この「思考されていなかったもの」は、心それ自体である。「人間の心は、神の自然と同じではないが、それを探し求めている。……神の像は、そこに見いだされるべきである」（AA, DT: 14. 8. 11）。つまり、自分の心それ自体を自分が思考することが、知解することであり、それが、心のなかに「神の像」を象ることである。「純化されたアニムス」「内なる人」は、この「心それ自体」（ipsa mens）である（AA, IEIT: 99. 4; cf. C: 10. 6. 9）。

人が「神の像」を見いだすことは、つまるところ、人がイエス＝「大いなる言葉」を知解することである。人のアニマは、そもそも「理性的・知性的であり、神の像に向かうように（ad imaginem Dei）造られているが、そのようにはたらくのは［人のアニマが］神を知り見るために、その理性・知性を実際に用いるかぎりである。そして、きわめて偉大で驚異の自然である神の像は、それが創られた最初から……［人のなかに］つねに存在している」。この「神の像」（本来の「神の類似」）をふくんでいる「アニマの自然は、偉大であるが、最高の状態ではなく、損傷している。しかし、最高の自然［＝イエスの神の自然］を受け容れ、それに与ることができるという意味では、まだ偉大である」（AA, DT: 14. 4. 6）。

ようするに、知解は、「神の類似」という、心の本来態を想起するための営みであり、それは同時に、イエスを「神の像」として見る、ないし「大いなる言葉」として聴くという営みである。人は、本来「神の類似」であるが、いわば忘れている。求められているのは、イエスの「大いなる言葉」に聴従し、忘れているその事実を思いだす（回復する）ことである（AA, DT: 8. 3. 4）。なお、付言しておくなら、イエスの「大いなる言葉」への聴従は、アウグスティヌスが詳細に論じている、神の観想、知解によらなくても、生じる。「……知解できなくても、キリストの十字架の受苦と復活（passione et resurrectione）から離れない人は……自分が見ていないものへ導かれ、それを見ている人と一緒に［戻るべき故郷に］行き着ける」からである（AA, IEIT: 2. 3）。十字架の受苦と復活が意味していることは、イエスが体現した無条件のフミリタス（humilitatis）であり、それは、神を知解できないふつうの人でも、体現することができる。

四　デリダの他者の到来

「神を見る」と信じ待つこと

冒頭の議論に戻って述べるなら、こうしたアウグスティヌスの神の観想の諸条件のうちでもっとも重要なものは、先にふれた、神を信じ待つことであろう。それは、『エンキリディオン』のなかで、「信」(fides) と表現されていることと、およそ同じである。アウグスティヌスは、「信は、善であり、悪ではない」と述べるとともに、「善も信用されるし (creduntur)、悪も信用される」が、そうした信用される善・悪から、信の善を区別し、この信が、希望をふくんでいる、と述べている。悪をのぞむ希望など、ありえない。希望は、つねに「ただ善だけをのぞむ」(AA, E: 2. 8)。この希望をもつことは、未来の出来事にかかわることであるから、厳密にいえば、過去・現在・未来、自分・他者にかかわる信から区別されるが、重ねることができる。「私たちが、将来、善いことが起こる、と信じるとき、それは、まさにのぞんでいること」だからである (AA, E: 2. 8)。

アウグスティヌスの「神の観想」は、こうした信・希望、すなわち、根底的な意味で信じ待つことに、キリスト教的な目的・方法・原理が重ね書きされたもの、と考えられる。その目的は、「内なる人」、「神」の顕れであり、その方法は、アニムスの純化であり、霊性・知性の立ち上がりであり、その原理は、人が内在させる「神の類似」と、イエスが体現する「神の自然」の、通底性であり、いわば、同質であるそれらが相互に呼応することである。根底的である信じ待つことは、こうした宗教的な目的・方法・原理がその営みに重ね書きされることで、見えにくくなっているが、アウグスティヌスの「神の観想」の大前提である、と考えられそうである。

このような解釈を許してもらえれば、アウグスティヌスの「神の観想」と、デリダの「他者の到来」を、つなぐことができるだろう。デリダは、脱構築（deconstruction）論でよく知られている現代フランスの哲学者である。ハイデガーをはじめ、アウグスティヌスに言及する現代の哲学者は少なくない。デリダもその一人であり、アウグスティヌスを主題として論じていないが、たびたび言及しているし、「私は、彼［＝アウグスティヌス］に対し、巨大で途方もない敬慕を抱いている」と述べている（D, VR: 21/30）。簡単に確認しておくと、デリダの脱構築とは、通念において大切であると見なされている概念にふくまれている危うさを析出する試みである。この試みによって、「脱構築不可能なもの」が、浮かびあがってくる。この脱構築不可能なものは、いいかえれば、脱構築という試みを根底で支えているものである。デリダは、この脱構築不可能なものとして、「正義」「歓待」「デモクラシー」とともに「他者」を挙げている（どれも通念のそれではない）。以下において取りあげるのは、このうちの他者である。

デリダの他者の到来

デリダは、晩年の著作『プシュケー』において、「他者の到来」（l'invention de l'autre）を語っている（D, P: 53）。デリダのいう「アンヴァンシオン」は、辞書どおり訳すなら「発明・発見」であるが、「到来」と訳しておこう。デリダが「アンヴァンシオン、それは、つまり到来（le venir）であり、何らかの新奇な出来（l'événement d'une nouveauté）であり、驚かされるものである」と述べているからである（D, P: 36）。デリダにとって、この「他者の到来へと自分を備えさせること」は、「脱構築と呼びうることである」（D, P: 53）。私たちは、他者の到来を思うことで、理性によって自律して生きているという生の様態の根底に、他者とともに在るという存在の様態を見いだし、自律という個人の様態の危うさを知るからである。ただし、デリダにとって、この他者は、主体でもなければ、客体でもなく、一つの自我でもなければ、（無）意識でもない。また、この他者は、いつ到来するのか、確かめることができない（D, P: 54）。にもかかわらず、この他者は、「つねに世界を構成するもう一つの起源であり、私たちは［その他者を］見いだすために存在している」（D, P: 60）。

　デリダによれば、人は、およそ、この得体の知れない「他者」が到来する、と信じ待っている。その「他者」は、私が語りかける相手であり、私をよりよく変える、よりよく超える、よりよく導く者である。この「他者」の到来を信じ待つことは、異常な行為ではなく、私があなたに語りかけることと、ある意味で、同じ行為である。信じ待つ「他者」に対しても、約束するあなたに対しても、私が、誠実・真摯だからである。この誠実・真摯は、いいかえれば〈私は真実に従僕する〉と約束することである。「私が口を開くたびに、私は何かを約束している。私があなたに語りかけるとき、私は、あなたに伝えている。私は、あなたに真実を話すことを約束している。私が嘘をついているときでも、私のその嘘が成り立つ条件は、私があなたに真実を話していると約束していることである。……すべての言語行為は、根本的に約束である」（D, VR: 22-3）。

　デリダのいう「他者」は、「真実」（veritas 真理）といいかえられる。さしあたり「真実」という概念のもつ思想史的含意を棚上げし、それは、人を〈よりよく〉（melior）という力動に駆りたてる未然のテロスである、と考えておこう。この真実としての「他者」は、外から押し付けられ、自分に侵入してくるものではなく、心のうちに潜勢する何かが、引き寄せ、自分に現象させるものである。アウグスティヌスに引きつけていえば、その何かは、「内なる人」と重ねられるだろう。たんなる憶測であるが、デリダが、わざわざ「アンヴァンシオン」という言葉を使った理由は、この「他者」の到来が、自分の内からの誘引をともなっている、と暗示したかったからかもしれない。いわば、日本語で「みずから」から区別される「おのずから」というニュアンスを出すために。

デリダのメシア的なもの

興味深いことに、デリダは、到来する「他者」を「メシア的なもの」（la messianicque）と表現している。このメシア的なものは、何らかの言説によって特徴づけられていない、いわば未然の可能性である。このメシア的なものは、いわゆる知識を超えて人に到来する先導性であろう。デリダは、キリスト教やユダヤ教に見いだされる「メシアニズム」からメシア的なものを区別している。それは「メシア的構造」とも呼ばれていて、特定の宗教の教義に規定されていない「普遍的構造」（universal structure）である（D, VR: 23/32）。このようなメシア的なものは、キリスト教のメシア、すなわちすでに到来し、後に再臨すると考えられている、あのイエス・キリストのなかに、見いだされるだろう。

ともあれ、デリダにとって、メシア的なものの到来は、信じることである。それが何であるのか、「視像」（vision）、「真実」（verité）、「啓示」（révelation）として知る前に、無条件に受け容れることである。むしろ、メシア的なものの到来を信じることは、「視像」「真実」「啓示」が存立する条件である。この「信じるという行為」(acte de foi) は、冒頭に述べた信じ待つことにおよそ重ねられるが、それよりもキリスト教的思考によって彩られている。その「信」(foi) は、いいかえれば、「信頼」(fiabilité)、「誠意」(bonne foi) である (D, FS: 88-9/147)。それは、他者が呼びかけ、「私」がそれに応えることにも、他者が証言し、「私」がそれを承認することにも、ふくまれている。デリダは、次のように述べている。「証言に必要である信じるという行為が、その構造によって人を導くところは、すべての直観、すべての証拠、すべての知識を超えた彼方である」(D, FS: 96-7/158)。

デリダにとってメシア的なものは、通常の経験の遠方に位置していながら、人をかけがえのない命を擁護するための闘争に駆りたてる契機である。デリタが語ってきた脱構築不可能なものとしての「正義」も、通常の経験の遠方に位置していながら、人をかけがえのないものを擁護するための闘争に駆りたてるものである。デリダは、メシア的なものの背後に、他者とともに在ること、「社会的つながり」(lien social) と分かちがたい、ある感覚を見いだしている。それは、命ある者が、人であろうと、ネコであろうと、もう一つの命と、通底し共振する、という基底感覚である。それは、他者への応答につねに向かうという遂行性を生みだすものである。それは「交感」(sympathy)、「共苦」(Mitleiden) と呼ばれてきた、自・他をつなぐ基底感覚である。ただし、デリダの社会的つながりは、その中断をふくんでいる。「そのつながりの中断をもたらす、その一時的解消は、むしろ『社会的つながり』の条件であり、すべての『共同体』の呼吸 (respiration) そのものである」(D, FS: 98/161)。中断が、つねに再開に変わるくらいに、この社会的つながりは、基底的である。それはまた、失われてはじめて、その大切さが実感されるものである。

五　生の基底性としての心の営み

無条件の肯定と先導性

人の心は、何らかの力動に彩られている。その様態は、人それぞれであり、文化や時代によってもさまざまである。思想、芸術、文化の多様性は、人の心を彩る力動の多様性の表れであろう。その多様性は、たんにさまざまであるだけではなく、豊穣性でもある。新しい何かを次つぎに生みだすという豊かな創始性でもある。こうした豊穣な力動のなかには、人を導き、どこかに向かわせる先導的なものがふくまれている。この先導性は、実証されるものではなく、証言されるものである。すなわち、実験し検証し証拠立てることで、客観的事実として提示される事物ではなく、一人ひとりによって、良心的に・誠実に語られる思考の内容である。このように考えるとき、アウグスティヌスの「あなた」「内なる人」も、デリダのメシア的なものも、この先導性を指している、と考えられる。

この心に内在する先導性は、「良心」「理性」と呼ぶこともできるが、さしあたり確認しておきたいことは、この先導性が、信じ待つことと一体であり、無条件の肯定をふくんでいることである。すなわち、信じ待つという営みも、信じ待っているものも、無条件の肯定をふくんでいる。むろん、すべての信じ待つ営みが、無条件の肯定をふくんでいるのではない。私たちの信じ待つ営みは、しばしば条件付きの肯定をふくむものになってしまうが、少なくともコミュニケーション、呼応の関係、他者への気遣いなどは、この無条件の肯定をふくんでいなければ、成り立たない。相手の真意を疑いながらのコミュニケーションも、相手を騙そうとする、詐欺というコミュニケーション（?）も、相手が思わず信じてしまうことを前提にしている。いわゆる「人のよさ」とは、この無条件の肯定が大きいということだろう。

この無条件の肯定が乏しいとき、いわゆる「加害責任」の追及が過剰なものとなるだろう。加害者・被害者の溝は深いが、その溝を越えてともに害悪を減らす方法を考えようという、協働責任が排除されていくだろう。それは、人のなかに〈自分は加害者になることなどない〉という高慢（superbia）が肥大していく、ということである。それはまた、通念の正義（justice）が義しさ（justitia）を押しのけていく、ということでもある。自分を超えるものへの従僕（humilitas）がもたらす義しさをともなわない規範、とりわけ平等・公正が「正義」の名の下に振りかざされ、相手を糾弾し、詰問し、吊し上げていくことである。それは、他者に慈しみ支えるという意味の「大いなる言葉」（Verbum）を無視した、通念の言葉が作りだす暴力である。正義の名の下に暴力が行使されるという、このパラドクスは、無条件の肯定の乏しさから生じるものだろう。

生の基底としての心の営み

最後に、教育についてふれておこう。現代日本の教育は、よく知られているように、学力形成・能力形成に大きく傾いている。この「メリトクラシー」と呼ばれる有能性への傾斜は、信じ待つことを受け容れることもあるが、多くの場合、それを退けている。有能性の形成は、迅速であり効率的であることが求められているからである。しかし、人を人として育てるという意味の教育は、まさに信じ待つこと、子どもへの無条件の肯定を必要とする営みである。この意味の教育は、いいかえれば、子どもが自分の固有な志向、特異な活動をおのずから見いだし、それをみずから高めることを支え助けることである。この、いわば、自己創出への支援という教育は、もう少し具体的にいえば、子どもが何かに興味関心をもち、自分なりの仕方でそれを追求し、生業につないでいくことを信じ待ちつつ、さまざまなかたちで、子どもを支え助けることである。

有能性の形成方法は、受験産業でも、学校教育でも、そして社会でも、盛んに追求されているが、信じ待つこと、無条件の肯定、そして先導性は、忘れられているように見える。たしかに、これらの営みは、資格の取得、学力の向上などにすぐに役に立つものではない。しかし、信じ待つこと、無条件の肯定は、親が幼いわが子を育てるときにも、教育者が子どもたちを気遣うときにも、不可欠である。そして、子どもは、放置されようとも、殴打されようとも、親を庇い、無条件に親の慈しみを信じ待っている。自分が無条件に肯定されることを信じている。また、先導性は、子どもたちだけでなく、私たち大人が、宗教的であれ、道徳的であれ、倫理的であれ、よりよく生きようと思うときに、また社会をよりよくしようと思うときに、つまるところ、猜疑、不信、そして高慢、侮蔑から解き放たれようと思うときに、意識することなく前提となっている心の営みである。

アウグスティヌスの「神の観想」、デリダの「他者の到来」が、私たちに教えてくれることは、私たちの心のなかにあるが、しばしば眠っていたり、忘れられていたりする先導性であり、その先導性と分かちがたく結びついている、信じ待つこと、無条件の肯定である。これらの営みは、私たちの生の基底であると考えられる。宗教的、社会的、科学的な言説が、紙に書かれた文字であるとするなら、生の基底は、その紙そのものである。生の基底性を踏まえずに展開される言説は、浮遊し、散乱し、消費されるだけになるだろう。

（二〇一八年七月一四日　講演）

〈文献〉

金子晴勇　二〇〇二『ヨーロッパの人間像』知泉書館。
金子晴勇　二〇〇八『ヨーロッパ人間学の歴史——心身論の展開による研究』知泉書館。
金子晴勇　二〇一二『キリスト教霊性思想史』教文館。
田中智志　二〇一二『失われた〈心の眼〉——人間の自然とベルクソン』一藝社。

*

Aquinas, Thomas　2006–　*Thomas Aquinas, Ecclesiae Doctores, De Ecclesiae Patribus Doctoribusque, Documenta Catholica Omnia.* Cooperatorum Veritatis Societas. [www.documentacatholicaomnia.eu]. ［略号 TA］
ST = Summa Theologiae. / 1960–2012　トマス・アクィナス（高田三郎・稲垣良典ほか訳）『神学大全』（全四五巻）創文社。
Augustinus, Aurelius　2006–　*Augustinus, Migne Patrogia Latina, Documenta Catholica Omnia.* Cooperatorum Veritatis Societas [www.documentacatholicaomnia.eu] ［略号 AA］
C = *Confessionum*, PL 32. / 2007　アウグスティヌス（宮谷宣史訳）「告白録」上・下『アウグスティヌス著作集』第五–Ⅰ・Ⅱ巻、教文館。
DAO = *De Anima et eius origine*, PL 44.
DCD = *De Civitate Dei contra Paganos*, PL 41. / 1981　アウグスティヌス（赤木善光／泉治典／金子晴勇ほか訳）

「神の国」一〜五『アウグスティヌス著作集』第一一〜一五巻、教文館。

DDC = De Doctrina christiana, PL 34. / 1988 アウグスティヌス（加藤武訳）「キリスト教の教え」『アウグスティヌス著作集』第六巻、教文館。

DGaL = *De Genesi ad litteram*, PL 34. / 1996 アウグスティヌス（片柳栄一訳）「創世記逐語註解」一・二『アウグスティヌス著作集』第一六・一七巻、教文館。

DLA = *De Libero arbitrio*, PL 32. / 2015 アウグスティヌス（泉治典訳）「自由意志」『アウグスティヌス著作集』第三巻、教文館。

DM = *De Musica*, PL 32. / 2015 アウグスティヌス（原正幸訳）「音楽論」『アウグスティヌス著作集』第三巻、教文館。

DSA = *De Spiritu et anima*, PL 40.

DT = *De Trinitate*, PL 42. / 2004 アウグスティヌス（泉治典訳）「三位一体」『アウグスティヌス著作集』第二八巻、教文館［数字は順に、巻、章、節の番号］。

DVD = *De Videndo Deo, seu epistola* 147, PL 33. / 2003 アウグスティヌス（菊池伸二訳）「神を見ること、あるいは手紙一四七」『アウグスティヌス著作集』第二七巻、教文館。

E = *Enchiridion de Fide, Spe et haritate*, PL40. / 1979 アウグスティヌス（赤木善光訳）「信仰・希望・愛（エンキリディオン）」『アウグスティヌス著作集』第四巻、教文館。

IEIPT = *In Epistolam Ioannis ad Parthos tractatus*, PL 35. / 2009 アウグスティヌス（茂泉昭男訳）「ヨハネの手紙一講解説教」『アウグスティヌス著作集』第二六巻、教文館。

IEIT = *In Evangelium Ioannis tractatus*, PL 35. / 1993 アウグスティヌス（泉治典／水落健治訳）「ヨハネによる福音書講解説教」『アウグスティヌス著作集』第二三〜二五巻、教文館。

S = *Sermones*, PL 38. / 1993-2009 アウグスティヌス（茂原昭男ほか訳）「説教五一〜一一六」『アウグスティヌス著作集』第二一・二二巻、教文館（部分訳）。

SL = *Soliloquiorum*, PL 32. / 1979 アウグスティヌス（清水正照訳）「ソリロキア」『アウグスティヌス著作集』

第一巻、教文館。

Derrida, Jacques, et al. 1997 "The Villanova Roundtable: A Conversation with Jacques Derrida," in Caputo, John D. ed. 1997 / 2004 デリダ、カプート編（高橋透ほか訳）「ヴィラノヴァ大学円卓会議」『デリダとの対話——脱構築入門』法政大学出版局［略号 D, VR］。

Derrida, Jacques 1998 *Psyché : inventions de l'autre*. Paris : Editions Galilée［略号 D, P］.

Derrida, Jacques 2000(1996) *Foi et savoir: suivi de le siècle et le pardon*. Paris: Editions du Seuil. / 2016 デリダ（湯浅博雄・大西雅一郎訳）『信と知——たんなる理性の限界における『宗教』の二源泉』未来社［略号 D, FS］。

シャルトル大聖堂のラビリンス――世界に貢献するカトリックの象徴

リチャード・ガードナー

はじめに

皆さん、こんにちは。ご紹介頂きましたガードナーです。実は少し緊張しています。私は三五年間上智大学でずっと教えていたのですが、ほとんど英語で教えていました。授業や講演を日本語でしたことはあまりありません。今日は話をすると、恐らくヨロヨロしてしまうところが出てくると思いますし、発音のあまり良くないところも出てくると思いますがお許しください。

今日は、シャルトル・ラビリンスについてお話しします。皆さんはシャルトル大聖堂を知っていますか。シャルトル大聖堂を訪ねた時ラビリンスを見ましたか。シャルトル・ラビリンスは、フランスのシャルトル大聖堂の床に八〇〇年前からあるラビリンスです。白百合女子大学の設立母体の、シャルトル聖パウロ修道女会を、ルイ・ショーヴェ神父がシャルトルで始めたのが三〇〇年前です。ですから、ショーヴェ神父もラビリンスを見ていたことになります。白百合女子大学とシャルトル・ラビリンスは深い関係があるのだと思います。ただし、ショーヴェ神父様は確かにラビリンスを見ていたし、その上を歩いていましたが、ラビリンスの中の道を歩いたことがあるかどうかは分かりません。

私が初めてシャルトル・ラビリンスに出会ったのは二〇年前です。サンフランシスコで宗教学会に参加した時に、妻の武田光世と一緒に、グレイス大聖堂に行きました。そして、ラビリンスの模様を描いた絨毯が床にあるのを見つけました。その後私たちは、グレイス大聖堂の司祭だったローレン・アートレスが行っている研修会に参加して、シャルトル大聖堂のラビリンスを歩きました。そして彼女の書いた本を翻訳し、黙想のためにラビリンスを歩く活動、ラビリンス・ウォークを日本に紹介しています。

ラビリンスが世界中のすべての文化にあるとは言えませんが、世界各地の文化や歴史の中にさまざまな形のラビリンスがあります。一九七〇年代には、北アメリカとヨーロッパでラビリンスに関心を持つ人が急に増えて、「ラビリンス・ムーブメント」と呼ばれる活動になって行きます。今日はあまりたくさんのラビリンスについてお話しする時間はありませんから、シャルトル・ラビリンスと、一九九〇年代に始まった「シャルトル・ラビリンス・ムーブメント」に絞ってお話しします。シャルトル・ラビリンスに関する最近の歴史は、「一度は忘れ去られたカトリックの象徴の再発見の物語」だとも言えます。つまり、カトリックの世界では、ラビリンスの意味が忘れられていました。いつ忘れたのかは分かりませんが忘れていました。シャルトル・ラビリンスが再び使われるようになるに当たっての立役者は、米国聖公会のローレン・アートレスです。アートレスがどのようにしてシャルトル・ラビリンスに出会ったかは、彼女の本『聖なる道を歩く――黙想と祈りのラビリンス・ウォーク』（上智大学出版、二〇一四年）に書かれています。

シャルトル大聖堂は、聖母マリアに捧げられた大聖堂です。中世に建てられた大聖堂の中でも特に有

シャルトル・ラビリンス

シャルトル大聖堂

名で、ゴシック建築の中でもとりわけ素晴らしい聖堂だと言われています。

これがシャルトル大聖堂の写真で、これがシャルトル・ラビリンスです。大聖堂に入って二〇メートルくらいのところの床にあります。普段は椅子が並んでいます。そのため、シャルトル大聖堂を訪ねたことがあってもラビリンスのことをまったく知らない人がたくさんいます。シャルトルに最初にキリスト教の聖堂が建ったのは九世紀ですが、その建物は残っていません。今ある聖堂の中で一番古い部分は、一一世紀から一二世紀にかけて建てられました。けれども、シャルトルでは一一九四年に大きな火事があって、その時にあった聖堂はほとんどが焼けてしまいました。今のシャルトル大聖堂はこの火事の後に建てられたものです。シャルトル・ラビリンスも、この火事の後、一三世紀の初めに聖堂の床に造られました。

中世の大聖堂には、さまざまなデザインのラビリンスが造られました。アミアン、ランス、サンスの大聖堂にもラビリンスがありました。けれども、シャルトル以外はすべて、一七世紀から一八世紀の間に取り壊されました。どうして壊したのかは、はっきり分かりません。アミアン・ラビリンスについて少しお話しします。シャルトル・ラビリンスとアミアン・ラビリンスはずいぶん違って見えます。アミアン・ラビリンスは八角形です。しかし道筋はシャルトルと同じなので、シャルトルタイプ・ラビリンスの一つだと考えられています。もともとあったラビリンスは一八五五年頃に壊されました。今あるのは一八九五年に復元されたものです。アミアンでも、シャルトルでも、いつからかラビリンスは使われなくなりました。

ラビリンスについて

先ほどお話ししたように、シャルトル・ラビリンスは一三世紀の初めに造られました。シャルトル・ラビリンスは「中世の一一周回ラビリンス」とも呼ばれています。中心に辿り着くまでに、道が一一回まわっていることからついた名前です。もう一つ、ラビリンスの特徴として大事なのは、「迷路ではない」ということです。ラビリンスという外来語を使っているのは、迷路とラビリンスが全く違うからです。ラビリンスの道は入口から中心まで一本で繋がっています。枝分かれや行き止まりはなく、道を選ばなくても進めます。中心まで行った後は、同じ道を通って戻って来ます。

ラビリンスの中心

シャルトル大聖堂のラビリンスは直径が一三メートルあります。中心までの道の長さは二六〇メートルほどです。ですから、中心まで行って戻ると五〇〇メートル以上歩くことになります。けっこう長い道になります。ある程度ゆっくりのペースで歩いて、往復で四五分くらいかかります。けれども、それよりもゆっくり歩く人もたくさんいます。本当にゆっくりゆっくり歩いて、二時間かかった人もいます。

ラビリンスを造った当時の資料は残っていません。誰がデザインを考えたのか、分かりません。そして、中世の人がラビリンスにどんな象徴的な意味を持たせていたのかも、確かなことは分かりません。そもそも、大聖堂を建設した時の資料がほとんど残っていないのです。

そのため、大聖堂について研究している学者たちは、中世から伝わる別の資料を大聖堂にあてはめて考えています。たとえば、中世のヨーロッパには「聖なる幾何学」「神聖幾何学」と呼ばれる学問がありました。これは、宗教的な世界観に基づいて図形や空間の意味を論じる学問です。研究者たちは、この「神聖幾何学」を通してシャルトル大聖堂を解釈しようとしてきました。

ラビリンスについても、同じように「神聖幾何学」を通して理解する試みがされてきました。「神聖幾何学」を使って読み解くと、ラビリンスがどんな意味を持って理解できるか。そういう解釈の例として、ローレン・アートレスが書いた文章を読みます。ちょっと難しい話です。

中世の一一周回ラビリンスの一本道は、一一個の同心円を成し、一二個目の円である中心に至る。一二という数は、聖なるアート（聖なる技術と芸術）において重要な意味を持っている。天国を表す数である三と、地を表す数である四を、かけあわせた数だ。道全体が万物を象徴している。

つまり、ラビリンスは宇宙全体を象徴しているのです。キリスト教では一二という数はいろいろな意味を持っています。使徒が一二人など、これは終わりのない話になりますが、ともかく一二は重要な意味を持っています。

キリスト教の概念や象徴とラビリンスとの繋りについて、もう少し読みます。

ラビリンスの中心はロゼッタ（薔薇の模様）と呼ばれることが多い。伝統的な薔薇模様では花びらが五枚あるが、シャルトル・ラビリンスの中心のロゼッタでは、花びらが六枚ある。薔薇は聖母マリアの象徴である。（中略）神秘主義の伝統では、薔薇は聖霊の象徴である。ラビリンスの中心の六枚の花びらは、天地創造の六日間を象徴している。

ラビリンスの象徴を読み解く話は、終わりがありません。すべての部分が何らかの象徴的な意味を持っているようです。ただし、確かにそういう意味を持っていた、というわけではありません。皆、いろいろと工夫をして解釈しようとしているのです。

ラビリンスに込められた意味は、このように細かい点まで読み解かれています。けれども、特に「神聖幾何学」を使って解釈しなくても明らかなのは、ラビリンスを歩くことがエルサレムへの巡礼の代わりになる、ということです。シャルトルの大聖堂そのものが「天の都エルサレム」を象徴していて、シャルトルへの巡礼は天の都エルサレムへの巡礼を意味していました。

シャルトル・ラビリンス・ムーヴメント

サンフランシスコにあるグレイス大聖堂の司祭だった女性の牧師、ローレン・アートレスが、初めてラビリンスに出会ったのは、一九九一年。ジーン・ヒューストンという心理学者が開いた研修会でした。ヒューストンはシャルトル・ラビリンスを、人を精神的・霊的に手伝う大きな可能性があるものとして紹介しました。そのセミナーでは、床にテープを貼って大まかに描いたシャルトル・ラビリンスを歩くことができました。アートレスはそれを歩いて、とても印象深い体験をしました。そして、自分が牧師を務めるサンフランシスコのグレイス大聖堂にラビリンスを導入したいと考え、実際にシャルトル大聖堂に行ってラビリンスを歩いてみることにしました。

アートレスはシャルトルに行く前に大聖堂の関係者と連絡を取ろうとしましたが、返事がもらえませんでした。おそらく英語で連絡を取ろうとしていたのでしょうが、フランス人は英語の手紙に返事を出さないと思うので、返事が無くても仕方がありません。グレイス大聖堂の仲間たちとシャルトルに着いてみると、ラビリンスの上にはたくさんの椅子が並んでいました。ギフトショップの店員に、大聖堂の関係者に会えるかと聞きましたが、やはり誰とも連絡が取れませんでした。これも、とてもフランスらしいです。

アートレスたちは、心配しながらも、ラビリンスの上に並ぶ二五六脚の椅子を自分たちで勝手に片づけて、ラビリンスを歩きました。たまたまその場に居合わせた二〇人ほどの旅行者や巡礼者も歩きました。椅子を元に戻している時に大聖堂の関係者が来て、警察を呼ぶ！と言いました。けれども、アートレスたちが何をしているかを説明して、無事に終わりました。その後、グレイス大聖堂とシャルトル大聖堂は特別な関係を築き、今も良い関係が続いています。

一九九一年の終わりに、グレイス大聖堂は、布に描いたシャルトル・ラビリンスを聖堂の中に敷いて使い始めました。一九九五年には、聖堂の外に色違いの石を使って描いたラビリンスを造りました。そして二〇〇七年には、聖堂の中のラビリンスも石で造り直しました。

アートレスは、シャルトル・ラビリンスを使う活動を支援するために「ヴェリディタス」というNPOを設立しました。ヴェリディタスの研修を受けたラビリンス・ファシリテータは、四〇〇〇人以上になります。今では世界各地に、常設のもの、布などでできていて必要に応じて広げて使うものを含めて、四〇〇〇個以上のラビリンスがあります。

シャルトル・ラビリンスは、プロテスタントや英国国教会などの教会でも使われるようになりました。さらに教会だけではなく、大学や、病院・ホスピス・公園・刑務所でも使われています。また、信仰の異なる人同士が共に祈る集いでは、ラビリンスがよく使われています。

カトリックもラビリンスを再発見しました。シャルトル大聖堂では、一九七〇年代から八〇年代にはラビリンスの上にいつも椅子が並べられていましたが、今では毎週金曜日には椅子を片づけて、ラビリンスを歩けるようにしています。カトリックの大学でも、たとえばオハイオ州のジョン・キャロル大学にはラビリンスが常設されています。世界各地のイエズス会のリトリート・センターでは、ラビリンスを、聖イグナチオのスピリチュアリティを教える役に立てています。

日本では、国際基督教大学・ルーテル学院大学・上智大学・東京ユニオンチャーチ・聖イグナチオ教会などで使われています。東京の聖霊修道院のシスターたちは、二〇一一年に、修道院の庭にラビリンスを造りました。名古屋の聖霊修道院では、今年（二〇一七年）から、布製のシャルトル・ラビリンスを使って祈りの会を始めました。

ラビリンスの魅力

ラビリンスはなぜ、これほどたくさんの人を引きつけるのでしょうか？　難しい質問ですが、いくつか答えを考えてみました。

まず第一に、ラビリンスには、明らかにキリスト教のものだということを示す象徴が含まれていません。先ほどお話ししたように、キリスト教の信者と学者はラビリンスを、キリスト教の象徴として読み解いています。けれども、ラビリンスを一目見て、キリスト教のものだ、と思う人は、ほとんどいないでしょう。もちろん大聖堂の中で見れば、キリスト教と何か関係があることはすぐに分かりますが、一般の人がラビリンスのデザインそのものを見たらキリスト教的な象徴だとは思わないでしょう。そのため、異なる信仰を持つ人や無宗教の人でも、ラビリンスに自分なりの意味を持たせることができるのです。ラビリンスが、教会に関係する施設だけではなくて、公園や公立の大学、病院や刑務所などで使えるのはこのためです。そして、「自分は宗教的ではなく、スピリチュアルだ」と言う人もラビリンスに関心を持つのです。アメリカではそういう人が多くいます。宗教は嫌だけれど、自分はスピリチュアルだと思っているのです。

第二に、ラビリンスを歩くことは、歩く瞑想、ウォーキング・メディテーションの一種だ、ということです。欧米諸国では、さまざまな形のメディテーションに関心が持たれています。その多くは仏教やヒンズー教の伝統から来ていますが、たとえば「センタリング・プレイヤー」のように、キリスト教の伝統にある瞑想や黙想から新しく考え出されたものもあります。多くの宗教の瞑想の教えの中に、歩く瞑想があります。ラビリンスを歩いて瞑想してみて、歩きながら瞑想する方が座ってするよりもずっとやりやすかったと言う人は、たくさんいます。坐禅をしたことのある人はいますでしょうか。日本人はもうあまり坐禅をしていないようですが、なかなか難しいものです。ラビリンスは、瞑想や黙想の世界に入るための、間口の広い入口です。つまり簡単に言えば、坐禅などのずっと座る瞑想よりもラビリンスを歩くほうが楽だと、たくさんの人が言っているのです。

第三に、ラビリンスには美術的な価値もあります。見る人の心に訴える美しさがあります。東京ユニオンチャーチには、シャルトル・ラビリンスをモチーフにした壁飾りが飾られています。しかもラビリンスは、単にその美しさを見るだけの美術作品ではありません。その美しさの中を歩くことができるのです。

人生は旅

人はなぜラビリンスに引き付けられるのか。もう一つ大きな理由は、ラビリンスという象徴が持っている基本的な意味を、とても多くの人が、すぐに、直観的に、掴めることにあります。ラビリンスが基本的に持っている象徴的・比喩的な意味は、「人生は旅」ということです。人生を旅に喩える例はさまざまな文化や宗教に見られます。日本でも神道・仏道・茶道と言いますが、中国でも韓国でも、道という概念はとても中心的な考えです。これは一つの例で、もしかするとあらゆる文化や宗教が、人生を旅に喩えているのかも知れません。

学生の皆さん、次のところは特にきちんと聞いてください。人間が、人間と世界の存在を解釈するためには、象徴や比喩が必要です。つまり、私たちは、自分の人生の全体を直接的に見たり経験したりすることはできません。また、宇宙全体を直接見て理解することもできません。そのため、「人生」とは何かを理解するために、私たちは「人生は旅」という比喩を使うのです。私たちは、たとえ短いものであっても、旅をしたことがあります。そしてその旅の経験を、これまでの人生、これからの人生を含む、人生の全体を理解するために使うのです。ラビリンスは、「人生は旅」という比喩を表している、目に見える象徴だと言えます。皆さん、私と一緒に言いましょう。「人生は旅である」。

ラビリンスを歩くことは、人生の道を歩くことに似ています。中心には目的地があり、そこに向かって歩きます。道は思いがけない時に何度も曲がります。道に迷ったと感じることもあります。中心の近くまで来たかと思うと、急にまた遠くなってしまいます。けれども、ラビリンスを歩く人は安心していて良いのです。自分がどこを歩いているか、いつも分かっていなくても、道は中心に向かっています。私たちは人生の途中で、道に迷った、道を見失った、と感じることがよくあります。少なくとも私はよくあります。けれどもラビリンスを歩くと、自分はやがて中心に辿り着くのだ、ということが改めて感じられます。普段はあまり意識してはいませんが、私たちは日々を送りながら、ラビリンスの道を一歩一歩、歩いているのです。自分はどこから来たのか、今どこにいるのか、どこに向かっているのか。ラビリンスを歩いて人生を思った、と語る人はたくさんいます。皆さんはどこから来たのか、今どこにいるのか、これからどこに向かっているのか。学生の皆さんはよく分かっていると思っているかもしれませんが、年を取るとよく分からなくなるかもしれません。

全体性の象徴

ローレン・アートレスは、ラビリンスが持つ力について語る時に、ラビリンスは「全体性の象徴」だと説明することがよくあります。これはちょっと抽象的な話ですが、あとで具体的な例が出てきますから安心してください。アートレスの言う「全体性」とは、私たちの人生にあるすべての対立する部分が、共に存在しながら一つの全体を形作る、という意味です。私たちはもちろん、人生でいろいろな対立や葛藤を経験しています。そして、自分の人生には全体として意味があるとは、感じられないこともよくあります。身近な人が亡くなったり、夢が叶わなかったりすると、さまざまな感情が湧き、葛藤に苦しみます。

別の言い方をすると、私たちは、「人生は理不尽だ」と感じることがあります。失敗したと感じ、挫折したと感じ、救われたい、癒されたいと思います。アートレスは、ラビリンスを歩くことが癒しになる可能性があると言っています。ここで、「癒し」というのは、身体的・心理的・霊的に、「全体性が回復する」という意味です。ラビリンスは私たちに「全体性」の感覚を感じさせてくれます。

「全体性」と「癒し」の関係を説明するために、精神科医のヴィクトール・フランクルが『意味による癒し』という論文に引用した例をご紹介します。二人の男の子の母親の話です。子どもの一人は一歳で亡くなり、もう一人は障碍を持っていました。彼女は絶望して、自分の人生の意味が分からなくなっていました。障碍を持った子どもを殺して自分も死のうとしたのです。けれども、子どもが生きたいと言ったので、死ぬことはできませんでした。つまり彼女は分裂した状態でした。こういう人生が欲しい。しかしその素晴らしい人生では、障碍を持つ子どもに会えてはいなかったでしょう。一方でこういう現実がある。障碍を持つ子どもがいる。欲望と現実、一つにはなりません。そこには意味がありませんでした。しかし、その、障碍を持った子どもから意味が生まれて来ます。子どもが「生きたい」と言ったので、この母親は死ななかったのです。

フランクルに会った時、この母親はまだ絶望していました。フランクルは彼女に、自分が年を取って、死が近づいて、ベッドに横たわっているところを想像してみるように言いました。そして、その時どのように人生をふりかえるか想像してもらいました。彼女は次のように話します。

私は子どもが欲しいと願い、その願いは叶いました。ひとりは死に、障碍を持った子は、私が世話をしなかったら施設に送られていたでしょう。あの子は体が不自由で無力ですが、それでも私の子です。ですから、できるだけ良い人生を送らせて、より良い人間になるように育ててきました。自分自身についてはどうかというと、おだやかな気持ちで人生をふりかえることができます。私の人生は意味に満ちていたと言えますし、意味に満ちたものにしようとしてきました。私は最善をつくしました。息子のために最善をつくしました。私の人生は失敗ではありませんでした！

彼女は、初めは、自分の人生に意味を見出せませんでした。子どもの一人が亡くなり、もう一人は障碍を持っているというのは、彼女が望んだ人生ではありませんでした。けれども、死を前にして人生をふりかえると想像した時、彼女は自分の人生の意味と目的を見出したのです。彼女は人生を、全体として意味のあるものとして見ることができたのです。そして、人生の意味を見出した時、彼女は癒されたと感じたのです。

ここで二、三分ほどの映像をお見せします。上智大学のラビリンス・ウォークの様子です。きちんと編集された映像ではありませんが、ラビリンス・ウォークの雰囲気を味わうことができるのではないかと思いますので、ご覧ください。

ラビリンスを歩く体験

次に、日本でラビリンスを歩いた人の感想文をご紹介しようと思います。ここまでの私の話よりも、ずっと心を動かされるのではないかと思います。感想を書いてくれた人たちは、他の方にご紹介することを許してくれています。

感想を読む前に、ラビリンスの体験は人によって違う、ということをお話ししておきます。特に今日は、この講演の後でラビリンスを歩く時間があって、それに申し込んでいる方もおられますので、その方たちのためにも先にお話しします。

ラビリンスを歩いて、リラックスして、頭がすっきりして、また歩いてみたいと言う人もいますし、特に何も感じない人もいます。最初から深い意味を感じる人もいますが、二度三度と歩く度に違う体験をして体験が深まったと言う人もいます。「ラビリンスの体験とはこういうものだ」と、簡単には言えないのです。ラビリンスを歩けば必ず「素晴らしくて意味深い」体験をするわけではありません。単純に「良かった」とは言えない体験をすることもあります。

たとえば「期待外れだった」と言う人がいます。「神様に会えると思ったのに会えなかった！」と言って怒った人もいますが、これは期待のしすぎです。皆さんの中に神様に直接会えるという期待があったら、それは置いておいてください。恐らく可能性はあまり高くないと思います。「がっかりした」体験を通して、自分は期待が高くて非現実的になりがちだと気づいた人もいます。期待外れの体験をしたとしても、その体験をふりかえるプロセスには、心理的・霊的な価値があります。

また、不安感や不快感を感じる人もいます。思いがけない体験に戸惑ったり、見たくなかった自分が見えることもあります。そのような「ネガティブな」感情は、ラビリンスを歩き終えればすぐに消えるとは限りません。しかし、ネガティブな感情に気づいたことをきっかけに、内省と癒しに向かうプロセスが始まることはよくあります。実は、ローレン・アートレスは初めてラビリンスを歩いた時にいろいろな感情が湧いて、すごく不安な感じもしていました。その日の夜は悪夢を見て、何か神様の啓示・警告的なことではないかと彼女は思いました。ラビリンス・ウォークをすることで不安な感じが出てくる人もいるのです。

問いを抱いて歩き、答えを得た人もいますが、すぐに答えが出るとは限りません。上智大学の授業でラビリンスを歩いたある学生は、「どんな仕事に就くべきか」を問いながらラビリンスを歩きました。はっきりした答えは出ませんでしたが、この問いに向かう時の感覚が変化して、やがて答えが出るだろうと感じたそうです。

つまり、一度の体験を取り上げて、この体験は良くてこの体験は駄目だ、とは言えないのです。その時は何とも思わなかったけれど、数日後、数週間後に気づくことがあったり、何年か経ってまたラビリンスを歩いた時に、前の体験の意味に気づいたと言う人もいます。

ラビリンスを歩き終えた後も、ラビリンスのイメージを抱き続ける人もいます。「人生の旅はラビリンスを歩くようなもの」「曲がりくねった一本道を、一歩一歩歩いて行く」というイメージが人生の導きになり、気持ちが楽になったと言う人もいます。シャルトル・ラビリンスを毎日歩かなくても、人は人生というラビリンスの道を毎日歩き続けます。ラビリンスを歩くというのは、祈りや瞑想と同じように、少しずつ開き、深まり、進んで行く、継続的なプロセスなのです。
では、二つの感想を読みます。私にとっては、今日の話の中でここが一番興味深いところです。
一人目は、八〇代の女性です。熊本の画廊「ギャラリー楓《ふう》」が企画したワークショップで、熊本地震の半年後に、熊本市内のルーテル神水《くわみず》教会で歩きました。

キリスト教の礼拝堂に入るのは娘のとき以来で、教会に入ってすぐに学校で毎朝お祈りをしていたことを思い出しました。最近よく足が痛くなるので、私より前の人たちが歩き終わってから一人で中に入りました。はじめ少しヨロヨロしましたが、だんだんと歩くコツがわかって上手に歩けるようになり、足の痛みも出ませんでした。また、係の人が周りに居てくださったのも安心感がありました。真ん中まで行き着いた時に、自然に深い息が出ました。私は子供の頃も大人になっても苦労が多い人生でしたが、ここまで真っ直ぐに生きて来れたのは、中学・高校で毎日神様にお祈りしたからかも知れないと思い、自分の人生はこれで良かったのだと思いました。

この方は、苦労の多い人生を道を外れずに生きて来られた源に、娘時代の自分の姿を見出しました。そして、一〇代の自分と今の自分が結びつき、人生全体を「これで良かった」と振り返ります。ご家族によると、このような言葉を聞くのは初めてで、その後、それまではあまり語られなかった学校時代の話が出るようになり、数カ月たっても「中学・高校で毎日お祈りしたので、私はちゃんと生きて来られたと思う」と話されたということです。この方がさまざまな苦労を乗り越えて来たことを知るご家族にとっても、喜びとなりました。

もうお一人は、上智大学のグリーフケア人材養成講座で学んでいる四〇代の女性です。講座の受講生が自主企画した体験学習会で歩きました。

「ここを歩くことで、気づけることなどあるのだろうか?」……それが、初めてラビリンスを目にしたときの正直な気持ちである。

ゆっくりと歩み始めた。「ご自分のペースで」と言われていたが、どの速度が自分のペースなのかがわからない。周りのペースを気にしながら歩いた。早すぎてもいけない。遅すぎてもいけない。周りのペースに合わせよう。ただ、目の前にある白い道に沿って、前後の人に迷惑を掛けないように歩めばよいだけだ。余計なことはなにも考えずに歩こう、歩ける、そう思っていた。

ところが、少ししたところで迷いが生じた。「私が進んでいるこの道は、正しい道なのだろうか?」間違えてしまったらゴールに辿り着けないという不安が、突然私を襲って来た。

後ろをふりかえる。でもすでに、あっているかどうかを確認することが困難な位置にきていた。「間違えていたらどうしよう?」そう思い始めたら、歩くスピードがとても遅くなった。一歩一歩、白いラインをしっかりと確認しながらゆっくり歩く。ゴールに辿り着けないかもしれない不安を抱えたまま、ゆっくり進む。

途中にふと現れるロウソクの光だけが、やさしく私の心を包んでくれているように感じる。でも、ロウソクのそばにずっといられるわけではない。そこを離れて、前に進まなければならないのだ。

ただ歩くだけなのに、なぜこんな不安な気持ちになるのかがわからなかった。

そうこうしているうちに、ようやく中間地点に辿り着いた。その時、「そうだったのか!」と突然、腑に落ちた。夫を亡くした五年前のあのときが、私にとってのラビリンスのスタートラインだったことに気づいた。夫を喪ってからの私の気持ちが、中間地点に辿り着くまでの思いと重なりあったのだ。

私の歩んでいる道は、正しいのだろうか?最愛の夫を喪い、幼い我が子を抱え、どう生きていけばよいのかわからなかった。目の前が、真っ暗だった。生きていることが、苦しかった。息をしているだけで、つらかった。支えてくれる温かい人たちもいたが、ずっと甘えるわけにはいかなかった。

中間地点に立った時、「これは、今の自分の立ち位置なのだ」と感じた。不安に怯えながら、時に人の温かさに守られながら、ようやく生きて行く意味を見出すことができた現在の自分。

大きく深呼吸をした。「大丈夫。大丈夫。私の歩んで来た道は、間違いではない」その想いに心が満たされた。

折り返してからの私は、ほとんど足元に目を向けることはなかった。ロウソクの光は必要ないと思えるほど、目の前が明るく感じていた。

「私の人生は、これでいいのだ」。

ゴールに辿り着いたとき、私の心は喜びで満たされていた。いつかこの肉体が終わりを迎えるとき、その時の私もきっと、こんな想いでいられているのかもしれない。

お二人の言葉は私の言葉より雄弁だと思います。この二つの感想文が語り尽くしていて、私は何も付け加えなくても良いとも思います。ただ一つだけ言うなら、お二人とも「人生は旅」という比喩を自然に使っています。お二人はラビリンスを歩きながら自分の人生を歩く体験をしました。そして、自分の人生の旅について新しい気づきを得たのです。このお二人の美しい感想からは、ラビリンスを初めて歩いた人でも、癒され、意味を感じ、全体性を感じる体験することがある、ということが伝わって来ます。

講演の終わりに、今日ここに集まった私たちは、それぞれの人生の旅の途中で、ひととき、同じ時間、同じ空間を分かち合いました。私たちの道はまた交わることがあるかもしれません。皆さん一人ひとりが健やかに人生の旅を続けて行かれますように。そして、今日、これで別れてばらばらになっても、私たちは実は同じ道を一緒に歩いているということを、どうか忘れないでください。もう一度皆さんで言ってください。「私たちは、同じ人生の道を、一緒に歩いています」。

今後、仙台のどこかにラビリンスが造られるか、ラビリンスを歩く機会が定期的に開かれますように。仙台白百合女子大学がその一つになってくれたらと、私は願っています。

これで私の講演を終わります。御清聴ありがとうございました。

（二〇一七年七月一五日　講演）

途上国の開発と環境――『ラウダート・シ』とSDGsを実例に

"Development and Environment Issues of Developing Countries : *Laudato Si'* and SDGs"

ジョン・ジョセフ・プテンカラム

皆さんこんにちは。今、ご紹介にあずかりました上智大学のジョン・ジョセフ・プテンカラムと申します。本日は、「途上国の開発と環境」という分野で、これから約一時間半いろいろなテーマに触れてお話しいたします。どうぞよろしくお願いいたします。

まずは、本日のテーマのキーワードです。途上国の視点から見る経済開発、いろいろな環境問題、それと同時に教皇フランシスコの『ラウダート・シ』という環境に関する回勅と、持続可能な開発と、世界中で皆が取り組むべきものとして出されている国連のＳＤＧｓです。この五つのキーワードのもとで今日の話を進めていきたいと思います。

まず皆さんは「開発」という言葉を聞いて、どのようなイメージを持つでしょうか。今、先進国である日本に暮らす私たちは、今日、何を食べるか、何を着るか、どこで寝るか等を心配する必要がありません。少なくとも約八〇パーセント以上の人口がそのようなベーシックニーズを満たしていると思います。しかし、途上国では、いちばん必要としている食料、衣類、寝る場所等が無くて困っている現状です。途上国の現状について、皆さんがテレビ等で観たイメージや行ったことがあれば思い起こして想像してみてください。

途上国の誕生と問題

途上国という言葉が主に研究対象となるのは、第二次世界大戦後です。それまではいろいろな政治体制があり、それほど注目することはありませんでした。途上国を理解するために一九〇〇年代の百年間に何が起きたかを見ていきます。

一九一四年に第一次世界大戦が起き、一九二九年には世界大恐慌、経済危機がありました。一九三九年に始まった第二次世界大戦は、一九四五年に終戦し、一九八九年に旧ソ連型社会主義・共産主義が崩壊しました。二〇〇七年から二〇〇九年にはリーマンショックが起き、二〇一九年以降、私たちはコロナ禍の下で過ごしています。今、お話しした背景から、第二次世界大戦後に途上国が誕生しました。私は開発経済学を教えていますが、途上国の現状を理解するためには、まず、歴史に学ぶアプローチを取っています。ある国の歴史をただ見るのではなく、歴史がその国の開発にどのような影響を与えているか、それが過去を見るということです。また、独立後の現在、どのような政策の下で動いているか、各国の未来はどのようなビジョンを持って描かれているかを見る必要があります。私たちが自分たちの過去を見て、今何をし、これから何に向かっていくかを考えることと同じように、各国もそのようなプロセスを通して先に進んでいきます。

このようなプロセスで開発途上国の発展を考えることができます。第二次世界大戦後に、国連と多くの国際機関が出来上がりました。一九四五年の世界は二つに分かれました。一つはアメリカとその同盟国です。政治体制は民主主義、経済体制は資本主義です。もう一つは旧ソ連とその同盟国、政治体制は共産主義、経済体制は社会主義です。このように世界が二つに分かれてベルリンの壁が作られ、東から西へ移動ができない厳しい現実がありました。その間にも途上国が誕生し、どちらに入ることもできない国々が非同盟国のようになりました。九〇年代になるまで、開発の道に乗ることは簡単ではありませんでした。幸いにも一九八九年にベルリンの壁が崩壊し、その後、「地球市民」という新たなグローバル社会・経済社会・政治体制が誕生しました。さまざまな途上国が誕生する中で、国連のメンバーとして南スーダンは、一九三番目の国として誕生しました。では南スーダンがどのようにして開発の道に入っていくかということを皆さん考えてみてください。

全世界には、三六の先進国があります。それ以外の国々は途上国に置かれています。現在、世界の人口は、七七億人を超えています。その中で、約三〇パーセントは先進国に住み、約七〇パーセントが途上国で過ごしています。その途上国の人々が直面している問題については、MDGsやSDGsの中で説明しています。では、どのようにしてMDGsやSDGsが誕生したかについて、経済開発の理論を示しながら説明していきたいと思います。

グローバライゼーションと格差問題

世界の先進国と途上国の経済格差は非常に大きく、国内総生産や国民総生産、一人当たりの収入データには大きなギャップがあります。最近のデータによると、日本は約三万ドルです。それと比較して途上国の人々はどのくらいの収入で過ごしているか皆さんも後で調べてみてください。では、グローバライゼーションがいろいろな問題を解決するとはどういうことでしょうか。先進国や国際機関、多国籍企業は、パワーフル・グローバライゼーションのように見えますが、途上国に入り頑張っていてもまだその恩恵を十分に受けてはいません。それは、途上国の視点からのグローバライゼーションというものが非常にパワーレスであり、恩恵を受けようと思っても簡単にできないという現状にあります。

多国籍企業といくつかの国のGNP・GDPについての世界の強いイメージは、リーダーとして頑張っているということです。ゼネラルモーターズや日本の三井物産や三菱の一年間の売り上げを見ると、サウジアラビアやフィンランドのGNP・GDPとほぼ同じです。それよりも貧しい国々のGNPやGDPはもっと少なく、一つの企業の一年間の売り上げにはそれほど違いがあります。

世界非政府組織（NGO）で出している報告書には、世界の四六億人の最も貧しい人々が持つ富と、二一五三人の最も豊かな人々の持つ富とを比べた場合、彼らは二〇〇万倍以上もの富を持っていると報告されています。世界の格差はそれぐらい大きい問題です。では、富は誰が持っているかというと、データでは、約〇・七パーセントの世界人口から考えると、彼らの資産は一〇〇万ドル以上です。世界人口の〇・七パーセントから八パーセントが一〇万ドルから一〇〇万ドルです。世界人口の八パーセントから二一パーセントが、一万ドルから一〇万ドルの間です。約七〇パーセントの人が、一万ドル以下で過ごしていて、それは途上国の人々です。途上国の一人あたりの収入はほとんどが一万ドル以下です。一万ドルを超えると先進国に入ることが可能になります。別の報告書では、たった八〇人の最も豊かな人々が、世界の貧しい人々の持つ五〇パーセント以上の富を持っているというデータがあります。このようにさまざまな報告書から世界の格差が見え、七七億人の人々の暮らしが分かります。

国連のあるデータでは、一日一ドルから二ドル未満で過ごす人口の割合は二〇億人以上です。それは、私たちが買う一つ一ドル以上のペットボトルと同じお金で、世界の約二〇億人以上の人々が一日を過ごしているということです。安全な水が手に入るか、十分な食料があるか、児童労働問題、ＨＩＶやコロナ等の感染症問題はどのように彼らに影響を与えているか、誰が消費しているかいろいろな消費パターンを見ると分かります。

最も豊かな二〇パーセントの人々が世界の富の九〇パーセントを消費して、最も貧しい二〇パーセントの人々が、たった一パーセントしか消費していないというデータがあります。同じようにユニセフの報告書によると、一年間に世界で亡くなる子どもたちは、三秒に一人の割合です。世界で学校に行っていない子どもたちは、二〇〇〇年に約一億二千万人いました。これがどのくらい減ったかということは、ＭＤＧｓのことを話すときに詳しく説明します。

児童労働は、約六人に一人の子どもが今日も働いています。安全な水が手に入らない人々は、約一一億人います。いろいろな感染症もあります。今、お話ししたことは非常に大きい数字でピンとこないと思うので、日本で話題になっているある本を紹介します。それは『世界がもし一〇〇人の村だったら』（池田香代子、マガジンハウス、二〇〇六年）です。子どもが生まれて役所に届けるかは国によって違います。アフガニスタンやタンザニア、インドでは多くの人が届けさえ出していません。日本では一〇〇パーセントが届け出ています。一〇〇人という試算から考えると、一四人は栄養を十分に取れていますが、一人は栄養が十分に取れないために亡くなる人もいます。同じように富の格差は、八二人は食事が十分に取れるかもしれませんが、その中で、一八人は十分に食事を取ることができません。安全な水も手に入りません。銀行の通帳を持っているかということも差があります。私たちが普段当たり前にしていることが途上国の人々にとっては当たり前ではありません。私の話を聞いている皆さんは、文字が読めない二二人より恵まれています。一〇〇人いたらその中で二二人が字を読むことができないかもしれません。『世界がもし一〇〇人の村だったら』という本にはそのようなデータがあります。

世界のさまざまな地域にはこのような途上国があります。彼らは一日一ドルのお金を集めるためにスラム地域に住みゴミの山から物を拾ってそれを売り、一日一ドルを手に入れます。なぜ子どもたちは学校に行かないのか、なぜ児童労働があるかということをよく考えないといけません。彼らが置かれている貧困の厳しさは、すべて貧困の顔です。ＪＩＣＡのホームページを見ると、彼らの様子がよく分かる写真をたくさん見ることできます。親のいない子どもたちの現状が世界にあります。学生の皆さんは、親に面倒を見てもらっていることに対して感謝の心を持っていますか。私たちが食べ物の好き嫌いを言っている時に、世界では多くの人々が飢餓で苦しんでいます。日本のコンビニ等では、まだ食べられる物でも期限切れで捨てることがたくさんあります。私は難民キャンプに行った時、少しの食事をもらうために並んでいる姿をたくさん見ました。途上国では、一日の食事も摂れずに子どもたちは亡くなっています。恵まれている私たちはゲームができますが、途上国の子どもたちはそれさえできません。学校へ行くということも日本では当たり前のことです。

私は、毎年夏に上智大学の学生を連れてインドやフィリピンの途上国に行きます。学生たちは、約三週間、先住民の村やスラム地域で過ごして、子どもたちに教育支援を行うプログラムに関わり、彼らを支援する体験をしています。昨年と今年は行くことができませんでしたが、学生たちは一生懸命にワーキング活動を行い、子どもたちの教育に支援しています。学校に通えること、本や教科書があることはとても恵まれているのです。私たちは家に帰ると自分のベッドがあり、きちんと寝ることができます。私がホームレスの子どもたちにどこで寝るのかと聞くと、寝る場所がないと言います。私たちはブランド品の話もしますが、それがダメだと言っているわけではありません。自分自身の周りを見て、溢れるほどたくさんの物に恵まれていることに感謝の気持ちを持ってください。そして、世界の現状を理解し、世界で何もなくて困っているたくさんの人々の顔を思い出すことです。私たちにできることを彼らのためにやりましょうという呼びかけです。このような現状を見て、私たちはどのような解決策を見つけられるかということです。

第二次世界大戦後に誕生した途上国では、第一に食料と健康の維持、安全な住居で暮らせることが基本的な生活を維持するということでした。それは生き残るために必要なことです。これを経済開発のベーシックニーズの概念という視点から説明し、それに合わせてＭＤＧｓという一つの解決策になっています。第二は、社会開発のところで、お金では買えない自由と人権、ジェンダーと政治参加が可能になる社会開発がどうなっているかです。第三は人間開発で、最後は持続可能な開発です。このような四つの解決策の下で、これからの話を進めていきます。途上国とは何かをよく理解して、その問題を解決するために世界がどのように進んでいるかということです。

経済開発とＭＤＧｓ

二〇〇〇年に、国連は初めて全世界の先進国の指導者たちや途上国の指導者たちを国連の本部に集めました。それまで、私たちの共通の目標は何であるかという問いは無く、一九三の国々を集めて議論するような場所は他にはありませんでした。そこで国連ミレニアム宣言があり、目標となる「地球上に住む、すべての人々が二〇一五年までに到達すべき状態を八つの目標、一八のターゲット、四八の指標」というＭＤＧｓ（国連ミレニアム開発目標）が誕生しました。地球上に住むすべての人々が達成できるような八つの目標がそこにあります。「極度の貧困と飢餓の撲滅」「普遍的初等教育の達成」ということが書いてあり、一つ一つの目標が、二〇〇〇年から二〇一五年までにどう変化するかです。

第一の目標である「極度の貧困と飢餓の撲滅」はとても大きい目標です。ＭＤＧｓに四八の具体的指標があり、その第一の指標は「一日一ドル未満で生活する人口の割合」です。この当時、二〇〇〇年に貧困線（poverty line）という概念がありました。それは一日一ドルあれば、生き残るために必要な食料が手に入るということです。しかし、現在では一・九ドル必要です。その理由は、二〇〇〇年には、一日に一〇〇円あれば貧困線を満たすための食糧を買うことができました。しかし、今、同じ食料を買おうとすると価格が高騰して約二〇〇円必要になります。ドルは国際的な情報なので私はそれを例に使っています。大学生であれば、四年間で大学を卒業するために必要な単位が各大学で決まっています。それは皆さんの目標です。それを指標として単位を登録し合格しているか確認します。このように目標と指標はつながっています。国連も大きい目標を出して、それを達成するために、具体的に、一日一ドル未満で生活する人口の割合データを出し、飢餓に苦しむ人口を半減させるとしました。全部無くすという自信はありませんでした。南アジアであれば、約二〇パーセントから三〇パーセントの人口が一日一ドル未満で過ごしている場合、二〇一五年には一五パーセントに減らそうという目標で達成した国もあります。逆にサハラ以南アフリカを見ると、約四四パーセントの人口が、一日一ドル未満で一九九〇年〜二〇〇〇年辺りを過ごしています。これを二二パーセントに減らそうとしましたが、たった二パーセントしか減らすことができませんでした。このように国や地域のデータを見て目標の達成状況が分かります。

同じように普遍的な教育の目標は、「二〇一五年までに、すべての子どもが男女の区別なく初等教育（小学校）の全課程を終了ができるようにする」というものでした。この時点で学校に一度も行ったことのない子どもたちは、約一億五千万人いましたが、少なくとも就学率を見ると、どの地域も伸びています。これはいちばん頑張って達成できた目標です。しかし、まだ足りていないサハラ以南アフリカ等では、それほど伸びてないというデータもあります。国連ミレニアム開発目標の下で、約半分が学校に行くようになりましたが、まだ学校に行っていない子どもたちが約五七百万人います。最近のデータでは、コロナ禍の下で多くの子どもたちが学校に行くことができず、約一億五二百万人の子どもたち、それは世界の一〇人に一人の子どもが児童労働で働いているという現状です。それは、就学率や大学に通うことの大切さです。同じようにジェンダーの問題があります。

二〇一五年のＭＤＧｓの報告書には、乳幼児死亡率の削減があります。世界で五歳未満で亡くなる人口の割合は、先進国では、約千人の子どもが生まれた場合、約七人かそれ以下です。サハラ以南アフリカでは約一七四人で、南アジアでは約九七人が亡くなっています。現在ではもう少し減っていると思いますが、妊産婦の健康改善は、四分の三に減らす目標で頑張っています。約五一万人の妊産婦は、出産時の四二日間以内に死亡しています。これらのことがなぜ開発目標であるかを皆さん考えてみてください。

当時、ＨＩＶ（エイズ）やマラリア等の病気で、世界で苦しんでいる子どもや大人が多くいました。特にＨＩＶを通して多くの大人が命を落とすということは、経済開発や経済成長に貢献できる人口の割合が少なくなるということです。

「環境の持続可能性の確保」についてです。環境については、ＭＤＧｓの中では一つしか項目がありませんでしたが、ＳＤＧｓでは、持続可能な開発目標のところで開発と環境が見えてきます。二〇一五年の報告書には何が達成できたか表記されています。いろいろな内的要因や外的要因があり、構造的な貧困のスパイラルがＭＤＧｓの達成を妨げています。達成のためには貧困差重視の政策が必要であり、人間の潜在能力を高める政策、持続可能な環境作りが必要です。民間セクターの参加、ＮＧＯ・ＮＰＯ・草の根支援サポート、先進国のＯＤＡを通しての支援です。そして、ＭＤＧｓの達成状況として八つの開発目標による成果チャートがあります。それは、二〇〇〇年から二〇一五年の一五年間で、私たちは何を達成できたかというものです。地域別にミレニアム開発目標の二〇一五年のレポートがあり、各地域がどのようにして成長しているか分かるようになっています。

途上国のもう一つの大きい問題は爆発的な人口の増加です。人口は、西暦一年には、わずか二億五千万人でした。約千八百年かけて初めて一〇億人になりました。それから五〇年ごとに二〇、三〇、四〇まで増え、今では、一三年毎に一〇億人増えています。この多くは途上国で生まれています。日本では少子化が問題になっていますが、途上国では人口爆発が問題となっています。世界の人口は、二〇一三年には約七〇億人になり、そろそろ八〇億人に到達します。WORLD METERS というサイトのデータでは、今現在どこで子どもたちが生まれているかが分かります。先週、このデータを作った時に見た世界の人口は、一日に約二六万人が生まれて、約一〇万人が亡くなっていました。

世界の人口は、二〇五〇年に約九〇億人になり、二一〇〇年になると約一一〇億人になります。多くは、主にアフリカやアジア、ラテンアメリカ等の途上国で生まれ、地球はいっぱいになります。私の好きな学者である、Lester R. Brown の *Full Planet Empty Plates* という本では、地球が人で溢れています。しかし、彼らの前にある皿は空っぽです。彼は環境学者でもあるので、この本は環境と食料の安全保障という視点から書かれた素晴らしい本です。このような経済開発の視点からＭＤＧｓを見て、社会開発、人間開発についてこれから少しだけお話しします。

社会開発の大切さ

社会開発の人間的価値の向上についてです。社会開発とは、各国の責任で社会的なサービスをいろいろな形で提供するという考え方です。私には「途上国の責任とは」いう問いがあります。今、企業の社会的責任という言葉がキーワードになっています。私と同じ概念が途上国で社会的責任を果たしています。国の中の一〇パーセント、二〇パーセントのところで富が集中するようなプロセスは、ＯＤＡを支援しても為になりません。途上国自身が国の中で社会的責任を果たす時期になっているのです。私が強調しているのは、人々は社会開発のところで基本的ニーズを満たすと、必ずもっと自由や人権や民主主義的な参加を欲しがります。これを治めず国が開発したとは言えません。旧ソ連の崩壊を見ると、彼らは町に出てお金をくれと叫んでいるわけではありません。叫んでいるのは、もっと自由が欲しい、人権が欲しい、民主主義的な参加が欲しいということです。アラブの春のような若者の動きがそこにありました。現在のミャンマーの人々が同じようなものです。軍事政権等はもういりません。民主主義的な人々が自由で人権を守られる社会、それが社会開発です。それを開発の一部として考えることが非常に大事だと私は強調します。その他にもジェンダーの問題やさまざまな問題があります。

人間開発の大切さ

開発のもう一つの考え方として、一九九〇年からの人間開発という考え方があります。経済開発の考え方から社会開発へと変化しながら、人間中心の開発となってきました。経済開発のところでお金や経済のことばかり見てきましたが、それだけでは足りません。開発の基本的な目標は、人々の選択肢を拡大することです。それは所得や成長です。それらはあるところまでは必要ですが、それ以上に知識へのアクセス、栄養状態、私たちのあるべき状態は何であるかということが重要です。それらを求めていくプロセスが人間開発です。開発の基本的な目標は、「人々の選択肢を拡大すること」であり、開発の目的は、「人々が長寿で、健康かつ創造的な人生を享受するための環境を創造すること」です。経済ではすべて数字で見ることができますが、社会の豊かさや進歩というものは、数字では見られない側面があります。人間が自らの意志に基づいて人生の選択と機会の幅を拡大していく必要があります。それは、人間開発指数（ＨＤＩ）によって、全世界各国の状況が分かります。経済はＧＮＰ、人間開発はＨＤＩという概念です。ある子どもが日本で生まれ、何歳まで生きるかが平均寿命指数です。それは健康で長生きをするということです。現在の日本では平均寿命は八五歳以上で、百歳まで生きる社会を作っていくことが目標です。日本では、百歳以上で長生きしている人が何万人もいます。これは日本だけではないでしょうか。世界の国々で百歳以上の人々は、わずかしかいません。その意味でも開発の目標の一つとして、健康で長生きできる日本は良い例だと思います。

人間開発のもう一つは知識です。成人識字率とは、大人になって読み書き計算ができ、教育施設や学校に通っている知識ある人口がどのぐらいいるかです。それに加え、一人当たりのＧＤＰ指数と人間らしい生活を送るためのベーシックインカム（最低限所得保障の政策）が必要であり、それにアクセスできるかということです。人的能力の育成が必要であり、四つの基本的な能力が重要となります。

今、お話ししたことを四つのキーワードで説明します。人間開発の考え方、人々の選択の幅を広げるプロセス、識字率と、平均寿命です。これらの四つは基本能力です。これはアマルティア・センという経済学者の考え方です。選択を拡大しようと思ったら、まず健康に長生きすることです。五歳未満で亡くなる人口の割合が多い国ではそれらが不足しています。今、日本の平均寿命は八五歳です。しかし、アンゴラやアフリカの国々の平均寿命は五〇歳から六〇歳です。命の格差がそこに見られます。平均寿命と、長生きできることが開発の目標です。日本では、読み書きができる皆さんは大学を卒業して企業に就職することができます。知識があり、読み書きができると選択の可能性が拡大しますが、知識がないと選択の可能性は非常に少なくなります。

最低限の生活のために必要な資源はたくさんあります。しかし、それは限られている人口が所有しています。では、どうすれば多くの人々の手に資源が入るのでしょうか。資源を手に入れることは人間開発の目標になります。それは地域社会における活動に参加することです。貧しさの一つの顔は、人前に出ることができない、自尊心がないことです。人間開発の選択の幅は、地域社会におけるいろいろな活動に参加することとです。それが人間開発です。基本的な能力を身に付けることが必要であり、それによって世界の高い所得を持っている先進国では、GDPが少なくても成人識字率はだんだんと伸びています。同じように平均寿命も少しずつ延びているというデータがあります。

では、どのような視点で人間開発を考えるべきでしょうか。それは集団の幸福です。格差問題がなぜ生まれるか、政策として集団の幸福は強く訴えていません。日本は高度成長後に約八〇パーセントの人口がミドルクラスになりました。これは集団の幸福が示すものです。それには個人の福祉と集団の福祉のバランスが必要で、多くの人々の開発の問題、貧困の問題を解決することがより良い生活につながります。平等もその一つです。これは所得の平等だけではなく、教育においても言えることです。都会には学校があり、農村には学校がないという教育の平等が問題なのです。同じように健康においても都会には病院が多くありますが、農村には病院がわずかしかありません。平等というものを病院で図ることができます。では、政治的権利へのアクセスは平等でしょうか。それは人権を守り、総括的な人権の実現を支えるための人間開発です。人間開発はある意味で倫理的な裏付けです。集団の幸福・平等・人権が大事に考えられています。私がこの開発の中でいちばん注目している分野は、人々の、人々による、人々のための開発は何であるかというところです。

国連のホームページには、毎回いろいろなテーマでたくさんの報告書が出ています。定義的な分野を研究したいときは、一九九〇年や二〇二〇年を見てください。人間開発についての考え方や経済成長、ジェンダー、貧困、消費パターン、人権等の問題が毎年取り入れられています。特に人間開発と環境に関するテーマやサステナビリティ等の報告書の中では、全世界の状況についてのレポートを毎年出しています。

主にノルウェー辺りの国々のGDPとHDI（人間開発指数）は非常に高く、日本のHDIはこの時点で一〇位でした。HDIでは世界の国々を三つに分類していて、人間開発の高い国と低い国を見ることができます。それによると、ノルウェーが高く、日本は少し遅れています。真ん中はアラブの国々やマレーシア、中国、ジンバブエです。低い国では、一四六位のマダガスカルやニジェールです。このような国々のHDIを最近のデータで見ると、上位のノルウェーと最下位のニジェールの人間開発指数の差は〇・五七です。ノルウェーは一になれば完璧です。日本は二〇一九年のデータでは、〇・九で一九位です。ジェンダーの人間開発指数のデータもここに出ています。日本の人間開発指数はやや高い方ですが、やはり世界では多くの国々のHDIは高くありません。

昨年出された人間開発の中で、新たに環境に関する情報を入れてPHDI（地球圧力調整済み人間開発指数）が増えました。環境にプレッシャーをかけるようなものについて、各国で新たな指標を作りました。

さまざまな成長開発のモデルを通して多くの成功がありました。多くの子どもたちは学校に行くようになり、平均寿命は、世界で少なくとも八年間も長くなりました。同時にさまざまな失敗もありました。貧困の拡大、環境の悪化等を乗り越える方法の一つがＭＤＧｓです。

もう一つ、二〇〇三年に「人間の安全保障」という報告書が国連から出されています。それは、アマルティア・センと緒方貞子先生が共同議長になり、国連に提出した報告書です。そこで彼らが言っているのは、国家ではなく人々を中心とする安全保障を考えるということです。それは限られた資源で武器を買うことには意味が無いということです。国内で飢餓に苦しんでいる人々、安全で綺麗な水が確保できない状況や学校に行けない子どもたちがいるのであれば、限られている資源はまずその人々のために使い、その後で武器を買うことを考えてください、ということです。私は途上国の開発の視点から考えると、これはとても大事な概念であると思います。国家ではなく、人々を中心とする安全確保の考え方です。

また、国連には「人間の安全保障　一〇の提言」というものがあります。今年出された国連の人間開発報告書には、「A NEW GENERATON OF HUMAN SECURITY」というテーマで、新しい人間の安全保障を考えようという動きがあります。このように私たちが開発を考えるということは、お金の問題だけではなく、同時に社会開発、それに加えて人間開発、健康で長生きできる、知識ある人々の選択の幅を広げるプロセスを確認することです。

環境問題の意識の芽生え

貧困のスパイラルと環境問題についてです。貧困が貧困を生み出すようなスラム地域や農村地域では、いろいろな形で環境問題が生まれてきます。環境破壊は貧困を招き、貧困が環境破壊を引き起こしています。貧困のスパイラルと環境問題を同時に見ていくと、南北問題やさまざまな環境問題に取り組むことで世界の意識が少しずつ変わってきます。開発途上国の視点から環境問題を考えると、貧困のスパイラルが中心になります。先進国から開発の問題を考えると、今までのような開発は、これからはできません。今まで行ってきた開発は環境資源を多く使い、さまざまな環境問題を発生させていました。

環境問題のグローバル化の最初は、一九七二年のストックホルム会議で「かけがえのない地球」という報告書が出されて、「私たちにとって、人間の住む地球は一つしかない。この地球はかけがえのない地球である」としています。後に教皇様も『ラウダート・シ』の中で、「このかけがえのない地球をどのように大切にしないといけないか」という呼びかけをしています。その持続可能な開発という考え方が、後に一つの委員会を作りました。

一九七二年のストックホルム会議の後、一九八二年にナイロビで一つの会議を開き、そこで環境と開発に関する世界委員会が作られました。その委員会の報告書が「我々の共通の未来」です。その中で出てきた持続可能な開発の定義は、「将来の世代のニーズを満たす能力を損なうことなく、今日の世代のニーズを満たすような開発」という、二つの世代のニーズです。現世代のニーズを満たすことも大事ですが、それと同時に、これから生まれてくる子どもたちにどのような世界・地球を残すかということを考えながら、生産、消費、開発のパターンを考え直す必要があるという呼びかけです。これは一九八七年のブルントラント委員会で発表された「われら共通の未来」の中で、「持続可能な開発」という一つのアイデアとして出されました。そのアイデアは世界を変えました。皆さんが研究することで新しいアイデアを生み出し世界を変えていきます。今はそういう時期です。

先日、あるプログラムを見ていたらドイツの学者が、「私たちはこのコロナ禍の下で、コロナ禍の後の社会生活を考えると、どのような社会、政治、経済体制が必要であるかをこの時期によく考えて、この倫理的な要素を大事にしながら、これから新しい倫理に基づいた資本主義を作るように」と言っています。それは、新しいアイデアを出すということです。同じように持続可能な開発のアイデアが出されて、その下で世界が動きます。持続可能性には三つの要素として、環境、経済、社会があります。この三つを大事にしながら持続可能な開発について考えてみてください。環境のことを考えるとエネルギーは、理想の生物多様性が保たれていれば動かしていけます。日本もエネルギー対策として CO_2 ニュートラルという目標を出しています。これからは、再生可能なエネルギーを環境の視点から考えていきます。

経済のところで少しお話しした、新たな資本主義、倫理に基づく資本主義について考えてください。私たちは、お金の役割、資本、投資、雇用、市場の役割の意味をもう一度考え直し、持続可能な開発に合うような経済システムを作り上げる必要があります。人間は経済のために生きるのではなく、経済は人間のためです。投資についても環境汚染、環境破壊に影響を与える会社に投資することをきちんと議論することが、新たな経済を作り出します。多様性を認めるということです。平等・相互関係、すべての人々の生活の質のためにどのような制度が必要であるかを考慮し、今の制度が役に立たなければ、新たな制度を作り上げます。新な社会作りは私たちの責務でもあります。一人一人が無関心で誰も投票へ行かない、興味がないというような政治体制は、持続可能な開発のためになりません。誰かがやってくれると思っていたら持続可能な開発は遠い話になってしまいます。

持続可能な開発の考え方

持続可能な開発のところで、持続可能性について考えるとき、問題は何かを考えなければなりません。資源は永遠にあるものではありませんから、石炭・石油に代わる新たな資源を見つけなければなりません。森林確保や汚染問題、不平等が持続可能な開発を目指していく上で問題となりますから、意識して変えていく必要があります。同時に循環型社会を作っていくことや、私たちの地球で楽しく生活していくために想像力を生かして霊性を大事にしながら、人生を楽しめるような新たな持続可能性がある社会を作っていくのです。

環境問題は産業革命以降に誕生し、今は第四次産業革命に移動していく中で、解決策として地球環境にどのように適応し、対応していくかを考えなければいけません。全世界の皆はお互いにつながっていて、世界の気候変動を変えてしまいます。それによって私たちはいろいろな影響を受けます。先日、熱海で起こった洪水も気候変動によるもので、普段は起きないことです。

二酸化炭素をどのくらい出してＧＤＰを作るべきかを考えなければいけません。ただお金を多く作ることを目的とするのではなく、放出量を最少減にする適応策を考えます。世界では、二酸化炭素の量を減らして、これからの社会を作っていくという議論があり、国別で見ると二酸化炭素を多く出している国々として、中国やアメリカ、インド、日本も国レベルで大きくなっています。しかし、途上国の視点から見ると一人当たりでは非常に少なく、中国では約四・五トン、アメリカでは約二〇トン、インドでは約一・二トン、日本は約一〇トンです。このように国別で見るか、一人当たりで見るかという議論があります。

国際会議を通して環境に関する関心が高まっています。一九九二年のリオサミットでは、これからの開発の中心は持続可能な開発であると認められました。当時、地球温暖化がキーワードであり、持続可能な開発を目指していくところで最も重要なことが地球温暖化防止について考えることでした。一九九七年に京都議定書で、地球温暖化防止対策を先進国に義務付けて、二酸化炭素の削減に取り組みました。二〇〇二年にヨハネスブルグサミットで行われた持続可能な開発に関する世界首脳会議では、二酸化炭素の削減量と持続可能な開発の状況について話し合われました。これは、一九七二年にストックホルムで開催された環境会議から、一九八二年のナイロビ、一九九二年のリオ、二〇〇二年のヨハネスブルグと一〇年毎に考えられています。一九九二年のリオの会議から二〇年が経過した、二〇一二年には、リオ+20サミットとし、環境に配慮した経済を考えるようになりました。二〇一五年には、一九九七年の京都議定書の続きとして、パリ議定書が誕生しました。一九九七年には、先進国だけでしたが、二〇一五年になると先進国と途上国が一緒に取り組み、世界の国々で温暖化防止を減らそうとしました。その間にたくさんの国際会議があり、私たちが環境への意識をどのように高めてきたかを考えると、メディアやニュースで世界における環境の展開を見て、何とかしなければいけないと考えました。今年の一一月にCOP26という環境に関する会議がグラスゴーで開催されます。それは大変注目するべきところです。

過去の会議としては、一九九二年の環境と開発に関する国連会議の中で、気候変動枠組条約、生物多様性条約、森林原則声明です。その他、行動計画としてのアジェンダ21があります。これらすべては、持続可能な開発を可能にするために必要な取り組みです。その後、京都議定書で京都メカニズムとして排出量取引、共同実施、クリーン開発メカニズムが定められました。これらは先進国の取り組みを強くすることが目的でした。

リオ+20会議の「The Future we want」という報告書の中で、我々が求めている将来にSDGsが誕生しました。二〇一二年の会議の報告書にはSDGsの種があり、環境に配慮した経済を考えようと、ソーラーパネルやウインドミル等の活用が大事になってきます。パリ会議では、すべての国々が地球温暖化を防ぐために気温の上昇を二度未満にするとして、その後、一・五度未満に抑える努力を全世界で取り組んでいます。各国が成り立つためにNDCsという概念があります。その中で日本は、二〇三〇年までに温室効果ガスの排出を三〇パーセントから五〇パーセント減らすという話があります。各国が責任を持ち、主体性を持って二〇三〇年までに目標を報告しなければいけません。世界全体が壊れやすい地球を癒すために取り組んでいます。

私がいちばんに思っていることは、SDGsとMDGs、COP21についてです。この二つの目標達成に向けては、二〇一五年から二〇三〇年の間に世界が大きく動いています。何もしないでいると温暖化はますます大きくなり、少なくとも二度未満の目標では足りなくなると言っています。

SDGsと『ラウダート・シ』

では、持続可能な開発と、それに関するSDGsと『ラウダート・シ』という話に入ります。これについては、皆の協力が必要で、大変重要な目標です。MDGsはある程度の達成ができました。次にどこに向かっていくかということでSDGsは誕生します。目標の数は、八から一七に拡大しました。この一七の目標の中で、二〇三〇年までに一六九のターゲットと多くの資料があります。

MDGsとSDGsとの違いは、第一に普遍性です。すべての国々の皆が参加することです。第二に統合化です。すべての目標はつながっています。第三は、変化です。皆が真剣に考えて取り組むことで新たな社会が生まれます。そこで重要なのは、地球、人、尊厳、豊かさ、正義、連帯性です。これらがSDGsの精神です。一七の目標をこれから見ていきますが、この一つ一つの目標がとても重要です。お互いがつながっていますから、一つの目標を達成することで他の多くの目標も達成できます。

東京や仙台、日本の各地にSDGsのポスターがあり、社会ではMDGsからSDGsに関心が高まっています。SDGsに取り組む姿勢や目標は、MDGsより高くなってきています。日本でも評価シートを出しているので、興味がある方は目標がどこまで達成しているか見てください。

SDGsと『ラウダート・シ』を一緒に案内します。ヴァチカンでは、教皇様が教会の信者に向けた『社会教説』を出されています。それは私たちが世界のさまざまな動きを見て、どのような取り組みをするべきか考えるきっかけとなります。大学のカトリック研究所にも社会教説の本がたくさん置いてあると思います。呼びかけているのは、人間の尊厳、人権、人類の平和、社会の正義という大きい倫理観です。私たちはそれらの社会倫理的な生き方を身に付けて日々生活しています。しかし、本当に人の尊厳を大事にし、人権を守り、平和の実現や社会の正義を求めているでしょうか。

一八九一年に教皇レオ一三世が『レールム・ノヴァルム』という労働者の問題を取り入れた回勅を出され、第二ヴァチカン公会議で、「世界の正義」に関わりました。一九六三年には、ヨハネ二三世が『パーチェム・イン・テリス』において、人権・平和に向かって呼びかけました。一九六七年には、パウロ六世が『ポプロールム・プログレシオ』で諸民族の進歩推進について説き、また、一九八七年にヨハネ・パウロ二世が『真の開発とは』を説きました。このように教会では、たくさんの社会教説という回勅が出されています。

現在の教皇フランシスコは、二〇一五年に『ラウダート・シ』を出されました。その中で示したのは、「皆の家である地球」という新しい言葉でした。そこでラウダート・シという言葉が出てきます。

『ラウダート・シ』とは、主に環境に関する教皇様の回勅で、「共通の家を皆で面倒を見る」ということです。そこからラウダート・シという名前で有名になりました。アッシジの聖フランシスコの祈りの中にラウダート・シという祈りがあります。その中で彼は、「すべて被造物は、動物であれ、太陽であれ、皆私の兄弟姉妹である」と言っています。教皇フランシスコの名前は、このアッシジの聖フランシスコからきています。回勅の中に「私の主よ」という言葉で、地球を見て祈るところがあります。その祈りには、「太陽である私の兄弟。姉妹である私の月よ」とあり、被造物を見て神様を賛美しています。教皇様が呼びかけているのは、私たちに感謝の心を持ってほしいということです。その呼びかけは、「私たちの後に続く人々、また、今成長しつつある子どもたちのために、私たちは一体どのような世界を残していきたいのか」という質問です。その答えは、持続可能な開発です。この質問は、ただ環境に関して問われているのではなく、総合的に捉えられるべきことです。それは、地球の素晴らしさをよく見てくださいということです。先ほどもお話ししたように、私たちは地球から多くの恩恵を受けて生活しています。心の中で感謝し、祈りの心を持って世界を見ると、すべてがつながっていることが分かるようになり、倫理という善悪の区別ができるようになります。それは識別する力がある人間にだけできることです。

教皇様は「私たちの家で起こっていること」について示しています。それに答えるために全世界が取り組んでいるSDGsを理解してください。

MDGs・SDGs共に目標ということが繰り返し出てきます。アメリカのケネディ大統領は、あるスピーチで目標を設定することの意味を説明しています。彼によれば目標を明確にすることによって私たちは希望を持ってそれを達成するために動きます。その意味は、私たち人類にとって大切なものは何であるか、個人・国際機関・国家政府、それぞれのレベルで明確に識別し、その達成のために頑張っていくことです。

七五年前の第二次世界大戦後の日本の指導者たちが一生懸命に頑張った高度経済成長後の東京を見ると分かるでしょう。それは目標の大切さです。MDGsやSDGsの目標はそれと同じようなものです。

貧困を無くすことは回勅とつながっています。『ラウダート・シ』だけではなく、他の回勅や各目標を見てください。目標に関して詳しく知りたい方は、二〇二〇年のＳＤＧｓの報告書を見ると、現在の状況が見えてきます。

ＳＤＧｓには、一七の大きな目標があります。第一・第二の目標である「貧困をなくそう」「飢餓をゼロにする」は、社会秩序の再建や次の社会の有り方について考えています。貧困、飢餓、不平等のある社会を継続しないために、倫理に基づいた新たな資本主義である持続可能な社会を作り上げることが私たちにとって、とても重要です。

「すべての人の健康と福祉を」というところでは、「Well being」という言葉がよく出てきます。これは、一人一人が健康で長生きするということです。第四には「質の高い教育をみんなに」とあります。私の所属する上智大学にはイエズス会教育の特徴を活かした、「他者のために他者とともに」という教育理念があります。これはイエズス会教育の特徴からくるもので、ただ単に高い教育を受けるだけではなく、それを通して質の高い教育を受けて、学生が社会に出た時に人々のためになる人間になってほしいという思いがあります。

第五の「ジェンダー平等を実現しよう」について、教皇様の使徒的書簡には、『女性の尊厳と使命』があります。それは家庭、愛と命の絆です。このようなことから教会はジェンダーにどのように向き合おうと思っているかが分かります。

「安全な水とトイレを世界中に」では、「Praise be to You, Laudato Si'」の中で教皇様は、この水問題について語っています。同時に「新たなエネルギーをみんなに、そしてクリーンに」では、再生可能なエネルギーが重要です。「働きがいも経済成長も」の大切さについて、教皇様は、別の回勅の中でも経済成長や資本主義、雇用の有り方について触れています。

第九の「産業と技術革新の基盤」は、新たな都会や社会を作るための考え方です。「人や国の不平等を無くす」は、「紀元二〇〇〇年の到来」という回勅の中で、グローバル社会に入るところで、人や国の不平等を無くすことを目標としています。「住み続けられるまちづくり」では、安心して暮らすことのできるきちんとしたまちづくりを考えていくことが重要です。

私たちの生産の形は、持続可能な生産と消費です。「つくる責任、つかう責任」という第一二の目標がありますが、『ラウダート・シ』の中でもこのテーマについて多く書かれています。同じように「気候変動に具体的な対策を」については、最後の方でこのテーマと回勅についてお話しいたします。「海の豊かさを守る」と「陸の豊かさも守る」は、主に生物多様性や森林を守ることが持続可能な開発につながります。世界の紛争や戦争を無くすことを願う目標である「平和と公正をすべての人に」は、「パーチェム・イン・テリス（地上の平和）」という教皇様が毎年出している平和のメッセージを見てください。

第一七の目標である「パートナーシップで目標を達成しよう」という呼びかけを国連が発したら、皆で参加しましょう。私たちは、目標を達成するためのパートナーなのです。この意識を持って、私たちの使命は何かを考えてください。誰かがしてくれると思わず、一人一人が意識を持って関わるようにしていきます。一つの目標を達成することで同時にすべてがつながっていきます。

まとめに入ります。『ラウダート・シ』の中で教皇様は、第一に、「私たちは自らがこの土から生まれて土に戻るものである。それを忘れてはならない」と言っています。何処から来て何処に戻るかは教会の考え方です。創世記の中で神様は自分の似姿として私たちを土から創ってくださいました。だから、私たちは土に戻ります。地球の大気を呼吸し、水によって生かされて元気になっています。私たちはどのような存在で、人間らしさとは何か、私たちと被造物はどう違うかと考えるとき、そこに人間らしさが見えてきます。私たちは理性を通して善悪の区別ができます。選択できるのは私たち人間だけです。それによって神聖なもの、守るべきものは何かが分かります。

私たちは自然の恵みを受けて過ごしています。自然への思いやりや感謝の心は、皆が共に暮らす家にとって大切なことであり、ラウダート・シとは共通の家ということです。それは、人類全体を一つにし、持続可能で全人的な発展を追求するという関心を意味しています。皆で暮らすこの家に高い関心を持ち、この家に起こっていることを自身の家に起こっていることと同じように考えてください。環境問題や気候変動は遠くのどこかで起こっているのではなく、私たちの町やこの国のいろいろなところでも起きています。そのように私たちの考え方を変えていくのです。環境が悪化することに無関心でいると何も変えることはできません。それは自己や地球の破壊につながります。

『ラウダード・シ』の第三章では、一つの環境問題から、さまざまな課題が見えてくることについて書かれています。環境問題の生態系を私たちは十分に理解していません。海や陸、生物多様をどこまで理解しているでしょうか。生態系には複雑なネットワークがあり、すべてはつながっています。それを破壊してしまうことは、私たち自身の破壊につながります。真正な人間性という意味で、もう一度自分自身の人間性は何であるかを考えてみてください。それは、人格に恵まれている人間です。

ＳＤＧｓの目標と同じように、この地球のすべてがつながっているということは、『ラウダード・シ』の第四章・第五章の総合的なエコロジーとそのアプローチで詳しく話しています。そこには共通善の原理というものがあります。それはエコロジーへの関心で、私たちの原理です。神様は、人間一人一人の存在そのものを善いものとして創りました。そのような点から、善い人間からエコロジーへの関心が生まれます。

私たちは宇宙に行くことができるようになりましたが、地球に帰ってきます。地球は私たちの故郷であり、どこにいてもこの地球を守らなければなりません。地球は人類にとって神様が贈ってくださった賜です。その贈り物を大事にすることが、私たち人間の責任と義務です。自分の家が安心してくつろげる場所であるように、地球を大切に思うことはとても素晴らしい呼びかけです。世界的な視野に立って解決策を考えるＳＤＧｓは、すべてにおいてつながっています。基本的な権利は気高い原則から生まれています。共通の環境資源は、誰かが所有するものではありません。

第六章では、「変わる必要があるのは、私たち人間である」とあります。私たちは現在の生活パターンや消費パターンを変えていかなければなりません。現在の生活スタイルを保ちながら、持続可能な開発を実現するのは無理な話です。私たちは生活スタイルや資源の使い方にもっと関心を持ち、変える必要があります。長期的に見ると気候現象の脅威だけに限定されるものではなく、結果として社会不安という破壊を招いてしまいます。それを防ぐためにも一日も早く皆で新たな行動に取り組まないといけません。

エコロジカル教育と霊性

教皇様は、エコロジカルな教育と霊性について語っています。これから私たちはエコロジカルな教育を呼びかけます。学生たちは大学で学び、環境に関心を持って卒業してください。同時にエコロジカルな霊性を作り上げることが重要です。それはキリスト教の新たな霊性です。この地球は神様の作品であり、人類はそれを守らなければいけません。社会に向かう愛を注ぎ、日々のささやかな言動は地球を守ります。それは新たな霊性を導きます。それができなければ、地球はだんだんと沈んでしまいます。それと同時に人間も被造物も沈んでしまいます。それを防ぐために私たちの持っている癒しの手で地球を愛しながらケアしていきます。私たちはその霊性に基づいて、新たな意識とシステムとライフスタイルを変えていく必要があります。

神と地球と人間の関係性について考えてください。めぐみの下に過ごす人間は神と共にあります。創世記の最初、めぐみの下に人間は神と共にいて地球は何でも出してくれました。しかし、罪が入ってくると人間は神から隠れてしまい、地球は何も実らなくなりました。これは環境問題を意味します。私たちと神との関係性が、地球をめぐみの下に戻すことにつながります。今まで犯してきた破壊的な行動をやめて、建設的な行動に移行し、新たな関係性を作り上げることによって、もう一度、私の兄弟である太陽を見ることができます。同じように月も姉妹です。

最後にアッシジの聖フランシスコの祈り「太陽の賛歌」の一説を唱えて終わりにいたします。

私の主よ、あなたは称えられますように
私たちの姉妹である母なる大地のために

（二〇二一年七月一七日　講演）

わが国における大学改革とカトリック大学の役割

高祖　敏明

上智学院理事長（講演当時）の高祖と申します。最初に、仙台白百合女子大学の創立五〇周年おめでとうございます。

歴代の理事長、学長、そして教職員の皆様のご尽力に敬意を表したいと思います。また、「卒業生の顔は大学の顔」と言われます。現役の学生と卒業生の社会での活躍ぶりが仙台白百合女子大学の評判を高める源泉になっていますので、その皆様にもお祝いを申し上げます。さらに、仙台白百合短期大学時代から、学園全体をずっと育ててこられましたシャルトル聖パウロ修道女会の皆様にも祝意をお伝えします。おめでとうございます。また、さきほど祝福のミサを司式してくださった平賀司教様をはじめ、仙台教区の歴代の司教様方、また神父様方は、いろいろなかたちで仙台白百合女子大学の発展を見守り、また励ましてこられたと思います。その皆様にもお祝いを申し上げたいですし、今日、お集まりのご関係の皆様にも心よりお祝いを申し上げます。おめでとうございます。

本日の講演にあたり、「わが国における大学改革とカトリック大学の役割」という題目を学長の牛渡先生からいただきました。何を話すといいか少々悩んだのですが、今の私の関心事をそのまま話せばいい

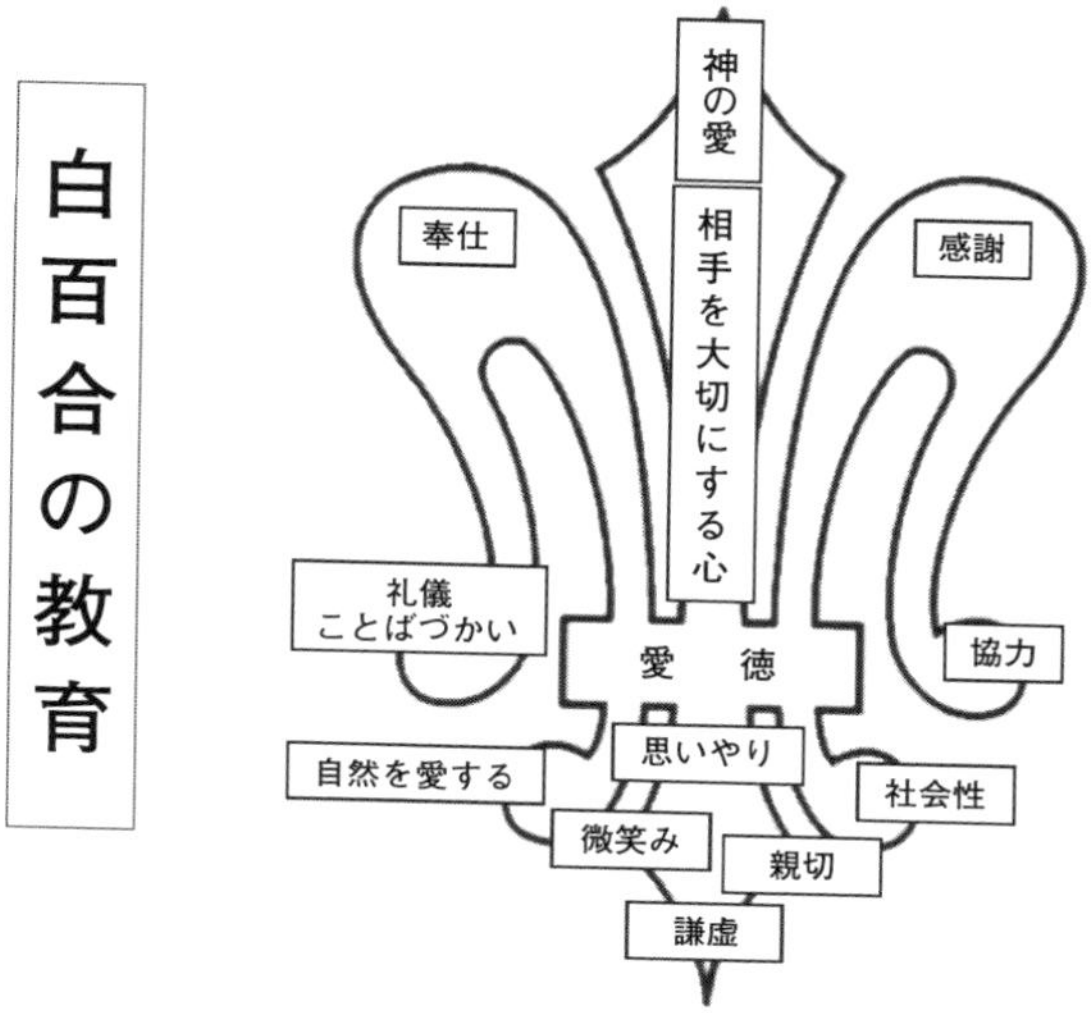

図1

いと思い直しました。

この絵（図1）をご覧ください。一九八〇年代の終盤から一九九〇年代初頭の頃でしたが、東京九段の白百合の本部に、白百合学園全体の幼稚園、小中高の先生方が集まり、「白百合の教育」について勉強会を行いました。私もお手伝いをさせていただきました。その際に、ある学校が提示したのがこの絵です。ジャンヌダルクの剣と百合の花が全体の構図を示し、その中心に「愛徳」がおかれ、真っすぐ上に伸びたところに「神の愛」と「相手を大切にする心」があり、その右と左に「感謝」と「奉仕」が掲げられています。そして、「愛徳」の周囲には、白百合の教育を支えているキーワードが実に上手にはめ込まれています。これに関わる話は、今回のような記念講演にふさわしいとも思うのですが、それは白百合の関係者にお任せしたほうがいいと考えますので、今日は別の角度から話をしてみようと思います。

最初に「Querere Deum in omnibus! ——カトリックの視点」について少し申し上げ、次に、わが国の一般的な教育風土がどのようなものかを説明し、この二つを踏まえて、最近の日本の大学改革の動向の中に隠れておられる神様を探し出してみよう、という話の展開を考えています。

一 Querere Deum in omnibus! ——カトリックの視点

Querere Deum in omnibus! という言葉はラテン語で、「すべてのものごとの中に神を見出す」という意味です。私がイエズス会に入り、修練院で最初に、実に強調して教えられたことが、「すべてのものごとの中に神を見出す」というスピリチュアリティ、そういう生き方です。でも、その「神は隠れておられる」というのです。それは、かくれんぼをしているという意味ではありません。聖書から三カ所引用して示しますと、「あなたがたの中には、あなたがたの知らない方がおられる」という言葉が「ヨハネ福音書」第一章に見られます。次に、パウロは「第一テモテ書」で、「神はだれも見たことがなく、見ることができない方です」と、はっきりと言っています。そのため私たちの間で、私は神様を見ましたと言う人については、多くの人が、それは眉唾ものと対応するのが普通です。ですから、「使徒言行録」では、「神である方を、人間の技や考えで造った、金、銀、石などの像と同じものと考えてはなりません」と、明言されています。つまり、見えないものを私たち人間は目に見えるものとして表したいと願うものですから、そのイメージを銅像や石像にしたり、絵図に表したりして、これが神様だとするのですが、聖書が示す神様は、そんなものではありません。基本的には、人間が見ることのできない存在なのですよ、という洞察が大前提です。

では、その「見ることのできない神」をどうやって探し出し、見出すのか。それが私たちの信仰の歩みだと言えそうです。いくつか思いつく方途を申し上げれば、一つは「祈り」、もう一つは「愛のわざ」で、三つ目は「歴史」です。「愛のわざ」からお話しするほうが分かりやすいかもしれません。

「善いサマリア人のたとえ」(「ルカ福音書」一〇章二五～三七節)は、強盗に襲われて瀕死状態で捨て置かれていた人が、ユダヤ人からは交際の範囲外とされていたサマリア人、異端者と見なされていた人によって助けられる話として有名ですが、これは、前段でイエス様に「何をしたら永遠の命が得られるのですか」と訊ねた、律法学者に向けられたイエス様の例え話です。前段の続きは、イエス様の「あなたは律法をどう読んでいるのか」との問いに、聖書に書いてあるとおりに神への愛と隣人への愛ですと、その人が答える。すると、「あなたは聖書に書いてあることを熟知しているのに、何故そんな質問を私にするのか」と、逆に問い詰められる恐れがある。そこで、それを避けるために、「では、隣人とは誰ですか」と新たな問いを出す。こうした状況のもとでイエス様が、この例え話を持ち出す、という設定です。

この例え話では、瀕死状態の人の側を三人の人物が順次通りかかります。一人は祭司、もう一人はレビ人といって神殿の仕事に携わっている人。この二人は、怪我を負い瀕死の重傷で道に横たわっている人の反対側を通って行ったと書いてあります。それは物理的に反対側を通ったというのみではなく、心理的・精神的にも反対側を歩んでいることを暗示しています。そして、敵対関係にあったサマリア人だけが近寄って行き、傷の手当をして宿屋まで運び、「お金がもっとかかるなら私が払います」とまで言うのです。そうして、「この三人の中で誰が追いはぎに襲われた人の隣人になったと思うか」と、かの律法学者に尋ねると、当然、「三人目のサマリア人です」と答えます。するとイエス様は、「行って、あなたも同じようにしなさい」と言われるのです。つまり、見えない神を見えるようにするのは、私たちの隣人を大切にする行いですよ、と教えているように思います。ですから、カトリック教育を担う幼稚園から大学院までの各学校では、「ひとりひとりを大切に」という教育精神が特に大事にされています。

「兄弟であるもっとも小さい者」（「マタイ福音書」二五章三一〜四六節）の箇所もよく知られた話です。世の終わりが来て、善い行いをした人と、しなかった人が審判を受けるという場面での話です。「善い行いをした人たちに対して、あなたたちは私が飢えていたときに食べ物を与えてくれ、喉が渇いていたときに水を飲ませてくれ、旅をしていたときに宿を貸し、裸のときに着るものをくれ、病気のときに見舞い、牢にいたときに訪ねてくれた」と、愛のわざを六つ示します。しかし、この善い行いをした人たちは、「私は、別に神様が困っているのを見たこともないし、そんなことをした覚えはありません」と、びっくりするのです。するとイエス様の方から、「いいえ、あなたの身の回りの飢えている人、渇いている人、衣服のない人、旅人、病人、囚人らにしたことは、私にしてくれたことなのです。これら私の兄弟である最も小さい者にしたことは、私にしてくれたことです」と話される。ですから、この「愛のわざ」と「最も小さい者は私の兄弟」と説くところをよく考えますと、そうした「愛のわざ」を通して、神のわざが私たちの目に見えるものになっていくわけです。

次に、歴史です。聖書には、イスラエルの民（神の民）と神との関わりの歩みがいろいろと書き連ねられています。私たちは神を見ることはできませんが、一人ひとりの人生の歩みを眺めてみると、神との関わりが確かにある、ということに気づく場面はあります。そうした経験を通して、見えない神の思いや意思を見えるものにしていく、その一つが祈りです。この祈りについて、皆様に少しご紹介したいと思います。

山浦玄嗣先生のことは、皆さんご存知ですね。この先生がいろいろな機会に話されていますが、通常、日本人が思っている祈りと、聖書が描いている祈りとは大きく異なるそうです。日本で祈りというと、困っているときの神頼みとか、願い事のおねだりという印象が強いものです。神様に「あれをください。これをしてください。これは困りますから、こうしてください」という感じで祈って、神様を自分の望みを叶える道具にしている。これが多くの日本人の祈りの基本的なパターンです。さらに追い詰められると、「神様、これを聞いてくれなければ、私はもう信じませんよ」と、脅迫まがいのことさえ心に思う。これらは、神という存在を人間と同じレベルのものと見なしているからです。神は見えないということは、全然次元が違う存在だと言っているにも関わらず、私たち人間には時間的にも空間的にも自らの考える世界に限界があって、神という存在についても、どうしても自分たちと同じレベルで捉えようとします。

山浦先生は新約聖書の四福音書をギリシア語から日本のケセン語に訳された方で、聖書にとても詳しい方です。先生によれば、聖書の中で祈るという場面をよく読んでみると、祈りには、大きく分けて四つの種類がある。「神様は素晴らしいと褒めること」「神様ありがとうございますと、神様に感謝すること」「神様にお願いをすること」の三つに、もう一つある。しかもそれは、福音書でイエス様が登場する場面での祈りに多く見られる。では、そこではどういうコンテキストで祈りという言葉が使われているのか。それは、「神様、私がこの世に生を享けたのは、あなたに選ばれたからです。だから私には何らかの使命があるのでしょう。この使命は何でしょうか。それを教えさとしてください。あなたの言葉を私は聴きます」という心の態度と望み、それが祈りなのだと説明されるのです。

これは普通の日本人には、なかなか分かりにくいところです。しかし、歴史の中で働かれる神、例えば、「神の民」の歩みについて言うと、カトリック教育のベースにあるのは、聖書で言う神様が神の民を教育する、教えながら育てているということ。これが聖書の教育思想の大原則です。そして、一人ひとりについても生まれてからこのかた、神様は教えながら育てています。神様が直接介入するという形ではなく、ほとんどは、お父さん、お母さん、まわりの家族、先生たちを通して、また、周囲の環境や出来事を通して、です。神様はそれらの背後で働いていらっしゃる。そういう理解に立つと、祈りというのは神の言葉を聴くことです。しかも、自分の身の回りに起きているさまざまな出来事の中から、神様が自分をどう生かそうとしていらっしゃるか、どういうふうに自分を使って、世のため人のために役立てようとしておられるかを読み取っていくことです。そのような意味で、聖書は「時のしるしを読む」ことの大切さを説いていますし、聖書に登場する預言者は、与えられたみことばを告げるだけではなくて、自ら告げた言葉を生きるという使命も持っている存在です。ですから、こういう祈りを通して、あるいは愛のわざを通して、あるいは歴史の歩みの中で、見えない神を見出していくことができます。そうした実際の体験が、聖書には書き連ねられているわけです。

二　わが国の一般的教育風土

これらの事柄を一方に見ながら、他方でわが国の教育的風土に目を向けてみますと、隠れておられる神様を見出すという方向への助けは、あまり期待できそうにないようです。私の話の後半では、一九九一年から二〇一六年までの日本の高等教育政策に注目したいのですが、ここで、そうした政策に関わる私自身の経験をお話ししておきたいと思います。私が私立大学連盟の常任理事のひとりに選任された直後の経験で、私学団体は「陳情団体、圧力団体から政策提言集団へ」と、役割を変えて行く必要があるという願いを込めての話です。

まず、政府の次年度予算編成最終局面での陳情風景「文部大臣送り出し」です。私の前任の理事長は山本神父様で、毎年クリスマスから年末になると、毎日、毎晩のように文部省（当時）に出かけて行く。それは予算陳情のためです。最近では、二三日の天皇誕生日（当時）に大臣折衝で予算が最終決定されますので、そういう風景は無くなりました。私が理事長を継いだ当初、私大連から呼び出しがかかって文部省のある虎ノ門に行きました。すると、文部大臣室に通じる廊下に、幼稚園から小学校、中学校、高等学校、短大、大学の理事長、学長クラスの有名人で、普通だったらお会いできないような方々がズラーッと並んでいる。これから文部大臣が財務大臣（当時は大蔵大臣）と折衝をして、「私学のための予算を分捕ってきてくれるから、皆で力強く送り出しましょう」と、応援の会を催すわけです。そこへ私も加わり、大きな拍手をもって送り出しました。それから一時間くらいすると、大臣が帰ってこられ、「自分はこれこれの予算を、と誠心誠意主張し、求めた。提示額が要求より低いため、本来なら大蔵大臣の机をひっくり返し、こんな話が飲めるかと憤って帰ってくるのだが、大臣の机が大きすぎて、ひっくり返すことはできなかった」と説明する。しかし応援に集まった皆は、そのご尽力を称え、お疲れ様でしたとねぎらい、感謝の乾杯をするのです。

私は、初体験の一年目のときは純情でしたから、これはすごいと思い、こうやって私学の予算を勝ち取ってくるのか、と単純に驚いたものです。しかし、よくよく考えてみれば、これは毎年繰り返されているストーリーで、それをなぞっている恒例の陳情行事なのです。もっと言ってしまえば、文部大臣が私学の予算をこれだけ取ってきてやったぞ、ということで、私学の関係者に大臣や政治家のありがたみを感じさせる儀式とも言えるのです。私は二回ほど参加しましたが、こういうことを繰り返している日本の政治の未来はどうなるのかと暗澹たる気持ちになりました。幸いなことに数年後、そういう風景は無くなりました。今は、各種私学団体のトップクラスの方々だけが文部科学大臣にお会いして、私学予算の増強をお願いするのが通例です。

次に、政策提言に関わる話に移りたいのですが、その前に、高等教育政策の大まかな流れを見ておきましょう。一九九八年に、「競争的環境の中で個性が輝く大学」に自己変革しなさいという提言を込めた大学審議会答申が出されました。これは平たく言うと、今後一八歳人口が急減していく中で、大学、短期大学が生き残るかどうかは、あなたたちの努力如何ですよ、というメッセージでした。競争的環境がますます厳しくなっていく。だから、個性が輝き魅力が増して、選ばれる大学となるかどうかが、生き残れるかどうかの分かれ目になるというメッセージだったのです。実際、一九九二年の一八歳人口は二〇五万人で、二〇〇〇年は一五〇万人ほど、現在（二〇一六年）は一一〇万人前後です。この二〇年間に日本では、一〇〇万人近くの一八歳人口が減っているわけです。そうした中で私立大学は、短大の四大化も多く、校数がどんどん増えてきました。

ここで、「我が国の高等教育の将来像」という答申（二〇〇五年）を策定する中で政策提言を試みたエピソードを紹介したいと思います。「将来像答申」は、二〇一五年から二〇二〇年頃までに日本の社会がどのように変わっていくだろうか、その中で大学はどう変わっていったらいいのか、という枠組みで大学の将来像を描いた答申です。その時に中央教育審議会の委員を務めておられた私立大学連盟会長の安西祐一郎先生（二〇一六年当時は日本学術振興会理事長）が、「これからの私学団体は、陳情団体や圧力団体から脱皮して政策提言集団にならなくては」とおっしゃって、私もそのもとで一緒に勉強をさせていただきました。

この「将来像答申」は大学の機能分化論を展開しています。これからの時代の大学の役割は大別すると、①世界的研究・教育拠点、②高度専門職業人養成（法科大学やＭＢＡコース等）、③幅広い職業人の養成、④総合的教養教育（教養教育で特色を出す）、⑤特定の専門的分野（芸術、体育等）の教育・研究、⑥地域の生涯学習機会の拠点（地域に根付き、生涯学習の機会を提供することで特色を出す）、⑦社会貢献機能（地域貢献、産学官連携、国際交流等）、の七つに分けられる。各大学はこの七つの機能の中のどれか一つというのではなく、いくつかの役割を選び取りながら、昨今の競争的環境の中で個性が輝き、特色ある大学と成っていく、そういう道筋を示したのです。

同時に、国立大学は主にどのような役割を担っているか、私立大学はどうかについても説明が加えられています。国立大学については、「政策的課題への各大学の個性・特色に応じた取り組みを支援」す

ると して、①地域再生への貢献、②新たな需要を踏まえた人材養成（これはナノテクノロジーなど、現代ではAIなどです）、③大規模な基礎研究等（これは、お金がかかるので国立大学が行えばいいだろうということ）の三つです。私立大学の場合は、「各大学の個性・特色に応じた多様な教育・研究・社会貢献のための諸活動を支援」すると書いてあります。安西先生はこう定められる前の答申原案を私たちに見せて、懸念を示されました。国立大学の役割の文案を見ると、地域再生への貢献や、新たな需要、大規模な基礎研究とあり、これらの項目は、みなそのまま文教予算の項目になるように書かれている。ところが、私立大学については、「個性・特色に応じた多様なあり方が特徴で……」などと、多様性を強調するのみで、これでは予算と紐付けようがない。安西先生はこう話され、私立大学の特徴を多様性と言うのみでは足りないので、何とか工夫して書き込めないだろうか、と持ちかけてこられたのでした。

そこで、私たちも知恵を絞って、先の文章を受け、これに続く形で多様性というその中身を具体的に表現したらどうですかと提案しました。「私立大学の中には、世界的研究教育に力を入れる大学もあれば、高度専門職業人養成に力を入れる大学もある。幅広い職業人を養成する大学もあれば、教養教育を擁する大学もある……」という具合に、「将来像答申」の大学の七つの機能を全部並べて、これが私立大学の特色だと示しては、と。こうすると、答申が明示した機能をすべて掲げて、多様な私学がこれらを担うとしているので、当然ここにも予算を付けなければならない話になるわけです。以上、単なる陳情団体から政策提言を行う団体へと体質を変えようと言う折に、私自身も少々お手伝いをしたという話です。

これらの体験談でお伝えしたいのは、私の自慢話ではありません。むしろ、わが国の教育風土には、国公立優先主義が根を強く張っているという現実です。文教政策や予算、税制についても、教育をめぐる考え方や雰囲気、あるいは教育研究についても、実に国立中心、公立中心です。予算関連が一番分かりやすいのですが、今年度、平成二八年度の国立大学法人運営費交付金、つまり税金から拠出しているお金が一兆九五四億円。これは八九校のためです。一方、私立大学経常費補助金は三千億円余りで、これを一校あたりに計算し直すと、私立大学は六〇〇校ありますから、一校あたり五億円という金額になります。他方国立大学は、一校あたり一〇〇億円を越える額をもらっている計算です。これを、さらに学生一人当たりの数字にしてみると、国立大学の学生は、私立の学生の一三倍もの金額を得ていることになります。実にこうした差が歴然とあるのです。

政策に関しては、実際は国公立も私立も同じように進めています、と文科省は言うのですが、最近の動きを見ていますと国立大学の生き残りに力を入れているようです。旧帝国大学は問題がないとしても、全国各地の国立大学の将来を見据えて、それぞれの地域への貢献という役割を強く打ち出しているのが現状です。それから、考え方や雰囲気は、まだ宮城県でもそうかもしれません。言うまでもなく国公立優先、官尊民卑です。小中高校では、公立の方が上位に位置づけられ、私立は落ちこぼれをもらうという構図が根強い。それでは満足できないという私立校は、進学競争に名乗り出て、実績を上げるという方向を選ぶ、というわけです。

次に教育学研究ですが、私は教育史を専攻しており、学長の牛渡先生は教育行政の専門家です。しかし、冷静に日本の教育学の研究成果を眺めてみると、そのほとんどが国立か公立の学校を念頭においた研究です。私立を念頭においた研究は、ほとんどありません。たまにあっても、ほとんど注目されないという厳しい現実があります。教育史の書物を見ても、多くは国が進める国民教育の展開に目を向け、公立の学校での動向をたどる形が定番です。私立校はほぼ蚊帳の外に置かれている。そういう偏りが顕著です。

わが国の教育風土の二つ目は、世俗主義の強さです。ある会合で、教育界に強い影響力をもつ人が、「わが国の戦後の学校教育は、フランス革命の教育思想をもとに打ち立てられているのです」と明言されたことがありました。私は一瞬、「えっ」と思いましたが、次の瞬間、なるほどと思いました。日本の学校現場で宗教教育、カトリック教育を行うのが難しいその背景には、確かにそういう思想的風土がありそうだと気づかされたのです。どういうことかと言うと、普通、フランス革命はアンシャン・レジーム（Ancien régime 旧体制）と対比して語られます。古い封建的な社会体制を打ち壊して、新しい市民社会を作っていく。その打ち壊される対象の中に、実はカトリック教会が入っています。しかし実際には、革命を起こした側にも神父や司教がいたはずなのに、そこは全部落とされてしまい、公の場、公立の学校や政治の場から、宗教的なことはすべて外して、それらは家庭と教会で行ってください、という体制になりました。公の場に宗教的なものは一切持ち込ませないという「ライシテ」の登場です。フランス国内で、ムスリムの子どもが学校にスカーフをつけて行ったら、これはイスラムの宗教を表すから禁止するという、最近の事件とつながっている問題です。

一方、太平洋戦争後の日本は、それまで力を振るった国家神道という宗教的なものを払拭して、新しい教育体制を作っていくという時代を迎えていました。そうした状況が、フランス革命をもって新しい国を樹立するという構図と重ね合わされ、先の有力者の発言を導いたのでしょう。しかし、大戦後、日本に派遣されたアメリカ教育使節団は、適切な宗教的教養を身に着けることの大切さを強調し、宗教教育を適正に行うよう求めていました。でも、フランス革命を捉える構図を土台にすれば当然、宗教的なものは公立の学校からは排除されます。宗教教育をしたいのであれば私立の学校でやってください、あるいは家庭とか教会でどうぞ、という話になります。そういう流れの中で宗教は敬遠されていき、「さわらぬ神にたたりなし」という雰囲気が支配的になっていきました。その意味で宗教系私学は、二重の意味で脇に追いやられている。そんな気がします。

もっとも、公教育の場で教育と宗教を分離させることは、ほとんどの先進国が取り入れています。ただし、イギリスは国教がアングリカンチャーチ（Anglican Church 国教会）ですから、宗教は必修科目です。ドイツも憲法に当たる基本法を見ますと、大戦後の復興に際してはキリスト教に基づいて国を造ると宣言していますので、キリスト教を教える教科を非常に大事にしてきました。しかし、フランスとアメリカは共和政を取っていますので、公立の学校の中には宗教的なものを入れないという方針です。ただし、アメリカの場合は、教員は公立校で宗教的な教えを宣伝してはいけない。しかし、子どもたちが信じて行う宗教的行為は認めなければならない、とする。フランスでは、それさえも排除します。宗教に対してフランスは冷たい共和主義、アメリカは温かい共和主義と言われていて、ここにも区別があります。ところが、日本で西洋を語るとき、研究者の少なからずが、こうした区別があることに気づいていないのか、そうした区別をほとんど考慮していない、というのが実情です。これは教育学に限った話ではありません。

このように公立と私立の区別があって、公立の方が優先されていると、私学の側では、そういう尺度はおかしいと気づき、その対抗措置を考え出すことになります。その方向性の一つは、国公立が目指している尺度を自らに取り込み、例えば進学校としての実績を積み、偏差値を上げて、そういう意味での有名校としてのし上がっていく道。他の方向性は、一人ひとりを大切にとか、しつけ教育やボランティア教育、あるいはスポーツなどによって特色を出していく道。これら二つの方向の中でカトリック教育も行わざるを得ない。それが現実だろうと思います。説明がなかなか難しいのですが、カトリック学校ないしキリスト教を基盤とする学校で、一人ひとりを大切にし、ボランティア教育、しつけ教育等を大切にするのは良いことです。しかし、先ほどから私が申し上げている国公立と私立の差や、フランス革命を捉える構図に依拠した思想的風土を問い直すことなく、そこだけに注力しているのであれば、問題の根本的解決には届かないのではないか。そういう問題意識を私は持っています。その意味で、カトリック側からの教育学研究も乏しいと言わざるを得ません。

最近になって、フランス革命前後の歴史研究に取り組んでいる日本の研究者の中にも、いくらか変化が見られます。フランス革命後の歴史を扱う研究のほとんどは、従来は革命を起こした共和政を是とする側に立って歴史を記述しています。しかし最近は、もっとバランスを取ろうとする研究者も現れてきました。実際、革命後もカトリックの教会も学校も存続しましたし、革命の混乱期にこそ、ズタズタになった学校教育を建て直すために、いろいろな修道会が誕生しています。聖心会も、暁星学園のマリア会もそうです。あの時代に誕生した多くの修道会が、やがてフランスから世界に宣教と教育使徒職を展開するために出かけていきました。そういう歴史も取り込んで、ようやくバランスよく記述する研究書が現れ始めています。この種の研究がさらに進んでほしいものと願っております。

三　大学改革の動向の中に隠れて存す神を見出す

では、こうした逆風ともみなせる教育風土にあって、わが国のカトリック大学にはどのような役割が見出せるのでしょうか。これからの話が、今日の本題です。私の目からすると、最近の高等教育政策の展開の中に、隠れておられる神様の招きがありそうなのです。それを、これから三点ほど皆さんに紹介したいと思います。

第一点は、大学の質保証システムと関わる第三者評価です。ご存知のように、これは文教政策の「事前規制から事後チェックへ」の転換を示すものでした。大学自身がまず自己点検・評価を実施し、次に、それに基づいて第三者評価機関が認証評価を行います。二〇〇二年の中教審答申で提案され、二〇〇四年から各大学は七年に一度、この評価を受けることが義務づけられ、文部科学省が認定した第三者評価機関がそれを担当しています。二〇一一年度から二巡目が行われており、一巡目は、あまりにも評価項目が多すぎたというので見直しがなされ、評価項目がかなり整理されました。そして、二〇一八年度からの三巡目では、内部質保証の確立、つまり、大学の中で教育の質を保証し向上させるシステムがどれだけ確立されているか、その改革システムは実際に機能しているか、それらを重点的に見ていくという方針が公表されています。では、この第三者評価になぜ私が注目しているのか。それは、この認証評価がどのような枠組みで行われるかを見ると、お分かりいただけると思います。

現在三つある大学の認証評価機関は、いずれも評価項目のトップに、「理念・目的」を掲げています。

これは、当該大学がどのような建学理念のもと、どのような教育目的を掲げているか。それを学内外に周知する仕組みはできているか。実際にそれは教職員や学生たち、また、ステークホルダーに十分知られているかを評価します。次いで、そのように掲げられている教育理念や目的が、教育研究組織や教員組織、教育内容や方法、さらには、学生の受け入れや学生支援、教育研究を支える環境、社会連携・社会貢献などに、どのように、どの程度生かされているかを点検し評価していきます。ところが、一巡目の場合、ほとんどの大学が非常に抽象的な理念を掲げてはいるものの、そうした理念や教育目的と実際の組織と運営、また現実に行われている授業や学生指導などとが必ずしもつながっていない現実が顕わになりました。多くの大学で「理念・目的」は絵に描いた餅だったわけです。そこで認証評価を行う側は、建学精神や教育目的に描かれた「理念・目的」を具体化して周知し、大学の営みのすべての局面でこれを具現化するよう改善を求めました。カトリック学校は、カトリック精神に基づいた何らかの理念や目的、教育精神を掲げています。それがどのように実際の教育活動や組織の運営、社会連携や社会貢献などに生かされているかを、国の方針によって確かめてもらえる制度とシステムが作られたのです。ということは、各学校が、自分たちのミッションをどのように理解し、皆に知らせているか、それを学校の営みのすべての局面でどこまで具現化できているかが問われているという意味です。言い換えれば、カトリックの特色を打ち出していける枠組みが、すでに提供されているのです。各認証評価機関は、大学の教育や運営にもPDCAサイクルを回して内部質保証のシステムを構築するよう促しています。二〇一六年三月の中教審大学分科会「認証評価制度の充実に向けて（審議まとめ）」も、「教育研究活動の質的改善を中心にした認証評価に転換する」が、「各大学における自主的・自立的な質保証への取組（内部質保証）が基本」なので、「各大学の自立的な改革サイクルとしての内部質保証機能を重視した評価制度に転換する」としています。つまり、国がやれというからやるのではなく、自主的・自立的に自分たちの大学をよりよくすることが基本です。そのためには、自らが改革サイクルを構築し、自らの使命をよりよく果たす仕組みを動かすようにと勧めているわけです。こうした動向や勧めに、何かを感じ取ることができるのではありませんか。

第二点に移りますが、先の改革サイクルを構築するポイントが「三つのポリシーに基づく大学教育の質的転換」（同「審議まとめ」）です。この三つのポリシーについて初めて言及したのは、「将来像答申」でした。入学者選抜の改善を導くアドミッション・ポリシー、教育課程の改善の指針となるカリキュラム・ポリシー、そして、そのカリキュラムのもとで学んだ結果として、学位授与や卒業認定の出口管理を強化するディプロマ・ポリシー、の三つです。つまり、ある一定の教育の質を維持するためには、「これこれを身に付けた」といえる人でなければ学位を与えない、という仕組みを編み出したのです。この「将来像答申」の記述は、次の中教審答申「学士課程教育の構築に向けて」（二〇〇八年一二月）でさらに発展させられたのですが、ここには興味深い転換が見られます。まず、「学位授与の方針」とされているように、カタカナ言葉が漢字・かな表記となり、しかも、提示する順序がアドミッション・ポリシーからではなくて、学位授与の方針から説かれていくという順番になって、逆に並べられています。卒業するときの姿をしっかり見ていくという方向への重心移動が顕著なのです。

実際、同答申の「概要」を読んでみると、「学位授与の方針について」では、「他の先進国では『何を教えるか』より『何ができるようになるか』を重視した取り組みが進展」とあります。これは、大学に限らずわが国の教育現場では、先生が何を教えるかを中心にして教育を考えている。それに対して先進国では、その先生の授業や指導を通して、生徒たち、学生たちが何ができるようになるかを重視する方向に切り替えているというのです。同答申は、学生が大学卒業時に身に付けているべき内容を「学士力」という概念で説明する一方、卒業させる際の学位授与の方針を具体化・明確化し、積極的にこれを公開するようにと要請しています。

同答申第四章には、公的（政府・国）及び（大学の）自主的な質保証の仕組みを強化する具体策が提示されていますが、中身を読んでいくと興味深いことに気づきます。「将来像答申」では国が行う政策を中心に論じていたのに対し、「学士課程答申」では、大学が自主的に取り組んでほしいこと、大学に期待している方策を先に書いて、それを支援するために国がこうやります、という説明図式に変わっているのです。つまり、国が一歩退いて支援するという政策の構造を明確にして、大学と国が一緒になって改善方策を進めて行くことを強調したのです。

では、これが、どのように隠れておられる神様を見出すという本題につながるのでしょうか。私が注目したのは、カトリック学校で一時流行ったプロファイルづくりです。

一九八九年に聖心女子学院が、「聖心女子学院生18歳のすがた（プロファイル）」を作成し公表しました。その冒頭には、「聖心女子学院を卒業する時点で基本的な力・態度として見る時、生徒には次のような姿として育っていて欲しいものです」と書いてあります。実は、これまで説明してきたところの、現在、国の方針で実施されている大学教育改革のような改革に、中等教育段階のカトリック学校が一九八〇年代の終わりころから取り組んでいたのです。実際、高校卒業時に、どういうものを身に付けてい

白百合生のプロファイル

Ⅰ．かけがえのない生命を生きる人間………宗教性
　1．心でものごとを観て、すなおに感じる心
　2．ありのままを受け入れる謙虚さ
　3．神の愛に生かされていることを感謝する心
Ⅱ．真のよろこびを生きる人間………………校　訓
　1．真の自由を生きるよろこび……………従　順
　2．能力をみがき、役立てるよろこび……勤　勉
　3．互いに大切にし合うよろこび…………愛　徳
Ⅲ．開かれて生きる人間………世界性
　1．社会の中で、人々とのかかわりを大切にする姿勢
　2．世界の人々とのかかわりを大切にする姿勢
　3．自然界とのかかわりを大切にする姿勢

図2

てほしいかについて、宗教性、知的能力と学習能力、かかわり能力、意志力と働く習性、自己成長性の五点を掲げて柱とし、それぞれの内容を多面的に説明して書き出し、それを実際の教育のよすがにしていこうと試みたのです。

　白百合学園もそれに刺激を受けて、一九九五年、聖心に遅れること六年ほどですが、「白百合生18歳の姿」を策定しました。名を連ねているのは、函館、盛岡、仙台、東京、湘南、函嶺、八代の白百合学園です。しかし、ここには「18歳の姿」との限定もあって、この白百合の教育を推進しようとしたグループに、残念ながら当時の白百合女子大学、仙台白百合短期大学の教員は加わってはいませんでした。研究を事としている大学教員が加わっていれば、この教育改革の試みはもっと大きく展開できたのではないかと思われます。

　「白百合生18歳の姿」（図2）を見てみましょう。最初に、「キリストの教えに基づいて人類社会に奉仕できる人間を目指して」とあり、それを支える柱を三つ提示し

て、「Ⅰ．かけがえのない生命を生きる人間……宗教性」「Ⅱ．真のよろこびを生きる人間……校訓」「Ⅲ．開かれて生きる人間……世界性」と整理し、それぞれにまた三点の下位項目を掲げています。こうして、白百合学園全体の教育目的を描き出していったのです。

しかし、私がここで強調したいのは、聖心女子学院がこのプロファイルを策定したときにどう説明しているかです。当時、日本の、特に中等教育段階のカトリック校が聖心に倣って自校のプロファイルを作ろうとし、実際に作成しました。ところが、一〇年も経たないうちに消えていきました。結局、教育を改革していく力にはならなかったのです。もっとも、今でも聖心女子学院は「18歳のすがた」を大事にしていて、活用しているそうです。ですが、私が皆さんの注意を喚起したいのは、当初のプロファイルづくりに込められていた教育改革構想の視点です。聖心版は、こう説明しています。

私たちが、「教育」を考える時、そして、教育改善を思う時、私たちは殆どの場合、「教育する……」という立場から考えます。しかし、「何を、いかに、するか」という教育活動のあり方を考える前に、そこから、「何が生じてほしいのか」という、（子どもにどう育ってほしいのかという）、「子どもの姿」に視点をおいた確かめが必要になってきます。

子どもたちが高等学校を卒業して、私たちの手を離れて行く時、どのように育っていてほしいか、これを描いたものが「聖心女子学院生18歳のすがた」です。このプロファイル―描写に照らし合わせて、各校が現に行っている教育活動―その内容とあり方―を検討すれば、自分たちの教育努力が、「あってほしい姿」の方向に子どもたちを育てる影響力、環境づくりとして、適切に、首尾一貫して働いているのか、否かを見ることができるでしょう。

この説明文に込められた教育改革への展望を、先に述べた大学教育の改善方策を意識しながら、私なりに五点申し上げましょう。一つ目は教育観の転換です。教師主体の教育観から、学ぶ生徒の育ちを軸に学校の営みを見ていくという転換です。二つ目は、教育理念や教育目的の多くは、校舎の入り口や教室に飾ってあるだけの話で、絵に描いた餅で終わっています。しかし、それを生徒の姿で描けば、実現可能な、手が届く目標として描き出すことができます。三つ目は、自分たちが行っている教育活動や学習活動を評価する軸が得られること。これまで多くの場合、テストの点数、偏差値、どこの有名校に何人進学させたかという進学実績が評価基準になっていますが、この生徒のプロファイルは、生徒たちがこう育ってほしいという目標ですから、これを基準として、どのように生徒が育っているかを見ていくことが可能になる。つまり、評価の基準として有効なのです。四つ目は、この目標の実現を軸にして、授業だけに注目するのではなく、課外活動やボランティア活動など、学校での活動、学習活動全体をまとめていく可能性が生まれてくること。最後に五つ目は、「18歳のすがた」を通して、教える側だけではなく、学ぶ側、親や生徒、あるいはステークホルダーの皆も、この学校は、こういう人を育てたいのだと分かる仕組みが出来上がる可能性が開かれることです。

ただ、気をつけなければいけないのは、「18歳のすがた」にあまりにも理想を入れ込まないことで、まだ発達途上の生徒に「完成」を求め過ぎるのは危険です。むしろ、発達段階を意識しながら、プロファイルをどう描けるかが非常に大事なポイントになります。もちろん、これを描いたからといって、

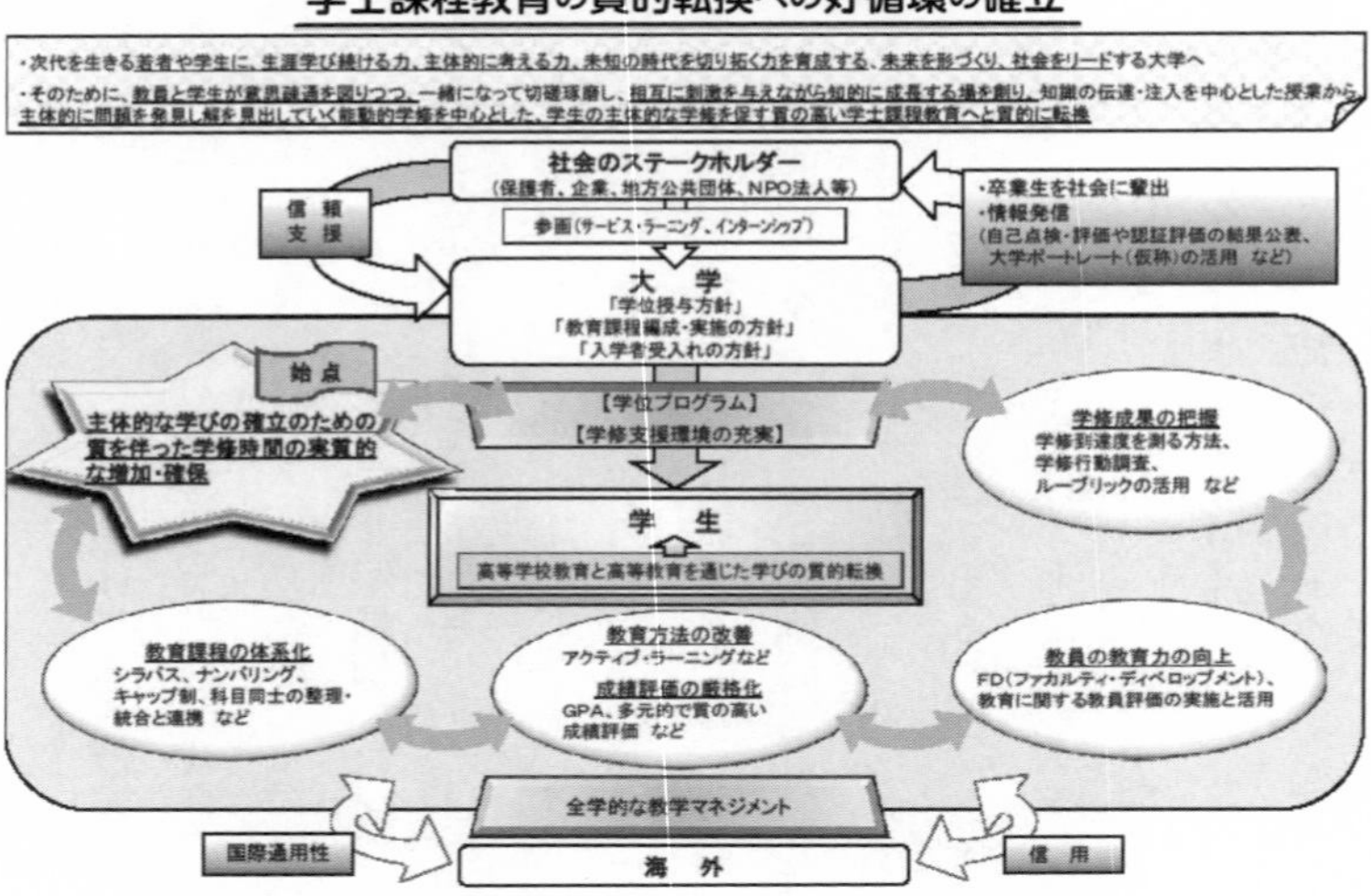

中央教育審議会「新たな未来を築くための大学教育の質的転換に向けて〜生涯学び続け、主体的に考える力を育成する大学へ〜(答申)」平成24年8月28日から

図3

生徒皆が同じ速度で同じように成長していくなどとは考えていません。一人ひとりの違いは当然認めています。ただ、教員側がそれぞれ教育活動を行うときに大事なのは、学校の掲げるミッションについて、生徒の育ちを中心においた共通理解を持っておくことだという点です。

こうしたプロファイルづくりは、昨今の、先に述べた大学教育の質的保証、学士課程教育の質的転換と基本的発想が同じだと思いませんか。中教審の答申「新たな未来を築くための大学教育の質的転換に向けて」(二〇一二年八月)は、それらの推進策を構造化して説明しています(図3を参照)。図の中央部が大学です。その中心には学生が置かれ、大学のもとには先ほどの三つの方針が書き込まれています。これによって当該大学は自らの特徴を方針として示します。しかし、方針を決めるだけでは質的転換は生じません。学習時間をきちんと確保することを起点に、学位プログラムの策定、学修成果の把握、教員の教育力の向上、教育方法の改善と成績評価の厳格化、教育課程の体系化、これらを相互に関係付け、両方向でぐるぐる回して好循環を生む全学的なマネージメントを確立することを通して、教育の質を向上させていく全体的な構図が示されています。しかも、大学は社会のステークホルダーと結ばれていますし、海外とも国際的通用性や信用という形でつながっています。ですから、この図には三重の循環が描かれています。

繰り返しますが、こうした改革構想のポイントが先の三つの方針であり、それをもって学位プログラムを構成することにより、学生の育ちを中心に質的保証をしようとしているわけです。中教審の説明では、ディプロマ・ポリシーは、「大学の理念や社会の要請等を踏まえ、学生が身に付けるべき資質・能力の明確化」とされ、その達成を目指す「教育課程編成、教育内容・方法の明確化」がカリキュラム・ポリシー、そしてこれら二つを踏まえ、そうしたカリキュラムで成果を挙げていくことのできる学生を選抜するために、「どのような受験生を受け入れるか、入学者に求める学力の明確化」がアドミッション・ポリシーだとしています。この三つの方針を一体的に策定し、選抜、教育、卒業の各段階の目標を具体化して実行に移し、三つの方針に照らして評価を加え、自己点検・評価を実施して大学教育の改善や改革に結び付けていく。もってＰＤＣＡを回していくことが要請されています。

最後に、隠れておられる神様を見出す第三のヒントは、進行中の高大接続改革にありそうです。これは、大学教育の改革と高等学校教育の改革、それに、その両者をつなぐ入学者選抜の改革を関連づけ、体系づけて一緒に改革を進めていこうというものです。この観点からすれば、白百合学園の高大接続、さらに言えば、自らの特徴としている総合的学園としての一貫教育の在り方が頭に浮かびます。それらの実態を点検し直し、その潜在的な良さや可能性を改めて発見して、それを大きく伸ばしていくためのヒントが、ここに含まれていると思われます。例えば、仙台白百合学園高校から当大学に進学する生徒数は、今は少ないかもしれない。しかし、これから子どもの数が減っていく中で一貫教育をいかに上手に組み立て、成果を挙げていくか、これはものすごく大きな力になるはずです。先ほどの三つのポリシーなどにも、一貫教育に生かしていける示唆が多く含まれているのではないでしょうか。

四　むすび――カトリック大学への期待

そろそろむすびに入りますが、先のカトリック学校のプロファイルがなぜ消えて行ったのか。いや、消えて行ったというよりも、なぜこれを教育活動に生かせなかったのか、と問う方が正確かもしれません。これには、いろいろな理由が挙げられると思います。まず内部要因から考えてみますと、一つは、プロファイルを作成した各カトリック学校の先生方が、もともとプロファイルというものがどういう仕組みと構想でできていたかについて、理解が十分ではなかったのだろうと推測します。聖心女子学院が、これを策定したときの記録を残しています。これを読むと、まずアメリカのイエズス会ハイスクールで成果を挙げた教育改革をよく研究し、次に、フィリピンで開かれたその教育改革に関わる研修会に二年に渡って参加し、さらに、それを日本的なものと合致し、しかも聖心の教育の伝統につながるものへと編み上げる苦労がひしひしと伝わってきます。

そして、プロファイルの策定前に一つやらなければならなかったのは、教員組織を刷新することでした。先生方がどういうミッションのもとで自分たちが教育を行っているのか、その点についての意思統一をしっかりと図っていくことが大前提でした。そうやって自分たちの教育観を見直しながら、一八歳で卒業する生徒の姿を描き出し、それを授業や生徒指導、課外活動などのいろいろな局面に展開していくことを構想しました。もちろん日本の場合には学習指導要領がありますので、授業はそれに基づいて行わなければなりません。学習指導要領と全然関係ない授業を展開していると、大学入試のときに生徒が困ることになりかねません。でも、上述の前提条件も十分には伝わっていなかったのでしょう。さらに、力量の面でも足りなかったのだろうと思われます。先ほど教育改革の好循環を概観しましたが、大学の営み全体を動かしてようやくこの改革が起こるのです。いろいろな要素を同時に動かし、双方向で連動させて初めてこういう改革が実っていく。誰か一人がやれば済むという話ではありません。そうした面での力量も十分ではなかったのだろうと思うのです。

他方、外部要因には、先にお話しした国公立優先という教育風土の影響もあったと思われます。カトリック学校のそうした改革の動きを国が支援するとか、公立の学校と一緒に動き出していれば、あるいは改革が進んでいたのかもしれません。ところが、歴史というのは皮肉なもので、カトリック学校が始めたものがしぼんでいったのに、このたびは、何と高等教育の文教政策をつかさどる側から、かつてカトリック学校が試みようとしたのによく似た発想で改革を進める方針が示されているのです。しかも、国が音頭を取り始めましたが、実際は各学校が自主的、自発的に行うことだとして、国は支援する側に回っています。この意味でも、これから各学校が個性の輝く学校になれるかどうかは、まさに各学校の努力次第だというメッセージが強く打ち出されています。カトリック学校ならカトリック学校の、白百合学園なら白百合の各学校の、自分たちが大事にしている建学精神やビジョン、ミッションを具体的に教育現場でどう展開していくのか、それを実際におやりなさい、それを認証評価では評価します、と言っているのです。ですから、中身を作り上げていくのは私たちの仕事です。改めて力量が問われています。

さらに、もう一つの外部要因は、学術的また実践的な教育学研究の不足だと思います。カトリック学校の教育の在り方やカトリック教育についての研究で、日本だけではなく世界との比較も含めたものです。そこでは聖書や教会の教えとの関連も大事になるでしょう。ただ、そう言うと、勢い神学や哲学に話がすぐに行ってしまいます。しかし、神学や哲学そのものは教育の大きなインパクトになりますが、教育学には教育学の論理と方法論があります。この違いと関連を両立させるには何をどう切り開いていくといいのか。そういう課題に私たちは直面している現状にあると思います。

これまで、隠れている神様を見出せそうだと私が注目している三つの事柄を紹介してきました。その第一点は、第三者評価機関による認証評価ですが、その大前提は大学自身が行う自己点検・評価です。建学精神や教育理念、教育目的からの教育活動や運営への具体的展開とその振り返り。それらをもとに中長期計画を作り、戦略目標を整えて具体的に実行していく。そうした展開にチャンスがあると考え、この辺に神様の隠れた顔がありそうだと指摘したわけです。

第二点は、第一点と密接につながっていますが、学士課程教育の質保証と質的転換を試みていく中で、三つのポリシーを関連づけて明確化する作業です。これらの方針の中に建学精神や教育理念、教育目的やミッションを実現する構図を描き、手立てと方向を示す。これも認証評価同様、国の政策によって義務づけられており、それも明確化し、体系化し、皆に説明するよう求められています。ここでは教育観の転換も要請されています。ここにも神様が隠れていそうだと考えているわけです。

第三点は、高大接続改革です。一貫教育の在り方を接続という観点から見直したり、入試選抜の方法をどう改善していくか。こうした点でも私たちの創意工夫が求められていますし、この辺りにも隠れておられる神様が顔をのぞかせているように思われます。

ただし、今日、私は教育政策面を強調して話を展開してまいりましたが、カトリック教育が大事にしている「ひとりひとりを大切に」を、これまで同様、学園・大学の営みのすべての局面で実行し続けていくことは重要です。前半で言及した「見えない神を見えるものにする」愛のわざや祈りなども欠かせません。これらに加えて、教育学研究を私学について国公立との比較も含めて深めていくこと、さらには、中教審などの委員会の場で、私学の立場から、あるいはカトリック教育の立場から、国全体の文教政策の策定に向けて政策提言をしていくことにも、隠れておられる神様の招きがあるようです。そうした場で聖書の話を直接語ることは難しいでしょうが、考え方や発想の面では政策提言できる事柄があるのではないでしょうか。そういう使命も私たちにはあるだろうと思い、ここで言い足しました。

今日は、隠れておられる神様を見出すよう招かれていると私なりに思うところを、いくつか紹介してまいりました。仙台白百合女子大学がカトリック大学としての役割を改めて考え、深めていく歩みの一助となればと願いつつ、私の話を結ばせていただきます。最後に、仙台白百合女子大学創立五〇周年、真におめでとうございます。長らくのご清聴ありがとうございました。

（二〇一六年七月二日　講演）

現代の忘れもの

渡辺　和子

ただいま、ご紹介いただきました渡辺でございます。昨日は、台風一一号が荒れ狂いまして、シメシメと思っておりましたが、やはり神様は良いようになさいまして、新幹線は一つも止まらないで仙台まで来ることができました。今日は、こうして皆さんにお目にかかれることを大変嬉しく思っております。私は、小学校は東京の成蹊でございますが、中学校、高等学校は雙葉に参りました。雙葉の生徒たちがよく言われていたのは、「白百合の生徒さんたちは、もっとおしとやかですよ」ということでした。今日は白百合さんがどんなにおしとやかなのか見せていただきたいと思っております。

私が三五歳で岡山に派遣されましたとき、四年制大学は、岡山大学とノートルダム清心女子大学の二つだけでした。現在は、四年制大学が一六校ほどございます。その中でパイの奪い合いということもあると思いますが、私どもは唯一のミッションスクールであり、唯一の女子大学として、今から何十年も前に本当に難しい旅をして、日本に来てくださった宣教師たちの志を継いでいきたいと思っております。現在、学生は二三〇〇名ほどおりますが、そのうちクリスチャンは、わずか一〇名ほどです。岡山という土地柄、隠れキリシタンがいるのかもしれませんね。そういう中で、どういう宣教というかイエス様のことを大学生や、それから同じキャンパスにある附属幼稚園や附属小学校の生徒、その保護者や関係者の方々に伝え、イエス・キリストと出会うことが一生の間にできるかということが、私がいただいているチャレンジだと思っております。

日本の戦争が一九四五年八月一五日に負け戦で終わりました。この中にご存知の方もいるでしょうし、この大学で学ぶ私の大事な学生さんたちは、ほとんどご存知ないと思います。戦後、日本の国は随分変わりました。私は一八歳のときに終戦を迎えましたが、その頃、フランスにガブリエル・マルセルという大変立派な哲学者で、カトリックの信仰を持った方がおいでになりました。その方は、戦争に負けた日本に来て、東京大学で「教育と自由」という題で講演をしてくださいました。その講演の中でおっしゃった言葉で、「本当にそうだ」と思った言葉があります。そして、その言葉を今日に至るまで私の学生たちに伝えています。それは、「日本の国は、どこへ行っても最近は、人格、人権、民主主義、そういうことを言うような時代になりました」と言いました。日本は戦争に負けるまでは、そういう言葉を使ってはいけませんでした。それが、教科書に墨が塗られて、私たちが自由に人格、人権、民主主義を唱えられるようになれたのです。そのことに言及してマルセルは、「人は皆、今、『自分は人格だ。一人格と認めて欲しい』ということを言っているけれど、真に人格と呼ばれて然るべき人は、自分の頭で判断し、自分の意思で選択し、自らが決断したことに対しては自分が責任を取る。この、『考えること、選ぶこと、責任を取ること』という三点セットが整っていなければ、その人は一人格と呼ばれるに値しない」と、学生たちにはっきりと話してくださいました。そして、ご存知の方も多いと思いますが、四字熟語の「付和雷同」です。つまり、皆が「はい」と言えば「はい」と言う。皆が「ノー」と言えば「ノー」と言う。皆にくっついて自分の意思、決定を持たないで付和雷同するようでは、人間であっても人格とは言いがたいとはっきりおっしゃいました。私自身は、しばらくアメリカに派遣されており、英語も少しは分かっておりましたが、英語で「man・woman（人間）」と「person」との違いについて、はっきりとした説明を持っておりませんでした。ところがマルセルの言葉を聞いて、神様の似姿として創られた人間（image and likeness of God）は、人間と人格とを分けて考えなければならないのです。そして、「自分の頭で考えること」「自分の意思で選択すること」「考えて選んだこと」に対しては、他人に責任を負わせるのではなく、あくまでも自らが責任を取る人にして初めて一人格と呼ばれるにふさわしいのです。そうでなければ、それは単なる「man・woman」です。日本語で言うと、私はあまり好きな言葉ではありませんが「雄・雌」です。それと変わりがないということです。そうではなくて、一人の男であろうと女であろうと、ある意味でジェンダーフリー、性というものから自由になり、そして、一人格（One Person）と呼ばれるにふさわしい人を育てるのがミッションスクールなのです。本来、すべての学校がそうあるべきだと思います。幼稚園から大学、大学院そして、一生の仕事として自分の頭で考えて、自分の意思で決定し選択する。そして、決定したことに対しては、「あの人のせいでこうなった」「あのときこうだったからこうなった」と他の人のせいにしないで、「私が考えて選んだ末にこうなったので、私が責任を取ります」という潔さ、この三点セットを持つべく教育することこそがカトリックの、またはクリスチャンの、もっと広く言えば、本来のあるべき姿の宗教を持っている学校の責務だと思います。

私どもの大学には、ありがたいことに年に約六〇〇名もの女子学生が入学してくれます。入学式のとき、私がステージの上に立って、入ってくる学生たちを見ていますと、嬉々として入ってくる学生たちと共に暗い顔をして入ってくる学生たちも必ず何人かおります。理事長の挨拶ということで、私は「おめでとうございます」と一応申しますが、次にはっきりと、「私はこのステージの上から見ていたところ、あなた方の中には不本意でこの大学にお入りになった方がいらっしゃると思います。例えば、本当は国公立に行きたくて受験したが入れなくて、滑り止めに受けていた私どもの大学に入学してきた。またたは、ご両親様から『岡山県外に子どもたちを出すことはしません。岡山県だったら四年制大学に行ってもかまいません』『女子大学だからこそ行ってもかまいません』と言われて、本人の不本意ながら、不本意のまま入ってくる学生たちが必ずいます。しかし、私はちっともかまわない。不本意でお入りになった方が卒業なさるときに、『この大学に来て良かった』とおっしゃることができるのが、教育というものだと私は考えています。入りたいところに入って、勉強したいものを勉強して、ああ良かったと思うのであれば、どこでもいたします。そうではなく、不本意で入学したにもかかわらず、この大学に来て、おかげさまで良いお友達もできた、良い先生方にもお目にかかれたと思い、自分が初めに目指していたところの学問とは違ったかも知れないけれど、何年間か過ごしてみたら、これが私にとって最適な授業だったと思うことです。つまり、入ってきたときには不本意でも出るときに来て良かったと思うことです。あなた方が行きたかった国公立に行って、必ずしもそこで自分が求めていたものが得られるかどうか分かりません。それを自分にとって不本意な大学生活にするか、それとも、『思っていたよりもここへ来て良かった』『ここへ来たおかげでこういうことが習えた』『女子だけの大学であるおかげで、男女共学の大学では習うことができなかっただろうことが習えた。神様ありがとうございました』、こういうことが言えて、初めてあなた方は、『自分の頭で考えて、自分の意思で決定して、そして自分が決定したことを人のせいにしないで自分が責任をとる』という三点セットをそろえて大学を卒業することになるんですよ」とお話しします。すると、本当に不本意で入ってきた学生たちが、「シスターのあのときの話を聞いて安心しました」と言います。というのは、人様にお恥ずかしいことではないと思うのですが、私自身が不本意で学校に進学した覚えが二回ほどあります。ただ、今になって、あのときに、あの学校が私を入れてくれなかったおかげで私はその後、ここに入れたと思うのです。私も国立に入りたくて受験したのですが入れませんでした。そのときは不本意だったのですが、もしあのとき国立の大学に入っていたら、今日の私はないと思います。そして、どちらが良かったかは、神様だけがご存知なのだと思います。今日、ここでお話をする機会をいただくことができたのは、あのときに、あのことが自分の本意でなく起きたからです。物事というのは、やはりそういう発想の転換ということがとても大事なことだと思うのです。

今日は、「現代の忘れもの」という題でお話をさせていただいておりますが、現代の忘れものの一つに、自分が自分の幸せを切り開いていくということが忘れられ、「人が悪い、学校が悪い、教師が悪い、授業が悪い、親が悪い」と、自分をよそに置いて考えています。つまり、自分が一人称で考えて、選んで責任を取ることです。私は、学生たちに「あなた方は一人称で物事を言いなさい。『赤信号、みんなで渡れば怖くない』とありますが、あなたは一人でも渡る？」と聞くと、たいていの学生は「一人では……」と言います。それを一人で渡るとしたら、自分で考えて、選んで責任を取る。轢かれて死んだら自分の責任だ、とそこまで考えることを神様は、人間をお創りになるときに似姿としてくださったのです。

今の学生たちは人間よりもペットの方が大事だと考えている人がないわけではありません。先日、学生たちに命の尊さ、重さについてお話ししました。「『一つの命は地球よりも重い』という綺麗な言葉がありますが、本当にそうだと思いますか。もし、そこにノーベル賞をもらった人と、学歴のない人がいて、どちらか一人しか助けられないとしたら、あなたはどちらを助けますか。例えば、あなたがボートで湖に漕ぎ出したとします。そのボートには、わが子とお預かりしたご近所の子どもを乗せています。湖の真ん中まで来たときに風が吹き始めてボートが転覆してしまったとしたら、わが子とお預かりした子とあなたはどちらを助けますか」と聞きました。なぜこういう話を学生にするかというと、これは、私があるとき聞いたお話ですが、ある牧師の奥様が、牧師というのはプロテスタントで、カトリックの神父様に相当する方です。その一人の牧師の奥様が今の話のように湖にボートをお出しになったとき、ボートがひっくり返ってしまいました。「そのとき、奥様はどちらの子をお助けになりましたか」と人々が聞くと、その奥様は「身近な方を助けました」と答えたそうです。そのときたまたま身近にいたのは、お預かりした子どもでした。私は、その牧師の奥様はお偉いと思いました。この話を当時働いていた事務の人に、今日はこんなお話を聞きましたよ、とお話ししました。私たち修道者は結婚いたしませんし、子どもを産みませんからそういうものかと思い、「結婚なさってご自分のお子様をお産みになった牧師の奥様は偉いですね。わが子ではなくて、『身近な子を助けます』とおっしゃったそうですよ」と言うと、その事務の人は、「シスター、そんなことがあるものですか。私はやっぱり自分の娘を助けます。シスターは子どもを産んだことがないからそう思うのですよ」と言って散々叱られました。

私は「ありがとう」と言って、一つ勉強になったと思いました。どちらか一人しか助けられないそのときになったら自分はペットを助けるか、ほとんど動くことのできないお歳を召した方を助けるか。どちらを選ぶでしょうか。自分にとってどちらの命が重くなるか。私は、そういうことを今も大学生たちと考え話し合っています。これは私たちが、ただ気軽に「命は尊い」「一つの命は地球よりも重い」という綺麗な言葉を使いますが、それは本当にそうでしょうか。毎日起きているテロにしても、轢き逃げにしても、自殺にしても何にしても、本当に一つの命がそんなに重く人々に考えられているでしょうか。自分自身が考えているでしょうか。私は学生たちに、「死のうと思ったら、もうそのときには峠の上に来ているのだから、それから生きなさい」と言います。「いちばん苦しいときに苦しさというものは忘れて、ただ生きるということだけだった」これは八木重吉の詩だったと思います。人間は、本当に苦しくなったら死のうかどうしようかではなくて、とにかく生きるということを考えると八木重吉は言っています。私たちも自分がどうなるか分かりません。しかし、軽々しく「命は大切だ」「命を大切に」と言っていても必ずしも子どもに届いていないことがあります。

私どもの学園は、幼稚園から博士号を出す大学院までありますが、今から数年前に自殺をした中学二年の生徒がいました。私はそのとき東京で勤務をしていましたが、理事長として知らせるべきと思ったのか、校長から「中学二年の生徒がタレントの方の後追い自殺をして、同じ死に方で亡くなりました」と電話がかかってきました。その校長である日本人のシスターは、「私は、その子にほとんど毎日のように『命を大切に』『あなたの命は大切ですよ』と口を酸っぱくして言ってきたのは何だったのでしょう。どうしてこんなに軽々しく、皆にもてはやされているシンガーたちの後追い自殺をして死んでしまったのでしょう」と言うのです。私は「そうですね、とにかくご冥福をお祈りしましょう」と言って、その電話を切りました。その後、岡山へ集中講義で行くことがあり、その講義の中で、ちょうど命について話をしたので、学生たちに「実はこういうことがあって、校長先生がとても嘆いていたので、皆さんお祈りしてくれますか」と言うと、先ほどお話ししましたように、二〇〇〇人近い学生の中でクリスチャンは十数名しかいない、宗教はまちまちのクリスチャンスクールですが、私の宝である学生たち皆が手を合わせて祈ってくれました。私は、出欠席のカードの裏に感想を書きたい人は書きなさいと書かせていますが、その日の感想として英文学科の二年生の女子学生が、「シスターは、テレビをご覧にならない人だと聞きました。今、こういうCMが流れています。命は大切だ、命を大切に。何千何万回言うより、たった一度だけでいい、あなたが大切だと抱きしめてもらったら私は生きていける」と書いてありました。それは、何かのコマーシャルだと思うのですが、私はテレビを見ていないので初めて聞いて、なるほどと思いました。つまり、今の中学生が求めているのは、勉強でもなく、命を大切にしましょうという宗教の時間のお説教でもなく、欲しかったのは温もりだったのです。あなたが大切、他の皆も一人ひとり大切。でも、先生にとって、お母様にとって、僕にとって、「君が大切」「あなたが大切」と言われたら生きていけると思う、と書いてありました。「命は大切」「命を大切に」と何千何万回言われても、それよりも効くのは、名指しで抱きしめて「あなたが大切なのよ。私にとってあなたは宝なのよ」という愛情と温もりなのです。それが今は欠けていて、お金をあげたり、良い学校に入れてあげたり、塾に通わせたり、外国に旅行をさせてあげている。そういうことは悪いことではありませんが、子どもたちの心が望んでいるものが何であるかを大人はもう少し考えなければいけません。今、子どもたちが求めているのは、お金でもない、外国旅行でもない、洋服やブランド品でもないのです。いちばん求めているのは愛情です。

先日、ラジオを聴いていましたら、「三だけ」という言葉があるそうです。大切なのは「今だけ」、大切なのは「お金だけ」、大切なのは「自分だけ」。これを「三だけ」と言うそうです。私はそれを聴いて「えーっ」と思いました。そして、なんて今の日本をピシッと言い当てていると思いました。今が良ければ良い、後はどうなろうとかまわない「今だけ」。お金がありさえすれば、よそで苦しんでいる人がいても自分が株で大儲けをすれば、その影で泣いている人がいてもいなくてもかまわない「お金だけ」。人はどうなろうとかまわない「自分だけ」。これは現代の忘れものだと思います。私たちにとって、お金よりも、名前よりも、自分自身よりも、そして、今の快楽よりも大切なものがあるのではないでしょうか。私たちは、そういうことを学生たちと今も一緒に考えているのです。

大学生になると、結構生意気になります。私の大学も女子大です。中には、男女共学に入りたかったのに許してもらえなかった。東京、大阪、京都、仙台（も入れておきましょう）に行きたかったのに、岡山なら許すと親に言われた。うちの大学は、わりに授業料が安くて五十数万円で入れます。そして、皆さんの大好きないろいろな資格を数え切れないくらいにたくさん出しています。しかし、それよりもミッションスクールのいちばん大切なことは、「今だけ」ではない永遠の世界、神様の御許に逝く日です。お金はあれば必要なだけ使ったらいいですが、余ったものは困っている人にあげないといけないのです。だから、「お金だけ」ではないのです。そして、自分さえ良ければいいという「自分だけ」です。私は今までに一〇万人くらいの学生を世に出していますが、その学生たちを見ていて、やはり昔と比べると自分中心になっています。困っている人に手を出さない、私さえ良ければいい、という考えです。私が見たい学生は、自分よりも人を大切にすることができる人です。もちろん自分も大切にしなければならないのですが、自分だけの世の中では生きていけないということを学生たちに伝えて、不本意で入ってきたとしても卒業するときには、「この大学に入ってきて良かった」と思える学生になって出て行って欲しいと思っています。

今日は、「忘れもの」という言葉を使いましたが、この言葉で思い出すことがあります。私は、東北の方にはあまり来たことがありませんが、生まれは北海道の旭川で、零下二四度の日に生まれているので、あなた方よりもよほど寒い日に生まれています。東京の元八王子というところに新制作座という小さな劇団があります。私は荻窪に住んでいて、吉祥寺の成蹊小学校に通っていたこともあり、そういう御縁もあって、その新制作座を知ることになりました。新制作座の出しものの一つに、「泥かぶら」というものがあります。昔から日本では、美人を表す言葉として瓜実顔《うりざねがお》という言葉が使われていましたが、このお話は、瓜ではなく泥んこのかぶらです。そして、白い美白というようなものがあって、いろいろトラブルもあったようですが、私はシスターですから使っていませんが情報は耳に入ります。学生たちがいろいろと教えてくれます。「我以外、みな師なり」これは宮本武蔵の言葉ですが、私は学生たちから本当にいろいろな良いことも悪いことも学びます。悪いことは、シスターたちが「使わないで」と言うので、使わないようにしています。しかし、シスターたちも結構テレビを見ているみたいで、この間も「シスター、最近は『すごい』という言葉の代わりに何て言うか知ってる？　何でもかんでも『すごい』で、あれじゃ、日本語はだめよね。もっと美しい日本語を育てていきたい。私は日本国語審議会の会長になってもいいと思ってる」と言っていました。近頃は「やばい」と言うそうですね。まるで正反対の言葉です。どういうときに使うかというと、良いときに使うそうです。「泥かぶら」の話をしていたのに、話がそれてしまいました。私は授業中もどこまで話をしたかしら、と言うと、学生が「先生、ここまでです」とちゃんと手を上げて教えてくれます。話を戻しますが、泥かぶらというのは、瓜実顔と比べたら正反対です。私はそういう言葉はあまり好きではありませんが、いわゆるブスということです。あまり綺麗でない顔のことです。すると、村の男の子たちは、その泥かぶらと呼ばれる醜い少女をからかうのです。「やーい泥かぶら、顔が真っ黒じゃないか、洗ったのか？　髪の毛もバサバサじゃないか」と言って追いかけて石を投げたりします。泥かぶらは、実はお父さんとお母さんのいない孤児で、それだけでもいじめられても仕方がないのに、子どもたちは「やーい、泥かぶらは汚い子だ。臭い子だ」と言うのです。このお話は、西吉祥寺の新制作座で眞山美保という劇作家の眞山青果のお嬢様で、もうお亡くなりになりましたが、この方が一万何千回講演をしていたと思います。私も岡山にお呼びして、二〇〇〇名入る大きいホールで昼と夜に上演いたしました。これはとても良いお話で、綺麗にはなれなかったけれど、美しくなれた一人の少女の話です。プリティーにはなれなかったけれど、ビューティフルにはなれたのです。皆さんは、この二つの区別をあまりしていらっしゃらないと思います。綺麗な人は、女優さんやタレントさんです。でも、美しさというのは、必ずしも綺麗でなくてもなれるのです。皆さんはマザー・テレサをご存知ですか。私は、あの方の通訳をしたことがありますが、マザー・テレサは決して綺麗な方ではありませんでした。ノーベル平和賞をお受けになったときは一九七九年で、それから二年ほどして、初めて日本においでになりました。計三回来日していますが、初めて東京においでになったときに、東京の池袋サンシャインというできたばかりのその名前通りのピカピカのところでお話しされたときに伺ったことがあります。そのときにまずびっくりしたのは、マザー・テレサはもっと優しいお顔の方かと思っていたのですが、随分厳しい目をしていらっしゃいました。そのときつくづく思ったのは、この方は見捨てられた子どもたちや、ホームレスの人たち、死にかかっていても誰もかまってくれない、ある意味、気の毒な方たちの姿を毎日のように見ていらっしゃる。だから、笑顔がないのだと思いました。笑顔のときはとても素晴らしいのです。しかし、そうでないときは、皆さんも本や何かでご覧になったことがあるかと思いますが、とても厳しいお顔をしていらっしゃいます。その理由は、厳しさというのは死というものに対して、それから世の中の「私だけ良ければ良い」「今さえ良ければ良い」「お金さえあれば良い」という、ある意味で醜い人々の姿を見慣れていらっしゃるのです。もっともっと皆が、一人ひとりはイエス様だと思うことです。それは、聖書の中にも「あなた方が、餓えている人、渇いている人、病気の人、裸の人、牢獄の人、そういう誰も手当をしない人の一人にしてくれたことは、とりもなおさず、私（イエス・キリスト）にしてくれたことだ。だから世の終わりに、あなた方は、その小さな小さな善行のために私の側に来られるのです。そして、それに対してそういう人たちを見かけても見知らぬ顔をして、今さえ、お金さえ、自分さえ良ければ良いという人たちは私の国に入る資格はありません」とマタイ福音書の二五章にはっきりと書いていらっしゃいます。

私がこの「泥かぶら」のお話を学生たちにする一つの理由は、私自身が泥かぶらだったのです。ある日、泥かぶらが村の悪童たちにからかわれて、今しも小石を投げ返してやろう、竹の枝で叩いてやろうと思っていたとき、一人のおじいさんが通りかかります。そして、そのおじいさんは、「泥かぶら、おまえはそんなに悔しいのか。そんなに綺麗になりたいのか。そうであれば、私の言う三つのことを来る日も来る日も守ってごらん。そうしたらおまえは村いちばんの美人になるよ」と言い置いて、またすたこらと行ってしまいました。泥かぶらは、変なことを言うものだ、と思いながらも綺麗になりたい一心で、その日からおじいさんの言ったとおりに三つのことを実行しました。一つ目は、「いつもにっこり笑うこと」。二つ目は、「人の身になって思うこと」。三つ目は、「自分の顔を恥じないこと」です。

どんなに小石を投げられても、竹の枝で叩かれても、こちらは投げ返さない、打ち返さないでにっこり笑うこと。どんなに自分に意地悪をした人でも、困っている姿を見たら助けてあげる。人の身になって思うこと。あるとき、自分をいじめたおばさんが病気になりました。その病気を治すために年老いたおじさんは、崖をよじ登って薬草を取りに行かないといけません。本当は「いい気味だ」と言ってやりたいところですが、おじいさんは、人の身になって思うことと言ったので、泥かぶらは、そう思ってはいけないと思いました。おじさんとおばさんは、私のことを随分いじめたからいじめ返してもいいけれど、二人は今、とても困っている。あんなに険しい崖をおじさんが登れるはずがない。そして、薬草がなかったらおばさんは死んでしまうかもしれない。それなら私が取ってきてあげようと思って、「私が取ってきてあげる」とおじさんに言いました。するとおじさんは「泥かぶらが？」とポカンとしていました。そんなおじさんを尻目に薬草を取りに行って帰ってくるのです。本当は、あだ討ちをしたい、敵としてやっつけて仕返しをしたい気持ちがありましたが綺麗になるためには、おじいさんが言った三つのことを守りました。泥かぶらにとっていちばん辛かったのは、三つ目の「自分の顔を恥じないこと」だったと思います。それは、すべての元凶だったからです。それまでは、村の綺麗な女の子たちが、綺麗な着物を着ているのを見ては、「自分はなんて汚い着物を着ているんだろう」「自分の顔はどうしてこんなに造作が悪いんだろう」と思っていましたが、ある日のこと、「泥かぶらは、泥かぶら」と大きな声で叫ぶようになるのです。つまり、今まで、かえでちゃんや、こずえちゃんと比べて劣等感でいっぱいでしたが、そうじゃない、自分の顔を恥じなくていいと思うようになったのです。「泥かぶらは、泥かぶらでいいんだ」と思うようになりました。そして、小高い丘に登って、「泥かぶらは、泥かぶら」と叫んでいるシーンがあります。このお話は、皆さんも機会がありましたら、ぜひご覧になってみてください。決して損はしないと思います。そして、ご自分のお子様たちに、現代の忘れものとして、今、何が忘れられているか、何を取り戻さないといけないか、ということをお話しするときには、どんなに辛いことがあってもいつもにっこり笑うこと。そして、自分に意地悪をして、冷たかった人に、「ざまぁ見ろ、いい気味だ」と本当は言いたい自分と戦って、困っている人を助けてあげる、人の身になって思うこと。そして、三つ目の自分の顔を恥じないことがとても大事なことなのです。

皆さんも、皆さん方のお子さんも今、非常に比較を大切にしています。あの子がいくつ点を取ったのなら、私もいくつ点を取らないといけない。お母様もお母様で、他の子どもが英語を習っているから、うちの子も英語を習わせる、ということがありますが、うちの子はうちの子でいいじゃありませんか。人の子は人の子でいいでしょう。先日、学生たちに、「あなたたちの中で、最近はお手洗いの中で食事をしている人がいると聞くけれど本当?」と聞きましたら、「私はしていないけれど、いることはいます」。どうしてそういうことをするのか聞いてみると、一人で食事をするのは、独りぼっちで恥ずかしいそうです。私は、「シスターは、ぼっちが大好きです」と言うと、変な顔をして見ていました。

人間は生まれたときも一人、死んで逝くときも一人です。どんなに好きな人同士で体を結わえ付けて心中しても一人ひとり死んで逝くのです。そして独りぼっちになるということは、時々は考えるために大切です。スマホや携帯に夢中になっていることが悪いとは言いませんが、先ほども言ったように、一人称で考えること、一人称で選ぶこと、そして、最後は一人称で責任を取ることを忘れないようにしましょうと言っております。いずれにしても、いつもにっこり笑うことです。私は笑顔の少ない学生でした。キャリアをしていた間も、わりに笑顔が少なかったのです。しかし、その私もいろいろな苦労をして、だんだんと笑顔を大切にするようになりました。私たちは自分自身と戦っているのです。つまり、おじいさんが言ったことは三つとも自分との戦いです。いつもにっこり笑うこと。本当は笑いたくないのに笑うこと。今まで自分をいじめつくした人が困っているとき、「お手伝いすることはありませんか」と言うことは、自分との戦いです。本当なら放っておきたい、「いい気味だ」と言ってやりたいけれど、そうではいけないのです。人間として本当に美しくなるためには、いつもにっこり笑うこと、人の身になって思うこと、自分の顔を恥じないこと、人と比べないことです。私は、私という、そういうものを大切にしていかないといけないと思います。

私は、新制大学となった聖心女子大学に通い一期生として卒業しました。ところが私のすぐ上の兄は、職業軍人になるつもりで近衛の中尉になり終戦を迎えたので、潰しが利かなかったのです。いわゆる陸軍士官学校だと他の大学に入れませんでした。それで、医学博士になることを志して医学部に入り勉強をしました。私の場合は、母が偉かったと思うのですが、「今まであなたは国文を勉強していたけれど、戦争に負けた日本に必要なのは英語だから、これからは英語を勉強なさい。しかし、お母様はお金がないから、お金はアルバイトで稼ぎなさい」と言って許してくれました。私は聖心女子専門の国文科を卒業してから英文科の一年に編入して、翌年、新制大学になった一期生として入学し、卒業しました。そんなこともあり、私はちょっと英語ができたので修道院に入った後、日本人で一人だけアメリカの修道院に送られました。一年間修練して、それから命令で学位を取るように言われ、三年半で学位を取りました。アメリカに約五年間滞在して日本に戻り、その後、すぐに岡山に行きなさいと言われました。鬼ヶ島があるという恐ろしい岡山です。神戸から西へ行ったことのない人間だったのですが、修道院というのは軍隊みたいなところで全部命令です。ですから、「はい」と言ってアメリカへ行き、「はい」と言って一年修練をして、「はい」と言って学位を取って、「はい」と言って日本へ帰ってきて、「はい」と言って岡山へ行きました。私の母は心配して「岡山にもチョコレートはあるんだろうか」と言っておりました。修道院に入る前には、私が好きなチョコレートや、お刺身をたくさん食べさせてくれました。いずれにしても戻ってきてからすぐに岡山へ行かされました。そして、岡山へ行った翌年の三六歳のときに二代目の学長が急逝なさいました。アメリカ人の七六歳くらいの方です。初代の学長もアメリカ人で七五、六歳でした。私はそれまで岡山に行ったこともなく、その大学の卒業生でもなく、アメリカにずっといましたから日本にいらっしゃるアメリカ人や日本人のシスターたちのことは存知あげませんでしたが、命令ですから「はい」と言って行きました。しかし、自分としては、やはりやりきれなくて、修道院とはこんなところだったのかと思い辛かったのです。そのとき私は、まだシスターにもなっていない、終生誓願も立てていない、有期誓願のシスターでした。学校へ行けば、学長でしたからトップです。修道院へ帰ったらボトムです。お手洗いの掃除、廊下の掃除、洗濯干し、アイロンがけも全部しました。私は、母に育てられて我慢強い人間でしたからやっていましたが、あるとき淋しくなって、もうこの修道院を出ようと思い、たまたま東京へ会議で出かけたとき、そこの神父様に「神父様は、修道院は難しいところだとおっしゃったけれど、今の私はこんなふうに難しい毎日を過ごしています。ついては、この修道院を出てもいいですか。私は、英語が結構使えると思うので働いてもいいですか」と聞きました。年齢もまだ三〇代の後半で、結婚してもいいかと思いました。すると、アメリカ人の神父様は、じっと聞いてくださってから、「あなたが変わらなければ、どこへ行っても何をしても同じですよ。今のように不平や不満、人が悪い、みんなが悪い、私は悪くないと思っている限りは、どこへ行っても同じです。あなたが変わりなさい」と言われました。私はそのお言葉に目が覚めました。そして、その日から私は、自分から挨拶をする人間、笑顔でいる人間、お礼を言う人間、お詫びを言う人間に変わりました。そうしたら大学が明るくなりました。そして、入ってくる学生の数も増え、先生方も一生懸命に働いてくださるようになりました。そういう苦労もありましたが、やはり私たちは辛い思いをして、初めて自分の過ちに気がついて教えていただくことができるのだと思います。

私どもの大学は卒業前に、卒業のためのミサを行います。ミサですから必ず神父様をお呼びします。私が学長だった頃、今から何十年か前のことですが、一人の神父様をお呼びしてミサをしていただき、その後で学生たちに講話をしていただきました。その神父様は、珍しく弁護士の資格をお持ちの方で、ちょうど学園紛争があったときで、神父様には随分と助けていただきました。そのときの神父様のお話は、「僕はご承知のように神父ですからシスターと同じように結婚していません。ですから、夫婦間のいろいろな争いなどはあまり知りません。しかし、弁護士ですから相談は受けます。夫と妻の間で、または親族の間のいろいろな揉め事については受けます。皆さんはやがて結婚されるでしょうから夫婦円満の秘訣を教えてあげます。それは、『のの字の哲学』です。夫が会社から帰ってきて、『ああ、疲れた』とドアを開けながら言ったとき、あなたは、『あなただけじゃありません。私だって朝から家事をして疲れています』とおっしゃってはいけません。夫が帰ってきて、『ああ、今日は暑かった』と言ったら、『夏だから当たり前でしょう』とおっしゃってはいけません。『暑かったの？』『疲れたの？』と言ってあげてください。自分も疲れていて、自分も暑かったかもしれないけれど、まず、相手の身におなりなさい。『暑かった』と言われたら『暑かったの？』と言い、『疲れた』と言われたら『疲れたの？』と、まず相手のその気持ちをしっかりと受け止めてごらんなさい。それを、『私だって疲れています』『夏だから当たり前でしょう』と言われたら、言われた身になってごらんなさい」という内容でした。私は、これは修道院でもしないといけないなと思いました。今、していますので非常に穏やかでございます。そういう「のの字の哲学」も教えていただきました。そのように、私たちは、自分のことばかりを考えないで人の身になって思うことが大切です。自分のことばかり考えて、「私だって疲れているのに。朝からお料理をして、お掃除して、洗濯物を干して、アイロンをかけて」と、言おうと思えば言えますが、それを言うと相手の疲れを癒すことにはなりませんよね。そういうことを教えていただいて、もう何十年か経ちますが、私は本当に良いことを教えていただいたと思います。皆さんもよろしかったらお使いください。

そして、この泥かぶらにとって、いつもにっこり笑うこと、向こうが挨拶をしなくてもこちらの方が挨拶をすること、人の身になって思うこと。随分自分にひどいことをした人ですが、困っているのを見たら自分から助けてあげることをしているうちに、「少しは美人になったかしら」と思い、村を流れている清水に顔を映してみました。ところがなっていませんでした。泥かぶらは、おじいさんに言われたことを全部しているのにと思いましたが、三番目の「自分の顔を恥じないこと」ができていませんでした。泥かぶらは、かえでちゃんじゃない、泥かぶらはこずえちゃんでもない、「泥かぶらでいいんだ」という自尊心、自尊感情を持つようになって泥かぶらは変わりました。そして、自分は孤児ですから、借金の代わりに取っていかれようとするかえでちゃんの身代わりになり、人買いの男に連れられて行きます。道々、楽しそうに明るく村の話をする泥かぶらを見て、男は初め、この子は馬鹿じゃないか。自分がこれからどういう運命を歩かなければいけないのか分かっていない、と思いました。そんなふうにして人買いの男に連れられて行きました。ある朝、起きてみると人買いの男がいなくなっていて、泥かぶらは一人だけになっていました。そして、よく見ると大きな木に紙が貼ってあり、その紙には「ありがとう。仏のように美しい子よ」と書いてあったのです。美しさと綺麗さは違います。泥かぶらは、綺麗にはならなかったけれど美しくなりました。それは、どんなことがあってもニコニコして、自分を忘れて人を助ける美しさです。そして、「私は私、人は人」という自信を持った美しさを持つ人になりました。

私たちは、皆、一人ひとりが泥かぶらだと思います。人から悪口を言われたり、人から何か不親切なことをされると仕返しをしてやりたいと思ったり、人と比べて劣等感を持っています。そういう点では、私たちは、皆が泥かぶらです。そして、皆、美しくなりたいと思っています。その秘訣は、「いつも笑顔を絶やさないこと」「相手の身になって思うこと」「自分は自分」です。この三つを自分たちが大切にし、私たちの大切な子どもたちにも「笑顔を大切にしましょうね。どんなにひどいことをされても自分の心と戦いましょうね。仕返しをしたい心があるでしょう。お母様もありますよ。でも、人は許すことが大事なの。許しましょうね。そして、あなたはあなたでお母様のいちばん大事な宝なのよ。だから、成績がどうでも、あなたのお顔が他の人と比べてどうということよりも、あなたが、あなたらしく生きることがお母様はいちばん嬉しいと思う」と、自信を持たせてあげることがとても大事なことだと思います。

聖書の中には、いろいろな言葉がありますが、「ヨハネによる福音書」の九章に大変面白いお話があります。イエス様が歩いておいでになりました。人々が生まれつき目の見えない男を連れてきて、イエス様に尋ねます。「イエス様、この男は生まれつき目が見えません。目が見えないのは、この男の罪でしょうか。それともこの男の父親と母親の犯した罪のせいでしょうか」。あの頃、ユダヤではそういう病気を持った方は、罪の結果としてそうなったと言われていたようです。するとイエス様は、その男をご覧になって「いいえ、そのどちらでもありません。この男の罪でもありません。男の両親の罪でもありません。この男の目が見えないのは、神様の御栄がこの人において現れるためです」とお答えになって、ご自分の唾を相手の目につけておやりになりました。そして、「湖に行って、目を洗ってきてごらん」と言いました。その男は何をされたかよく分からないけれど、言われたとおりに湖に行って目を洗うと見えるようになりました。びっくりして元のところに戻ってくると、イエス様が「良かったですね。あなたの信仰が、あなたを助けたのですよ」と優しくおっしゃいました。「私が治してやったのだ、ありがたく思え」などということは一切おっしゃらず、「あなたの信仰が、私に触れてもらえばこの目は治ると信じた。その信仰があなたに見える目を戻してくれたのです」とおっしゃったのです。イエス様は優しい方ですね。ご自分のなさった大きなことを全然、威張っておっしゃらない。「あなたが良かったからこうなった」と言ったのです。これは私たちもミッションスクールで教える限り、自分のものにしないといけないと思います。威張るのではなく、いつも謙遜で柔和であることです。私は、この一つのエピソードからたくさんのことを習いました。一つは、イエス様の優しさです。つまり、治してやった、という威張った姿を全然お見せにならなかったことです。これは私たちも気をつけなければいけないと思います。とかく、私たちは自分がしたことを皆に知らせたがっています。今日も後で私に花束をくださるそうですが、私はこの後、東京へ行ってその後、鎌倉へ行かなければなりませんので残念ですがお返しいたします。例えば、その花束を持って帰ったとします。すると、シスターたちが、「まあ、きれいね。今日のお花はどこでいただいたの?」と言われたときに、「私がいただいたのよ」と言いたくなるのです。しかし、誰がいただいてもいいですよね。それは私たちの自己満足です。「私がしたの」「私がいただいたの」「この美味しいお菓子は私が持って帰ったの」という、「私が、私に、私を」という「私」を忘れることが大事です。そして、「あなたがなさった」「あなたがお偉かった」「あなたがお辛かったでしょう」ということを私たちが身につけるときに、現代の忘れものを一つ立派に身につけたことになるかと思います。

先ほどちょっと申しましたが、私は北海道の旭川で生まれました。旭川は盆地ですから、北海道でもいちばん寒いと言われています。今から九〇年くらい前ですが、その当時、旭川に行くということは、ある意味で島流しになったようなものでした。その島流しの間に私は生まれました。母はすでに三人の子供を育てていましたし、四人目の子どもは産みたくなかったようです。しかも寒い北海道の零下二〇何度です。父は師団長であるがゆえに行かざるを得なかったのでしょう。もうこれ以上、偉くはならないであろうときに母は産みたくなかったようです。それを「男が産むのはおかしいけれど、女が産むのに何がおかしい。産んでおけ」と言ってくれたのが父でございます。ですから、私は父のおかげでこの世に生まれました。そして、父が四三発の弾を受けて、私の目の前で虐殺されたのを見届けた唯一の人間になりました。考えてみると、父は自分が一人で死なないですむために私を産ませてくれたのかもしれません。そう思いますと、生まれてきて良かったと思う気持ちがいたします。ただ、母にしてみれば、もう三人育て上げたのに、何をまた一人という気持ちがあったのかもしれません。しかし、私は、父はもちろんですが世界でいちばん良い母と父に産んでもらったと思っています。そして、誰かがお詠みになりましたが、「何億の人に何億の母あれど、我が母に勝る母、あらめやも」という歌がそのままだと思います。この世の中に何人のお母様がいらしても、私の母よりも私を愛して育ててくれた人は一人もいません。それこそ、死んでからお墓に布団はかけられないと言いますが、本当にもう少し優しくしていたらと思います。私が三〇歳で修道院に入ったとき、母は七二、三歳でした。きっと、腰も痛かっただろうと思います。途中で手を抜きたいこともたくさんあったと思います。なのに、私が最後に生まれてしまったものですから、きっと随分苦労をしたと思いますが、私にしてみると本当にありがたい母親と、ありがたい父親を神様が与えてくださったと思います。そして、私の学生たち、私の卒業生たち、そして今日、ここにいらっしゃる皆さま方、仙台白百合の学生さんたちすべてが神様からいただいた賜物だと思います。その「おかげ様で」という気持ちをいつまでも忘れないで生きていたいと思うのです。

私は、八八年前に零下二四度の旭川の師団長の家で生まれました。今年で八九歳になります。明日は、もう一日歳を取ります。とすれば、今日は私のいちばん若い日です。今日より若くなれません。そして、明日もう一日いただければ「ありがとうございます」と言って、いただくと思います。もう今日でおしまいならば、それも神様の思し召しだと思います。何でも両手でいただくということは大切なことです。一つ、一つ両手でいただくのです。しかし、突っ返したいようなときもあります。「神様、これだけ永く生きたのだからいりません」「こんなに難しいお仕事はいりません」「あんな人と一緒に仕事はしたくありません」。しかし、神様は力に余る試練は決してお与えにならないのです。これは本当です。私は今まで八八年生きて参りましたが、本当に神様は、私ならできるとお思いになってアメリカに送り、修道院に入れ、そして日本に戻し、岡山という難しい土地に置いてくださった。これは、あまり大きい声では言えませんが本当に難しい土地です。そして、学長という難しい仕事をお与えになり、理事長というもっと難しい仕事を与えてくださった。それはなぜかというと、私を見込んでくださったからです。そして、「私はいつもあなたの側にいるよ」と言ってくださるのです。それを忘れないようにいたしましょう。

私たちはこれから先、何が起きるか分かりません。良いことかもしれない。しかし、いずれにせよ全部、両手でいただくのです。神様がくださるものに悪いものはありません。必ずそれに耐える力を添えてくださいます。「ありがとうございます」あのとき、あんな辛い思いをしたおかげさまで今日の私がございます」そういう気持ちをいつも失わないで、笑顔で明るく人様に優しく、「いつもにっこり笑うこと」「人の身になって思うこと」「自分の顔を恥じないこと」が大切なのです。今日、この仙台という大嵐の済んだ後、まだ、嵐が来るかもしれませんが、その嵐、一つひとつを両手で受け止めて、「神様、おかげさまで。ありがとうございます」と言ってお受けしていきたいと思います。それができますように私のためにお祈りください。今日は本当にありがとうございました。

（二〇一五年七月一八日　講演）

あとがき

本書は、仙台白百合女子大学カトリック研究所が「カトリシズムと現代」というテーマのもとに主催した講演会の講演録選集です。講演録は、本研究所で年一回発行する機関誌に掲載しておりましたが、このたび、より多くの方々に提供する目的で、各講師による加筆修正を施した上で、一冊の書籍として編集し、上梓する運びとなりました。本研究所では一九九四年の開設以来、さまざまな研究会や公開講座が開かれてきました。ここには、岩田靖夫氏（東北大学名誉教授・文化功労者）の後任、原田雅樹氏（関西学院大学教授）からカトリック研究所所長の任を引き継いだ二〇一四年から九年間に及ぶ講演会の主な記録を収めました。

本学に有識者をお招きして、一般の方を対象に講演会を開催する目的は、教育研究の成果を広く社会に還元し、文化の発展に寄与するためです。併せて、一人ひとりが大切にされる神の国の実現に向けて、福音のメッセージについて、皆様と共に考え、学び合う好機となることを願っております。そこで、具体的なテーマ設定に当たり、念頭に置いたのは、「普遍的、かつ、現代的なテーマは何か」という点でした。すると、生と死など人間存在をめぐる問い、正義と平和、人権と平等など諸価値に関わる命題、戦争・紛争、難民、飢餓、貧困、環境など地球的規模の問題群を含めて、歴史・文化・社会を取り巻く非常に多岐にわたる主題が浮かび上がります。このため、本書の内容は、それらの広大な領域に及ぶものとなりました。

第Ⅰ部「生と死を見つめて」では、日本カトリック司教団による文書『いのちへのまなざし』改訂版のポイント、医学者として探究する生命科学と医師として臨床で触れるいのちの異同、人生の最期まで自分らしく生きるために患者と家族をケアする臨床死生学の核心、宗教と響き合う物語が描く死生観と死を超える尊いもの、現代人のスピリチュアリティについて解説します。第Ⅱ部「限界状況に生きる人間」では、東日本大震災を機に哲学者が災禍の経験から改めて問い直す人間の生の意味、終末期や障害など極限的状況にある他者と共にありのままに生きる希望への道筋、ユダヤ人強制収容所の生還者が不条理の極みで証言する生きる意味、東北の被爆者の痛みの中で模索する国際的連帯とスピリチュアルケアの可能性、神がいるならなぜ悪があるのか、悲惨な現実に苦しむ人に寄り添う新たな神義論を提示します。第Ⅲ部「現代世界に息づくキリスト教霊性」では、古代教父の思想と現代哲学との対話から浮き彫りにする私たちの生の基底、自らの人生の旅に気づきを与える歩く瞑想、大聖堂のラビリンスが象徴するもの、教皇回勅『ラウダート・シ』とSDGsを基に探る途上国の持続可能な開発と環境問題、日本の大学改革の動向の中に隠れて在《いま》す神の招きとカトリック大学の役割、神の似姿として創られた人間の人格に照らして現代の忘れものは何か、について講じます。

これらの講演の土台には各人各様の人間観と世界観がありますが、そこに通底するものは、「超越への応答」といえるかもしれません。各講師は必ずしもクリスチャンではありませんが、特定の宗教宗派にかかわらず、あたかも人間を超越する存在からの呼びかけに応答するようにして、研究・教育・社会貢献活動を展開されたのではないでしょうか。真理を探究する営みは、永遠なるものへの希求、人間を超える大いなる存在への憧憬、自己の拠りどころを探り、存在の根源に回帰しようとする衝迫を伴うものだと思われます。そうした万物の存在根拠とのつながりを求めてやまない、いわば魂の働き、万人に備わる超越への志向性、生きる意味に通じる精神性を指して、本書のタイトルに「霊性」という言葉を付けました。

「霊性」は、善と悪、自と他、心と体など、近代的思考を特徴づける二項対立の図式では見失いがちな大切なものを回復するために、今日、最も注目されるものの一つです。そもそも霊性は、古来、名付けられることなく、市井の民の心の奥底に発露し、あらゆる文化の底流に地下水脈のように脈打ってきたともいわれます。本書は、この尽きることのない魂の泉から湧き出る、各人各様の霊性の結晶と言っても過言ではないでしょう。

人間の「いのち」は、この世の何よりも尊く、人間が守るべき諸価値の中でも最上位に位置づけられるものです。他方、「わたしはいのちである」(「わたしは復活であり、命である」ヨハネ福音書一一章二五節、「わたしは道であり、真理であり、命である」同一四章六節)というイエス・キリストの言葉を思えば、「いのち」とは神の別名であるかもしれません。ですから、本書のタイトルは、人間のいのち(プシュケー)と神のいのち(ゾーエー)が響き合って生まれる霊性、という意味合いを包含しています。

本書に掲載した多彩な論考が読者の皆様にとって、苦難を乗り越え、希望を見出すための助けとなり、例外なく全ての人格の尊厳と自由が保証され、全被造物と共生できる、よりよい世界を再創造するための一助になれば幸甚の至りです。

講演会では、各分野の研究を牽引する先生方より、卓越した業績の一端を分かち合っていただきましたこと、感謝の念に堪えません。また、本書の刊行に当たり、多大なご尽力を賜りましたこと、心より御礼申し上げます。岩田靖夫氏、渡辺和子氏の玉稿については、それぞれ、著作権管理者の岩田尚志氏と筑摩書房様、社会福祉法人旭川荘様より掲載のご許可をいただきましたこと、ご親切なお取り計らいに感謝申し上げます。

なお、教友社の阿部川直樹社長には「執筆者陣も素晴らしく、多分野に及んでおり、大変貴重な作品になる」と終始、寛大なご配慮を賜りました。榎本デザイン事務所の榎本幸弘氏は、大変美しいデザインの表紙・カバーを製作してくださいました。また、リチャード・ガードナー夫人の武田光世氏から校正へのご協力と貴重なご助言を授かりました。ここに厚く御礼申し上げます。

最後に、本書の刊行のためにご協力いただきました仙台白百合女子大学とカトリック研究所所員、図書館職員の皆様、特に、講演会の運営を強力に支え、本書の基となった機関誌の綿密な編集作業を長年にわたり遂行してくださいました浅岡京子氏に心からの謝意を表します。

むすびに代えて、講演会にご参加いただきました皆様と本書をお読みくださいました皆様、そして、仙台白百合女子大学にゆかりのある全ての方々のために感謝の祈りを捧げます。

二〇二三年一月二五日　聖パウロの回心の祝日・仙台白百合女子大学創立記念日

カトリック研究所所長　加藤　美紀

執筆者紹介（五十音順）

岩田　靖夫（いわた・やすお）

一九三二〜二〇一五年。東北大学名誉教授。仙台白百合女子大学名誉教授。東京大学大学院人文科学研究科博士課程満期退学。文学博士（東京大学）。東京大学助手、北海道大学助教授などを経て、東北大学教授。二〇〇三年文化功労者顕彰。二〇〇六年瑞宝重光章受章。ルーヴァン大学、ケルン大学、ハーバード大学などに留学。古代ギリシア哲学の他、ハイデガー、ロールズ、レヴィナスの研究で知られる。主著『よく生きる』（二〇〇五年）、『ギリシア哲学入門』（ちくま新書、二〇一一年）、『増補　ソクラテス』（ちくま学芸文庫、二〇一四年）、『ヨーロッパ思想入門』（岩波ジュニア新書、二〇〇三年）、『いま哲学とはなにか』（岩波新書、二〇〇八年）、『アリストテレスの倫理思想』（一九八五年）、『アリストテレスの政治思想』（一九八五年）、『神の痕跡』（一九九〇年）、『神なき時代の神』（二〇〇一年）、『倫理の復権』（一九九四年、岩波書店）など。

加藤　美紀（かとう・みき）

仙台白百合女子大学カトリック研究所所長、同大学人間学部グローバル・スタディーズ学科教授。上智大学外国語学部ポルトガル語学科卒業後、日本貿易振興機構ＪＥＴＲＯ（ジェトロ）総合職勤務を経てシャルトル聖パウロ修道女会会員。東北大学大学院教育学研究科博士前期課程修了。上智大学大学院総合人間科学研究科博士後期課程修了。博士（教育学）。著書『〈生きる意味〉の教育――スピリチュアリティを育むカトリック学校』（教友社、二〇二〇年）、『アンジェラスの鐘――希望への招き』（オリエンス宗教研究所、二〇二二年）。

ガードナー、リチャード（Gardner, Richard）

宗教学者。上智大学名誉教授。シカゴ大学大学院神学部宗教学科より博士号。上智大学国際教養学部長、「モニュメンタ・ニポニカ」編集長歴任。セカンドハーベスト・ジャパン理事長。ヴェリディタス認定ラビリンス・ファシリテータ。著書「聖のトポス」（『岩波講座 宗教 第七巻 生命――生老病死の宇宙』岩波書店、二〇〇四年）、『宗教と宗教学のあいだ』編著（上智大学出版、二〇一五年）、ローレン・アートレス『聖なる道を歩く――黙想と祈りのラビリンス・ウォーク』監修（上智大学出版、二〇一四年）。

川上　直哉（かわかみ・なおや）

日本基督教団石巻栄光教会牧師。仙台キリスト教連合被災支援ネットワーク・東北ヘルプ事務局長。東北学院大学非常勤講師。仙台白百合女子大学カトリック研究所客員所員。神学博士（立教大学）。専門は、組織神学、とりわけP・T・フォーサイス及び「現場の神学」。主著『被ばく地フクシマに立って』（ヨベル、二〇一五年）、『ポスト・フクシマの神学とフォーサイスの贖罪論』（新教出版社、二〇一五年）、『活けるキリスト』（ヨベル、二〇二二年）など。

髙祖　敏明（こうそ・としあき）

一九四七年広島県生まれ。聖心女子大学学長。一九七六年上智大学大学院博士後期課程単位取得。同年より上智大学（助手、講師、助教授、教授）、二〇一九年上智大学名誉教授。一九九九年より上智学院理事長（～二〇一八年三月）。専門は日欧米教育交流史。主著『ルネサンスの教育思想』上・下（共著、東洋館出版社、一九八五～八六年）、『「東洋の使徒」ザビエルⅠ』（共著、上智大学出版、一九九九年）、『プティジャン版集成 解説』（丸善雄松堂、二〇一二年）、『ジョヴァンニ・バッティスタ・シドティ』（監訳・解説、教文館、二〇一九年）、『イエズス会教育の歴史と対話』（共著、知泉書館、二〇二〇年）、『潜伏キリシタン図譜』（共著・発行責任者、かまくら春秋社、二〇二一年）など。

幸田　和生（こうだ・かずお）

一九五五年東京生まれ。カトリック東京大司教区名誉補佐司教。一般社団法人カリタス南相馬代表理事。上智大学神学部卒業。一九八五年、東京カテドラルにて司祭叙階。高円寺・高幡・西千葉教会などで司牧。二〇〇五年、東京大司教区補佐司教として、東京カテドラルにて司教叙階。日本カトリック司教団メッセージ『いのちへのまなざし』改訂作業チーム座長。東北震災復興支援のため仙台司教区に派遣され、福島県南相馬市のカトリック原町教会とカリタス南相馬で活動中。著書『福音をきくために』（オリエンス宗教研究所、一九九三年）、『ゆるしの力』（女子パウロ会、一九九五年）など。

佐竹　正延（さたけ・まさのぶ）

仙台赤門短期大学学長。東北大学名誉教授。東北大学医学部卒業。医学博士。専門は、分子・細胞生物学。米国サウスカロライナ大学、米国立アレルギー・感染症研究所、米国立がん研究所に留学。帰国後は、京都大学ウイルス研究所、助手・助教授を経て、東北大学加齢医学研究所教授・所長等を歴任。

島薗　進（しまぞの・すすむ）

一九四八年東京生まれ。東京大学名誉教授。大正大学客員教授。東京大学大学院人文科学研究科博士課程単位取得退学。東京大学文学部宗教学宗教史学科教授、同大学院人文社会系研究科教授、上智大学大学院実践宗教学研究科委員長・特任教授、同グリーフケア研究所所長、同モニュメンタ・ニポニカ所長を歴任。専門は、宗教学、死生学。主著『宗教学の名誉30』（ちくま新書、二〇〇八年）、『国家神道と日本人』（岩波書店、二〇一〇年）、『日本人の死生観を読む』（朝日新聞出版、二〇一二年）、『ともに悲嘆を生きる』（朝日新聞出版、二〇一九年）、『戦後日本と国家神道』（岩波書店、二〇二一年）、『精神世界のゆくえ』（東京堂出版、一九九六年、法蔵館文庫版、二〇二二年）、『日本仏教の社会倫理』（岩波書店、二〇一三年、岩波現代文庫版、二〇二二年）など。

清水　哲郎（しみず・てつろう）

岩手保健医療大学臨床倫理研究センター長。東京大学理学部天文学科卒業、東京都立大学博士課程修了。文学博士。北海道大学助教授、東北大学教授、東京大学特任教授、岩手保健医療大学学長などを歴任。専門は、中世哲学・キリスト教思想史に加えて、医療の専門家と対話しつつ進める医療現場の哲学を試み、臨床倫理学・臨床死生学のプロジェクトに力を入れている。主著『医療現場に臨む哲学』（勁草書房、一九九七年）、『臨床倫理ベーシックレッスン』（日本看護協会出版会、二〇一二年）、『最期まで自分らしく生きるために』（NHK出版、二〇一二年）、『臨床倫理の考え方と実践――医療・ケアチームのための事例検討法』（共編著 東京大学出版会、二〇二二年）、『医療・ケア従事者のための哲学・倫理学・死生学』（単著 医学書院、二〇二二年）など。

竹之内　裕文（たけのうち・ひろぶみ）

静岡大学未来社会デザイン機構・農学部教授。東北大学大学院文学研究科後期博士課程修了。博士（文学）。東北大学大学院文学研究科助手、静岡大学農学部・創造科学技術大学院准教授を経て、二〇一〇年四月より現職。ボロース大学（スウェーデン）健康科学部客員教授（二〇一一～二年）、グラスゴー大学（英国）学際学部客員教授（二〇二二年）、松崎町まちづくりアドバイザー（二〇二二年）。専門は、哲学・死生学。主著『死とともに生きることを学ぶ　死すべきものたちの哲学』（単著、ポラーノ出版、二〇一九年）、『農と食の新しい倫理』（共編著、昭和堂、二〇一八年）、『喪失とともに生きる　対話する死生学』（共編著、ポラーノ出版、二〇一六年）など。

田中　智志（たなか・さとし）

一九五八年山口県生まれ。東京大学大学院教育学研究科教授、東京大学教育学研究科付属海洋教育センター長。早稲田大学大学院文学研究科博士後期課程満期退学。博士（教育学）東京大学。専門は、教育思想史、教育臨床学。東京学芸大学、山梨学院大学などを経て現職。主著『人格形成概念の誕生――近代アメリカ教育概念史』（東信堂、二〇〇五年）、『教育思想のフーコー――教育を支える関係性』（勁草書房、二〇〇九年）、『社会性概念の構築――アメリカ進歩主義教育の概念史』（東信堂、二〇〇九年）、『共存在の教育学――愛を黙示するハイデガー』（東京大学出版会、二〇一七年）、『独りともに在る――スピノザと〈象り〉の教育思想』（一藝社、二〇二〇年）、『失われた〈心の眼〉――〈人間の自然〉とベルクソン』（一藝社、二〇二一年）など。

西平　直（にしひら・ただし）

一九五七年甲府市生まれ。上智大学グリーフケア研究所特任教授。京都大学名誉教授。信州大学、東京都立大学大学院、東京大学大学院で学び、立教大学文学部、東京大学教育学研究科、京都大学教育学研究科に勤務の後、二〇二二年四月から現職。専門は、教育人間学、死生学、哲学。ケアする人たちの話に耳を傾け、その後方支援を担当したいと思っています。主著『エリクソンの人間学』（東京大学出版会、一九九三年）、『魂のライフサイクル』（東京大学出版会、一九九七年）、『世阿弥の稽古哲学』（東京大学出版会、二〇〇九年）、『無心のダイナミズム』（岩波現代全書、二〇一四年）、『誕生のインファンティア』（みすず書房、二〇一五年）、『ライフサイクルの哲学』（東京大学出版会、二〇一九年）、『稽古の思想』『修養の思想』『養生の思想』（春秋社、二〇一九年、二〇二〇年、二〇二一年）など。

プテンカラム、ジョン・ジョセフ（Puthenkalam, John Joseph）

一九五六年インド・ケララ州生まれ。上智大学経済学部教授、地球環境学研究科教授。上智大学グローバル化推進担当理事。日本とインドで経済学、哲学、神学分野における修士号を取得後、英国・グラスゴー大学にて経済修士号及び博士号を取得。これまでに経済成長・開発・環境、グローバライゼーションそして経済経営倫理をテーマにした書籍や論文を多数（三〇冊以上）発行。主著、"Global Development Analysis: MDGs & SDGs", 2020（上智大学、モリモト出版、二〇二〇年）など。詳細は、下記のHPに掲載。http://pweb.cc.sophia.ac.jp/j-puthen/

渡辺　和子（わたなべ・かずこ）

一九二七〜二〇一六年。教育総監・渡辺錠太郎の次女として生まれる。五一年聖心女子大学を経て、五四年上智大学大学院修了。五六年ノートルダム修道女会に入りアメリカに派遣されて、ボストン・カレッジ大学院に学ぶ。七四年岡山県文化賞（文化功労）、七九年山陽新聞賞（教育功労）、岡山県社会福祉協議会より済世賞、八六年ソロプチミスト日本財団より千嘉代子賞、八九年三木記念賞受賞。ノートルダム清心女子大学（岡山）教授を経て、九〇年三月まで同大学学長。同年よりノートルダム清心学園理事長。二〇一二年に出版した『置かれた場所で咲きなさい』（幻冬舎刊）は百万部を超えるベストセラーとなり、大きな話題を呼んだ。

いのちと霊性　キリスト教講演集

発行日………2023年2月11日　初版

編　者………仙台白百合女子大学カトリック研究所
発行者………阿部川直樹
発行所………有限会社 教友社
275-0017 千葉県習志野市藤崎6－15－14
TEL047（403）4818　FAX047（403）4819
URL http://www.kyoyusha.com
印刷所………モリモト印刷株式会社

ISBN978-4-907991-90-6 C3016